"101 计划"核心教材

数学领域

泛函分析

王凯　姚一隽　黄昭波　编著

中国教育出版传媒集团
高等教育出版社·北京

内容提要

本书基于作者在复旦大学数学科学学院讲授泛函分析课程十多年的教学实践，详尽介绍了线性泛函分析的基础理论。从无限维线性空间的基本抽象特性入手，对线性泛函和有界线性算子的理论进行了系统的讲解，并以算子谱理论的初步知识作为结尾。在编撰过程中，融入了 20 世纪中期已成熟的理论，并添加了近几十年来的一些新研究成果作为例题或习题，旨在为学生深入学习现代数学理论奠定坚实的基础。

本书可作为数学类专业、特别是数学学科拔尖人才培养的泛函分析课程教材或参考书，也可直接作为拓展性较强的泛函分析课程教材。

总 序

自数学出现以来,世界上不同国家、地区的人们在生产实践中、在思考探索中以不同的节奏推动着数学的不断突破和飞跃,并使之成为一门系统的学科。尤其是进入 21 世纪之后,数学发展的速度、规模、抽象程度及其应用的广泛和深入都远远超过了以往任何时期。数学的发展不仅是在理论知识方面的增加和扩大,更是思维能力的转变和升级,数学深刻地改变了人类认识和改造世界的方式。对于新时代的数学研究和教育工作者而言,有责任将这些知识和能力的发展与革新及时体现到课程和教材改革等工作当中。

数学 "101 计划" 核心教材是我国高等教育领域数学教材的大型编写工程。作为教育部基础学科系列 "101 计划" 的一部分,数学 "101 计划" 旨在通过深化课程、教材改革,探索培养具有国际视野的数学拔尖创新人才,教材的编写是其中一项重要工作。教材是学生理解和掌握数学的主要载体,教材质量的高低对数学教育的变革与发展意义重大。优秀的数学教材可以为青年学生打下坚实的数学基础,培养他们的逻辑思维能力和解决问题的能力,激发他们进一步探索数学的兴趣和热情。为此,数学 "101 计划" 工作组统筹协调来自国内 16 所一流高校的师资力量,全面梳理知识点,强化协同创新,陆续编写完成符合数学学科 "教与学" 特点,体现学术前沿,具备中国特色的高质量核心教材。此次核心教材的编写者均为具有丰富教学成果和教材编写经验的数学家,他们当中很多人不仅有国际视野,还在各自的研究领域作出杰出的工作成果。在教材的内容方面,几乎是包括了分析学、代数学、几何学、微分方程、概率论、现代分析、数论基础、代数几何基础、拓扑学、微分几何、应用数学基础、统计学基础等现代数学的全部分支方向。考虑到不同层次的学生需要,编写组对个别教材设置了不同难度的版本。同时,还及时结合现代科技的最新动向,特别组织编写《人工智能的数学基础》等相关教材。

数学 "101 计划" 核心教材得以顺利完成离不开所有参与教材编写和审订的专家、学者及编辑人员的辛勤付出,在此深表感谢。希望读者们能通过数学 "101 计划" 核心教材更好地构建扎实的数学知识基础,锻炼数学思维能力,深化对数学的理解，进一步生发出自主学习探究的能力。期盼广大青年学生受益于这套核心教材，有更多的拔尖创新人才脱颖而出！

田　刚

数学"101 计划"工作组组长

中国科学院院士

北京大学讲席教授

前　言

泛函分析起源于 19 世纪末和 20 世纪初，并最终在 20 世纪二三十年代建立起来，成为一个独立的数学分支。在其发展的过程中，泛函分析除自身提出了很多有意义并且困难的问题外，也成为了理解与研究各种现代分析数学，乃至量子物理等领域的必不可少的工具。对于有志于从事数学研究和数学应用工作的学生来说，通常都需要熟悉泛函分析的基本概念和方法。学习这门课程，对于他们理解数学的整体性也大有裨益。

泛函分析，顾名思义，是分析学的一个分支，涉及数学中处理函数的部分。粗略地说，它是研究赋予拓扑结构的线性空间及其上映射的一门学科，并且假定这些映射满足特定的代数和拓扑的条件，从而它涵盖了现代分析诸如常微分方程、偏微分方程、动力系统等领域相当大的一部分。由于泛函分析中的线性空间通常是无限维的，对极限行为的研究不可避免地涉及许多几何概念。而对于空间上的 (线性) 映射，在选定一个基后，可以用一个无穷阶矩阵来表示，自然而然地可使用线性代数的方法处理。Hilbert 在他 1906 年的研究中就使用无穷维线性方程组的思想处理了积分方程，这种新颖的视角为常微分方程和偏微分方程的发展提供了所需的框架。尽管很快就能认识到无穷阶矩阵并不能有效地表达无穷维空间映射的特征，然而引入对偶、特征值等线性代数的概念依旧成为研究这些映射问题的必要途径。综合使用代数和几何手段处理分析中的问题，抽象概括就形成了泛函分析的一些基本定理和算子谱理论等内容。由此泛函分析逐渐成长为数学科学的一个重要分支，并与其他数学分支和物理学领域广泛交融、协同发展，已经成为分析学研究者知识体系中不可或缺的一部分。

自 1932 年 Banach 出版专著 *Théorie des Opérations Linéaires* 以来，泛函分析领域已经涌现出许多优秀的教材。复旦大学数学类专业在泛函分析方向有着悠久的历史，夏道行、严绍宗先生在 20 世纪 50 年代末、60 年代初就开始在本科阶段开设泛函分析课程，这在当时国际上是非常先进的教学尝试。他们从 60 年代初到 80 年代编写的几套教材至今都有很大的影响。在过去几十年中，陈晓漫教授、郭坤宇教授花费了大量的心血建设泛函分析课程，形成了复旦的特色。本书的三位编者都曾多次教授这门课程, 针对学生的现状和实际需求精心选择和安排了课程内容, 积累了一定的经验和体会, 并最终形成了这本教材。

本书的正文部分讲述了本科生泛函分析的基础内容。首先从无限维线性空间的结构讲起, 逐步引导学生理解 Banach 空间的概念。接下来, 又详细介绍了有界线性泛函的性质和算子的基本定理, 包括 Hahn-Banach 延拓定理、逆算子定理、闭图像定理和共鸣定理等内容, 这些是泛函分析中的核心工具, 对于理解和应用泛函分析至关重要。在谱理论方面, 本书也提供了相对完整的介绍, 帮助学生建立起对谱概念的直观理解。为了确保内容的可读性和自学效果, 在行文上力求详尽, 尽可能以清晰、易懂的语言解释概念和证明定理。我们希望通过这种方式, 帮助学生从听取课堂上老师的讲解逐步转变为自我学习, 培养他们独立思考和解决问题的能力。

此外, 为了满足不同层次学生的多方位需求, 本书在附录中还加入了一些重要的补充材料。其中包括度量空间中的拓扑性质, 以供未曾修读拓扑课程的学生阅读; 局部凸空间理论, 这是泛函分析中的一个重要分支, 对于理解弱拓扑、弱 * 拓扑非常有帮助; 以及 C^* 代数与正规算子谱理论, 这些内容在现代泛函分析研究和数学物理应用中是极为重要的。

根据编者的经验, 本书的正文内容对于普通班级学生来说是适合的, 按每周 3 学时可于一学期内讲授完毕。在针对拔尖学生开设的课程中, 则可适当调整课程节奏并合理插入附录中的内容, 丰富课程的深度和广度。

本书也配备了不同层次的习题, 旨在帮助学生巩固所学知识, 并逐步提高解题能力。在编写过程中也注意加入了一些近几十年来新出现的结果作为例题或习题, 对相关领域有兴趣的学生还可阅读对应的参考文献, 为进一步学习现代理论打下基础。

本书在编写过程中得到了教育部基础学科拔尖学生培养计划 2.0 (No.20212028) 项目资助, 试用过程中许多老师和同学提出了不少宝贵的修改意见, 高等教育出版社的李蕊老师、高旭老师也做了大量的工作, 编者在此一并表示感谢。

这次利用 "数学 101 计划" 的机会将其出版, 得到了 "数学 101 计划" 泛函分析课程建设领导小组各位专家的大力支持和帮助, 从课程内容的选取、章节的编排以及数学术语和用词等方面都做了仔细的斟酌。在此, 我们诚挚地感谢泛函分析课程建设领导小组的各位专家 (以姓氏拼音为序): 郭坤宇教授 (复旦大学)、黄文教授 (中国科学技术大学)、李从明教授 (上海交通大学)、楼元教授 (上海交通大学)、杨大春教授 (北京师范大学)、杨孝平教授 (南京大学)。

我们期望本教材能够对国内各高校数学类专业泛函分析课程的教学工作有所促进。限于水平, 疏漏在所难免, 请读者不吝赐教。

作 者

2024 年 4 月

目 录

第一章 度量空间   1
1.1 度量空间   2
1.2 赋范线性空间及内积空间   10
1.3 Hilbert 空间的正交系   21
    1.3.1 Hilbert 空间的正交基   23
    1.3.2 投影定理   28
1.4 度量空间中的点集   31
    1.4.1 稠密性和可分性   33
    1.4.2 完备性   35
    1.4.3 闭球套定理   41
1.5 压缩映射原理   45
1.6 列紧性   54
    1.6.1 相对列紧集   54
    1.6.2 Arzelà-Ascoli 定理   57
    1.6.3 紧度量空间   61

第二章 线性泛函   **65**
2.1 赋范线性空间上的线性算子   66
2.2 有界线性泛函   74
2.3 Hahn-Banach 延拓定理   82
2.4 几何形式 —— 凸集分离定理   89
    2.4.1 凸集   89
    2.4.2 Minkowski 泛函   90
    2.4.3 凸集的分离性   92
2.5 对偶空间   96
    2.5.1 $L^p[a,b]$ 和 $C[a,b]$ 的对偶空间   96
    2.5.2 二次对偶空间与自反   101

    2.5.3 弱拓扑 103

第三章 有界线性算子的基本定理 111
 3.1 Baire 纲定理 112
 3.2 开映射定理、逆算子定理、闭图像定理和共鸣定理 117
  3.2.1 开映射定理和逆算子定理 117
  3.2.2 闭图像定理 120
  3.2.3 共鸣定理 123
 3.3 共轭算子 130
  3.3.1 赋范线性空间中的共轭算子 130
  3.3.2 Hilbert 空间中的共轭算子 132
  3.3.3 闭值域定理 136

第四章 谱理论初步 139
 4.1 预解集与谱集 140
  4.1.1 算子的正则点与谱点 141
  4.1.2 谱的初步性质 143
  4.1.3 谱半径公式 146
 4.2 紧算子 154
 4.3 紧算子的谱 162
 4.4 自伴紧算子 169
 4.5 Fredholm 算子与指标 177
 4.6 正规算子的谱分解 184

附录 195
 附录 A 度量空间中的拓扑性质 196
 附录 B 度量空间中的紧集 203
 附录 C Stone-Weierstrass 定理 209
 附录 D 弱拓扑中的一些定理 211
 附录 E 局部凸空间 214
 附录 F Lomonosov 不变子空间定理 221
 附录 G C^* 代数与正规算子谱理论 222

部分习题提示 235

参考文献 237

第一章

度量空间

1.1 度量空间

度量空间是现代数学最重要的概念之一. 法国数学家 M. Fréchet (弗雷歇) 于 1906 年首次抽象地研究度量空间的一般性质.

定义与例子

定义 1.1.1 (**度量空间**) 设 X 是一个非空集合, 若对于 X 中任意两个元素 x,y, 都有一个实数 $d(x,y)$ 与它们对应, 而且满足下面条件:

(i) (**非负性与正定性**) 对任意 $x,y \in X$, $d(x,y) \geqslant 0$, 并且 $d(x,y) = 0$ 的充要条件是 $x = y$;

(ii) (**对称性**) 对任意 $x,y \in X$, $d(x,y) = d(y,x)$;

(iii) (**三角不等式**) 对任意 $x,y,z \in X$, $d(x,y) \leqslant d(x,z) + d(z,y)$,

则称 (X,d) 是一个**度量空间** (或**距离空间**), d 为 X 上的**度量** (或**距离**), $d(x,y)$ 为点 x,y 之间的距离.

例 1.1.1 在直线 $\mathbb{R}$ 上, 定义
$$d(x,y) = |x-y|, \quad \forall x,y \in \mathbb{R},$$
则 $(\mathbb{R},d)$ 是度量空间.

例 1.1.2 在 n 个有序实数组 $x = (x_1, x_2, \cdots, x_n)$ 全体组成的集合 X 中, 定义
$$d(x,y) = \sqrt{\sum_{i=1}^{n}(x_i - y_i)^2},$$
则 (X,d) 是度量空间, 称为 n **维 Euclid** (欧几里得) **空间**, 通常记为 $\mathbb{R}^n$.

它是下面例子在 $p=2$ 情况的特例.

例 1.1.3 固定 $p \geqslant 1$. 在 n 个有序实数组构成的集合 X 中, 定义
$$d_p(x,y) = \left(\sum_{i=1}^{n}|x_i - y_i|^p\right)^{\frac{1}{p}}, \tag{1.1}$$
那么 (X, d_p) 是度量空间, 记为 $\mathbb{R}_p^n$.

要证明 d_p 是一个度量, 我们只需要验证三角不等式.

设 $x = (x_1, x_2, \cdots, x_n)$, $y = (y_1, y_2, \cdots, y_n)$, $z = (z_1, z_2, \cdots, z_n) \in X$, 令 $a_i = x_i - y_i, b_i = y_i - z_i (i = 1, 2, \cdots)$. 三角不等式就化成

$$\left(\sum_{i=1}^{n}|a_i+b_i|^p\right)^{\frac{1}{p}} \leqslant \left(\sum_{i=1}^{n}|a_i|^p\right)^{\frac{1}{p}} + \left(\sum_{i=1}^{n}|b_i|^p\right)^{\frac{1}{p}}, \tag{1.2}$$

当 $p=1$ 时, 上式显然成立. 当 $p>1$ 时, 它可以由下面的不等式推出: 令 $\frac{1}{p}+\frac{1}{q}=1$, 则

$$\left|\sum_{i=1}^{n}a_ib_i\right| \leqslant \left(\sum_{i=1}^{n}|a_i|^p\right)^{\frac{1}{p}} \left(\sum_{i=1}^{n}|b_i|^q\right)^{\frac{1}{q}}. \tag{1.3}$$

它们可看作下面 Minkowski (闵可夫斯基) 不等式和 Hölder (赫尔德) 不等式的特例.

对于 Lebesgue (勒贝格) 测度空间 $(\mathbb{R}^n, \mathrm{d}m)$ 中的可测集 E 和其上的 Lebesgue 可测函数 f,g, 若 $|f|^p, |g|^q$ 是可积的, 其中 $\frac{1}{p}+\frac{1}{q}=1, 1<p,q<\infty$, Hölder 不等式是说 fg 可积且

$$\left|\int_E f(t)g(t)\mathrm{d}m(t)\right| \leqslant \left(\int_E |f(t)|^p\,\mathrm{d}m(t)\right)^{\frac{1}{p}} \left(\int_E |g(t)|^q\,\mathrm{d}m(t)\right)^{\frac{1}{q}}. \tag{1.4}$$

为了证明 Hölder 不等式, 注意到不等式 (1.4) 是齐次的. 这意味着, 如果不等式 (1.4) 对于可测函数 f,g 成立, 那么它对于 λf 与 μg (其中 λ 与 μ 是任意数) 也成立. 因此, 只要证明不等式 (1.4) 在

$$\int_E |f(t)|^p\,\mathrm{d}m(t) = \int_E |g(t)|^q\,\mathrm{d}m(t) = 1 \tag{1.5}$$

的条件下成立就可以了.

为了证明此时的 Hölder 不等式, 我们可以使用 Young (杨) 不等式: 当 $a,b>0$ 时,

$$ab \leqslant \frac{a^p}{p} + \frac{b^q}{q}.$$

Young 不等式可由微积分中凸函数的办法证明: 由于 $f(x)=-\ln x$ 是凸函数, 故

$$-\ln\left(\frac{a^p}{p}+\frac{b^q}{q}\right) \leqslant \frac{-\ln(a^p)}{p} + \frac{-\ln(b^q)}{q},$$

整理上式即得 Young 不等式, 并且不等式的等号成立当且仅当 $a^p=b^q$. 由 Young 不等式即得

$$|f(t)g(t)| \leqslant \frac{|f(t)|^p}{p} + \frac{|g(t)|^q}{q}, \quad \forall t \in E.$$

从而

$$\left|\int_E f(t)g(t)\mathrm{d}m(t)\right| \leqslant \int_E |f(t)g(t)|\,\mathrm{d}m(t) \leqslant \int_E \left[\frac{|f(t)|^p}{p}+\frac{|g(t)|^q}{q}\right]\mathrm{d}m(t) = \frac{1}{p}+\frac{1}{q}=1.$$

这就得到了 Hölder 不等式. 从证明中也可以看到, 不等式的等号成立当且仅当 fg 几乎处处符号不变, 且存在不全为零的常数 a,b 使得 $a|f(t)|^p$ 几乎处处等于 $b|g(t)|^q$.

现在, 我们证明 Minkowski 不等式: 对于数 $p \geqslant 1$, 若 E 上可测函数 f,g 是 p 次可

积的, 则

$$\left(\int_E |f(t)+g(t)|^p \, dm(t)\right)^{\frac{1}{p}} \leqslant \left(\int_E |f(t)|^p \, dm(t)\right)^{\frac{1}{p}} + \left(\int_E |g(t)|^p \, dm(t)\right)^{\frac{1}{p}}. \quad (1.6)$$

显然只需讨论 $p > 1$ 的情况. 由 Hölder 不等式,

$$\int_E |f(t)+g(t)|^p \, dm(t)$$
$$= \int_E |f(t)+g(t)|^{p-1} \cdot |f(t)+g(t)| \, dm(t)$$
$$\leqslant \int_E |f(t)+g(t)|^{p-1} \cdot |f(t)| \, dm(t) + \int_E |f(t)+g(t)|^{p-1} \cdot |g(t)| \, dm(t)$$
$$\leqslant \left(\int_E |f(t)+g(t)|^{(p-1)q} \, dm(t)\right)^{\frac{1}{q}} \left[\left(\int_E |f(t)|^p \, dm(t)\right)^{\frac{1}{p}} + \left(\int_E |g(t)|^p \, dm(t)\right)^{\frac{1}{p}}\right].$$

注意到 $(p-1)q = p$, 就得到 Minkowski 不等式. 并且, 不等式的等号成立当且仅当存在数 a, b 使得 $ag \stackrel{.}{=}_{m} bf$ (即 ag 几乎处处等于 bf).

在区间 $E = (0, n]$ 上, 定义函数 f, g 为 $f(x) = a_i, g(x) = b_i (\forall x \in (i-1, i])$, 它们都是 Lebesgue 可测的. 容易验证, 此时的 Minkowski 不等式和 Hölder 不等式可分别转化为不等式 (1.2) 与不等式 (1.3).

特殊情形 $p = 1$ 即为下面常用的度量.

例 1.1.4 考虑同样的 n 个有序实数组全体构成的集合 X, 其中的距离由

$$d_1(x, y) = \sum_{i=1}^n |x_i - y_i|$$

定义. $\mathbb{R}_1^n = (X, d_1)$ 也是度量空间.

例 1.1.5 再取 n 个有序实数组全体构成的集合 X, 而其元素之间的距离由公式

$$d_\infty(x, y) = \max_{1 \leqslant i \leqslant n} |x_i - y_i|$$

给出. $\mathbb{R}_\infty^n = (X, d_\infty)$ 是度量空间.

上面的例子表明在同一个集合中, 可以引进不同的度量, 得到不同的度量空间.

例 1.1.6 在闭区间 $[a, b]$ 上的一切连续实 (或复) 值函数的集 $C[a, b]$ 中, 定义

$$d(f, g) = \max_{a \leqslant t \leqslant b} |f(t) - g(t)|. \quad (1.7)$$

它是 $C[a, b]$ 上的度量. 此空间在分析学中起着极为重要的作用. 我们也用此空间点集的同样记号 $C[a, b]$ 来记它.

例 1.1.7 (平凡的例子) 设 X 是一个非空的集合, 定义如下的度量:

$$d_0(x, y) = \begin{cases} 0, & x = y, \\ 1, & x \neq y. \end{cases}$$

使用集合的操作, 我们可以从原有的度量空间构造出新的度量空间. 设 (X,d) 是度量空间, A 是 X 的非空子集. 若对于 A 中的任意两点 $x,y \in A$, 规定

$$d_A(x,y) = d(x,y),$$

则 (A, d_A) 是度量空间, 称为 (X,d) 的一个**子空间**. 用这种方法可以给出无穷多的例子.

Descartes (笛卡儿) 乘积也是一个常用的构造方式. 设 $(X_1, d_1), (X_2, d_2)$ 是两个度量空间, 集

$$X = X_1 \times X_2 = \{(x_1, x_2) \colon x_1 \in X_1, x_2 \in X_2\}$$

是 X_1, X_2 的乘积空间. 在 X 上可以赋予多个合理的度量, 例如我们可以用以下三个式子之一来定义度量:

$$d_2((x_1, x_2), (y_1, y_2)) = \sqrt{d_1^2(x_1, y_1) + d_2^2(x_2, y_2)},$$
$$d_1((x_1, x_2), (y_1, y_2)) = d_1(x_1, y_1) + d_2(x_2, y_2),$$
$$d_\infty((x_1, x_2), (y_1, y_2)) = \max\{d_1(x_1, y_1), d_2(x_2, y_2)\}.$$

极限

定义 1.1.2 (极限) 设 (X,d) 是度量空间, $\{x_n\}_{n=1}^\infty$ 是 X 中点列, $x_0 \in X$, 若

$$\lim_{n \to \infty} d(x_n, x_0) = 0.$$

则称**点列** $\{x_n\}_{n=1}^\infty$ **按照度量** d **收敛于** x_0, 记为 $\lim\limits_{n \to \infty} x_n = x_0$.

对于度量空间 (X,d) 中的点列 $\{x_n\}_{n=1}^\infty$, 如果对于任何正数 ε, 存在正整数 N, 使得当 $n, m \geqslant N$ 时,

$$d(x_n, x_m) < \varepsilon,$$

就称 $\{x_n\}_{n=1}^\infty$ 是 X 中的**基本点列**, 或者称为 **Cauchy (柯西) 点列**. 显然收敛点列必然是基本点列. 如果 X 中任何基本点列都收敛于 X 中的点, 就称 (X,d) 为**完备**的度量空间.

例 1.1.8 例 1.1.1 中的度量空间 $(\mathbb{R}, d)$ 的完备性即为实数理论中的 Cauchy 收敛原理.

例 1.1.9 考虑例 1.1.2, 例 1.1.4 及例 1.1.5, 在 n 个有序实数组全体构成的集合 X 中, 点列 $\{x^{(k)}\}$ 按度量 d, d_1 或 d_∞ 收敛于 $x^{(0)}$ 都等价于 $\{x^{(k)}\}$ 按坐标收敛于 $x^{(0)}$, 即每个分量 $\{x_i^{(k)}\}$ 收敛于 $x_i^{(0)}$, 这里 $i = 1, 2, \cdots, n$. 因此, 度量空间 $(X, d), (X, d_1)$ 及 (X, d_∞) 中的收敛性是等价的. 同时, 点列 $\{x^{(k)}\}$ 按度量 d, d_1 或 d_∞ 是 Cauchy 收敛的, 等价于每个分量 $\{x_i^{(k)}\}, (i = 1, 2, \cdots, n)$ 是 $\mathbb{R}$ 中的 Cauchy 点列. 由例 1.1.8 知, X 在度

量 d, d_1 或 d_∞ 下均是完备的.

例 1.1.10 考虑例 1.1.6, $C[a,b]$ 是完备的度量空间.

证明 设 $\{f_n\}_{n=1}^\infty$ 是 $C[a,b]$ 中的基本点列, 即对任何正数 ε, 存在 $N > 0$, 使得当 $n, m \geqslant N$ 时,
$$d(f_n, f_m) = \max_{a \leqslant x \leqslant b} |f_n(x) - f_m(x)| < \varepsilon.$$

从而, 对于任何 $x \in [a,b]$, 只要 $n, m \geqslant N$, 就有
$$|f_n(x) - f_m(x)| < \varepsilon. \tag{1.8}$$

这也就是说, $\{f_n(x)\}$ 是 $\mathbb{R}$ 中的一个 Cauchy 点列. 因此 $\{f_n(x)\}_{n=1}^\infty$ 在 $[a,b]$ 上点态收敛于函数 $f(x) = \lim\limits_{n\to\infty} f_n(x)$. 再在 (1.8) 式中令 $m \to \infty$, 可得当 $n \geqslant N$ 时, $|f_n(x) - f(x)| \leqslant \varepsilon (\forall x \in [a,b])$. 这就说明, f 是 f_n 的一致收敛极限, 从而 $f \in C[a,b]$, 并且 $d(f_n, f) \to 0$. □

由上面的讨论可知, $C[a,b]$ 中点列按度量 d 收敛等价于区间 $[a,b]$ 上的函数列一致收敛. 然而, 可以证明 $[a,b]$ 上的函数列的点态收敛却是不可度量化的 (对拓扑理论熟悉的读者可自行思索).

例 1.1.11 设 (X, d) 是度量空间, 我们还可以在 X 上定义新的度量
$$d'(x, y) = \frac{d(x, y)}{1 + d(x, y)}, \quad \forall x, y \in X$$

和
$$d''(x, y) = \ln(1 + d(x, y)), \quad \forall x, y \in X.$$

它们是不同的度量. 但是容易验证, 对于空间 X 中的点列 $\{x_n\}$,
$$\lim_{n\to\infty} x_n \stackrel{d}{=} x_0 \Leftrightarrow \lim_{n\to\infty} x_n \stackrel{d'}{=} x_0 \Leftrightarrow \lim_{n\to\infty} x_n \stackrel{d''}{=} x_0.$$

例 1.1.12 对于有限区间 $[a,b]$, 记 $\mathfrak{S} = \{[a,b]$ 上几乎处处有限的 Lebesgue 可测函数$\}$. $\mathfrak{S}$ 中两个函数 f, g 是等价的, 是指它们满足 $f \stackrel{.}{=} g$. 仍以 f 来表示 Lebesgue 可测函数 f 在 $\mathcal{S} = \mathfrak{S}/\sim$ 中对应的等价类. 对于 $f, g \in \mathcal{S}$, 定义
$$d(f, g) = \int_{[a,b]} \frac{|f(t) - g(t)|}{1 + |f(t) - g(t)|} \mathrm{d}m(t).$$

容易验证这是一个度量. 进而成立:

(i) 若有 $d(f, f_n) \to 0$, 则对于任意的 $\varepsilon > 0$,
$$m(|f_n - f| \geqslant \varepsilon) = m\left(\frac{|f - f_n|}{1 + |f - f_n|} \geqslant \frac{\varepsilon}{1 + \varepsilon}\right)$$
$$\leqslant \frac{1 + \varepsilon}{\varepsilon} \int_{[a,b]} \frac{|f - f_n|}{1 + |f - f_n|} \mathrm{d}m \to 0.$$

即 f_n 依测度收敛到 f.

(ii) 反之, 若 f_n 依测度收敛到 f, 则 $\dfrac{|f-f_n|}{1+|f-f_n|}$ 依测度收敛到 0. 由 Lebesgue 控制收敛定理,

$$\lim_{n\to\infty} d(f,f_n) = \lim_{n\to\infty} \int_{[a,b]} \frac{|f-f_n|}{1+|f-f_n|} \mathrm{d}m$$
$$= \int_{[a,b]} \lim_{n\to\infty} \frac{|f-f_n|}{1+|f-f_n|} \mathrm{d}m$$
$$= 0.$$

也就是说, $[a,b]$ 上可测函数列的依测度收敛等价于 $\mathcal{S}$ 中按照度量 d 的收敛. 使用类似于 (i) 的讨论可以说明若 $(\mathcal{S},d)$ 中点列 $\{f_n\}$ 是 Cauchy 收敛的, 则函数列 f_n 是依测度 Cauchy 收敛的. 取可测函数 f 使得 f_n 依测度收敛于 f, 再由 (ii) 的讨论可知 $\{f_n\}$ 依度量收敛于 f. 从而度量空间 $(\mathcal{S},d)$ 是完备的.

例 1.1.13 在空间 $\mathbb{R}^\infty = \{x = (x_1, x_2, \cdots, x_n, \cdots) : x_n \in \mathbb{R}, \forall n \in \mathbb{N}_+\}$ 中, 定义度量

$$d(x,y) = \sum_{n=1}^{\infty} \frac{1}{2^n} \cdot \frac{|x_n - y_n|}{1 + |x_n - y_n|}.$$

那么 $(\mathbb{R}^\infty, d)$ 是一个度量空间. 并且 $(\mathbb{R}^\infty, d)$ 中的点列 $\{x^{(k)}\}$ 收敛于 $\{x^{(0)}\}$ 等价于其按坐标收敛, 即 $\lim\limits_{k\to\infty} x_n^{(k)} = x_n^{(0)} (n = 1, 2, \cdots)$. 从而也可得到 $(\mathbb{R}^\infty, d)$ 是一个完备的度量空间.

证明 容易验证 $(\mathbb{R}^\infty, d)$ 是度量空间. 我们来分析它上面的收敛性. 如果点列 $x^{(k)}$ 按度量 d 收敛于 $x^{(0)}$, 那么对任意正整数 n, 坐标分量满足

$$\frac{\left|x_n^{(k)} - x_n^{(0)}\right|}{1 + \left|x_n^{(k)} - x_n^{(0)}\right|} \leqslant 2^n d(x^{(k)}, x^{(0)}),$$

由 $\lim\limits_{k\to\infty} d(x^{(k)}, x^{(0)}) = 0$ 易得

$$\lim_{k\to\infty} |x_n^{(k)} - x_n^{(0)}| = 0.$$

反之, 若点列 $x^{(k)}$ 的每个坐标 $x_n^{(k)}$ 收敛于 $x^{(0)}$ 的坐标 $x_n^{(0)}$, 则由控制收敛定理可得 (请读者思考为什么)

$$\lim_{k\to\infty} d(x^{(k)}, x^{(0)}) = \lim_{k\to\infty} \sum_{n=1}^{\infty} \frac{1}{2^n} \cdot \frac{\left|x_n^{(k)} - x_n^{(0)}\right|}{1 + \left|x_n^{(k)} - x_n^{(0)}\right|} = \sum_{n=1}^{\infty} \frac{1}{2^n} \cdot \lim_{k\to\infty} \frac{\left|x_n^{(k)} - x_n^{(0)}\right|}{1 + \left|x_n^{(k)} - x_n^{(0)}\right|} = 0.$$

因此, $(\mathbb{R}^\infty, d)$ 中的点列 $\{x^{(k)}\}$ 收敛于 $\{x^{(0)}\}$ 等价于其按坐标收敛. 类似地, 点列 $\{x^{(k)}\}$ 是基本的等价于每个坐标 $\{x_n^{(k)}\}$ 都是 $\mathbb{R}$ 中的基本列. 再使用 $\mathbb{R}$ 的完备性, 就可以说明

$(\mathbb{R}^\infty, d)$ 也是完备的. □

例 1.1.14 设 Ω 是复平面中的开集, 记 $H(\Omega)$ 为 Ω 上全纯函数全体构成的集合. 我们将在 $H(\Omega)$ 上构造度量来刻画 Ω 上函数列的内闭一致收敛.

取 Ω 中单调递增的紧集族 K_n, 使得 K_n 的内部 U_n 满足 $\bigcup\limits_{n} U_n = \Omega$. 定义

$$d(f,g) = \sum_{n=0}^{\infty} \frac{1}{2^n} \frac{\max\limits_{x \in K_n} |f(x) - g(x)|}{1 + \max\limits_{x \in K_n} |f(x) - g(x)|}.$$

容易看出 d 是一个度量, 并且 $d(f_n, f) \to 0$ 当且仅当 f_n 内闭一致收敛于 f.

最后, 我们给出度量空间的一个非常简单的收敛性质.

命题 1.1.1 在度量空间 (X, d) 中, 收敛点列 $\{x_n\}$ 的极限是唯一的.

证明 设 x, y 都是 $\{x_n\}$ 的极限, 则

$$0 \leqslant d(x, y) \leqslant d(x, x_n) + d(y, x_n).$$

令 $n \to \infty$ 得 $d(x, y) = 0$, 因此 $x = y$. □

这一性质给出了可测函数列依测度收敛、序列按坐标收敛以及解析函数列内闭一致收敛的极限唯一性的统一处理.

习题 1.1

1. 在 $l^2 = \{$数列 $x = (x_1, x_2, \cdots) : \sum\limits_{k=1}^{\infty} |x_k|^2 < +\infty\}$ 上, 令

$$d(x, y) = \left(\sum_{k=1}^{\infty} |x_k - y_k|^2 \right)^{\frac{1}{2}}, \quad \forall x, y \in l^2.$$

证明 d 是 l^2 上的度量. 若 $\{x^{(m)}\}$ 是 l^2 中点列, $x^{(0)} \in l^2$, 证明: 如果 $\lim\limits_{m \to \infty} d(x^{(m)}, x^{(0)}) = 0$, 那么对于任何 k, $\lim\limits_{m \to \infty} \left| x_k^{(m)} - x_k^{(0)} \right| = 0$. 并举例说明逆命题不正确.

2. 设 (X, d) 是度量空间, 证明: 例 1.1.11 引进的 d' 和 d'' 也是 X 上的度量, 并且 (X, d'), (X, d'') 中点列的收敛性和在 (X, d) 中是一致的.

3. 若度量空间 (X, d) 中点列 $\{x_n\}, \{y_n\}$ 分别收敛于点 x, y, 证明:

$$\lim_{n \to \infty} d(x_n, y_n) = d(x, y).$$

4. 设 X 是 $[0, 1]$ 上多项式全体. 对于 $P, Q \in X$, $P(x) - Q(x) = \sum\limits_{i=0}^{n} a_i x^i$, 令

$$d_1(P, Q) = \max_{x \in [0,1]} |P(x) - Q(x)|,$$

$$d_2(P,Q) = \sum_{i=0}^{n} |a_i|.$$

证明:
  (i) d_1, d_2 都是 X 上的度量.
  (ii) 多项式按 d_1 收敛等价于在 $[0,1]$ 上一致收敛于某一多项式.
  (iii) 按 d_2 收敛可以推出按 d_1 收敛, 但反之不真 (即存在多项式列 $\{P_k\}$, $d_1(P_k, 0) \to 0$, 但 $d_2(P_k, 0) \not\to 0$).

5. 对 $0 < p < 1$, 记 $\mathcal{L}^p[0,1]$ 是区间 $[a,b]$ 上 Lebesgue 可测且 p 次可积的函数全体. 令

$$d(f,g) = \int_0^1 |f(t) - g(t)|^p \, dt.$$

证明:
  (i) 当数 $a, b > 0$ 时, $(a+b)^p \leqslant a^p + b^p$.
  (ii) d 是伪度量, 即 d 是非负的且满足定义 1.1.1(ii) 及 (iii).
  (iii) 若等价关系 $f \sim g$ 是指两个函数 f, g 满足 $f \stackrel{.}{=}_m g$, 仍以 f 来表示 p 次可积函数 f 在 $L^p[a,b] = \mathcal{L}^p[a,b]/\sim$ 中对应的等价类, 则 $(L^p[a,b], d)$ 是度量空间.

6. 图 $G = (V, E)$ 是指如下的集合对: V 是一个点集, E 是 $V \times V \setminus \{(x,x) : x \in V\}$ 的子集, 且当 $(x,y) \in E$ 时, $(y,x) \in E$. 称 V 是顶点集, V 中元素称为顶点; 称 E 为边集, E 中元素称为边. 如果两个顶点有一条边相连, 即 $(x,y) \in E$, 那么称它们为邻居 (neighbour), 记为 $x \sim y$. 如果 V 中任意两点 x, y 之间, 都存在一条路径 $x = z_0 \sim z_1 \sim \cdots \sim z_n = y$ 连接 x, y, 就称图是连通的. 对 V 上不同两点 x, y, 令

$$d(x,y) = \min\{n : 存在路径 x = z_0 \sim z_1 \sim \cdots \sim z_n = y\},$$

并定义 $d(x,x) = 0$. 证明: 对于连通图 G, (V, d) 是一个度量空间.

7. 在三维 Euclid 空间 $\mathbb{R}^3$ 中, 考虑单位球面

$$S^2 = \left\{x \in \mathbb{R}^3 : x = (x_1, x_2, x_3), x_1^2 + x_2^2 + x_3^2 = 1\right\}.$$

对于 $x, y \in S^2$, 规定 $d(x,y)$ 为过 x, y 两点的大圆上以 x, y 为端点的劣弧的弧长, 它在三维 Euclid 空间的正交变换下是保持不变的.
  (i) 对于 $x_1^2 + x_2^2 = 1$, 计算 $d((1,0,0), (x_1, x_2, 0))$.
  (ii) 如果用 $\rho(x,y)$ 表示 Euclid 距离, 证明:

$$\rho(x,y) \leqslant d(x,y) \leqslant \tfrac{\pi}{2} \rho(x,y).$$

  (iii) 证明: d 是 S^2 上的度量.

8. 证明: 例 1.1.14 中的 d 是一个度量, 并且 $d(f_n, f) \to 0$ 当且仅当 f_n 内闭一致收敛于 f.

9. 对复数 $z, |z| < 1$, 由复分析知识 $\psi_z(w) = \dfrac{w-z}{1-\bar{z}w}$ 是复平面单位圆盘 $\mathbb{D} = \{z \in \mathbb{C} : |z| < 1\}$ 的解析自同构. 令

$$d(z,w) = \ln \frac{1 + |\psi_z(w)|}{1 - |\psi_z(w)|}.$$

  (i) 对于 $a, z, w \in \mathbb{D}$, 证明: $d(z,w) = d(\psi_a(z), \psi_a(w))$.

(ii) 证明: d 是 $\mathbb{D}$ 上的一个度量 (称为 Poincaré (庞加莱) 度量).
(iii) 画出 $B\left(\frac{1}{2}, 10\right) = \{w \in \mathbb{D} : d\left(\frac{1}{2}, w\right) \leqslant 10\}$ 的示意图.

10. 称群 G 是有限生成的, 是指存在 G 中不含单位元 e 的有限子集 S, 使得

$$\forall x \in G, \exists n \in \mathbb{N}, \varepsilon_i = \pm 1, s_i \in S, \ \text{使得} \ x = s_1^{\varepsilon_1} s_2^{\varepsilon_2} \cdots s_n^{\varepsilon_n}.$$

此时称 S 为 G 的一个生成集.

(i) 对于群 G 及其有限生成集 S, 它产生了一个 Cayley (凯莱) 图 $\Gamma = (G, E)$, 这里 $G \times G$ 中元素 $(x, y) \in E$ 当且仅当存在 $g \in S$ 使得 $xg = y$ 或者 $xg^{-1} = y$. 证明: Cayley 图是连通图.

我们将这个 Cayley 图所给出的 G 的度量记作 d_S (见题 6): 对于 $u, v \in G$,

$$d_S(u, v) = \min\{n \in \mathbb{N} : \exists \varepsilon_i = \pm 1, s_i \in S \ \text{使得} \ v = u s_1^{\varepsilon_1} s_2^{\varepsilon_2} \cdots s_n^{\varepsilon_n}\}.$$

(ii) 证明: d_S 是 G-(左作用) 不变度量, 即

$$d_S(x, y) = d_S(gx, gy), \quad \forall x, y, g \in G.$$

(iii) 若 S_1, S_2 是 G 的两个生成集. 证明: 度量 d_{S_1}, d_{S_2} 是等价的, 即存在正数 C_1, C_2 使得

$$C_1 d_{S_1}(x, y) \leqslant d_{S_2}(x, y) \leqslant C_2 d_{S_1}(x, y), \quad \forall x, y \in G.$$

(iv) 自由群 $\mathbb{F}_2$ 定义如下: 它由两个元素 a, b 生成, 其中的元素为由 a, b 排列成的单词

$$s_1^{\varepsilon_1} s_2^{\varepsilon_2} \cdots s_n^{\varepsilon_n}, \ \text{其中} \ n = 0, 1, 2, \cdots, \varepsilon_i = \pm 1, s_i \in \{a, b\};$$

词 w, v 的乘法定义为 wv, 且当 a 与 a^{-1} 或 b 与 b^{-1} 相邻时消除; 当 $n = 0$ 时的单词记为 e, 它是 $\mathbb{F}_2$ 的单位元. 画出 $\mathbb{F}_2$ 关于生成集 $\{a, b\}$ 的 Cayley 图的示意图.

1.2 赋范线性空间及内积空间

我们在高等代数课程中已经接触到了线性空间的概念, 在这里, 我们首先回顾一些重要的线性空间的例子 (特别是一些自然的无限维线性空间).

线性空间

为了验证一个集合是实 (或复) 线性空间, 我们需要验证在这个集合上有一个满足交换律以及结合律的二元运算 (加法), 以及一个实 (或复) 数乘运算.

例 1.2.1 所有 n 个有序实数组 $x = (x_1, x_2, \cdots, x_n)$ 构成的集合是线性空间, 其中

加法与数乘运算按下列公式定义:
$$(x_1, x_2, \cdots, x_n) + (y_1, y_2, \cdots, y_n) = (x_1 + y_1, x_2 + y_2, \cdots, x_n + y_n);$$
$$\alpha(x_1, x_2, \cdots, x_n) = (\alpha x_1, \alpha x_2, \cdots, \alpha x_n).$$

这个空间记作 $\mathbb{R}^n$. 类似地, 复线性空间 $\mathbb{C}^n$ 定义为所有 n 个有序复数组 (具有复数数乘运算) 构成的线性空间.

例 1.2.2 (函数空间) 设 S 是集合, $\mathcal{F}$ 是 S 上某些实 (或复) 函数所成的函数族. 在函数族中, 我们按通常方法规定加法运算及数乘运算如下:
$$(f+g)(s) = f(s) + g(s), \quad \forall f, g \in \mathcal{F}, s \in S;$$
$$(\alpha f)(s) = \alpha f(s), \quad \forall f \in \mathcal{F}, s \in S, \alpha \text{ 是数}.$$

如果当 $f, g \in \mathcal{F}, \alpha, \beta$ 是任意实 (或复) 数时,
$$\alpha f + \beta g \in \mathcal{F},$$

那么 $\mathcal{F}$ 成为一个线性空间. 以后如果不另外说明, 函数空间总是采取上述的加法及数乘运算. S 上的实值函数全体成为实空间, 而复值函数全体成为复空间.

例 1.2.3 (i) $C(E)$: $\mathbb{R}^n$ 中子集 E 上的连续实 (或复) 函数全体, 这是分析学中最重要的空间之一.

(ii) $P[x]$: 一元多项式 $p(x)$ 全体.

(iii) $B[a,b]$: 区间 $[a,b]$ 上有界函数全体.

(iv) $C^\infty(U)$, $C_c(U)$ 与 $C_c^\infty(U)$: 对于 $\mathbb{R}^n$ 中开集 U, 其上的无限次可微函数全体记为 $C^\infty(U)$. 对于 U 中函数 f, 若它的支撑集

$$\mathrm{supp}\, f \xlongequal{\text{def}} \text{子集 } \{x \in U : f(x) \neq 0\} \text{ 在 } \mathbb{R}^n \text{ 中的闭包}$$

是 U 的一个紧子集, 则称 f 是紧支撑的. U 上紧支撑的连续函数全体记作 $C_c(U)$. 对于 $C_c(U)$ 中一个函数 f, 如果延拓定义 f 在 U 外的值总为零, 那么可以将其视为 $C_c(\mathbb{R}^n)$ 中的一个元素. 令 $C_c^\infty(U) = C_c(U) \cap C^\infty(U)$ 为无限次可微的紧支撑函数. 利用零延拓可将 $C_c^\infty(U)$ 视为 $C^\infty(\mathbb{R}^n)$ 的一个线性子空间.

这些都是函数空间的例子.

例 1.2.4 (i) $\mathbb{R}^\infty$: 数列 $(x_1, x_2, \cdots, x_n, \cdots)$ 全体, 按坐标进行加法和数乘运算, 即
$$(x_1, x_2, \cdots) + (y_1, y_2, \cdots) = (x_1 + y_1, x_2 + y_2, \cdots);$$
$$\alpha(x_1, x_2, \cdots) = (\alpha x_1, \alpha x_2, \cdots).$$

是线性空间. 我们也可以将它看成正整数集合 $\mathbb{N}_+$ 上的函数空间. 如果 f 是 $\mathbb{N}_+$ 上的一个函数, 那么它对应一个数列 $(f(1), f(2), \cdots, f(n), \cdots)$; 反之, 数列 $(x_1, x_2, \cdots, x_n, \cdots)$ 可以看成 $\mathbb{N}_+$ 上的函数 $f: n \mapsto x_n$.

(ii) l^∞: 有界数列全体.

(iii) c: 收敛数列 $x = (x_1, x_2, \cdots, x_n, \cdots)$ (即 $\lim\limits_{n\to\infty} x_n$ 存在) 的全体.

(iv) c_0: 收敛于 0 的数列全体.

(v) c_{00}: 只有有限多项非零的数列全体.

(vi) l^p: $l^p = \left\{ x: x = (x_1, x_2, \cdots), \sum\limits_{n=1}^{\infty} |x_n|^p < \infty \right\}$ $(1 \leqslant p < \infty)$.

显然, $c_{00} \subset l^p \subset c_0 \subset c \subset l^\infty \subset \mathbb{R}^\infty$.

对于线性空间 X, X 中的线性无关组是指 X 中的一些元素构成的子集 A, 使得子集 A 中任意一个元素都不能被 A 中其他有限个元素线性表出. 这也是说, 子集 $\{x_\lambda\}$ 是 X 的线性无关组当且仅当 $\{x_\lambda\}$ 的任意有限子集 $\{x_{\lambda_1}, x_{\lambda_2}, \cdots, x_{\lambda_n}\}$ 是线性无关组.

定义 1.2.1 我们称线性空间 X 上的一个极大线性无关组为空间 X 的一组 **Hamel (哈梅尔) 基**. 若 X 的某个 Hamel 基中只有限个元素, 则称 X 是有限维线性空间, 否则称其为无限维线性空间.

例 1.2.5 $\mathcal{F} = \{1, x, \cdots, x^n, \cdots\}$ 是多项式空间 $P[x]$ 的一个线性无关组, 并且可以表示 $P[x]$ 的所有元素, 因此 $\mathcal{F}$ 是 $P[x]$ 的一个 Hamel 基. 同样地, $\mathcal{F}$ 也是 $C[a,b]$ 的线性无关组, 但不能线性表示形如 e^x 等大量函数, 因此在 $C[a,b]$ 中不是极大的.

赋范线性空间

线性是一个代数概念, 在现代数学中, 我们自然地会看到代数结构和拓扑结构的交叉. 而线性空间上性质最好的一种拓扑是由范数导出的.

定义 1.2.2 记 $\mathbb{K}$ 是实数域 $\mathbb{R}$ 或复数域 $\mathbb{C}$. 对于 $\mathbb{K}$ 上的线性空间 X, 若 X 中的每个向量 x 都对应一个实数 $\|x\|$, 且满足如下条件:

(i) 对任意 $x \in X$, $\|x\| \geqslant 0$;

(ii) 对数 α 与 $x \in X$, $\|\alpha x\| = |\alpha| \|x\|$;

(iii) 对任意 $x, y \in X$, $\|x + y\| \leqslant \|x\| + \|y\|$,

则称 $\|\cdot\|$ 为 X 上的**半范数**, X 称为**半赋范空间**. 若 $\|\cdot\|$ 还满足

$$\|x\| = 0 \quad \text{当且仅当} \quad x = 0,$$

则称 $\|\cdot\|$ 为 X 上的**范数**, $(X, \|\cdot\|)$ 称为**赋范线性空间**.

线性空间上的范数诱导了这个空间上的度量 $d(x, y) = \|x - y\|$. 显然这个度量具有平移不变性, 即 $d(x, y) = d(x + z, y + z)$. 而且, 若 x_n 按度量 d 收敛于 x_0, 由三角不等式可得 $\|x_n\| \to \|x_0\|$. 换而言之, $\|\cdot\|$ 在度量 d 给出的拓扑下是连续的.

例 1.2.6 $C[a,b]$ 是有界闭区间 $[a,b]$ 上连续的实 (或复) 值函数 $f(x)$ 全体. 定义范数

$$\|f\| = \max_{x \in [a,b]} |f(x)|.$$

容易验证, 它是 $C[a,b]$ 上的范数. 这个范数诱导了 $C[a,b]$ 上的度量 (见例 1.1.6)
$$d(f,g) = \max_{x\in[a,b]} |f(x) - g(x)|.$$

例 1.2.7 $C^{(k)}[a,b]$ 是区间 $[a,b]$ 中具有连续的 k 阶导函数的函数全体, 以
$$\|x\| = \max_{0\leqslant j\leqslant k} \max_{t\in[a,b]} |x^{(j)}(t)|$$
为范数.

例 1.2.8 设 E 是 Euclid 空间 $\mathbb{R}^k$ 的 Lebesgue 可测集. 对 $1 \leqslant p < \infty$, 定义
$$\mathcal{L}^p(E) = \left\{ f : f \text{ 是 } E \text{ 上 Lebesgue 可测函数}, \|f\|_p = \left(\int_E |f|^p \, \mathrm{d}m \right)^{\frac{1}{p}} < +\infty \right\}.$$

容易验证, $\|\cdot\|_p$ 满足定义 1.2.2 的 (i) 和 (ii), 由 Minkowski 不等式得 $\|\cdot\|_p$ 也满足定义中的 (iii). 那么 $\|\cdot\|_p$ 是 $\mathcal{L}^p(E)$ 的半范数, 但不是范数. 因为 $\|f\|_p = 0$ 时并不能得到 $f = 0$, 而只能得出 $f \stackrel{.}{=}_m 0$. 如果把满足 $f \stackrel{.}{=}_m g$ 的两个函数 f, g 视为同一个函数 (即把 $f \stackrel{.}{=}_m 0$ 的函数 f 视为恒等于零的函数), 那么我们就得到 $\mathcal{L}^p(E)$ 上的一个等价关系 $\sim$. 我们仍以 f 来表示函数 f 在 $L^p(E) = \mathcal{L}^p(E)/\sim$ 中对应的等价类, $\|\cdot\|_p$ 便是 $L^p(E)$ 上的一个范数.

由范数诱导的度量
$$d(f,g) = \|f - g\|_p = \left(\int_E |f - g|^p \, \mathrm{d}m \right)^{\frac{1}{p}}$$

也是完备的: 对于 $L^p(E)$ 中的 Cauchy 点列 $\{f_n\}$, 则对任意 $\varepsilon > 0$, 存在 N, 当 $n, m > N$ 时,
$$\|f_n - f_m\|_p^p = \int_E |f_n(x) - f_m(x)|^p \mathrm{d}m(x) \leqslant \varepsilon.$$

由 Chebyshev (切比雪夫) 不等式, 这个函数序列也是依测度 Cauchy 收敛的. 由实变函数的理论, 可取可测函数 f_0 为 $\{f_n\}$ 的依测度收敛极限. 由 Fatou (法图) 引理,
$$\|f_n - f_0\|_p^p = \int_E |f_n(x) - f_0(x)|^p \mathrm{d}m(x) \leqslant \varliminf_{m\to\infty} \int_E |f_n(x) - f_m(x)|^p \mathrm{d}m(x) \leqslant \varepsilon.$$

从而 $f_0 \in L^p(E)$ 且为 $\{f_n\}$ 的极限 (另一个更完整的证明可见例 1.4.13).

例 1.2.9 设 E 是 Euclid 空间 $\mathbb{R}^k$ 中的 Lebesgue 可测集. 定义
$$\mathcal{L}^\infty(E) = \{f : f \text{ 是 } E \text{ 上 Lebesgue 可测函数}, \text{存在实数 } M \text{ 使得 } m(|f| > M) = 0\}.$$

我们常称 $\mathcal{L}^\infty(E)$ 中的函数为本性有界函数. 如果定义等价关系 $f \sim g$ 为 $f \stackrel{.}{=}_m g$, 那么
$$\|f\|_\infty = \inf_{m(E_0)=0} \sup_{x\in E\setminus E_0} |f(x)|$$

是 $L^\infty(E) = \mathcal{L}^\infty(E)/\sim$ 上的一个范数. 对它的完备性的证明留作练习.

例 1.2.10 (空间 $V[a,b]$) 设 $V[a,b]$ 是区间 $[a,b]$ 上的实 (或复) 有界变差函数的全体, 依照通常的线性运算, 它是一个线性空间. 对于 $f \in V[a,b]$, 规定

$$\|f\| = |f(a)| + \bigvee_a^b(f),$$

那么 $V[a,b]$ 按范数 $\|f\|$ 成为赋范线性空间. 我们令

$$V_0[a,b] = \{f: f \in V[a,b], f(a) = 0,\ f \text{ 在 } (a,b) \text{ 中任一点是右连续的}\},$$

它是 $V[a,b]$ 的线性子空间. 在 $V_0[a,b]$ 上, 范数 $\|f\|$ 等于全变差 $\bigvee_a^b(f)$.

实 (或复) 值有界变差函数与广义 (复) 测度有密切联系. 设 $\mathfrak{B}$ 是 $[a,b]$ 中的 Borel (博雷尔) 集全体, $M([a,b])$ 是 $([a,b], \mathfrak{B})$ 上有限值广义 (复) 测度全体. 在它上定义加法和数乘为

$$(\mu + \nu)(A) = \mu(A) + \nu(A), \forall \mu, \nu \in M([a,b]), A \in \mathfrak{B};$$
$$(\alpha\mu)(A) = \alpha\mu(A), \forall \mu \in M([a,b]), A \in \mathfrak{B}, \alpha \text{ 为数}.$$

并规定

$$\|\mu\| = \sup\left\{\sum_{i=1}^\infty |\mu(E_i)|: E_i \in \mathfrak{B}, \text{当 } i \neq j \text{ 时}, E_i \cap E_j = \varnothing, \bigcup_{i=1}^\infty E_i = [a,b]\right\},$$

则 $\|\cdot\|$ 是 $M([a,b])$ 上的范数.

由实变函数的理论知, 对于 $\mu \in M([a,b])$, 令

$$f_\mu(x) = \begin{cases} 0, & x = a, \\ \mu([a,x]), & a < x \leqslant b, \end{cases}$$

则 $\mu \to f_\mu$ 为 $M[a,b]$ 到 $V_0[a,b]$ 上保持范数的线性空间同构.

Banach 空间

若赋范线性空间 X 在诱导度量 $d(x,y) = \|x - y\|$ 下是完备的, 则称 X 是 **Banach (巴拿赫) 空间**. 我们来考察常见空间的完备性.

例 1.2.11 n 维 Euclid 空间 $\mathbb{R}^n$ 是 Banach 空间.

例 1.2.12 由例 1.1.6, $C[a,b]$ 是 Banach 空间.

例 1.2.13 令 $1 \leqslant p < \infty$. 对于 $x = (x_1, x_2, \cdots, x_n, \cdots) \in l^p$, 定义 $\|x\|_p = \left(\sum_{n=1}^\infty |x_n|^p\right)^{\frac{1}{p}}$. 令 (1.2) 式中 $n \to \infty$ 得

$$\left(\sum_{n=1}^{\infty}|a_n+b_n|^p\right)^{\frac{1}{p}} \leqslant \left(\sum_{n=1}^{\infty}|a_n|^p\right)^{\frac{1}{p}} + \left(\sum_{n=1}^{\infty}|b_n|^p\right)^{\frac{1}{p}}, \tag{1.9}$$

由此易得 $\|\cdot\|_p$ 是 l^p 上的范数. 下面我们来说明 l^p 是完备的.

证明 设 $x_m = (x_1^{(m)}, x_2^{(m)}, \cdots, x_n^{(m)}, \cdots)$ 是 l^p 中的一个基本点列, 由于

$$\left|x_i^{(m)} - x_i^{(k)}\right| \leqslant \|x_m - x_k\|_p = \left(\sum_{j=1}^{\infty}|x_j^{(m)} - x_j^{(k)}|^p\right)^{\frac{1}{p}},$$

所以当 $\{x_m\}$ 是 l^p 中基本点列时, 从上面的不等式立即得到对每个 i, $\{x_i^{(m)}\}$ 是基本数列. 由数列的 Cauchy 收敛原理, 它有极限 $x_i^{(0)} = \lim\limits_{m\to\infty} x_i^{(m)}$. 记 $x_0 = (x_1^{(0)}, x_2^{(0)}, \cdots, x_n^{(0)}, \cdots)$.

因为 $\{x_m\}$ 是 l^p 中基本点列, 因而对任何 $\varepsilon > 0$, 存在 N, 当 $m, k \geqslant N$ 时,

$$\|x_m - x_k\|_p = \left(\sum_{j=1}^{\infty}|x_j^{(m)} - x_j^{(k)}|^p\right)^{\frac{1}{p}} < \varepsilon.$$

令 $m \to \infty$, 由 $\lim\limits_{m\to\infty} x_j^{(m)} = x_j^{(0)}$ 及 Fatou 引理得

$$\|x_0 - x_k\|_p = \left(\sum_{j=1}^{\infty} \lim_{m\to\infty}|x_j^{(m)} - x_j^{(k)}|^p\right)^{\frac{1}{p}} \leqslant \left(\lim_{m\to\infty}\sum_{j=1}^{\infty}|x_j^{(m)} - x_j^{(k)}|^p\right)^{\frac{1}{p}} \leqslant \varepsilon.$$

从而 $x_0 = x_k - (x_k - x_0) \in l^p$. 同时也说明 $\{x_m\}$ 在 l^p 中收敛于 x_0, 从而 l^p 是完备的. □

例 1.2.14 令 $p = \infty$. 对于 $x = (x_1, x_2, \cdots, x_n, \cdots) \in l^\infty$, 定义

$$\|x\|_\infty = \sup_{n\in\mathbb{N}_+} |x_n|,$$

则 $\|\cdot\|_\infty$ 是 l^∞ 上的范数. 容易说明 l^∞ 也是完备的.

下面是判断子空间完备性的一般性结论.

引理 1.2.1 设 A 为完备的度量空间 (X, d) 的一个子集. 度量空间 (A, d) 是完备的当且仅当 A 是 X 的一个**闭子集**, 即: 若 A 中点列 $\{x_n\}$ 收敛于 X 中点 x_0, 则 $x_0 \in A$.

证明 假设 (A, d) 是完备的. 若 A 中点列 $\{x_n\}$ 收敛于 X 中点 x_0, 则 $\{x_n\}$ 是 A 中的一个基本点列, 由假设即得存在 A 中一点 y_0 为 $\{x_n\}$ 的极限. 由极限的唯一性可知 $y_0 = x_0 \in A$, 从而 A 是 X 的闭子集.

反之, 设 A 是 X 的闭子集. 对于 A 中任意的基本点列 $\{x_n\}$, 由 X 的完备性可知存在点 $x_0 \in X$ 为点列 $\{x_n\}$ 的极限, 再由 A 的闭性得 $x_0 = \lim\limits_{n\to\infty} x_n \in A$, 也就是说 (A, d) 是完备的. □

例 1.2.15 由于 c_0 可视为 l^∞ 的线性子空间, $\|\cdot\|_\infty$ 同样给出了 c_0 上的一个范数. 我们现在证明赋范线性空间 $(c_0, \|\cdot\|_\infty)$ 也是 Banach 空间.

证明 由引理 1.2.1, 只需说明 c_0 是闭的. 设 $x_m = (x_1^{(m)}, x_2^{(m)}, \cdots, x_n^{(m)}, \cdots)$ 是 c_0 中的一个基本点列, 且存在 $x_0 \in l^\infty$ 使得 $\|x_m - x_0\|_\infty \to 0$, 我们需要证明 $x_0 \in c_0$.

实际上, 对于任意 $\varepsilon > 0$, 取一个 m 使得 $\|x_m - x_0\|_\infty < \dfrac{\varepsilon}{2}$. 由 $x_m \in c_0$, 存在 N 使得对任意 $j > N, |x_j^{(m)}| < \dfrac{\varepsilon}{2}$. 从而, 对任意 $j > N$,

$$|x_j^{(0)}| \leqslant |x_j^{(m)}| + |x_j^{(0)} - x_j^{(m)}| \leqslant \frac{\varepsilon}{2} + \|x_m - x_0\|_\infty \leqslant \varepsilon,$$

这就是说 $x_0 \in c_0$. □

内积空间

定义 1.2.3 记 $\mathbb{K}$ 是实数域 $\mathbb{R}$ 或复数域 $\mathbb{C}$. 对于 $\mathbb{K}$ 上的线性空间 H, 如果 H 中任何两个向量 x, y 都对应着一个数 $\langle x, y \rangle \in \mathbb{K}$, 满足条件:

(i) (共轭对称性) 对任意 $x, y \in H$, $\langle x, y \rangle = \overline{\langle y, x \rangle}$;

(ii) (对第一变元的线性) 对任意 $x, y, z \in H, \alpha, \beta \in \mathbb{K}$,

$$\langle \alpha x + \beta y, z \rangle = \alpha \langle x, z \rangle + \beta \langle y, z \rangle;$$

(iii) (正定性) 对任意 $x \in H$, $\langle x, x \rangle \geqslant 0$, 且 $\langle x, x \rangle = 0$ 的充要条件是 $x = 0$,

那么称 $\langle \cdot, \cdot \rangle$ 是 H 中的内积, 称 H 是实 (或复) **内积空间**.

例 1.2.16 设 $\mathbb{C}^n$ 是 n 维的复 Euclid 空间, 对于 $\mathbb{C}^n$ 中任意两个向量 $x = (x_1, x_2, \cdots, x_n), y = (y_1, y_2, \cdots, y_n)$, 定义

$$\langle x, y \rangle = x_1 \bar{y}_1 + x_2 \bar{y}_2 + \cdots + x_n \bar{y}_n.$$

显然 $\langle \cdot, \cdot \rangle$ 构成一个内积. 并且 $\mathbb{C}^n$ 上的范数满足

$$\|x\|_2 = \left(\sum_{i=1}^n |x_i|^2 \right)^{\frac{1}{2}} = \langle x, x \rangle^{\frac{1}{2}}.$$

例 1.2.17 (l^2 空间) 在 l^2 中, 对于 $x = (x_1, x_2, \cdots), y = (y_1, y_2, \cdots) \in l^2$, 规定

$$\langle x, y \rangle = \sum_{n=1}^\infty x_n \bar{y}_n.$$

容易证明 $\langle \cdot, \cdot \rangle$ 满足内积的三个条件, 今后在 l^2 中都取这个内积. 同样, 我们有 $\|x\|_2^2 = \langle x, x \rangle$.

例 1.2.18 (L^2 空间) 设 E 是 $\mathbb{R}^n$ 的一个 Lebesgue 可测子集. 对于 $f, g \in L^2(E)$, 定义

$$\langle f, g \rangle = \int_E f(t)\overline{g(t)}\mathrm{d}t.$$

容易验证这是一个内积.

接下来我们讨论内积空间中的一些基本的性质. 以下假设 H 是内积空间.

引理 1.2.2 (对第二变元的共轭线性)　设 $x, y_1, y_2 \in H$, 则

$$\langle x, \lambda y_1 + \mu y_2 \rangle = \bar{\lambda}\langle x, y_1 \rangle + \bar{\mu}\langle x, y_2 \rangle.$$

这条引理的证明留给读者作为练习.

引理 1.2.3 (Cauchy-Schwarz (柯西–施瓦茨) 不等式)　设 $x, y \in H$, 则成立不等式

$$|\langle x, y \rangle|^2 \leqslant \langle x, x \rangle \langle y, y \rangle. \tag{1.10}$$

证明　当 $y = 0$ 时, (1.10) 式显然成立. 设 $y \neq 0$. 由正定性, 对任何数 t 都有

$$\langle x + ty, x + ty \rangle = \langle x, x \rangle + 2\mathrm{Re}\{\langle x, y \rangle \bar{t}\} + \langle y, y \rangle |t|^2 \geqslant 0. \tag{1.11}$$

在 (1.11) 式中令 $t = -\dfrac{\langle x, y \rangle}{\langle y, y \rangle}$ 得到

$$\langle x, x \rangle - 2\frac{|\langle x, y \rangle|^2}{\langle y, y \rangle} + \frac{|\langle x, y \rangle|^2}{\langle y, y \rangle^2}\langle y, y \rangle \geqslant 0.$$

即得 (1.10) 式. □

例 1.2.19　在空间 $L^2(E)$ 中, 根据 Cauchy-Schwarz 不等式, 我们有

$$\left|\int_E f\bar{g}\,\mathrm{d}m\right| \leqslant \left(\int_E |f|^2\,\mathrm{d}m\right)^{\frac{1}{2}}\left(\int_E |g|^2\,\mathrm{d}m\right)^{\frac{1}{2}}.$$

同理, 在空间 l^2 中, 我们有

$$\left|\sum_{i=1}^{\infty} x_i \overline{y_i}\right|^2 \leqslant \sum_{i=1}^{\infty} |x_i|^2 \sum_{i=1}^{\infty} |y_i|^2.$$

定理 1.2.1　设 $x \in H$, 定义 $\|x\| = \sqrt{\langle x, x \rangle}$, 那么 $\|\cdot\|$ 是 H 上的一个范数.

证明　显然, 只要验证 $\|\cdot\|$ 满足次可加性 (因为范数的其他要求都可以从内积的性质直接推出). 对于 $x, y \in H$,

$$\begin{aligned}\|x + y\|^2 &= \langle x + y, x + y \rangle = \langle x, x \rangle + 2\mathrm{Re}\langle x, y \rangle + \langle y, y \rangle \\ &\leqslant \langle x, x \rangle + 2|\langle x, y \rangle| + \langle y, y \rangle \leqslant \|x\|^2 + 2\|x\|\|y\| + \|y\|^2 \\ &= (\|x\| + \|y\|)^2,\end{aligned}$$

所以 $\|x + y\| \leqslant \|x\| + \|y\|$. □

我们称 $\|x\| = \sqrt{\langle x, x \rangle}$ 是由内积导出的范数. 于是 H 在这个范数下成为赋范线性空

间. 进而这个范数又导出了空间上的度量. 之后, 内积空间中的极限、收敛等拓扑概念, 如无特殊申明都是指在这个度量的意义下. 特别地, 若内积空间 H 所导出的度量是完备的, 则称 H 是一个 **Hilbert (希尔伯特) 空间**.

Cauchy-Schwarz 不等式的一个直接的推论是, 若 x 和 y 均非零, 则

$$\frac{|\langle x,y \rangle|}{\|x\| \|y\|} \leqslant 1.$$

因此, 存在唯一角度 $\theta \in \left[0, \frac{\pi}{2}\right]$ 使得 $\cos\theta = \frac{|\langle x,y \rangle|}{\|x\| \|y\|}$, 我们称 θ 为 x 和 y 的 Hermite (埃尔米特) 夹角. $\theta = \frac{\pi}{2}$ 即为最要紧的垂直情形.

定义 1.2.4 如果内积空间 $(H, \langle \cdot, \cdot \rangle)$ 中两个向量 x, y 满足 $\langle x, y \rangle = 0$, 就说 x 与 y 正交, 记作 $x \perp y$.

直接计算我们就可以得到一般内积空间上的勾股定理.

定理 1.2.2 (勾股定理, Pythagoras 毕达哥拉斯定理) 对内积空间 H 中两个元素 x, y, 若 $x \perp y$, 则有

$$\|x + y\|^2 = \|x\|^2 + \|y\|^2.$$

最后再讨论范数与内积的一些关系.

引理 1.2.4 设 H 是内积空间, 那么内积关于两个变元是连续的. 即: 当 $x_n \to x, y_n \to y$ 时, 有 $\langle x_n, y_n \rangle \to \langle x, y \rangle$.

证明

$$|\langle x_n, y_n \rangle - \langle x, y \rangle| \leqslant |\langle x_n - x, y \rangle| + |\langle x_n, y_n - y \rangle|$$
$$\leqslant \|x_n - x\| \|y\| + \|x_n\| \|y_n - y\| \to 0. \qquad \square$$

当 H 是内积空间, $\|\cdot\|$ 是由内积所导出的范数时, 此时内积也可以用范数来表达. 设 $x, y \in H$. 当 H 是实内积空间时, 成立

$$\langle x, y \rangle = \frac{1}{4}\left(\|x + y\|^2 - \|x - y\|^2\right). \tag{1.12}$$

而当 H 是复内积空间时, 成立

$$\langle x, y \rangle = \frac{1}{4}\left(\|x + y\|^2 + \mathrm{i}\|x + \mathrm{i}y\|^2 - \|x - y\|^2 - \mathrm{i}\|x - \mathrm{i}y\|^2\right). \tag{1.13}$$

以上两条均可直接计算验证. 等式 (1.12) 及 (1.13) 称为极化恒等式, 是非常重要的等式.

引理 1.2.5 (平行四边形公式) 设 H 是内积空间, $\|\cdot\|$ 是由内积决定的范数, 则对任何 $x, y \in H$, 成立

$$\|x + y\|^2 + \|x - y\|^2 = 2(\|x\|^2 + \|y\|^2). \tag{1.14}$$

若 H 是二维实空间, 则等式 (1.14) 的几何意义是, 平行四边形中对角线长度的平方

和等于四边的长度平方和, 称其为平行四边形公式. 对一般的内积空间, 等式 (1.14) 也称为平行四边形公式. 引理 1.2.5 说明, 由内积决定的范数必须适合平行四边形公式.

平行四边形公式是内积空间中范数的特征性质.

定理 1.2.3 设 $(X,\|\cdot\|)$ 是赋范线性空间. 如果对 X 中任何元素 x,y, 都成立平行四边形公式 (1.14), 那么可以在 X 中定义内积 $\langle\cdot,\cdot\rangle$ 使得 $\|\cdot\|$ 是由内积 $\langle\cdot,\cdot\rangle$ 诱导的范数.

定理的证明留给读者作为练习, 可参考文献 [6] 6.1 节.

例 1.2.20 考虑空间 $L^\infty[0,1]$. 取 $f=1+x, g=1-x$, 则

$$\|f+g\|_\infty^2 + \|f-g\|_\infty^2 \neq 2(\|f\|_\infty^2 + \|g\|_\infty^2).$$

从而空间 $L^\infty[0,1]$ 不满足平行四边形法则, 其范数不能由内积诱导.

习题 1.2

1. 证明: 一个赋范线性空间上由范数定义的拓扑和线性空间结构是相适应的, 即: 加法运算和数乘运算都是连续的.

2. 取 $p \geqslant 1$. 设 $R_1, R_2, \cdots, R_n, \cdots$ 是一列赋范线性空间, $x=\{x_n\}$ 是一列元素, 其中 $x_n \in R_n$, $n=1,2,\cdots$, 且 $\sum_{n=1}^\infty \|x_n\|^p < \infty$. 这种元素列的全体记作 R, 类似通常的数列的加法及数乘运算, 在 R 中引入线性运算, 证明 R 是一线性空间. 如果又规定

$$\|x\| = \left(\sum_{n=1}^\infty \|x_n\|^p\right)^{\frac{1}{p}},$$

证明: R 按范数 $\|\cdot\|$ 成为赋范线性空间.

3. 设 L 是赋范线性空间, $L \times L$ 按照线性运算:

$$\alpha(x_1,y_1) + \beta(x_2,y_2) = (\alpha x_1 + \beta x_2, \alpha y_1 + \beta y_2)$$

成为线性空间. 在 $L \times L$ 上定义两个范数如下:

$$\|(x,y)\|_1 = \sqrt{\|x\|^2 + \|y\|^2}, \quad \|(x,y)\|_2 = \max\{\|x\|, \|y\|\}.$$

(i) 证明: $(L \times L, \|\cdot\|_1)$ 和 $(L \times L, \|\cdot\|_2)$ 都是赋范线性空间.

(ii) 作 $(L \times L, \|\cdot\|_1)$ 到 $(L \times L, \|\cdot\|_2)$ 的映射:

$$\varphi\colon (x,y) \mapsto (x',y'), \quad (x',y') = (x,y)\begin{pmatrix} a & b \\ c & d \end{pmatrix},$$

其中矩阵 $\begin{pmatrix} a & b \\ c & d \end{pmatrix}$ 是非奇异的. 证明: φ 是拓扑同胚 (即 φ 是到上的一一对应, 且 φ 和 φ^{-1} 都是连续的).

4. 证明: 赋范线性空间 $C^{(k)}[a,b], L^\infty[a,b], l^\infty$ 是完备的.

5. 证明: 赋范线性空间 c 是完备的.
6. 设 $C_b(0,1]$ 表示在半开半闭区间 $(0,1]$ 上处处连续且有界的函数全体. 对于每个 $x \in C_b(0,1]$, 令 $\|x\| = \sup\limits_{0<t\leqslant 1} |x(t)|$. 证明:
   (i) $\|x\|$ 是空间 $C_b(0,1]$ 上的范数; $C_b(0,1]$ 按 $\|\cdot\|$ 成为赋范线性空间;
   (ii) 在 $C_b(0,1]$ 中点列 $\{x_n\}$ 按范数 $\|\cdot\|$ 收敛于 x_0 的充要条件是 $\{x_n\}$ 在 $(0,1]$ 上一致收敛于 x_0.

定义 (等距映射) 设 $(X, d_X), (Y, d_Y)$ 是两个度量空间, f 是从 X 到 Y 的映射, 如果
$$d_Y(f(x), f(x')) = d_X(x, x'), \quad \forall x, x' \in X,$$
就称 f 是等距映射. 如果存在一个从 X 到 Y 中一一对应的、到上的等距映射, 就称度量空间 X 和 Y 是等距同构.

7. 证明: 有界实数列全体所成的赋范线性空间 l^∞ 与空间 $C_b(0,1]$ 的一个子空间是等距同构的.
8. 举出五个赋范线性空间的例子, 它们的范数都不能由内积诱导出.
9. 设 R 是 n 维线性空间, $\{e_1, e_2, \cdots, e_n\}$ 是 R 的一组基, 证明 $\langle \cdot, \cdot \rangle$ 成为 R 的内积的充要条件是存在 n 阶正定方阵 $A = (a_{ij})$, 使得
$$\left\langle \sum_{i=1}^n x_i e_i, \sum_{i=1}^n y_i e_i \right\rangle = \sum_{i,j=1}^n a_{ij} x_i \bar{y}_j.$$

10. 设 H 是内积空间. 如果 $x_1, x_2, \cdots, x_n$ 是 H 中的向量, 它们满足条件 $\langle x_i, x_j \rangle = \delta_{ij}$, 证明: $x_1, x_2, \cdots, x_n$ 是一组线性无关的向量.
11. 证明定理 1.2.3.

定义 设 H 是内积空间, 对于 $x \in H, A \subset H$, 若对每个 $y \in A$ 有 $x \perp y$, 则称 $x \perp A$. 并记
$$A^\perp = \{x \in \mathcal{H} : x \perp A\}.$$

12. 设 H 是一个 Hilbert 空间.
    (i) 对于 $x \in H, x \perp H$ 的充要条件是 $x = 0$.
    (ii) 对 H 中的子集 A, $A^\perp$ 是闭的线性子空间.
    (iii) 若子集 $M \subset N \subset H$, 则 $M^\perp \supset N^\perp$.
    (iv) 对线性空间 $M \subset H$, $M \cap M^\perp = \{0\}$.
    (v) 设 L 是由 H 的两个子集 M 和 N 张成的线性子空间, 证明 $L^\perp = M^\perp \cap N^\perp$.
13. 设 $R_1, R_2, \cdots, R_n, \cdots$ 是一列内积空间. 令 $R = \left\{ \{x_n\} : x_n \in R_n, \sum\limits_{n=1}^\infty \|x_n\|^2 < \infty \right\}$, 当 $\{x_n\}, \{y_n\} \in R$ 时, 规定
$$\alpha \{x_n\} + \beta \{y_n\} = \{\alpha x_n + \beta y_n\}, \quad \alpha, \beta \text{ 是数},$$
$$\langle \{x_n\}, \{y_n\} \rangle = \sum_{n=1}^\infty \langle x_n, y_n \rangle.$$

证明 R 是内积空间. 如果 $R_n(n = 1, 2, \cdots)$ 都是 Hilbert 空间, 证明 R 也是 Hilbert 空间. (空间 R 常记为 $\bigoplus_n R_n$.)

1.3 Hilbert 空间的正交系

在有限维的 Euclid 空间中, 向量除了模长 (范数) 之外, 还有一个很重要的概念——两个向量的夹角. 特别地, 当两个向量正交时, 我们就有勾股定理, 向量的投影, 等等. 而在赋范线性空间中, 并没有引进这个概念. 我们还知道, 向量的模长与夹角可以用更本质的量——向量的内积来描述, 从而利用内积可以在内积空间中建立 Euclid 几何学.

类似于 Euclid 空间中的正交坐标系, 在 Hilbert 空间中可引入正交系与正交基的概念, 它也是数学分析中正交函数系概念的拓广.

定义 1.3.1 设 $\mathfrak{F}$ 是 Hilbert 空间 H 中的一族非零向量,

(i) 如果 $\mathfrak{F}$ 中任何两个不同的向量都正交, 就称 $\mathfrak{F}$ 是 H 的**正交系**.

(ii) 如果正交系 $\mathfrak{F}$ 中每个向量的范数都等于 1, 就称 $\mathfrak{F}$ 是**标准正交系** (或规范正交系).

由定义立即可知, 如果 $\mathfrak{F}$ 是 Hilbert 空间 H 中的正交系 (标准正交系), 那么 $\mathfrak{F}$ 的任何子集也是 H 中的正交系 (标准正交系).

例 1.3.1 在 n 维 Euclid 空间 $\mathbb{R}^n$ 中,

$$e_1 = (1, 0, \cdots, 0), \quad e_2 = (0, 1, 0, \cdots, 0), \cdots, e_n = (0, 0, 0, \cdots, 1)$$

组成标准正交系.

例 1.3.2 在 l^2 中, 令 e_n 为在位置 n 取 1 其他位置取 0 的点列, 则 $\{e_1, e_2, \cdots, e_n, \cdots\}$ 为 l^2 的标准正交系.

例 1.3.3 在实 (或复) 周期函数空间 $L^2[0, 2\pi]$ 中, 规定内积为

$$\langle f, g \rangle = \frac{1}{2\pi} \int_0^{2\pi} f(x) \overline{g(x)} \mathrm{d}x, \quad \forall f, g \in L^2[0, 2\pi].$$

这时 $\{1, \sqrt{2}\cos x, \sqrt{2}\sin x, \sqrt{2}\cos 2x, \sqrt{2}\sin 2x, \cdots, \sqrt{2}\cos nx, \sqrt{2}\sin nx, \cdots\}$ 组成 $L^2[0, 2\pi]$ 的标准正交系.

例 1.3.4 在复空间 $L^2[0, 2\pi]$ 中, 直接计算可得 $\{\mathrm{e}^{\mathrm{i}nx} : n \in \mathbb{Z}\}$ 组成一组标准正交系.

另一个常用的研究周期函数的模型是圆周 $\mathbb{T} = \{z = \mathrm{e}^{\mathrm{i}x} : 0 \leqslant x < 2\pi\}$ 上的函数理论. 取 $\mathbb{T}$ 上标准化的弧长测度 $\dfrac{\mathrm{d}x}{2\pi}$, 容易证明 $L^2\left(\mathbb{T}, \dfrac{\mathrm{d}x}{2\pi}\right)$ 按内积

$$\langle f, g \rangle \stackrel{\text{def}}{=\!=} \int_{x \in [0, 2\pi)} f(\mathrm{e}^{\mathrm{i}x}) \overline{g(\mathrm{e}^{\mathrm{i}x})} \frac{\mathrm{d}x}{2\pi}, \quad \forall f, g \in L^2\left(\mathbb{T}, \frac{\mathrm{d}x}{2\pi}\right)$$

构成 Hilbert 空间, 且 $\{z^n = \mathrm{e}^{\mathrm{i}nx} : n \in \mathbb{Z}\}$ 是标准正交系. 这些结论也可以从 $\mathrm{e}^{\mathrm{i}x}$:

$[0, 2\pi) \to \mathbb{T}$ 所诱导的映射 $f(z) \to f(e^{ix})$ 是从 $L^2\left(\mathbb{T}, \dfrac{\mathrm{d}x}{2\pi}\right)$ 到 $L^2[0, 2\pi]$ 的空间同构得到.

在数学分析中,我们曾见到过 Fourier (傅里叶) 级数,对于函数 $f \in L^2[0, 2\pi]$,我们称

$$a_0(f) = \frac{1}{2\pi} \int_0^{2\pi} f(t)\mathrm{d}t = \langle f, 1 \rangle,$$

$$a_n(f) = \frac{1}{2\pi} \int_0^{2\pi} f(t)\sqrt{2}\cos nt\,\mathrm{d}t = \langle f, \sqrt{2}\cos nx \rangle,$$

$$b_n(f) = \frac{1}{2\pi} \int_0^{2\pi} f(t)\sqrt{2}\sin nt\,\mathrm{d}t = \langle f, \sqrt{2}\sin nx \rangle$$

为函数 f 关于三角函数系的 Fourier 系数. Fourier 级数中的主要问题就是研究 Fourier 系数 $a_n(f), b_n(f)$ 的性质以及部分和 $(S_n f)(x) = a_0(f) + \sum_{k=1}^{n} (a_k(f)\sqrt{2}\cos kx + b_k(f)\sqrt{2}\sin kx)$ 的收敛性.

这个概念可以作如下的推广:

定义 1.3.2 设 $\mathfrak{F}$ 是 Hilbert 空间 H 的一组标准正交系,$x \in H$,数集

$$\{\langle x, e \rangle : e \in \mathfrak{F}\}$$

称为向量 x 关于标准正交系 $\mathfrak{F}$ 的 Fourier 系数集,而 $\langle x, e \rangle$ 称为 x 关于 $e(e \in \mathfrak{F})$ 的 Fourier 系数.

定理 1.3.1 (Bessel (贝塞尔) 不等式) 设 $\mathfrak{F} = \{e_\lambda : \lambda \in \Lambda\}$ 是 Hilbert 空间 H 中的标准正交系.那么,对于每个 $x \in H$,它的 Fourier 系数 $\{\langle x, e_\lambda \rangle : \lambda \in \Lambda\}$ 中最多只有可列个不为零,并且还成立如下的 Bessel 不等式:

$$\sum_{\lambda \in \Lambda} |\langle x, e_\lambda \rangle|^2 \leqslant \|x\|^2. \tag{1.15}$$

证明 对于 $\mathfrak{F}$ 的任何有限子集 $\mathfrak{F}' = \{e_{k_1}, e_{k_2}, \cdots, e_{k_m}\}$,由于 $x - \sum_{i=1}^{m} \langle x, e_{k_i} \rangle e_{k_i} \perp \sum_{i=1}^{m} \langle x, e_{k_i} \rangle e_{k_i}$,根据勾股定理 1.2.2 可得

$$\|x\|^2 \geqslant \left\|\sum_{i=1}^{m} \langle x, e_{k_i} \rangle e_{k_i}\right\|^2 = \sum_{i=1}^{m} |\langle x, e_{k_i} \rangle|^2. \tag{1.16}$$

令 $\mathfrak{F}_n = \left\{e_\lambda \in \mathfrak{F} : |\langle x, e_\lambda \rangle| \geqslant \dfrac{1}{n}\right\}$. 如果 $\mathfrak{F}'$ 是从集合 $\mathfrak{F}_n$ 中任意选取的一个有限集,由 (1.16) 式得到 $\mathfrak{F}'$ 的元素个数 $|\mathfrak{F}'|$ 满足

$$|\mathfrak{F}'| \leqslant \sum_{e_\lambda \in \mathfrak{F}'} n^2 |\langle x, e_\lambda \rangle|^2 \leqslant n^2 \|x\|^2 < \infty.$$

特别地, $|\mathfrak{F}_n| \leqslant n^2 \|x\|^2 < \infty$. 因此, x 的 Fourier 系数不等于零的集合 $\mathfrak{F}'' = \bigcup_n \mathfrak{F}_n$ 是至多可列集. 并且这时有

$$\sum_{\lambda \in \Lambda} |\langle x, e_\lambda \rangle|^2 = \sum_{e_\lambda \in \mathfrak{F}''} |\langle x, e_\lambda \rangle|^2 = \lim_{n \to \infty} \sum_{e_\lambda \in \mathfrak{F}_n} |\langle x, e_\lambda \rangle|^2 \leqslant \|x\|^2. \qquad \Box$$

Bessel 不等式表示向量 x 在 $\mathfrak{F}$ 中每个标准向量 e_λ 上投影 $\langle x, e_\lambda \rangle e_\lambda$ 的 "长度" 平方的和不超过 x 的 "长度" 平方. 同时, 它也蕴涵了下面的推论.

推论 1.3.1 设 $\{e_n\}$ 是 Hilbert 空间 H 中的标准正交系, 那么对任何 $x \in H$, 有

$$\lim_{n \to \infty} \langle x, e_n \rangle = 0.$$

这个推论在 $L^2[0, 2\pi]$ 中用于标准正交三角函数系的情况下, 就是 Riemann-Lebesgue (黎曼–勒贝格) 引理.

1.3.1 Hilbert 空间的正交基

Bessel 不等式什么时候成为等式? 为了研究这个问题, 我们引入下面的定义.

定义 1.3.3 设 $\mathfrak{F} = \{e_\lambda : \lambda \in \Lambda\}$ 是 Hilbert 空间 H 中的标准正交系, 对于 $x \in H$, 级数 $\sum_{\lambda \in \Lambda} \langle x, e_\lambda \rangle e_\lambda$ 称为向量 x 关于 $\mathfrak{F}$ 的 Fourier 级数, 或 Fourier 展开式. 当 $x = \sum_{\lambda \in \Lambda} \langle x, e_\lambda \rangle e_\lambda$ 成立时, 就称 x 关于 $\mathfrak{F}$ 可以展开成 Fourier 级数.

注 1.3.1 对于任意指标的求和 $\sum_{\lambda \in \Lambda} c_\lambda$, 一般性的定义为: 取定向集 $A = \{\Lambda$ 中的有限子集$\}$ 以及定义 A 上的序关系 "$F_1 \prec F_2$" 为 $F_1 \subseteq F_2$, 那么

$$\sum_{\lambda \in \Lambda} c_\lambda = \lim_{F \in A} \sum_{\lambda \in F} c_\lambda.$$

在定义 1.3.3 的使用中, 为避免使用太多定向集和网的讨论, 注意到 $\{e_\lambda : \langle x, e_\lambda \rangle \neq 0\}$ 是可数集, 将其排列为一个序列 $\{e_{\lambda_1}, e_{\lambda_2}, \cdots, e_{\lambda_n}, \cdots\}$. 根据 Bessel 不等式 $\sum_{n=1}^\infty |\langle x, e_{\lambda_n} \rangle|^2 < \infty$, 再由

$$\left\| \sum_{k=n+1}^m \langle x, e_{\lambda_k} \rangle e_{\lambda_k} \right\|^2 = \sum_{k=n+1}^m |\langle x, e_{\lambda_k} \rangle|^2,$$

可知 $\left\{ \sum_{k=1}^n \langle x, e_{\lambda_k} \rangle e_{\lambda_k} \right\}_n$ 是 H 中的基本点列, 因此其极限存在. 同时, 也可以说明这个极限与可数集 $\{e_\lambda : \langle x, e_\lambda \rangle \neq 0\}$ 所取的排列顺序无关 (见习题 1.3

第 8 题). 因此, 可合理定义
$$\sum_{\lambda \in \Lambda} \langle x, e_\lambda \rangle e_\lambda = \lim_{n \to \infty} \sum_{k=1}^{n} \langle x, e_{\lambda_k} \rangle e_{\lambda_k}.$$

并由定义得
$$\left\| \sum_{\lambda \in \Lambda} \langle x, e_\lambda \rangle e_\lambda \right\|^2 = \lim_{n \to \infty} \sum_{k=1}^{n} |\langle x, e_{\lambda_k} \rangle|^2 = \sum_{\lambda \in \Lambda} |\langle x, e_\lambda \rangle|^2.$$

若记 $\text{span}\{e_\lambda\}_{\lambda \in \Lambda}$ 为由 $\{e_\lambda\}_{\lambda \in \Lambda}$ 线性表示的元素全体构成的线性空间, 这个空间的极限点全体构成的闭线性空间记为 $\overline{\text{span}}\{e_\lambda\}_{\lambda \in \Lambda}$, 由上面的定义即得 $\sum_{\lambda \in \Lambda} \langle x, e_\lambda \rangle e_\lambda \in \overline{\text{span}}\{e_\lambda\}_{\lambda \in \Lambda}$.

定理 1.3.2 设 $\mathfrak{F} = \{e_\lambda : \lambda \in \Lambda\}$ 是 Hilbert 空间 H 中的标准正交系, 下列命题等价:

(i) 对 H 中任意元素 x, 有 $x = \sum_{\lambda \in \Lambda} \langle x, e_\lambda \rangle e_\lambda$;

(ii) $\overline{\text{span}}\{e_\lambda : \lambda \in \Lambda\} = H$;

(iii) $\{e_\lambda : \lambda \in \Lambda\}$ 是**完全**的, 即: 若 $x \in H$ 满足 $x \perp e_\lambda (\forall \lambda \in \Lambda)$, 则 $x = 0$;

(iv) $\{e_\lambda : \lambda \in \Lambda\}$ 是**完备**的, 即: 对 H 中任意元素 x, Parseval (帕塞瓦尔) 等式 $\|x\|^2 = \sum_{\lambda \in \Lambda} |\langle x, e_\lambda \rangle|^2$ 成立.

我们称满足上述条件之一的标准正交系为 Hilbert 空间 H 中的一组**标准正交基** (或**规范正交基**).

证明 (i) $\Rightarrow$ (ii): 由注 1.3.1 中讨论可得.

(ii) $\Rightarrow$ (iii): 设 H 中元素 x 满足 $x \perp e_\lambda (\forall \lambda \in \Lambda)$. 由内积的线性性质可得, 对任何 $y \in \text{span}\{e_\lambda\}_{\lambda \in \Lambda}$, 存在正整数 n 及数 $c_1, c_2, \cdots, c_n$ 使得 $y = \sum_{i=1}^{n} c_i e_i$, 则

$$\langle x, y \rangle = \sum_{i=1}^{n} \overline{c_i} \langle x, e_i \rangle = 0.$$

这就是说 $x \perp y$. 再由内积连续性, 对每个 $y \in \overline{\text{span}}\{e_\lambda\}_{\lambda \in \Lambda} = \mathcal{H}$, 可取 $y_n \in \text{span}\{e_\lambda\}_{\lambda \in \Lambda}$ 且 y_n 按范数收敛于 y, 则

$$\langle x, y \rangle = \lim_{n \to \infty} \langle x, y_n \rangle = 0,$$

故 $x \perp y$. 特别地, $x \perp x$. 从而 $\langle x, x \rangle = 0$, 即 $x = 0$.

(iii) $\Rightarrow$ (iv): 对于 $x \in H$, 令 $y = \sum_{\lambda \in \Lambda} \langle x, e_\lambda \rangle e_\lambda \in \mathcal{H}$, 则对任意 $\lambda \in \Lambda$,

$$\langle x - y, e_\lambda \rangle = \langle x, e_\lambda \rangle - \langle y, e_\lambda \rangle = 0,$$

即 $x - y \perp e_\lambda$. 由条件 (iii) 得 $x - y = 0$. 从而
$$\|x\|^2 = \|y\|^2 = \sum_{\lambda \in \Lambda} |\langle x, e_\lambda \rangle|^2.$$

(iv) $\Rightarrow$ (i): 对任意 $x \in H$, 令 $y = \sum_{\lambda \in \Lambda} \langle x, e_\lambda \rangle e_\lambda$, 显然 $x - y \perp y$. 再由勾股定理得 $\|x - y\|^2 = \|x\|^2 - \|y\|^2 = 0$. 从而, $x = y = \sum_{\lambda \in \Lambda} \langle x, e_\lambda \rangle e_\lambda$. □

例 1.3.5 在 l^2 中, 令 e_n 为在位置 n 取 1 其他位置取 0 的数列, 则标准正交系 $\{e_1, e_2, \cdots, e_n, \cdots\}$ 是完全的, 因此为 l^2 的一组标准正交基. 实际上, 若 x 垂直于这组标准正交系, 则对任意正整数 n, 有 $x_n = \langle x, e_n \rangle = 0$, 即 $x = 0$.

例 1.3.6 $L^2[0, 2\pi]$ 中 $\mathfrak{F} = \{1, \cdots, \sqrt{2}\sin nx, \sqrt{2}\cos nx, \cdots\}$ 是一组标准正交基. 从而, 我们有
$$\|f\|^2 = \sum_{e \in \mathfrak{F}} |\langle f, e \rangle|^2, \quad \forall f \in L^2[0, 2\pi]$$
成立, 这就是数学分析中所陈述的 Parseval 等式. 而右端和的通项收敛于 0, 就是 Fourier 级数的 Riemann-Lebesgue 引理:
$$\lim_{n \to \infty} \int_0^{2\pi} f(x) \sin nx \mathrm{d}x = 0; \quad \lim_{n \to \infty} \int_0^{2\pi} f(x) \cos nx \mathrm{d}x = 0. \tag{1.17}$$

证明 只需说明标准正交系 $\mathfrak{F}$ 满足条件 (ii), 即 $\overline{\mathrm{span}}\{e : e \in \mathfrak{F}\} = L^2[0, 2\pi]$. 将
$$C_c^\infty(0, 2\pi) = \{f \in C[0, 2\pi] : f \text{无限阶可微}, \overline{\{f \neq 0\}} \text{在} (0, 2\pi) \text{中紧}\}$$
简记为 C_c^∞. 由实变函数理论知 $L^2[0, 2\pi]$ 中点可用 C_c^∞ 中函数逼近 (完整证明也可见例 1.4.6).

对任意 $f \in C_c^\infty$, 使用两次分部积分有如下的 f, f'' 的 Fourier 系数关系:
$$\begin{aligned} a_n(f) &= \frac{1}{2\pi} \int_0^{2\pi} f(t) \sqrt{2} \cos nt \mathrm{d}t \\ &= -\frac{1}{2\pi n} \int_0^{2\pi} f'(t) \sqrt{2} \sin nt \mathrm{d}t \\ &= -\frac{1}{2\pi n^2} \int_0^{2\pi} f''(t) \sqrt{2} \cos nt \mathrm{d}t = -\frac{a_n(f'')}{n^2}. \end{aligned}$$

故此 $|a_n(f)| \leqslant \dfrac{\|f''\|}{n^2}$, 同理可得 $|b_n(f)| \leqslant \dfrac{\|f''\|}{n^2}$. 这说明当 $n \to \infty$ 时, 部分和
$$(S_n f)(x) = \frac{1}{2\pi} \int_0^{2\pi} f(t) \mathrm{d}t + \sum_{k=1}^n (a_k(f) \sqrt{2} \cos kx + b_k(f) \sqrt{2} \sin kx)$$

在 $[0, 2\pi]$ 上一致收敛. 再由数学分析中的 Dini-Lipschitz (迪尼 - 利普希茨) 判别法知, $S_n f$ 点态收敛于 f. 这意味着 $\|S_n f - f\| \to 0$, 从而 $f \in \overline{\mathrm{span}}\{e : e \in \mathfrak{F}\}$. 由 $\overline{C_c^\infty} =$

$L^2[0,2\pi]$ 即得所需结论. □

根据定理 1.3.2, 对任何 $f \in L^2[0,2\pi]$, 有

$$f = a_0 + \sqrt{2}\sum_{n=1}^{\infty}(a_n \cos nt + b_n \sin nt). \tag{1.18}$$

(1.18) 式的右边级数正是数学分析中所说的 f 的 Fourier 级数. 必须注意, (1.18) 式右边级数的部分和是按照 Hilbert 空间 $L^2[0,2\pi]$ 中的范数收敛于 f, 换句话说, f 的 Fourier 级数的部分和平方平均收敛于 f. 按定义, 这并不意味着下式成立:

$$\lim_{n\to\infty}\left[a_0 + \sqrt{2}\sum_{k=1}^{n}(a_k \cos kt + b_k \sin kt)\right] \stackrel{.}{\underset{m}{=}} f. \tag{1.19}$$

在 1915 年, Luzin (卢津) 猜测: 对 $L^2(\mathbb{T})$ 中的函数 f, (1.19) 式是成立. 这个猜测一直是三角级数中一个重要的课题. Kolmogorov (科尔莫哥罗夫) 首先于 1923 年构造性地给出了一个 $L^1(\mathbb{T})$ 的函数, 它的部分和是几乎处处点点发散的. 1966 年, L. Carleson (卡勒松) 证明了 Luzin 猜测是正确的. 紧接着在 1967 年, R. A. Hunt (亨特) 证明: 对于 $L^p[0,2\pi](p>1)$ 中的函数, 它的 Fourier 级数也是几乎处处收敛的. 这方面的结果是三角级数理论的一个重要突破.

例 1.3.7 由例 1.3.6 与 Euler (欧拉) 公式, 在复空间 $L^2[0,2\pi]$ 中, $\{e^{inx}: n \in \mathbb{Z}\}$ 是一组标准正交基. 这就是说, $\{z^n = e^{inx}: n \in \mathbb{Z}\}$ 也是 $L^2\left(\mathbb{T}, \dfrac{dx}{2\pi}\right)$ 的标准正交基.

对于 $f \in L^2[0,2\pi]$, 若令

$$f(n) = \langle f, e^{inx}\rangle = \int_0^{2\pi} f(x)e^{-inx}\frac{dx}{2\pi},$$

则有 $\|f\|^2 = \sum_{n=-\infty}^{\infty}|f(n)|^2$. 这说明 $f \mapsto \{f(n): n \in \mathbb{Z}\}$ 是 $L^2[0,2\pi]$ 到 $l^2(\mathbb{Z})$ 上的一个同构.

例 1.3.8 (Legendre (勒让德) 多项式) 在 $L^2[-1,1]$ 中, 函数列 $g_k(x) = x^k (k = 0, 1, 2, \cdots)$ 是线性无关的. 因此可以用 Gram-Schmidt (格拉姆–施密特) 方法将 $\{g_k\}$ 化成标准正交的:

$$h_0 = \frac{g_0}{\|g_0\|}, \quad h_1 = \frac{g_1 - \langle g_1, h_0\rangle h_0}{\|g_1 - \langle g_1, h_0\rangle h_0\|}, \cdots.$$

显然 h_k 依旧是 k 次的多项式. 可是要用直接计算的方法算出函数 h_k 是比较麻烦的, 因此对许多具体问题往往还要用一些特殊的方法.

实际上, 可以证明 Legendre 多项式

$$P_0(x) = 1, P_n(x) = \frac{1}{2^n n!}\frac{d^n}{dx^n}(x^2-1)^n, \quad n = 1, 2, \cdots$$

是 $L^2[-1,1]$ 中的正交多项式系. 将 Legendre 多项式单位化得到

$$h_0(x) = \frac{1}{\sqrt{2}}, \quad h_n(x) = \frac{1}{2^n n!}\sqrt{\frac{2n+1}{2}}\frac{\mathrm{d}^n}{\mathrm{d}x^n}(x^2-1)^n, \quad n=1,2,\cdots$$

就是 $\{g_n\}$ 经过 Gram-Schmidt 过程得到的正交向量系. 又由于多项式全体在 $L^2[-1,1]$ 中稠密 (见例 1.4.6), 因此 $\{h_n : n = 0,1,\cdots\}$ 构成了一组标准正交基 (见习题 1.3 第 5 题).

例 1.3.9 令 H_n 为 Hermite 多项式 $(-1)^n \mathrm{e}^{t^2}\frac{\mathrm{d}^n}{\mathrm{d}t^n}\mathrm{e}^{-t^2}$, 作

$$\psi_n(t) = \left(2^n n! \sqrt{\pi}\right)^{-\frac{1}{2}} \mathrm{e}^{-\frac{t^2}{2}} H_n(t),$$

则 $\psi_n(t)(n=0,1,2,\cdots)$ 组成 $L^2(\mathbb{R}, \mathrm{e}^{-x^2}\mathrm{d}m(x))$ 中的完备标准正交系.

令 $L_n(t)$ 为 Laguerre (拉盖尔) 多项式 $\mathrm{e}^t \frac{\mathrm{d}^n}{\mathrm{d}t^n}(t^n \mathrm{e}^{-t})$, 则

$$\frac{1}{n!}\mathrm{e}^{-\frac{t}{2}}L_n(t)(n=0,1,\cdots)$$

组成 $L^2((0,\infty), \mathrm{e}^{-x}\mathrm{d}m(x))$ 中的完备标准正交系. 相关证明及更多正交多项式的内容可参见文献 [21].

下面给出了任意 Hilbert 空间标准正交基的存在性结果.

定理 1.3.3 设 A 是 Hilbert 空间 H 的标准正交系, 则 A 可扩张为 H 的一组标准正交基.

在这个命题的证明中, 我们需要用到 Zorn (佐恩) 引理: 设 $(D, \prec)$ 是一个偏序集. 若对任意全序子集 $M \subset D$, 均存在上界 $a \in D$ 使得对每个 $b \in M$, $b \prec a$, 那么 D 存在极大元.

证明 考虑 $\mathcal{F} = \{B : B$ 是 H 中的标准正交系, $B \supseteq A\}$. 由于 $A \in \mathcal{F}$, 从而 $\mathcal{F}$ 非平凡, 容易验证包含关系是其上的一个偏序.

对于 $\mathcal{F}$ 的全序子集 $M = \{B_\mu : \mu \in \Gamma\}$, 定义 $B = \bigcup_{\mu \in \Gamma} B_\mu$, 则 B 是 M 的上界. 只需说明 $B \in \mathcal{F}$: 对任意 $e, f \in B$, 设 $e \in B_{\mu_1}, f \in B_{\mu_2}$. 不妨设 $B_{\mu_1} \subseteq B_{\mu_2}$, 则 $e, f \in B_{\mu_2}$, 故 $e \perp f$. 所以 $B \in \mathcal{F}$, 这就说明了 B 是 M 的上界.

由 Zorn 引理, $\mathcal{F}$ 中存在极大元 C, 则 C 是完全的, 从而就找到了 $\mathcal{H}$ 中由 A 扩张的一组标准正交基. 事实上, 若 C 不是完全的, 则存在 $0 \neq f \in H$ 使得 $f \perp e(\forall e \in C)$. 但这时正交系 $C \cup \left\{\frac{f}{\|f\|}\right\} \in \mathcal{F}$, 与 C 的极大性矛盾. □

一个 Hilbert 空间上可以有很多组不同的标准正交基, 但是由集合论的知识可知, 两组标准正交基的势总是一样的. 而且, Hilbert 空间本质上由标准正交基的势唯一确定. 具体来说, 两个 Hilbert 空间 H_1 与 H_2 是 (保持内积线性) 空间同构的充要条件是它们的标准正交基的势是相同的 (见习题 1.3 第 2 题).

1.3.2 投影定理

在 Euclid 空间的几何学中, 投影是极为重要的概念. 对点 x 及线性子空间 L, 可以找到 L 中一点 x_0 使得 $x - x_0$ 垂直于 L, 并且垂足 x_0 恰好为 L 中到 x 距离最近的点. 我们同样可以把投影的概念推广到内积空间中.

定理 1.3.4 (投影定理) 设 M 是 Hilbert 空间 H 的闭线性子空间, 那么, 对任何 $x \in H$, 存在唯一 $x_0 \in M, x_1 \perp M$ 使 $x = x_0 + x_1$. 这种分解称为正交分解, x_0 称为 x 在 M 上的**正交投影**. 特别地, 当 $x \in M$ 时, $x_0 = x$.

证明 存在性. 由于 M 是 Hilbert 空间 H 的闭线性子空间, 则 $(M, \langle \cdot, \cdot \rangle)$ 是一个完备的内积空间. 设 $\{e_\lambda\}_{\lambda \in \Lambda_1}$ 是 M 的正交基. 根据定理 (1.3.3), 存在 $\Lambda_2 \supset \Lambda_1, \{e_\lambda\}_{\lambda \in \Lambda_2}$ 是 H 的一组正交基. 则对任意的 $x \in H$,

$$x = \sum_{\lambda \in \Lambda_2} \langle x, e_\lambda \rangle e_\lambda = \sum_{\lambda \in \Lambda_1} \langle x, e_\lambda \rangle e_\lambda + \sum_{\lambda \in \Lambda_2 \setminus \Lambda_1} \langle x, e_\lambda \rangle e_\lambda.$$

显然, $\sum_{\lambda \in \Lambda_1} \langle x, e_\lambda \rangle e_\lambda \in M, \sum_{\lambda \in \Lambda_2 \setminus \Lambda_1} \langle x, e_\lambda \rangle e_\lambda \in M^\perp$.

唯一性. 如果 $x = y_0 + y_1$ 是 x 的另外一个正交分解, $y_0 \in M, y_1 \perp M$, 那么

$$x_0 - y_0 = y_1 - x_1.$$

所以

$$\|x_0 - y_0\|^2 = \langle x_0 - y_0, x_0 - y_0 \rangle = \langle x_0 - y_0, y_1 - x_1 \rangle$$
$$= \langle x_0 - y_0, y_1 \rangle - \langle x_0 - y_0, x_1 \rangle = 0,$$

因此, $y_0 = x_0, y_1 = x_1$. □

投影定理是 Hilbert 空间理论中极其重要的一个基本定理. 由投影定理, 我们可以得到: Hilbert 空间 H 可以分解成正交和 $H = M \oplus M^\perp$.

M 在 H 中的正交补空间 $M^\perp$ 经常记为 $H \ominus M$. 更一般地, 如果 M, N 为 H 的两个闭线性子空间, $M \subset N$, 定义 $N \ominus M = N \cap M^\perp$, 那么我们有 $N = M \oplus (N \ominus M)$.

推论 1.3.2 设 M 是 Hilbert 空间 H 中的闭线性子空间, 而且 $M \neq H$, 那么 $M^\perp$ 中有非零元素.

推论 1.3.3 设 H 是 Hilbert 空间, M 是 H 的线性子空间, 那么 $\overline{M} = (M^\perp)^\perp$. 特别地, $M^\perp = \{0\}$ 的充要条件是 M 在 H 中稠密.

证明 显然 $M \subset (M^\perp)^\perp$. 由于 $(M^\perp)^\perp$ 是 H 的闭线性子空间, 而 $\overline{M}$ 是包含 M 的最小闭集, 所以 $\overline{M} \subset (M^\perp)^\perp$.

若 $\overline{M}$ 是 $(M^\perp)^\perp$ 的真子空间, 则存在非零向量 $x \in (M^\perp)^\perp \ominus \overline{M} = \overline{M}^\perp \cap (M^\perp)^\perp$. 注意到 $\overline{M}^\perp \subset M^\perp$, 所以 $x \perp x$, 这与 $x \neq 0$ 矛盾. 因此 $\overline{M} = (M^\perp)^\perp$. □

在上述投影定理的证明中, 需要使用公理集合论中的 Zorn 引理. 我们也可以使用几何的方法给出一个直接的证明.

定义 1.3.4 设 A 是线性空间 X 的一个子集, 若对于任意的 $x, y \in A$ 以及 $0 < t < 1$, 都有 $tx + (1-t)y \in A$, 则称 A 是一个凸集.

定理 1.3.5 设 M 是 Hilbert 空间 H 的一个闭凸子集, 则对任意 $x \in H$, 存在唯一的 $x_0 \in M$, 使得 $\|x - x_0\| = \inf\limits_{y \in M} \|x - y\|$.

证明 先证明存在性. 记 $d = \inf\limits_{y \in M} \|x - y\|$. 取 $\{x_n\} \subset M$, 使得 $\|x - x_n\| \to d$. 由平行四边形法则得

$$2(\|x - x_n\|^2 + \|x - x_m\|^2) = 4\left\|x - \frac{x_n + x_m}{2}\right\|^2 + \|x_n - x_m\|^2.$$

移项得到

$$\begin{aligned}\|x_n - x_m\|^2 &= 2\|x - x_m\|^2 + 2\|x - x_n\|^2 - 4\left\|x - \frac{x_n + x_m}{2}\right\|^2 \\ &\leqslant 2\|x - x_m\|^2 + 2\|x - x_n\|^2 - 4d^2 \to 0.\end{aligned} \quad (1.20)$$

所以 $\{x_n\}$ 是 H 中的一个 Cauchy 列. 故存在 $x_0 \in M$ 使得 $x_n \to x_0$, 从而 $\|x - x_0\| = d$.

再证明唯一性. 若 M 中的点 $\overline{x_0}$ 满足 $\|x - \overline{x_0}\| = d$. 根据 (1.20) 式,

$$\|x_0 - \overline{x_0}\|^2 \leqslant 2\|x - x_0\|^2 + 2\|x - \overline{x_0}\|^2 - 4d^2 \leqslant 0.$$

于是 $x_0 = \overline{x_0}$, 唯一性得证. □

当 M 还是 Hilbert 空间 H 的闭线性子空间时, 对任意 $x \in H$, 取 $x_0 \in M$ 达到 x 到 M 的距离 $d = \inf\limits_{y \in M} \|x - y\|$. 那么, x_0 就是 x 到 M 上的正交投影. 要说明这一点, 只需证明 $x - x_0 \perp M$. 事实上, 任取 $z \in M$, 注意到 $x_0 + tz \in M (\forall \text{ 数 } t)$, 则有

$$d^2 \leqslant \|x - x_0 - tz\|^2 = \|x - x_0\|^2 - 2\mathrm{Re}\langle \overline{t}(x - x_0), z\rangle + |t|^2 \|z\|^2.$$

从而不等式

$$0 \leqslant -2\mathrm{Re}\langle \overline{t}(x - x_0), z\rangle + |t|^2 \|z\|^2$$

恒成立. 唯一的可能即为 $\langle x - x_0, z\rangle = 0$, 这就证明了 $x - x_0 \perp M$.

由上面的讨论, 我们再次得到了投影定理.

推论 1.3.4 (投影定理) 设 M 是 Hilbert 空间 $\mathcal{H}$ 的一个闭线性子空间, 则对于任意的 $x \in \mathcal{H}$, 存在唯一的 $x_0 \in M$, 使得 $\|x - x_0\| = d(x, M)$, 并且 $x_0 \perp x - x_0$.

推论 (1.3.4) 说明用 M 中的元 y 来逼近 x 时, 当且仅当 y 等于 x 在 M 上的投影 x_0 时, 逼近的程度最好. 投影的这个性质常常被用来研究最佳逼近问题, 也是凸分析理论的基础之一.

习题 1.3

1. 设 $\mathfrak{F} = \{e_\lambda : \lambda \in \Lambda\}$ 是 Hilbert 空间 H 的标准正交基. 证明: 对任何 $x, y \in H$,
$$\langle x, y \rangle = \sum_{\lambda \in \Lambda} \langle x, e_\lambda \rangle \overline{\langle y, e_\lambda \rangle}.$$

2. 设 $\{e_\lambda : \lambda \in \Lambda\}$ 是 Hilbert 空间 H 上的标准正交基. 定义线性空间
$$\widetilde{H} = \left\{ f \text{ 是 } \Lambda \text{ 上函数} : \sum_{\lambda \in \Lambda} |f(\lambda)|^2 < \infty \right\},$$
并规定 $\widetilde{H}$ 上内积为
$$\langle f, g \rangle = \sum_{\lambda \in \Lambda} f(\lambda) \overline{g(\lambda)}, \quad \forall f, g \in \widetilde{H}.$$
证明 $\widetilde{H}$ 按 $\langle \cdot, \cdot \rangle$ 成为 Hilbert 空间, 并且和 H 是 (保持内积线性) 同构的. 从而说明, 两个 Hilbert 空间 H_1 与 H_2 是 (保持内积线性) 空间同构的充要条件是它们的标准正交基的势相同.

3. 令 $L^2([0, 2\pi] \times [0, 2\pi])$ 上的内积为
$$\langle f, g \rangle = \iint_{[0,2\pi] \times [0,2\pi]} f(x,y) \overline{g(x,y)} \frac{\mathrm{d}x \mathrm{d}y}{4\pi^2}.$$
证明: $\{\mathrm{e}^{\mathrm{i}mx} \mathrm{e}^{\mathrm{i}ny} : m, n \in \mathbb{Z}\}$ 构成 $L^2([0, 2\pi] \times [0, 2\pi])$ 的一组标准正交基.

4. 设 X 是一个线性空间, 证明: X 中存在一组 Hamel 基.

5. 基本假设如例 1.3.8, 证明:
    (i) $\{h_n : n = 0, 1, \cdots, n\}$ 是一组标准正交系;
    (ii) $\{h_n : n = 0, 1, \cdots, n\}$ 是一组标准正交基.

6. 设 $\mathbb{D} = \{z : z \in \mathbb{C}, |z| < 1\}$ 是复平面中的开单位圆盘. 令
$$L_a^2(\mathbb{D}) = \left\{ f : f \text{ 在 } \mathbb{D} \text{ 中解析, 并且} \frac{1}{\pi} \int_{\mathbb{D}} |f(z)|^2 \, \mathrm{d}A(z) < +\infty \right\}.$$
在 $L_a^2(\mathbb{D})$ 中定义内积:
$$\langle f, g \rangle = \frac{1}{\pi} \int_{\mathbb{D}} f(z) \overline{g(z)} \mathrm{d}A(z).$$
证明 $L_a^2(\mathbb{D})$ 是 Hilbert 空间 (称为 Bergman (伯格曼) 空间), 并且有标准正交基:
$$e_n(z) = \sqrt{n+1} z^n, \quad n = 0, 1, 2, \cdots.$$

7. 设 $\omega(t)$ 是 $\mathbb{R}$ 上 Lebesgue 可积的非负函数. 令
$$H = \left\{ f \text{ 是 } \mathbb{R} \text{ 上 Lebesgue 可测函数} : \int_{\mathbb{R}} |f(t)|^2 \omega(t) \mathrm{d}t < \infty \right\}$$
证明: H 按通常函数的线性运算以及内积
$$\langle f, g \rangle = \int_{\mathbb{R}} f(t) \overline{g(t)} \omega(t) \mathrm{d}t, \quad \forall f, g \in H$$

成为 Hilbert 空间.

8. 设 $\mathcal{F} = \{e_1, e_2, \cdots, e_n, \cdots\}$ 是 Hilbert 空间 $(H, \langle \cdot, \cdot \rangle)$ 的一组标准正交系, 将 $\mathcal{F}$ 重排成另一个序列 $\{e_1', e_2', \cdots, e_n', \cdots\}$. 证明: 对于 $x \in H$,
$$\lim_{n \to \infty} \sum_{k=1}^{n} \langle x, e_k \rangle e_k = \lim_{n \to \infty} \sum_{k=1}^{n} \langle x, e_k' \rangle e_k'.$$

9. 设 H 是 Hilbert 空间, L 是一个可数维的 (即 Hamel 基的势是可数的) 线性子空间, 若 $\overline{L} = H$, 则 H 存在由 L 中的向量组成的标准正交基.

10. 令 $f_0 = 1 + \sum_{n=1}^{\infty} \dfrac{1}{n}(\cos nx + \sin nx)$. 设 H 是 $L^2[0, 2\pi]$ 中由
$$\{f_0, \cos x, \sin x, \cdots, \cos nx, \sin nx, \cdots\}$$
张成的线性子空间. 给出 H 中的一组完全标准正交系, 但不是完备的.

11. 设 $(\mathcal{H}, \langle \cdot, \cdot \rangle)$ 是内积空间, $\{e_\lambda\}_{\lambda \in \Lambda}$ 是内积空间中的一组标准正交系, 则下列条件等价:
   (i) $\overline{\operatorname{span}}\{e_\lambda\}_{\lambda \in \Lambda} = \mathcal{H}$;
   (ii) 对任意 $x \in H$, $\sum_{\lambda \in \Lambda} |\langle x, e_\lambda \rangle|^2$ 存在且等于 $\|x\|^2$;
   (iii) 对任意 $x \in H$, $\sum_{\lambda \in \Lambda} \langle x, e_\lambda \rangle e_\lambda$ 存在且等于 x.

12. 设 $\{x_0^i, x_1^i, \cdots, x_n^i\}$ $(i = 1, 2, \cdots, m)$ 是已知的实数组. 利用投影定理求实数 $\alpha_1, \alpha_2, \cdots, \alpha_n$ 使得
$$\sum_{i=1}^{m} \left(x_0^i - \sum_{j=1}^{n} x_j^i \alpha_j \right)^2$$
达到极小.

13. 举例说明投影定理 1.3.4 对于一般的内积空间不成立.

1.4 度量空间中的点集

本节将直线上点集的极限点、开集、闭集以及稠密性等概念推广到一般的度量空间中. 由于大多数定义的叙述和定理的证明几乎可以平行地移植过来, 因此, 我们在此只作简短陈述.

开集、闭集和连续映射

类似于直线上点集的内点, 我们引入如下的概念:

定义 1.4.1 设 A 是度量空间 (X, d) 中的点集, $x_0 \in A$.

(i) 如果存在 $r > 0$ 使得 $\{x \in X : d(x, x_0) < r\} \subseteq A$, 则称 x_0 是 A 的内点.

(ii) A 的内点全体构成的点集称为 A 的 (拓扑) 内部, 记作 A°.

(iii) 如果 A 中每一点都是 A 的内点, 就称 A 是开集.

(iv) 规定空集也是开集.

例 1.4.1 在度量空间 (X, d) 中, 对于 $x_0 \in X, r > 0$, 集 $O(x_0, r) = \{x \in X : d(x, x_0) < r\}$ 称为开球, 也叫做 x_0 的 $r-$ 邻域. 容易看出, 开球 $O(x_0, r)$ 是开集.

这是因为, 如果 $z \in O(x_0, r)$, 那么 $d(z, x_0) < r$. 取正数 $\varepsilon < r - d(z, x_0)$, 则当 $d(x, z) < \varepsilon$ 时, $d(x, x_0) \leqslant d(x, z) + d(z, x_0) < r$. 因此, $O(z, \varepsilon) \subset O(x_0, r)$. 因而 $O(x_0, r)$ 中每一点都是自己的内点, 所以球 $O(x_0, r)$ 是开集.

定义 1.4.2 设 (X, d) 是度量空间, $x_0 \in X$. X 中包含 x_0 的任何开集 G 都称为 x_0 的邻域.

对度量空间 (X, d) 中点 x_0, 容易看出 $\left\{O\left(x_0, \dfrac{1}{n}\right) : n = 1, 2, \cdots\right\}$ 是 x_0 的一组邻域基, 即任何含有点 x_0 的开集都包含了一个半径足够小的开球 $O\left(x_0, \dfrac{1}{n}\right)$. 特别地, 度量空间的任意一点均存在一个可数的邻域基, 这是度量空间区别于一般拓扑空间的主要特性. 例如, $C[a, b]$ 按点态收敛诱导的拓扑就不存在可数邻域基, 因此这个拓扑是不可度量化的. 更详细的内容可阅读附录中局部凸空间的内容.

用邻域的概念, 我们可把收敛点列的概念改述如下: 点列 $\{x_n\}_{n=1}^\infty$ 收敛于点 x_0 等价于对于 x_0 的任何 ε-邻域 $O(x_0, \varepsilon)$, 存在自然数 N, 使得当 $n \geqslant N$ 时, $x_n \in O(x_0, \varepsilon)$.

定义 1.4.3 设 X 是度量空间, A 是 X 的子集.

(i) 设 $x_0 \in X$, 如果存在一点列 $\{x_n\}_{n=1}^\infty$ 使得 $x_n \neq x_0$ 且 $x_n \to x_0$, 那么称 x_0 是点集 A 的极限点.

(ii) A 的极限点全体构成的集称为 A 的导集, 记作 A'. 称 $\bar{A} = A \cup A'$ 是 A 的闭包.

(iii) 如果集合 A 的极限点全体 A' 都包含在 A 中, 就称 A 为闭集.

例 1.4.2 在度量空间 (X, d) 中, 对于 $x_0 \in X, r > 0$, 集 $B(x_0, r) = \{x \in X : d(x, x_0) \leqslant r\}$ 称为闭球. 显然闭球 $B(x_0, r)$ 是闭集.

仿照直线上函数的连续性, 在度量空间中可以引入映射连续性的概念.

定义 1.4.4 设 X 和 Y 是度量空间, f 是 X 到 Y 中的映射.

(i) 对于 X 中任意收敛于 x_0 的点列 $\{x_n\}_{n=1}^\infty$, 成立

$$\lim_{n \to \infty} f(x_n) = f(x_0),$$

则称映射 f 在点 x_0 是**连续**的.

(ii) 假如映射 f 在 X 的每一点都连续, 就称 f 是 X 上的**连续映射**.

特别地, 当空间 Y 是实数域 $\mathbb{R}$ (或复数域 $\mathbb{C}$) 时, 称 f 为连续实 (复) 函数.

例 1.4.3 设 F 是度量空间 (X, d) 的非空子集, 定义距离函数 $d(x, F) = \inf\limits_{z \in F} d(x, z)$.

由度量的三角不等式可得

$$|d(x_1, F) - d(x_2, F)| \leqslant d(x_1, x_2),$$

故 $x \mapsto d(x, F)$ 是 X 上的连续函数. 显然它还是一致连续的, 即对于任意 $\varepsilon > 0$, 存在一致的 $\delta > 0$ (此处取 $\delta = \varepsilon$ 即可), 使得当 $d(x_1, x_2) < \delta$ 时, $|d(x_1, F) - d(x_2, F)| < \varepsilon$.

类似于数学分析中的讨论, 可得如下结果.

定理 1.4.1 设 f 是度量空间 X 到度量空间 Y 中的映射, 那么下面条件等价:

(i) 映射 f 是连续的.

(ii) 对于任意 $x_0 \in X, \varepsilon > 0$, 存在 $\delta > 0$, 使得对 x_0 在 X 中的邻域 $O(x_0, \delta)$, 有

$$f(O(x_0, \delta)) \subset O(f(x_0), \varepsilon).$$

(iii) 空间 Y 中的任一开集 O 的原像 $f^{-1}(O)$ 是 X 中的开集.

(iv) 空间 Y 中的任一闭集 F 的原像 $f^{-1}(F)$ 是 X 中的闭集.

更详尽的内容可阅读附录中对度量空间中的拓扑性质的讨论, 我们将直接使用里面的结论.

1.4.1 稠密性和可分性

稠密性是度量空间 (特别是赋范线性空间) 理论中的重要概念之一.

定义 1.4.5 在度量空间 (X, d) 中, 对于 B 中一个子集 A, 我们称 A 在 B 中**稠密**是指 $B \subset \overline{A}$.

例 1.4.4 $\mathbb{Q}$ 是 $\mathbb{R}$ 中的稠密子集.

例 1.4.5 对直线上的有界闭区间 $[a, b]$, 由数学分析中的 Weierstrass (魏尔斯特拉斯) 第一逼近定理, 多项式全体 P 在 $C[a, b]$ 中是稠密的.

例 1.4.6 对直线上有界闭区间 $[a, b]$ 及 $1 \leqslant p < \infty$, $L^p[a, b]$ 中的简单函数全体, 阶梯函数全体, $C_c^\infty(a, b), C[a, b]$ 以及多项式全体 P 均是 $L^p[a, b]$ 的稠密子集.

证明 (1) 由实变函数知识可知, 对任意 $f \in L^p[a, b]$, 可取 $[a, b]$ 上的简单函数列 $\{\phi_n\}$ 点态收敛于 f, 且 $|\phi_n| \leqslant |f|(\forall n \geqslant 1)$. 由控制收敛定理得

$$\|f - \phi_n\|_p^p = \int_{[a,b]} |f(x) - \phi_n(x)|^p \mathrm{d}m \to 0.$$

(2) 对 $[a, b]$ 上的 Lebesgue 可测集 E, 由实变函数知识可知, 存在有限个开区间的并集 I_n 使得 $m(E \Delta I_n) \leqslant \dfrac{1}{n}$. 故此

$$\|\chi_{I_n} - \chi_E\|_p \leqslant \frac{1}{n^{1/p}}.$$

令 $n \to \infty$, 即得 χ_E 可由 $[a, b]$ 上的阶梯函数列 $\{\chi_{I_n}\}$ 逼近. 再由线性性可知,

$$\overline{L^p[a,b] \text{ 阶梯函数全体}}^{\|\cdot\|_p} \supseteq \overline{L^p[a,b] \text{ 简单函数全体}}^{\|\cdot\|_p} = L^p[a,b].$$

(3) 类似地, 只需说明对 $[a,b]$ 中的任意开区间 (c,d), 特征函数 $\chi_{(c,d)}$ 可由 $C_c^\infty(a,b)$ 中函数逼近即可. 我们直接构造出所需的函数 (实际源于卷积的技术). 令

$$f(x) = \begin{cases} e^{\frac{1}{x^2-1}}, & |x| < 1, \\ 0, & |x| \geqslant 1, \end{cases}$$

显然 f 是直线上的无穷阶可微函数. 那么, 易得

$$g(x) = \frac{\int_{-\infty}^x f(t)\mathrm{d}t}{\int_{-1}^1 f(t)\mathrm{d}t}$$

也是直线上的无穷阶可微函数, 且当 $x \leqslant -1$ 时, $g(x) = 0$, 当 $x \geqslant 1$ 时, $g(x) = 1$. 故此, 函数列 $h_n(x) = g(n(x-c)-2)g(n(d-x)-2) \in C_c^\infty(a,b)$. 当 $n \to \infty$ 时, $\{h_n\}$ 点态收敛于 $\chi_{(c,d)}$, 再由控制收敛定理知它也依 p 范数收敛于 $\chi_{(c,d)}$.

(4) 由 (3) 以及 Weierstrass 第一逼近定理可得, $C[a,b]$ 以及 P 也在 $L^p[a,b]$ 中稠密. □

注 1.4.1 (i) 类似地, 可得 $L^p(\mathbb{R})(1 \leqslant p < \infty)$ 中的简单函数全体, 阶梯函数全体以及 $C_c^\infty(\mathbb{R})$ 均是稠密子集.

(ii) 然而, 在 $L^\infty[a,b]$ 中, 只有简单函数全体是稠密子集.

定义 1.4.6 设 X 是度量空间. 如果存在某个可数子集在 X 中稠密, 就称 X 是**可分空间**.

我们遇到的一些具体度量空间往往是可分空间. 由于可分空间有稠密可列子集, 研究起来就比较容易. 当我们讨论有关这类空间的某些问题时, 往往可以从空间中挑选出对问题最适宜的一个可列稠密子集, 先在这个稠密子集上进行考察, 然后再利用稠密性推广到整个空间上去.

例 1.4.7 n 维 Euclid 空间 $\mathbb{R}^n$ 按通常度量是可分空间. 这是因为坐标为有理数的点的全体是可列集, 并且在 $\mathbb{R}^n$ 中稠密.

例 1.4.8 空间 $l^p(1 \leqslant p < \infty)$ 是可分的.

证明 因为集合

$$A = \{(x_1, x_2, \cdots, x_n, 0, 0, 0, \cdots) : x_i \in \mathbb{Q}, i = 1, 2, \cdots, n\}$$

是可列集, 它在 l^p 中稠密. 实际上, 设 $x = (x_1, x_2, \cdots, x_n, \cdots) \in l^p$. 对于任意的 $\varepsilon > 0$, 由于 $\sum_{n=1}^\infty |x_n|^p < \infty$, 故存在正整数 N 使得 $\sum_{n=N+1}^\infty |x_n|^p < \varepsilon^p$. 再取有理数 $y_1, y_2, \cdots, y_N$

使得 $\sum_{i=1}^{N} |x_i - y_i|^p < \varepsilon^p$. 令 $y = (y_1, y_2, \cdots, y_N, 0, \cdots)$, 则有 $\|x - y\|_p < 2\varepsilon$. □

例 1.4.9 $C[a,b]$ 和 $L^p[a,b](1 \leqslant p < \infty)$ 是可分空间.

这是因为多项式全体在 $C[a,b]$ 和 $L^p[a,b]$ 中稠密, 而对任意的多项式 $P(x)$, 存在以有理数为系数的多项式 $p(x)$ 满足: $\|P - p\|_\infty < \varepsilon$ 或者 $\|P - p\|_p < \varepsilon$.

下面我们给出稠密性的一个基本事实.

命题 1.4.1 设度量空间 (X, d) 是可分的, A 为 X 的子集, 则度量空间 (A, d) 也是可分的.

证明 设 $\mathfrak{F} = \{x_1, x_2, \cdots, x_n, \cdots\}$ 是 X 的稠密子集. 对任意 n, k, 若 $O\left(x_n, \dfrac{1}{k}\right) \cap A \neq \varnothing$, 就取一点 $y_{n,k} \in O\left(x_n, \dfrac{1}{k}\right) \cap A$, 若 $O\left(x_n, \dfrac{1}{k}\right) \cap A = \varnothing$, 则令 $y_{n,k}$ 为 A 中任取的一点.

那么, $\{y_{n,k}\}_{n,k}$ 为可数集且在 A 中稠密: 对任意 $y \in A$ 及 $\varepsilon > 0$, 可取正整数 k_0 及 $x_{n_0} \in \mathfrak{F}$, 使得 $\dfrac{1}{k_0} < \dfrac{\varepsilon}{2}$ 且 $y \in O\left(x_{n_0}, \dfrac{1}{k_0}\right)$. 由于 $y_{n_0, k_0} \in O\left(x_{n_0}, \dfrac{1}{k_0}\right)$, 故

$$y \in O\left(x_{n_0}, \dfrac{1}{k_0}\right) \subset O\left(y_{n_0, k_0}, \dfrac{2}{k_0}\right) \subset O(y_{n_0, k_0}, \varepsilon).$$ □

利用这个结果, 我们来看 l^∞ 的可分性质.

例 1.4.10 有界数列全体组成的空间 l^∞ 是不可分的.

证明 集合 $A = \{(x_1, x_2, \cdots) : x_i = 0, 1\}$ 是 l^∞ 的子集, 它是不可数的, 并且对于 A 中的任意两个不同元素 x, y, 有 $\|x - y\|_\infty = 1$. 因此 A 的任意真子集都不在 A 中稠密, 特别地, A 是不可分的. 由上面的命题, 即得 l^∞ 也是不可分的. □

我们也可以类似地考虑 $L^\infty[a, b]$ 的情况.

例 1.4.11 空间 $L^\infty[a, b]$ 是不可分的.

证明 取 $A = \{\chi_{[a,x]} : x \in (a, b)\}$, 使用与上例同样的讨论即得所需结论. □

1.4.2 完备性

首先我们回顾完备性的定义.

定义 1.4.7 设 (X, d) 是度量空间.

(i) 设 $\{x_n\}_{n=1}^\infty$ 是 X 中的点列. 如果对于任一正数 ε, 存在正整数 N, 使得当 $n, m \geqslant N$ 时,

$$d(x_n, x_m) < \varepsilon,$$

就称 $\{x_n\}_{n=1}^\infty$ 是 X 中的基本点列, 或者称为 Cauchy 点列.

(ii) 若度量空间 X 中每个基本点列都收敛, 则称 X 是完备度量空间.

(iii) 完备的赋范线性空间称为 Banach 空间.

(iv) 完备的内积空间称为 Hilbert 空间.

(v) 设 A 是 X 的子空间, 如果 A 作为度量空间是完备的, 那么称 A 是 X 的完备子空间.

例 1.4.12 (i) 有理数集作为直线的子空间不是完备的. 例如 $\left\{\left(1+\dfrac{1}{n}\right)^n\right\}$ 是基本列, 但是在有理数空间中它不收敛.

(ii) 作为直线的子空间, 集合 $\left\{\dfrac{1}{n}: n=1,2,\cdots\right\}$ 不是完备的度量空间. 而集合 $\left\{\dfrac{1}{n}: n=1,2,\cdots\right\}\cup\{0\}$ 是完备的度量空间.

(iii) 作为直线 $(\mathbb{R},d_1)$ 的子空间, 正整数集 $\mathbb{N}_+$ 是完备的度量空间. 然而, 若在 $\mathbb{N}_+$ 上定义新度量 $d(n,m)=\left|\dfrac{1}{n}-\dfrac{1}{m}\right|$, 容易看出在 $(\mathbb{N}_+,d_1)$ 和 $(\mathbb{N}_+,d)$ 中收敛性是一致的, 但 $(\mathbb{N}_+,d)$ 不是完备的.

引理 1.4.1 (i) 度量空间 X 中收敛点列是基本点列.

(ii) 设 $\{x_n\}_{n=1}^\infty$ 是度量空间 X 中基本点列, 如果 $\{x_n\}_{n=1}^\infty$ 有子列 $\{x_{n_k}\}_{k=1}^\infty$ 收敛于 X 中的点 x, 那么 $\{x_n\}_{n=1}^\infty$ 也收敛于 x.

(iii) 完备度量空间的闭子集是完备子空间.

(iv) 任何度量空间的完备子空间是闭子集.

证明 这里只证明 (ii). 因为 $\{x_n\}$ 是基本点列, 所以对任何 ε, 有正整数 N, 当 $n,m\geqslant N$ 时,
$$d(x_n,x_m)<\frac{\varepsilon}{2}.$$

又因为子列 $\{x_{n_k}\}$ 收敛于 x, 所以存在 $N'>N$, 当 $n_k\geqslant N'$ 时, $d(x_{n_k},x)<\dfrac{\varepsilon}{2}$. 由此可知, 当 $n\geqslant N$ 时, 取 $n_k\geqslant N'$, 我们有
$$d(x_n,x)\leqslant d(x_n,x_{n_k})+d(x_{n_k},x)<\frac{\varepsilon}{2}+\frac{\varepsilon}{2}=\varepsilon,$$

即 $\{x_n\}$ 收敛于 x. □

注 1.4.2 一个不完备的度量空间可以有完备的子空间. 例如, 有理数组成的度量空间 $\mathbb{Q}$ 不是完备的, 但是其中的子空间 $\mathbb{Z}$ 是完备的. 再如, 区间 $[0,1]$ 上的多项式全体 P, 以最大模为范数, 是一个不完备的赋范线性空间, 但是由 n 个向量 $1,x,x^2,\cdots,x^{n-1}$ 生成的 n 维子空间是完备的.

我们利用 (ii) 来给出 L^p 空间完备性的一个完整证明.

例 1.4.13 设 E 是 $\mathbb{R}^n$ 的一个 Lebesgue 可测集, 则空间 $L^p(E)(1\leqslant p<\infty)$ 是

Banach 空间. 特别地, $L^2(E)$ 是 Hilbert 空间.

证明 设 $\{f_n\}_{n=1}^\infty$ 是 $L^p(E)$ 中的基本点列, 那么对任何正整数 n, 存在 k_n 满足 $k_n < k_{n+1}$ 以及

$$\|f_{k_{n+1}} - f_{k_n}\|_p < \frac{1}{2^n}, \quad n = 1, 2, \cdots.$$

令

$$u_n(x) = \sum_{i=1}^{n-1} |f_{k_{i+1}}(x) - f_{k_i}(x)| + |f_{k_1}(x)|, \quad \forall x \in E.$$

于是, $\{u_n\}$ 是 E 上单调增加的函数列, 且 $\|u_n\|_p \leqslant 1 + \|f_{k_1}\|_p$, 即

$$\left\{\int_E u_n(x)^p \mathrm{d}x\right\}^{\frac{1}{p}} \leqslant 1 + \|f_{k_1}\|_p.$$

由 Levi (莱维) 引理, 我们得到: $u_n(x)^p$ 几乎处处收敛于一个可积函数, 于是 $u_n(x)$ 几乎处处收敛于一个几乎处处有限的可测函数, 由此得到: $f_{k_n}(x)$ 几乎处处收敛于一个可测函数 $f(x)$.

由于 $\{f_n\}_{n=1}^\infty$ 是 $L^p(E)$ 中的基本点列, 对于任意的 $\varepsilon > 0$, 存在自然数 N, 当 $m, k_n \geqslant N$ 时, 有

$$\int_E |f_m(x) - f_{k_n}(x)|^p \mathrm{d}x < \varepsilon^p.$$

令 $n \to \infty$, 由 Fatou 引理即得 $\int_E |f_m(x) - f(x)|^p \mathrm{d}x \leqslant \varepsilon^p$. 于是, $f = f_m - (f_m - f) \in L^p(E)$, 以及 f_n 按 $\|\cdot\|_p$ 收敛于 f, 即 $L^p(E)$ 是完备的. □

使用相似的方式, 容易验证下面的例子.

例 1.4.14 (商空间) 设 X 是线性空间, M 是 X 的一个线性子空间. 对 $x \in X$, 我们考虑 X 的子集 $\{x + y : y \in M\}$, 这个子集随着 x 变化而变化. 记 X 中这种子集的全体构成的集合为 X/M. 将子集 $\{x + y : y \in M\}$ 记为 $[x]$, 称 x 为子集 $[x]$ 的代表元. 那么, $[x] = [x']$ 的充要条件是 $x - x' \in M$.

在 X/M 中可自然地规定线性运算如下:

$$[x] + [y] = [x + y], \quad \forall x, y \in X,$$
$$\alpha[x] = [\alpha x], \quad \forall \alpha \text{ 是数}.$$

容易验证, 这样定义的线性运算是有确定的意义的, X/M 按这样规定的线性运算成为线性空间, 称 X/M 为 X 关于 M 的商空间. 如果定义从 X 到 X/M 的映射 $\pi: x \mapsto [x]$, 证明 π 是线性空间 X 到商空间 X/M 的线性映射, 这个映射称为商映射.

设 M 是赋范线性空间 X 的 闭 的线性子空间. 在商空间 X/M 上定义范数为: 对 X/M 中的元素 $[x]$, 任取代表元 $x \in [x]$, 定义

$$\|[x]\| = d(x, M) = \inf_{y \in M} \|x + y\|,$$

显然这一定义与 x 的选取无关, 是良定义的. 容易验证 $\|\cdot\|$ 满足范数的条件, 从而 $(X/M, \|\cdot\|)$ 构成了一个赋范线性空间.

特别地, 当 X 是 Banach 空间时, 商空间 $(X/M, \|\cdot\|)$ 也是一个 Banach 空间 (见习题 1.4 第 19 题).

而且, 容易验证商映射 $\pi(x) = [x] : X \to X/M$ 将 X 的开单位球映为商空间 X/M 的开单位球. 从而将 X 中的开集映为开集, 故它是一个开映射 (见习题 20).

对于有限维线性空间, 有如下一般性结论.

定理 1.4.2 有限维的赋范线性空间是完备的.

证明 设 X 是 n 维的赋范线性空间, 取其一组线性无关基 $e_1, e_2, \cdots, e_n$. 那么, 我们断言存在正实数 c_1, c_2, 使得对于 X 中的每个 $x = \sum_{i=1}^{n} x_i e_i$, 成立

$$c_1 \sqrt{\sum_{i=1}^{n} |x_i|^2} \leqslant \|x\| \leqslant c_2 \sqrt{\sum_{i=1}^{n} |x_i|^2}. \tag{1.21}$$

实际上, 在 $\mathbb{R}^n$ 的单位球面 $S^{n-1} = \left\{ (x_1, x_2, \cdots, x_n) : \sum_{i=1}^{n} |x_i|^2 = 1 \right\}$ 上作函数

$$f(x_1, x_2, \cdots, x_n) = \left\| \sum_{i=1}^{n} x_i e_i \right\|.$$

显然 f 在 S^{n-1} 上连续, 且不取零值. 再由 S^{n-1} 的紧性, 存在正实数 c_1, c_2 使得对任意 $\sum_{i=1}^{n} |x_i|^2 = 1$ 有 $c_1 \leqslant \left\| \sum_{i=1}^{n} x_i e_i \right\| \leqslant c_2$. 再由齐次性即得 (1.21) 式.

由此可知, 赋范线性空间 X 与 $\mathbb{R}^n$ 是拓扑同胚, 序列 $\left\{ x^{(k)} = \sum_{i=1}^{n} x_i^{(k)} e_i \right\}$ 是 Cauchy 点列 (或收敛点列) 当且仅当每个坐标 $x_i^{(k)}$ 也是 Cauchy 点列 (或收敛点列). 从而易得 X 是完备的. □

又由于完备的线性子空间总是闭子空间, 我们有如下推论.

推论 1.4.1 赋范线性空间 X 的有限维线性子空间在 X 中是闭的.

例 1.4.15 如果在连续函数空间 $C[0,1]$ 上定义范数

$$\|f\|_1 = \int_0^1 |f(x)| \mathrm{d}x,$$

就是把 $C[a,b]$ 看成 $L^1[a,b]$ 的子空间, 那么 $(C[a,b], \|\cdot\|_1)$ 不是完备的空间.

证明 构造函数列 $\{f_n(x)\} (n \geqslant 2)$ 如下:

$$f_n(x) = \begin{cases} 1, & 0 \leqslant x \leqslant \frac{1}{2}, \\ 1 - n\left(x - \frac{1}{2}\right), & \frac{1}{2} < x < \frac{1}{2} + \frac{1}{n}, \\ 0, & \frac{1}{2} + \frac{1}{n} \leqslant x \leqslant 1. \end{cases}$$

那么 $f_n(x) \in C[0,1]$. 不难证明, 对于 $[0,1]$ 中每一点 x, $f_n(x)$ 收敛于函数

$$f(x) = \begin{cases} 1, & 0 \leqslant x \leqslant \frac{1}{2}, \\ 0, & \frac{1}{2} < x \leqslant 1. \end{cases}$$

由 Lebesgue 控制收敛定理可得 $\lim\limits_{n\to\infty} \int_{[0,1]} |f_n(x) - f(x)| \mathrm{d}m(x) = 0$, 从而

$$\|f_n - f_m\|_1 \to 0, \quad n, m \to \infty.$$

但 $\{f_n(x)\}_{n=1}^{\infty}$ 在 $(C[0,1], \|\cdot\|_1)$ 中并不收敛. 因为如果有 $g \in C[0,1]$ 使得 $\|f_n - g\|_1 \to 0$, 则 $\int_0^1 |f - g| \mathrm{d}m = 0$, 所以 $f(x) \stackrel{.}{=}_m g(x)$. 但是容易看出, $f(x)$ 不可能在 $[0,1]$ 上几乎处处等于一个连续函数, 所以 $(C[0,1], \|\cdot\|_1)$ 是不完备的赋范线性空间. □

对于一个不完备的度量空间, 应用起来通常是比较困难的. 但是, 使用类似于从有理数域 $\mathbb{Q}$ 获得实数域 $\mathbb{R}$ 的过程, 我们把 Cauchy 列作为一个 "新点" 增加到原有的空间, 所得的新空间就是完备的.

定义 1.4.8 设 (X,d) 是度量空间, 称 $(Y,\tilde{d})$ 是 X 的一个完备化空间, 是指: Y 是完备度量空间, 且存在一个嵌入单射 $j: X \hookrightarrow Y$, 满足下列条件:

(i) 嵌入 j 是等距: 对于任意 $x_1, x_2 \in X, \tilde{d}(j(x_1), j(x_2)) = d(x_1, x_2)$;

(ii) $j(X)$ 在 Y 中稠密.

定理 1.4.3 (度量空间的完备化定理) 任意的度量空间 (X,d) 都有唯一 (在等距同构意义下) 的完备化度量空间.

证明 唯一性. 设 $i_1: X \to Y_1$ 和 $i_2: X \to Y_2$ 是度量空间 (X,d) 的两个完备化, 则 $\phi(i_1(x)) = i_2(x)$ 为 $i_1(X)$ 到 $i_2(X)$ 的等距双射. 我们利用 $i_1(X)$ 的稠密性将映射延拓到 Y_1 上: 对任意 $y_1 \in Y_1$, 取一个序列 $\{i_1(x_n)\}$ 收敛于 y_1, 则令 $\phi(y_1) = \lim\limits_{n\to\infty} i_2(x_n)$. 容易看出, ϕ 的定义与点列 $\{i_1(x_n)\}$ 的选取无关: 若另一个点列 $\{i_1(x'_n)\}$ 也收敛于 y_1, 则 $d(x_n, x'_n) \to 0$, 因此 $d(i_2(x_n), i_2(x'_n)) \to 0$, 从而 $i_2(x_n)$ 与 $i_2(x'_n)$ 在 Y_2 中的极限是相同的. 这就是说 ϕ 是良定义的. 易证 ϕ 为 Y_1 到 Y_2 的等距单射. 只需再证明 ϕ 是满射: 对于 $y_2 \in Y_2$, 取一个序列 $\{i_2(x_n)\}$ 收敛于 y_2, 则 $y_1 = \lim\limits_{n\to\infty} i_1(x_n)$ 为 y_2 的原像.

存在性. 我们直接构造一个 X 的完备化空间. 令

$$Y' = \big\{\{x_n\} : \{x_n\} \text{ 是 } X \text{ 中的基本点列}\big\}.$$

在 Y' 中定义非负的二元函数 $d'(\{x_n\},\{y_n\}) = \lim\limits_{n\to\infty} d(x_n,y_n)$, 易见这是一个良定义的函数, 且满足度量的对称性与三角不等式. 然而, d' 有可能无法区分 Y' 的两个点. 为解决这个问题, 我们考虑 Y' 的商空间.

在 Y' 上定义等价关系 $\sim$: $\{x_n\} \sim \{y_n\} \iff \lim\limits_{n\to\infty} d(x_n,y_n) = 0$. 令

$$\tilde{Y} = Y'/\sim = \{[\{x_n\}] : \{x_n\} \text{ 是 } X \text{ 中的基本点列}\},$$

则 $\tilde{Y}$ 是 Y' 在 $\sim$ 下的商空间. 在 $\tilde{Y}$ 上定义

$$\tilde{d}([\{x_n\}],[\{y_n\}]) = d'(\{x_n\},\{y_n\}) = \lim_{n\to\infty} d(x_n,y_n),$$

直接验证可得 $\tilde{d}$ 是 $\tilde{Y}$ 上良定义的度量.

这时, 我们构造嵌入映射 $i: X \to \tilde{Y}$ 如下: 对于 $x \in X$, 记 $\bar{x} = \{x,x,\cdots\}$ 为一个常值序列, 则定义 $i(x) = [\bar{x}]$. 显然 $\tilde{d}(i(x_1),i(x_2)) = d(x_1,x_2)$, 即 i 是等距嵌入.

接下来证明 $i(X)$ 在 $\tilde{Y}$ 中稠密: 任取 $\tilde{Y}$ 中一点 $[\{x_n\}]$, 由于 $\{x_n\}$ 是 X 中的基本点列, 故其在映射 i 下的像 $\{\bar{x}_1, \bar{x}_2, \cdots\}$ 也是 Y' 的基本列, 且当 $k \to \infty$ 时,

$$\lim_{k\to\infty} d'(\bar{x}_k,\{x_n\}) = \lim_{k\to\infty}\lim_{n\to\infty} d(x_k,x_n) = 0.$$

这也就是说 $\tilde{Y}$ 中点列 $[\bar{x}_k]$ 收敛于 $[\{x_n\}]$.

最后再证明 $\tilde{Y}$ 是完备的度量空间. 设 $\{[x^{(n)}]\}$ 是 $\tilde{Y}$ 的一个基本点列, 其中 $x^{(n)} = \{x_1^{(n)},x_2^{(n)},\cdots,x_m^{(n)},\cdots\} \in Y'$. 我们构造一个 X 中的序列与 $x^{(n)}$ 任意接近.

对每个固定的 n, 由于 $x^{(n)} \in Y'$, 可取序列 $x^{(n)}$ 中的一个元素 $x_{k_n}^{(n)}$ 使得 $d'(\overline{x_{k_n}^{(n)}}, x^{(n)}) < \dfrac{1}{n}$. 那么, $x = \{x_{k_n}^{(n)}\}$ 是 X 中的一个基本点列, 这由下面的式子可以看出:

$$\begin{aligned} d(x_{k_n}^{(n)},x_{k_m}^{(m)}) &= d'(\overline{x_{k_n}^{(n)}},\overline{x_{k_m}^{(m)}}) \\ &\leqslant d'(\overline{x_{k_n}^{(n)}},x^{(n)}) + d'(\overline{x_{k_m}^{(m)}},x^{(m)}) + d'(x^{(m)},x^{(n)}) \\ &\leqslant \frac{1}{n} + \frac{1}{m} + d'(x^{(m)},x^{(n)}) \to 0. \end{aligned}$$

并且易得 $\lim\limits_{n\to\infty} d'(x,x^{(n)}) = 0$. 事实上, 由 $\overline{x_{k_n}^{(n)}} \to x$ 可以得到

$$d'(x^{(n)},x) \leqslant d'(x^{(n)},\overline{x_{k_n}^{(n)}}) + d'(\overline{x_{k_n}^{(n)}},x) \leqslant \frac{1}{n} + d'(\overline{x_{k_n}^{(n)}},x) \to 0.$$

这也就是说, $[x]$ 为 $\{[x^{(n)}]\}$ 在 $\tilde{Y}$ 中的极限, $\tilde{Y}$ 是完备的. □

例 1.4.16 由例 1.4.15 知, $C[a,b]$ 按 $\|\cdot\|_1$ 不是完备的. 此时, 将 $C[a,b]$ 自然嵌入到 $L^1[a,b]$, 那么这个嵌入是一个等距映射, 而且像集在 $L^1[a,b]$ 中稠密. 因此 $(C[a,b],\|\cdot\|_1)$ 的完备化空间就是 $L^1[a,b]$.

1.4.3 闭球套定理

直线上的区间套定理在完备度量空间中依旧成立, 证明方法也是相似的.

定理 1.4.4 (闭球套定理) 设 X 是完备的度量空间, $B_n = \{x \in X : d(x, x_n) \leqslant \varepsilon_n\}$ 是 X 中的一列单调下降的闭球:

$$B_1 \supset B_2 \supset \cdots \supset B_n \supset \cdots.$$

如果球的半径 $\varepsilon_n \to 0$, 则有唯一的点 $x \in \bigcap_{n=1}^{\infty} B_n$.

证明 球心所组成的点列 $\{x_n\}_{n=1}^{\infty}$ 是基本点列, 这是因为当 $m \geqslant n$ 时, 由 $x_m \in B_m \subset B_n$ 得到

$$d(x_m, x_n) \leqslant \varepsilon_n. \tag{1.22}$$

对于任一正数 ε, 取 N, 使得当 $n \geqslant N$ 时, $\varepsilon_n < \varepsilon$, 于是当 $n, m \geqslant N$ 时,

$$d(x_n, x_m) < \varepsilon.$$

所以 $\{x_n\}_{n=1}^{\infty}$ 是基本点列. 由于空间 X 是完备的, 点列 $\{x_n\}_{n=1}^{\infty}$ 收敛于 X 中的一点 x. 再在 (1.22) 式中令 $m \to \infty$, 根据度量的连续性得到

$$d(x, x_n) \leqslant \varepsilon_n, \quad n = 1, 2, \cdots.$$

因此 $x \in B_n (n = 1, 2, \cdots)$, 也即 $x \in \bigcap_{n=1}^{\infty} B_n$.

如果又有 X 中的点 $y \in \bigcap_{n=1}^{\infty} B_n$, 那么

$$d(y, x_n) \leqslant \varepsilon_n,$$

令 $n \to \infty$ 即得 $d(y, x) = \lim_{n \to \infty} d(y, x_n) = 0$, 所以 $y = x$, 即 $\bigcap_{n=1}^{\infty} B_n$ 中只有一点. □

例 1.4.17 条件中 $\varepsilon_n \to 0$ 是必须的. 考虑 l^2 的子空间

$$X = \left\{ x_n = \left(0, 0, \cdots, 0, \frac{n+1}{n}, 0, \cdots\right) : n = 1, 2, \cdots \right\}.$$

于是当 $n \neq m$ 时,

$$d(x_n, x_m) = \sqrt{\left(\frac{n+1}{n}\right)^2 + \left(\frac{m+1}{m}\right)^2} \geqslant \sqrt{2}.$$

因此 X 中没有非平凡的基本点列, 当然 X 就成为完备的度量空间. 取 $\varepsilon_n = \sqrt{2}\dfrac{n+1}{n}$, 在 X 中作闭球

$$B_n = \{x \in X : d(x_n, x) \leqslant \varepsilon_n\}, n = 1, 2, \cdots,$$

那么 $B_n = \{x_n, x_{n+1}, \cdots\}$,所以 $B_1 \supset B_2 \supset \cdots$,但是,交集 $\bigcap\limits_{n=1}^{\infty} B_n$ 是空集.

其实,闭球套定理是与度量空间的完备性等价的,即有如下逆命题.

定理 1.4.5 设 X 是度量空间. 如果在 X 上闭球套定理成立, 那么 X 是完备的.

证明 对于 X 中 Cauchy 列 $\{x_n\}$, 取它的子列 $\{x_{k_n}\}$, 使得 $d(x_{k_n}, x_{k_{n+1}}) \leqslant \dfrac{1}{2^{n+1}}$. 那么, 对于任意 $m > n$,

$$d(x_{k_n}, x_{k_m}) \leqslant d(x_{k_n}, x_{k_{n+1}}) + d(x_{k_{n+1}}, x_{k_{n+2}}) + \cdots + d(x_{k_{m-1}}, x_{k_m}) \leqslant \frac{1}{2^n}.$$

再取一列闭球 $B_n = B\left(x_{k_n}, \dfrac{1}{2^n}\right)$. 由于 $y \in B_{n+1}$ 时, 我们有

$$d(y, x_{k_n}) \leqslant d(y, x_{k_{n+1}}) + d(x_{k_{n+1}}, x_{k_n}) \leqslant \frac{1}{2^{n+1}} + \frac{1}{2^{n+1}} = \frac{1}{2^n},$$

故 $B_n \supset B_{n+1}$. 由定理条件得, 存在 $x \in X$ 使得 $x \in \bigcap\limits_{n=1}^{\infty} B_n$. 这就是说子列 x_{k_n} 收敛于 x, 从而 x_n 也收敛于 x, 即 X 是完备的度量空间. $\square$

习题 1.4

1. 举例说明, 存在度量空间 X 及点 $x_1, x_2 \in X$, 使得 $B(x_1, 3) \subsetneq O(x_2, 2)$.
2. 设 B 是度量空间中的闭集, 证明存在一个递减开集列 $\{O_1, O_2, \cdots, O_n, \cdots\}$, 使得每个 O_n 包含 B 且 $\bigcap\limits_{n=1}^{\infty} O_n = B$.
3. 设 $B \subset [0,1], a > 0$, 证明度量空间 $C[0,1]$ 中的子集

$$\{x : |x(t)| < a, \forall t \in B\}$$

   为开集的充要条件是: B 为闭集.
4. 设 E, F 是度量空间 X 中的两个子集并且 $d(E, F) \stackrel{\text{def}}{=\!=} \inf\limits_{x \in E, y \in F} d(x, y) > 0$. 证明: 存在两个互不相交的开集 O, G 分别包含 E 和 F.
5. 设 $f(x)$ 是度量空间 X 上的实函数. 如果对于任意点 $x_0 \in X$, 有

$$\lim_{r \to 0} \sup_{x \in O(x_0, r)} f(x) \leqslant f(x_0),$$

   就称 $f(x)$ 在 X 上是上半连续的. 证明: 当 $f(x)$ 是 X 上的上半连续函数时, 对任何常数 a, 集合

$$X(f \geqslant a) \stackrel{\text{def}}{=\!=} \{x : f(x) \geqslant a\}$$

   是闭集. 反之也真.
6. 设 S_1, S_2 是度量空间 (X, d) 中两个子集, 并且

$$d(S_1, S_2) \stackrel{\text{def}}{=\!=} \inf_{x \in S_1, y \in S_2} d(x,y) > 0.$$

构造 X 上一个具体的连续函数 f, 使得 $0 \leqslant f \leqslant 1$, 且满足

$$f(x) = \begin{cases} 0, & x \in S_1, \\ 1, & x \in S_2. \end{cases}$$

7. 设 X 是可分的度量空间, $A \subset X$, $\{O_\lambda : \lambda \in \Lambda\}$ 是 A 的开覆盖. 证明: 可从 $\{O_\lambda : \lambda \in \Lambda\}$ 中选出至多可列个开集 $\{O_{\lambda_n}\}$, 使得 $\bigcup_n O_{\lambda_n} \supset A$.

8. 在直线 $\mathbb{R}$ 上, 证明:
   (i) $C_c^\infty(\mathbb{R})$ 在 $L^p(\mathbb{R})(1 \leqslant p < \infty)$ 中稠密.
   (ii) $C_c^\infty(\mathbb{R})$ 不在 $L^\infty(\mathbb{R})$ 中稠密.
   (iii) 多项式全体不在 $L^p(\mathbb{R})(1 \leqslant p < \infty)$ 中稠密.

9. 对 $1 \leqslant p < \infty$, 定义 Banach 空间

$$L^p(\mathbb{R}, e^{-t^2} dt) = \left\{ f \text{ 在 } \mathbb{R} \text{ 上 Lebesgue 可测} : \|f\|_p = \left(\int_\mathbb{R} |f(t)|^p e^{-t^2} dt \right)^{1/p} < \infty \right\}.$$

证明: $C_c^\infty(\mathbb{R})$ 在 $L^p(\mathbb{R}, e^{-t^2} dt)$ 中稠密. 判断多项式全体是否为稠密集 (无须证明).

10. 设 $C_{2\pi} = \{f \in C[0, 2\pi] : f(0) = f(2\pi)\}$, 并按范数 $\|f\| = \max_{0 \leqslant t \leqslant 2\pi} |f(t)|$ 成一赋范空间. 证明:
    (i) 令 $\mathcal{P} = \{f \in C_{2\pi} : \text{存在多项式 } P \text{ 使得 } f(t) = P(t), \forall 0 \leqslant t \leqslant 2\pi\}$, 则 $\mathcal{P}$ 在 $C_{2\pi}$ 中稠密.
    (ii) $C_{2\pi}$ 在 $L^p[0, 2\pi](1 \leqslant p < \infty)$ 中稠密, 但不在 $L^\infty[0, 2\pi]$ 中稠密.
    (iii) 将 $C_{2\pi}$ 中函数零延拓为 $[0, 4\pi]$ 上的函数, 则 $C_{2\pi}$ 在 $L^p[0, 4\pi](1 \leqslant p < \infty)$ 中不稠密.

11. 证明: $L^p(\mathbb{R})(1 \leqslant p < \infty)$ 是可分空间.

12. 令 $C_b(\mathbb{R})$ 为 $\mathbb{R}$ 上有界的连续函数全体构成的 Banach 空间, 它的范数 $\|x\| = \sup_{t \in \mathbb{R}} |x(t)|$. 令 $C_0(\mathbb{R}) = \{f \in C_b(\mathbb{R}) : \lim_{t \to \pm\infty} x(t) = 0\}$ 为 $C_b(\mathbb{R})$ 的线性子空间. 证明:
    (i) $C_0(\mathbb{R})$ 是可分的.
    (ii) $C_b(\mathbb{R})$ 不是可分的.

13. 设 H 是 Hilbert 空间, 证明 H 可分等价于 H 存在一组可数的正交基.

14. (**Fourier 变换的 Riemann-Lebesgue 引理**) 对 $f \in L^1(\mathbb{R})$, 证明:

$$\lim_{|t| \to \infty} \int_\mathbb{R} f(x) e^{-i 2\pi t x} dx = 0.$$

15. (**平均连续性**) 对 $f \in L^p(\mathbb{R}), 1 \leqslant p < \infty$, 证明:

$$\lim_{|h| \to 0} \int_\mathbb{R} |f(x+h) - f(x)|^p dx = 0.$$

16. 对赋范线性空间 X, 证明: X 是完备的当且仅当对任意 X 中点列 $\{x_n\}$, 当 $\sum_{n=1}^\infty \|x_n\| < \infty$ 时,

$$\sum_{n=1}^{\infty} x_n \text{ 在 } X \text{ 中收敛}.$$

17. 证明: $V[a,b], V_0[a,b]$ 是 Banach 空间 (见例 1.2.10).

18. 设 H 是直线上 Lebesgue 平方可积, 且导函数也平方可积的绝对连续函数全体. 按通常的线性运算及范数

$$\|f\| = \sqrt{\int_{\mathbb{R}} |f(t)|^2 \, dt + \int_{\mathbb{R}} |f'(t)|^2 \, dt},$$

H 成为赋范线性空间. 证明: H 是 Hilbert 空间.

19. 如果 X 是赋范线性空间, M 是 X 的闭线性子空间. 在商空间 X/M 上定义

$$\|[x]\| = \inf \{\|x+y\| : y \in M\}.$$

证明:

(i) $\|[x]\|$ 是线性空间 X/M 上的范数. 举例说明, 若 M 不是闭的线性子空间, 则这个结论不正确.

(ii) 若 X 是内积空间, 则 X/M 也是内积空间, 并且与 $M^\perp$ 是内积空间同构.

(iii) 若 X 是 Banach 空间, 则 X/M 也是 Banach 空间.

定义 (开映射) 设 X, Y 是度量空间, 如果映射 $g: X \to Y$ 把定义域 X 中的每个开集映射成值域 Y 中的开集, 那么就称 g 是开映射.

20. 如果 E 是赋范线性空间, M 是 E 的闭线性子空间. 证明商映射 $\pi: E \to E/M$ 是开映射.

21. 设 $\langle \cdot, \cdot \rangle_0$ 是线性空间 H 上的二元函数, 满足内积条件中的 (i), (ii) 以及 (iii) 中 $\langle x, x \rangle_0 \geq 0 (\forall x \in H)$. 如记 $p(x) = \langle x, x \rangle_0^{\frac{1}{2}}$, 证明:

(i) $p(x)$ 是 H 中的半范数.

(ii) $\ker p = \{x : p(x) = 0\}$ 是线性空间.

(iii) 在商空间 $L = H/\ker p$ 上规定

$$\langle \tilde{x}, \tilde{y} \rangle = \langle x, y \rangle_0, \quad \forall \tilde{x} \in L, \tilde{y} \in L, x \in \tilde{x}, y \in \tilde{y}.$$

证明 $\langle \cdot, \cdot \rangle$ 是 L 上的内积.

22. 令 P 是多项式全体, 定义范数 $\left\|\sum_{i=0}^{n} a_i x^i\right\| = \sum_{i=0}^{n} |a_i|$. 证明: $(P, \|\cdot\|)$ 不是完备的度量空间. 并求它的完备化空间.

23. 证明: 任何赋范线性空间都可以完备化成 Banach 空间, 内积空间都可以完备化成 Hilbert 空间.

24. **(再生核 Hilbert 空间)** 设集合 X 上一族复值函数族 $\{K_x(\cdot) : x \in X\}$ 满足:

$$\sum_{i,j=1}^{n} c_i \overline{c_j} K_{x_i}(x_j) > 0, \quad \forall n \in \mathbb{N}_+, c_i \in \mathbb{C}, c_i \text{ 不全为零}, x_i \neq x_j \text{ 若 } i \neq j.$$

证明: 存在 Hilbert 空间 $(H, \langle \cdot, \cdot \rangle)$, 使得

(i) H 由 X 上的一些函数组成.

(ii) 对任意 $f \in H, x \in X$, 有 $f(x) = \langle f, K_x \rangle$.

(iii) 线性空间 $\text{span}\{K_x(\cdot) : x \in X\}$ 在 H 中稠密.

25. 设 $\{F_n\}(n=1,2,\cdots)$ 是完备度量空间 X 中一列单调下降的非空闭集, 且 F_n 的直径 $d_n = \sup\limits_{x,y \in F_n} d(x,y) \to 0$, 则 $\bigcap\limits_{n=1}^{\infty} F_n$ 非空.

26. 对于 Banach 空间 X, 若 $\{B(x_n, r_n)\}$ 是一列单调下降的闭球, 证明: $\bigcap\limits_{n=1}^{\infty} B(x_n, r_n) \neq \varnothing$.

    定义 设 X 是赋范线性空间, 映射 $f: [a,b] \to X$ 有界. 若存在 $A \in X$, 使得对任意 $\varepsilon > 0$, 存在 $\delta > 0$, 使得对任意划分 $P: a = x_0 < x_1 < \cdots < x_n = b$ 及任取的 $\xi_i \in [x_i, x_{i+1}]$ ($i = 0, 1, \cdots, n-1$), 当 $\delta(P) = \max\limits_{0 \leqslant i \leqslant n-1}(x_{i+1} - x_i) < \delta$ 时, 均有
    $$\left\| A - \sum_{i=0}^{n-1} f(\xi_i)(x_{i+1} - x_i) \right\| < \varepsilon,$$
    则称 f 是 (Riemann) 可积的, 记作 $A = \int_a^b f(x) \mathrm{d}x$.

27. 设 X 是 Banach 空间, 映射 $f: [0,1] \to X$ 连续. 证明:
    (i) 映射 f 是一致连续的.
    (ii) 对正整数 n, 将 $[0,1]$ 作 $\dfrac{1}{2^n}$ 等分, 记 Riemann 和
    $$a_n = \sum_{i=0}^{2^n - 1} \frac{1}{2^n} f\left(\frac{i}{2^n}\right),$$
    则 $\{a_n\}$ 在 X 中收敛. 记它的极限为 A.
    (iii) f 是可积的, 且积分值为 A.

1.5 压缩映射原理

把一些方程的求解问题化为求映射的不动点, 以及用逐次逼近法来求不动点, 这是一个很重要的方法. 这个方法起源很早, 一直可以追溯到 Newton (牛顿) 求代数方程根时所用的切线法, 后来 Picard (皮卡) 用逐次逼近法求解常微分方程. 1922 年, Banach 把这个方法的基本点提炼出来, 用度量空间以及其中的压缩算子的概念描述了这个方法, 这就是本节将要介绍的内容. 利用泛函分析来研究方程解的近似方法以及算子不动点的存在性, 自 Banach 以后又取得了不少重要的进展, 甚至成为非线性泛函分析的主要内容.

定义 1.5.1 设 X 为一集合, ϕ 是 X 到自身的映射. 如果 $x^* \in X$, 使得 $\phi(x^*) = x^*$, 那么称 x^* 为映射 ϕ 的一个不动点.

在不同的场合有各种不同的 "不动点定理". 下面介绍一个最简单的定理, 有时称为 "压缩映射原理".

定义 1.5.2 设 (X, d) 是度量空间, ϕ 是 X 到它自身的一个映射. 如果存在数 α,

$0 \leqslant \alpha < 1$, 使得对一切 $x, y \in X$, 成立

$$d(\phi(x), \phi(y)) \leqslant \alpha d(x, y),$$

就称 ϕ 是 X 上的压缩映射, 对于线性空间 X 上的情况往往称之为压缩算子.

经压缩映射后, 集合中任意两点的距离被缩短了, 至多等于原像距离的 $\alpha (\alpha < 1)$ 倍.

压缩映射是连续的, 即对任何收敛点列 $x_n \to x_0$, 有 $\phi(x_n) \to \phi(x_0)$. 事实上, 由压缩映射定义有

$$d(\phi(x_n), \phi(x_0)) \leqslant \alpha d(x_n, x_0).$$

当 $n \to \infty$ 时, 由 $d(x_n, x_0) \to 0$ 就得到 $d(\phi(x_n), \phi(x_0)) \to 0$.

对于 X 上的映射 ϕ, ϕ^2 表示 $x \mapsto \phi(\phi(x))$, 由此可以逐次定义映射 ϕ^n.

定理 1.5.1 (Banach)   完备度量空间 X 到自身的压缩映射 ϕ 有唯一不动点.

证明   存在性. 在 X 中任取一点 x_0, 从 x_0 开始, 作一迭代程序: 令

$$x_1 = \phi(x_0), x_2 = \phi(x_1) = \phi^2(x_0), \cdots, x_n = \phi(x_{n-1}) = \cdots = \phi^n(x_0), \cdots.$$

这样得到 X 中的一个点列 $\{x_n\}$, 只要证明 $\{x_n\}$ 是基本点列, 那么它在完备空间 X 中存在极限 x^*: $x_n \to x^*$. 由压缩映射的连续性, 又有 $\phi(x_n) \to \phi(x^*)$. 另一方面, $\phi(x_n) = x_{n+1} \to x^*$, 又因为收敛点列的极限是唯一的, 得到 $\phi(x^*) = x^*$, 即 x^* 是 ϕ 的不动点.

现在证明 $\{x_n\}$ 是基本点列. 由于 ϕ 是压缩映射, 我们有

$$d(x_{n+1}, x_n) = d(\phi(x_n), \phi(x_{n-1})) \leqslant \alpha d(x_n, x_{n-1}), n = 1, 2, \cdots.$$

反复应用此式, 由数学归纳法得到

$$d(x_{n+1}, x_n) \leqslant \alpha^n d(x_1, x_0), \quad n = 1, 2, \cdots. \tag{1.23}$$

于是, 对于任意正整数 p, 由三角不等式及式 (1.23) 式得到

$$\begin{aligned} d(x_{n+p}, x_n) &\leqslant d(x_{n+p}, x_{n+p-1}) + d(x_{n+p-1}, x_{n+p-2}) + \cdots + d(x_{n+1}, x_n) \\ &\leqslant (\alpha^{n+p-1} + \alpha^{n+p-2} + \cdots + \alpha^n) d(x_1, x_0) \\ &= \frac{\alpha^n - \alpha^{n+p}}{1 - \alpha} d(x_1, x_0) \\ &< \frac{\alpha^n}{1 - \alpha} d(x_1, x_0). \end{aligned} \tag{1.24}$$

由于 $0 \leqslant \alpha < 1$, 所以 $\{x_n\}$ 是 X 中的基本点列.

唯一性. 设 x' 也是 ϕ 的不动点, $\phi(x') = x'$. 于是

$$d(x^*, x') = d(\phi(x^*), \phi(x')) \leqslant \alpha d(x^*, x').$$

因为 $0 \leqslant \alpha < 1$, 所以 $d(x^*, x') = 0$, 即 $x^* = x'$.   □

注 1.5.1 不动点定理的证明不仅给出了压缩映射的不动点的存在性和唯一性, 同时也提供了求不动点的一种方法——迭代法. 就是说, 在完备度量空间中, 从任取的 "初值" x_0 出发, 逐次作点列 $x_n = \phi^n(x_0), n = 1, 2, \cdots$, 它收敛到方程 $\phi(x) = x$ 的解. 这种方法也称为逐次逼近法. 在 (1.24) 式中令 $p \to \infty$, 得到

$$d(x^*, x_n) \leqslant \frac{\alpha^n}{1-\alpha} d(x_1, x_0). \tag{1.25}$$

上式告诉我们 "近似解" x_n 与所求准确解 x^* 的逼近程度, 以及方程 $\phi(x) = x$ 的解可能坐落的范围. 例如当 $n = 0$ 时, 由 (1.25) 式得到

$$d(x^*, x_0) \leqslant \frac{1}{1-\alpha} d(x_1, x_0).$$

注 1.5.2 应该注意, 上述定理 1.5.1 中, 空间 X 的完备性条件不能除去. 例如考察 $\mathbb{R}$ 的子空间 $(0, \infty)$ 到它自身的映射

$$\phi(x) = \alpha x,$$

其中 α 是小于 1 的正数. ϕ 显然是压缩映射, 但是它在 $(0, \infty)$ 中没有不动点.

注 1.5.3 条件 $0 \leqslant \alpha < 1$ 不能减弱为 $\alpha = 1$. 例如在 $\mathbb{R}$ 的闭子空间 $[0, \infty)$ 中

$$\phi(x) = x + \frac{1}{1+x},$$

容易验证这个映射 ϕ 满足

$$d(\phi(x), \phi(y)) < d(x, y), \quad \text{对于 } x \neq y. \tag{1.26}$$

但 ϕ 在 $[0, \infty)$ 中没有不动点.

压缩映射原理有许多有用的推广, 下面介绍较常见的一种推广形式.

定理 1.5.2 设度量空间 X 是完备的, ϕ 是 X 到自身的映射. 如果存在一个自然数 n 使得 ϕ^n 是 X 上的压缩映射, 那么映射 ϕ 在 X 中有唯一的不动点.

证明 令 $\psi = \phi^n$, 则 ψ 是 X 上的压缩映射. 由定理 1.5.1, ψ 有不动点 $x^* : \psi(x^*) = x^*$. 我们证明 x^* 也是 ϕ 的不动点.

事实上, 由于

$$\psi\phi = \phi^{n+1} = \phi\psi,$$

所以 $\psi(\phi(x^*)) = \phi(\psi(x^*)) = \phi(x^*)$, $\phi(x^*)$ 也是 ψ 的不动点. 由于压缩映射 ψ 只有一个不动点, 所以 $\phi(x^*) = x^*$.

设 y^* 是 ϕ 的另一不动点, 由于 $\phi(y^*) = y^*$, 则
$$\phi^n(y^*) = \phi^{n-1}(y^*) = \cdots = y^*.$$

因此, y^* 也是 ψ 的不动点. 又由于 ψ 的不动点只有一个, 所以 $y^* = x^*$, 即 ϕ 的不动点也只有一个. □

应用

下面是压缩映射原理在研究隐函数存在性方面的应用.

例 1.5.1 (隐函数存在定理)   设函数 $f(x,y)$ 在条形闭区域
$$\{(x,y): a \leqslant x \leqslant b, \quad -\infty < y < \infty\}$$

上处处连续, 关于 y 的偏导数 $f'_y(x,y)$, 有常数 $m < M$ 使得在上述条形区域中
$$0 < m \leqslant f'_y(x,y) \leqslant M.$$

那么方程 $f(x,y) = 0$ 在闭区间 $[a,b]$ 上有唯一的连续解 $y = \varphi(x)$.

证明   在完备空间 $C[a,b]$ 上作映射
$$(A\varphi)(x) = \varphi(x) - \frac{1}{M}f(x,\varphi(x)),$$

这是 $C[a,b]$ 到自身的压缩映射. 事实上, 对于 $\varphi_1, \varphi_2 \in C[a,b]$, $x \in [a,b]$, 由微分中值定理, 存在 $0 < \theta < 1$, 使得

$$\begin{aligned}|(A\varphi_2 - A\varphi_1)(x)| &= \left|\varphi_2(x) - \frac{1}{M}f(x,\varphi_2(x)) - \varphi_1(x) + \frac{1}{M}f(x,\varphi_1(x))\right| \\ &= \left|\varphi_2(x) - \varphi_1(x) - \frac{1}{M}f'_y(x,\varphi_1(x)+\theta(\varphi_2(x)-\varphi_1(x)))(\varphi_2(x)-\varphi_1(x))\right| \\ &= |\varphi_2(x) - \varphi_1(x)|\left|1 - \frac{1}{M}f'_y(x,\varphi_1(x)+\theta(\varphi_2(x)-\varphi_1(x)))\right| \\ &\leqslant |\varphi_2(x) - \varphi_1(x)|\left(1 - \frac{m}{M}\right).\end{aligned} \quad (1.27)$$

由于 $0 < \frac{m}{M} < 1$, 所以 $0 < 1 - \frac{m}{M} < 1$, 令 $\alpha = 1 - \frac{m}{M}$, 便有
$$|(A\varphi_2 - A\varphi_1)(x)| \leqslant \alpha|\varphi_2(x) - \varphi_1(x)|.$$

所以
$$\|A\varphi_2 - A\varphi_1\| \leqslant \alpha\|\varphi_2 - \varphi_1\|.$$

这说明 A 是 $C[a,b]$ 上的压缩算子. 由定理 1.5.1, 有唯一 $\varphi \in C[a,b]$ 使得 $A\varphi = \varphi$, 这就是说

$$f(x,\varphi(x)) \equiv 0, \quad a \leqslant x \leqslant b. \qquad \square$$

现在应用不动点原理证明两类微分方程和积分方程解的存在性和唯一性定理.

定理 1.5.3 假设 $f(x,y)$ 是平面上某单连通区域 $\mathcal{D}$ 上的二元连续函数, 我们考虑一阶常微分方程初值问题

$$\begin{cases} \dfrac{\mathrm{d}y}{\mathrm{d}x} = f(x,y), \\ y|_{x=x_0} = y_0. \end{cases} \tag{1.28}$$

假设 $f(x,y)$ 在 $\mathcal{D}$ 的一个矩形子集 $D = \{(x,y) : |x-x_0| \leqslant a, |y-y_0| \leqslant \lambda\}$ 上对 y 满足 Lipschitz 条件, 即存在常数 $L>0$, 使得当 $(x,y_i) \in D (i=1,2)$ 时,

$$|f(x,y_1) - f(x,y_2)| \leqslant L|y_1-y_2|. \tag{1.29}$$

记 $M = \max\limits_{(x,y)\in D} |f(x,y)|$, 则当 $h < \min\left\{a, \dfrac{\lambda}{M}, \dfrac{1}{L}\right\}$ 时, 初值问题 (1.28) 在区间 $[x_0-h, x_0+h]$ 上有唯一解.

证明 初值问题 (1.28) 等价于求解积分方程

$$\varphi(x) = y_0 + \int_{x_0}^{x} f(t,\varphi(t))\mathrm{d}t. \tag{1.30}$$

记 C_D 是连续函数空间 $C[x_0-h, x_0+h]$ 中满足 $(x,\varphi(x)) \in D$ 且 $\varphi(x_0) = y_0$ 的函数全体, 那么 C_D 是 $C[x_0-h, x_0+h]$ 的 (度量) 子空间, 且是闭子空间, 因而也是完备的. 作映射

$$A: \varphi \mapsto y_0 + \int_{x_0}^{x} f(t,\varphi(t))\mathrm{d}t. \tag{1.31}$$

下面验证, 当 $h < \min\left\{a, \dfrac{\lambda}{M}, \dfrac{1}{L}\right\}$ 时, 由 (1.31) 式所确定的映射 A 具有下述性质:

(i) 当 $\varphi \in C_D$ 时, $\psi = A\varphi \in C_D$;

(ii) 当 $\varphi_1, \varphi_2 \in C_D$ 时, $d(A\varphi_1, A\varphi_2) \leqslant \alpha d(\varphi_1,\varphi_2)$, 其中 $\alpha = Lh < 1$.

即 A 是 C_D 上的压缩映射, 所以它有唯一的不动点, 因而初值问题 (1.28) 有唯一的解.

事实上, 显然 $\psi(x_0) = y_0$. 当 $|x-x_0| \leqslant h$ 时, $\psi(x)$ 为连续函数, 且

$$|\psi(x) - y_0| = \left|\int_{x_0}^{x} f(t,\varphi(t))\mathrm{d}t\right| \leqslant Mh < \lambda,$$

所以 $\psi \in C_D$.

当 $\varphi_1, \varphi_2 \in C_D$ 时,

$$d(A\varphi_1, A\varphi_2) = \max_{|x-x_0|\leqslant h} \left|\int_{x_0}^{x} [f(t,\varphi_1(t)) - f(t,\varphi_2(t))]\mathrm{d}t\right|$$

$$\leqslant L \max_{|x-x_0|\leqslant h} \int_{x_0}^{x} |\varphi_1(t) - \varphi_2(t)|\,\mathrm{d}t$$

$$\leqslant Lhd(\varphi_1,\varphi_2). \qquad \square$$

定理 1.5.4 设 $f(s)$ 为 $[a,b]$ 上的连续函数, $K(s,t)$ 为正方形 $[a,b]\times[a,b]$ 上的连续函数, 令

$$M = \sup_{a\leqslant s\leqslant b}\int_a^b |K(s,t)|\mathrm{d}t < \infty,$$

则当 $|\lambda| < \dfrac{1}{M}$ 时, 有唯一的 $\varphi \in C[a,b]$ 适合方程

$$\varphi(s) = f(s) + \lambda \int_a^b K(s,t)\varphi(t)\mathrm{d}t. \tag{1.32}$$

证明 在连续函数空间 $C[a,b]$ 上定义映射

$$(K\varphi)(s) = f(s) + \lambda \int_a^b K(s,t)\varphi(t)\mathrm{d}t.$$

记 $\alpha = M|\lambda|$, 那么 $\alpha < 1$. 对于任意的 $\varphi, \psi \in C[a,b]$, 有

$$\|K\varphi - K\psi\| = |\lambda| \left\| \int_a^b K(s,t)\varphi(t)\mathrm{d}t - \int_a^b K(s,t)\psi(t)\mathrm{d}t \right\|$$

$$\leqslant |\lambda| \max_{a\leqslant s\leqslant b} \int_a^b |K(s,t)||\varphi(t) - \psi(t)|\mathrm{d}t$$

$$\leqslant |\lambda| M \max_{a\leqslant t\leqslant b} |\varphi(t) - \psi(t)|$$

$$= \alpha \|\varphi - \psi\|.$$

应用 Banach 不动点定理, 得到积分方程 (1.32) 有唯一的连续解 $\varphi(t)$. $\qquad \square$

作为定理 1.5.4 的一个应用, 我们考察积分方程

$$\varphi(x) = f(x) + \lambda \int_a^x K(x,y)\varphi(y)\mathrm{d}y,$$

这里 λ 是常数. 这种类型的方程称为 Volterra (沃尔泰拉) 型积分方程. 某些数学物理问题和某些变分问题均可以归结为解这种积分方程.

我们来证明下面的定理.

定理 1.5.5 设 $f(x)$ 是区间 $[a,b]$ 上的连续函数, $K(x,y)$ 是三角形 $D=\{(x,y): a\leqslant x\leqslant b, a\leqslant y\leqslant x\}$ 上的连续函数, 那么对于任何常数 λ, 方程

$$\varphi(x) = f(x) + \lambda \int_a^x K(x,y)\varphi(y)\mathrm{d}y \tag{1.33}$$

在 $[a,b]$ 上有唯一的连续函数解 $\varphi(x)$.

证明 记 $M = \sup\{|K(x,y)| : (x,y) \in D\}$. 考察 $C[a,b]$ 到自身的映射

$$(B\varphi)(x) = f(x) + \lambda \int_a^x K(x,y)\varphi(y)\mathrm{d}y.$$

对于 $C[a,b]$ 中任意两个函数 $\varphi_1(x), \varphi_2(x)$, 当 $x \in [a,b]$ 时,

$$|(B\varphi_1)(x) - (B\varphi_2)(x)| = \left|\lambda \int_a^x K(x,y)(\varphi_1(y) - \varphi_2(y))\mathrm{d}y\right|$$
$$\leqslant |\lambda|M(x-a)\|\varphi_1 - \varphi_2\|.$$

今用数学归纳法证明: 当 $x \in [a,b]$ 时,

$$|(B^n\varphi_1)(x) - (B^n\varphi_2)(x)| \leqslant |\lambda|^n M^n \frac{(x-a)^n}{n!} \|\varphi_1 - \varphi_2\|. \tag{1.34}$$

当 $n = 1$ 时, 已证. 设不等式 (1.34) 对于 $n(n \geqslant 1)$ 成立, 我们证明不等式 (1.34) 对于 $n+1$ 也成立. 事实上,

$$|(B^{n+1}\varphi_1)(x) - (B^{n+1}\varphi_2)(x)| = \left|\lambda \int_a^x K(x,y)[(B^n\varphi_1)(y) - (B^n\varphi_2)(y)]\mathrm{d}y\right|$$
$$\leqslant \frac{|\lambda|^n M^{n+1}}{n!}|\lambda| \int_a^x (y-a)^n \mathrm{d}y \|\varphi_1 - \varphi_2\|$$
$$= \frac{|\lambda|^{n+1} M^{n+1}(x-a)^{n+1}}{(n+1)!}\|\varphi_1 - \varphi_2\|.$$

于是不等式 (1.34) 成立. 取正整数 n, 使得

$$\alpha \stackrel{\mathrm{def}}{=\!=} |\lambda|^n M^n (b-a)^n/n! < 1.$$

那么

$$\|B^n\varphi_1 - B^n\varphi_2\| = \max_{a \leqslant x \leqslant b} |(B^n\varphi_1)(x) - (B^n\varphi_2)(x)| \leqslant \alpha \|\varphi_1 - \varphi_2\|.$$

利用定理 1.5.4 就知道, 方程 (1.33) 在 $C[a,b]$ 中有唯一的解. □

习题 1.5

1. 若 T 是度量空间上的压缩映射, 证明: 对任意正整数 n, T^n 也是压缩映射. 并说明逆命题不一定成立.
2. 设 X 为完备度量空间, φ 是 X 到自身的映射, 记

$$\alpha_n = \sup_{x \neq y} \frac{d(\varphi^n(x), \varphi^n(y))}{d(x,y)}.$$

   (i) 若级数 $\sum_{n=1}^{\infty} \alpha_n < \infty$, 则对任何一个初值 x_0, 迭代程序 $\{\varphi^n(x_0)\}$ 收敛于映射 φ 的唯一不动点, 并求出第 n 次近似解与准确解 $\varphi(x) = x$ 的逼近程度.

   (ii) 若 $\inf_n \alpha_n < 1$, 则 φ 有唯一的不动点. 并给出一种收敛于准确解 $\varphi(x) = x$ 的迭代程序以及 n 次近似解与准确解的逼近程度.

3. 设 $\alpha_{jk}(j,k=1,2,\cdots,n)$ 为一组实数, 适合条件

$$\sum_{j,k=1}^{n}(\alpha_{jk}-\delta_{jk})^2 < 1,$$

其中 δ_{jk} 是 Kronecker (克罗内克) 符号. 那么代数方程

$$\begin{pmatrix} a_{11} & a_{12} & \cdots & a_{1n} \\ a_{21} & a_{22} & \cdots & a_{2n} \\ \vdots & \vdots & & \vdots \\ a_{n1} & a_{n2} & \cdots & a_{nn} \end{pmatrix} \begin{pmatrix} x_1 \\ x_2 \\ \vdots \\ x_n \end{pmatrix} = \begin{pmatrix} b_1 \\ b_2 \\ \vdots \\ b_n \end{pmatrix}$$

对任何一组固定的 $b_1, b_2, \cdots, b_n$ 有唯一的解 $x_1, x_2, \cdots, x_n$. 给出迭代程序以及 n 次近似解与准确解的逼近程度.

4. 写出并利用不动点原理证明, 关于方程组

$$\frac{\mathrm{d}y_k}{\mathrm{d}x} = f_k(x,y_1,y_2,\cdots,y_n), \quad k=1,2,\cdots,n$$

的解的存在性与唯一性定理.

5. 设从完备度量空间 X 到自身的映射 T 满足如下条件: 在开球 $O(x_0,r)(r>0)$ 内成立

$$d(Tx,Tx') < \theta d(x,x'), \quad 0<\theta<1, \ x \neq x',$$

并且

$$d(x_0,Tx_0) \leqslant \alpha r.$$

那么,

(ii) 当 α 满足怎样的条件时, T 在 $O(x_0,r)$ 内有不动点, 并且唯一?

(ii) 当 $\alpha \leqslant 1-\theta$ 时, 若 T 在闭球 $B(x_0,r)$ 上连续, 则 T 在 $B(x_0,r)$ 内有不动点. 这时唯一性是否成立? 证明你的结论.

6. 设 F 是 n 维 Euclid 空间 $\mathbb{R}^n$ 中的有界闭集, φ 是 F 到自身的映射并且满足如下条件: 对于任何 $x,y \in F(x \neq y)$, 有

$$d(\varphi(x),\varphi(y)) < d(x,y), \quad x \neq y.$$

证明: 映射 φ 在 F 中存在唯一的不动点. 对于不闭的有界集这个事实能否成立?

7. (**Newton 迭代法**) 设 f 是定义在 $[a,b]$ 上的二次连续可微实函数, $[a,b]$ 中点 x 满足 $f(x)=0, f'(x) \neq 0$. 证明: 存在点 x 的一个邻域 U, 使得对任意 $x_0 \in U$, 迭代序列

$$x_{n+1} = x_n - \frac{f(x_n)}{f'(x_n)}, n=0,1,2,\cdots$$

都收敛于 x.

8. (**隐函数存在定理**) 设函数 $F: U \times V \mapsto \mathbb{R}^m$, 其中 U 和 V 分别是 $\mathbb{R}^n$ 和 $\mathbb{R}^m$ 中的开区域, $(x_0,y_0) \in U \times V$. 如果 F 在 $U \times V$ 中连续, 并且对于任意的 $x \in U$, $F(x,\cdot)$ 在 V 中是连续

可微的, 同时满足
$$F(x_0, y_0) = 0, \quad \det\left(\frac{\partial F}{\partial y}\right)(x_0, y_0) \neq 0.$$

其中 $\frac{\partial F}{\partial y}$ 是 F 关于 y 的 Jacobi (雅可比) 矩阵. 对于 $r > 0$, 令 $C(B(x_0, r), \mathbb{R}^m)$ 表示定义在闭球 $B(x_0, r)$ 上取值在 $\mathbb{R}^m$ 中的向量值连续函数空间, 它按范数

$$\|\phi\| = \max_{x \in B(x_0, r), i=1,2,\cdots,m} |\phi_i(x)|, \quad \forall \phi = (\phi_1, \phi_2, \cdots, \phi_m) \in C(B(x_0, r), \mathbb{R}^m)$$

构成了一个 Banach 空间. 证明

(i) 存在 $r, \delta > 0$, 使得在 $C(B(x_0, r), \mathbb{R}^m)$ 的子集

$$E \stackrel{\text{def}}{=} \{\phi \in C(B(x_0, r), \mathbb{R}^m) : \phi(x_0) = y_0, |\phi(x) - y_0| \leqslant \delta, \forall x \in B(x_0, r)\}$$

中, $(T\phi)(x) \stackrel{\text{def}}{=} \phi(x) - \left(\frac{\partial F}{\partial y}(x_0, y_0)\right)^{-1} F(x, \phi(x))$ 是良定义的压缩映射.

(ii) 存在 x_0 的邻域 $U_0 \subset U$ 以及唯一的连续函数 $\varphi : U_0 \mapsto \mathbb{R}^m$, 满足

$$\begin{cases} F(x, \varphi(x)) \equiv 0, \quad \forall x \in U_0, \\ \varphi(x_0) = y_0. \end{cases}$$

9. 设 $Iso(\mathbb{R}^n) = \{f : f \text{ 是 } \mathbb{R}^n \text{ 上等距的双射}\}$ 是 Euclid 空间 $\mathbb{R}^n$ 的自同构群, 一个群 G 在 $\mathbb{R}^n$ 的作用即为一个群同态 $\phi : G \to Iso(\mathbb{R}^n)$. 我们首先来看 Kakutani (角谷静夫) 不动点定理的一个特殊情况.

(i) 设 G 是一个有限群, G 在 $\mathbb{R}^n$ 的作用由同态 $\phi : G \to Iso(\mathbb{R}^n)$ 给出. 取一点 $v \in \mathbb{R}^n$. 证明: 函数 $f(x) = \sum_{g \in G} d(x, \phi(g)v)$ 存在可达的最小值.

(ii) 设 G 是一个有限群, G 在 $\mathbb{R}^n$ 的作用由同态 $\phi : G \to Iso(\mathbb{R}^n)$ 给出. 证明: 存在点 $v \in \mathbb{R}^n$, 使得对任意 $g \in G$ 有 $\phi(g)v = v$.

称群 G 在 $\mathbb{R}^n$ 的作用 $\phi : G \to Iso(\mathbb{R}^n)$ 是自由的, 是指对于 $g \in G$, 若存在 $v \in \mathbb{R}^n$ 使得 $\phi(g)v = v$, 则 g 是 G 的单位元 e. 称群 G 是无挠的, 是指若 $g \in G$ 及存在正整数 m 使得 $g^m = e$, 则 $g = e$.

(iii) 证明: 若群 G 存在一个在 $\mathbb{R}^n$ 上的自由等距群作用, 则 G 是无挠的.

在几何群论中, 经常使用群 G 在一些几何对象如 G 的 Cayley 图及相应的 Hilbert 空间上的作用, 刻画群 G 的代数性质. 更多内容可参阅 Clay (克莱) 与 Margalit (马加利特) 的几何群论著作 [11].

10. 设 $G = \mathbb{Z}_2 * \mathbb{Z}_3$ 为 $\mathbb{Z}_2$ 与 $\mathbb{Z}_3$ 的自由积. 容易验证, 群 G 可如此显式表达: 取生成集 $S = \{a, b\}$, G 中元素 u 可唯一写成有限长度的单词:

$$ab^{\varepsilon_1}ab^{\varepsilon_2}\cdots \text{ 或 } b^{\varepsilon_1}ab^{\varepsilon_2}a\cdots, \varepsilon_i = \pm 1,$$

单词长度正好为 Cayley 图上度量 $d_S(e, u)$ (定义见习题 1.1 第 6, 10 题). 对于 $u, v \in G$, 它们的乘积为单词 uv, 并对相邻 b 与 b、b^{-1} 与 b^{-1} 分别用 b^{-1}, b 代替, 且消除相邻的 a 与 a、b 与 b^{-1}. 设 H 是 G 中的一个有限子群.

(i) 画出 Cayley 图 $\Gamma = (G, E)$ 中涉及顶点 $B(e, 3) = \{u \in G : d_S(e, u) \leqslant 3\}$ 的部分.

(ii) 对于 $u \in G, d_S(e, u) \geqslant 2$, 设 $v = a, b$ 或 b^{-1} 为连接 e, u 最短路径中的第一个顶点. 对顶点 $P \in G$ 及正整数 r, 若 $d(e, P) \leqslant r, d(u, P) \leqslant r$, 证明: $d(v, P) \leqslant r - 1$.

(iii) 令
$$r_0 = \min\{r \in \mathbb{N}_+ : \exists b \in G, H \subset B(b, r)\}.$$
令 B 为达到最小值的 G 中元素全体: $b \in B$ 当且仅当 $H \subset B(b, r_0)$. 证明: B 是 H 的一个 (左作用) 不变集, 即 $gB = B, \forall g \in H$.

(iv) 令 $d_B = \max\{d_S(b_1, b_2) : b_1, b_2 \in B\}$ 为集合 B 的直径. 证明: 存在元素 $b \in G$, 使得其共轭子群 $b^{-1}Hb \subset B(e, d_B)$.

(v) 列举 d_B 可能的取值, 由此证明: 有限子群 H 必为 $\{e\}, \{e, a\}$ 或者 $\{e, b, b^{-1}\}$ 的共轭子群.

实际上, 由几何群论可得, 双曲群 (Hyperbolic Group) 均有类似的结果.

1.6 列紧性

在实数理论中, 有两个非常基本的定理, 一个是 Bolzano-Weierstrass (波尔查诺 – 魏尔斯特拉斯) 定理: 任一有界点列都有收敛子列. 另一个是 Heine-Borel (海涅 – 博雷尔) 定理: 有界闭集的任何开覆盖都有有限的子覆盖. 数学分析中一些关键定理 (例如 $C[a, b]$ 上连续函数可取到最大值, 最小值以及最大值和最小值之间的一切值) 的证明都要用到它们.

在这一节中, 我们讨论一般度量空间中的紧性.

1.6.1 相对列紧集

定义 1.6.1 设 X 是度量空间, A 是 X 的子集. 如果 A 中的任何点列都有在 X 中收敛的子列, 就称 A 是 (X 中的) 相对列紧集. 如果 X 自身是相对列紧集, 就称 X 是列紧空间.

定义 1.6.2 度量空间中闭的相对列紧集, 即 A 中任一点列有收敛子点列收敛到 A 中的一点, 称为列紧集.

容易看出相对列紧集有下面的几点性质:

(1) 有限点集是相对列紧集.

(2) 有限个相对列紧集的并集是相对列紧集.

(3) 相对列紧集的子集是相对列紧集, 因此, 任意一族相对列紧集的交集是相对列紧集.

(4) 相对列紧集的闭包是相对列紧集, 从而是列紧集.

事实上, 设 A 是相对列紧集. 任取点列 $\{x_n\} \subset \bar{A}$, 那么对每个 n, 可以取到点 $y_n \in A$ 使得 $d(x_n, y_n) < \dfrac{1}{n}$. 因为 A 是相对列紧的, 故存在点 $y \in X$ 以及子列 $\{y_{n_k}\}$, 使得 $y_{n_k} \to y (k \to \infty)$, 所以 $x_{n_k} \to y$. 因此 $\bar{A}$ 是相对列紧的.

(5) 相对列紧集中的基本点列都收敛. 因此, 列紧的度量空间是完备的

事实上, 如果 $\{x_n\}$ 是相对列紧集 A 中的基本点列, 那么有子点列 $\{x_{n_k}\}$ 收敛于度量空间 X 中的一点 x_0. 根据引理 1.4.1, 有 $x_n \to x_0$.

例 1.6.1 由 Bolzano-Weierstrass 定理, $\mathbb{R}^n$ (或 $\mathbb{C}^n$) 中的子集 A 是相对列紧集等价于 A 是有界的. 再由定理 1.4.2 的讨论知, 对任意的有限维赋范线性空间 X, 它的子集 A 是相对列紧集等价于 A 是有界集.

然而, 对于无穷维的赋范线性空间, 情况就变得非常复杂了.

例 1.6.2 空间 l^2 中的一列向量 $\{e_n \colon e_n = (0, 0, \cdots, 0, 1, 0, \cdots)\}$ 构成的子集 X, 其中的任何两个不同的元素之间的距离都等于 $\sqrt{2}$, 这是 l^2 中的有界点列. 但是, 点列 $\{e_n\}$ 没有收敛的子点列. 另外, 开集族 $\left\{O\left(e_n, \dfrac{1}{2}\right) : n = 1, 2, \cdots\right\}$ 显然覆盖 X, 但是每个开集 $O\left(e_n, \dfrac{1}{2}\right)$ 都只包含一个元素 e_n, 因此它没有包含 X 的任何有限子覆盖.

实际上, 对于一般的赋范线性空间, F. Riesz (里斯) 证明了下面的结果.

引理 1.6.1 (F. Riesz) 设 A 是赋范线性空间 X 的闭线性子空间, 并且 $A \neq X$. 那么对于任一 $\varepsilon (0 < \varepsilon < 1)$, 存在 X 中的单位向量 $x_0, \|x_0\| = 1$, 使得

$$d(x_0, A) > \varepsilon.$$

证明 由于 A 是 X 的真子空间, 任取一点 $\bar{x} \in X \setminus A$. 因为 A 是闭的, 所以, $d(\bar{x}, A) = d > 0$. 因为 $\dfrac{d}{\varepsilon} > d$, 存在 A 中的点 x' 满足

$$\|\bar{x} - x'\| < \dfrac{d}{\varepsilon}.$$

作 $x_0 = \dfrac{\bar{x} - x'}{\|\bar{x} - x'\|}$, 那么 $\|x_0\| = 1$. 并且, 对任何 $x \in A$, 因 $x' + \|\bar{x} - x'\| x \in A$, 得到

$$\|\bar{x} - (x' + \|\bar{x} - x'\| x)\| \geqslant d.$$

因此,

$$\begin{aligned}
\|x_0 - x\| &= \left\|\dfrac{\bar{x} - x'}{\|\bar{x} - x'\|} - x\right\| \\
&= \dfrac{1}{\|\bar{x} - x'\|} \|\bar{x} - (x' + \|\bar{x} - x'\| x)\| \\
&\geqslant \dfrac{d}{\|\bar{x} - x'\|}.
\end{aligned}$$

于是 $d(x_0, A) \geqslant \dfrac{d}{\|\bar{x} - x'\|} > \varepsilon.$ □

下面的定理指出了有限维空间和无限维空间的一个本质区别.

定理 1.6.1 如果赋范线性空间 X 是无限维的, 那么 X 的单位球不是相对列紧的.

证明 在 X 中任取一个单位向量 $x_1, \|x_1\| = 1$. 令 $X_1 = \{x : x = \alpha x_1, \alpha \text{ 是数}\}$ 表示由 x_1 张成的一维子空间, 于是 $X_1 \neq X$. 由定义 1.4.2 及引理 1.2.1 知道 X_1 是 X 的闭子空间. 由 F. Riesz 引理, 存在 $x_2 \in X, \|x_2\| = 1$, 使得 $d(x_2, X_1) > \dfrac{1}{2}$. 用 X_2 表示由 x_1, x_2 张成的二维子空间, 同样地, X_2 是 X 的闭子空间, 并且 $X_2 \neq X$. 于是又可以对 X_2 应用 F. Riesz 引理.

这样继续做下去, 从 X 中选取了一列单位向量 $\{x_n : n = 1, 2, \cdots\}$, 以及一列闭子空间 $\{X_n\}_{n=1}^\infty, X_n = \text{span}\{x_1, x_2, \cdots, x_n\}$, 而且

$$d(x_{n+1}, X_n) > \frac{1}{2}, \quad n = 1, 2, \cdots.$$

因而当 $m > n$ 时, 由于 $x_n \in X_{m-1}$,

$$\|x_m - x_n\| \geqslant d(x_m, X_{m-1}) > \frac{1}{2},$$

这种点列 $\{x_n\}$ 不可能含有收敛的子序列. 所以有界集 $\{x : \|x\| \leqslant 1\}$ 不是相对列紧集. □

下面引入拓扑学中对列紧集的刻画. 完整证明可见附录.

定理 1.6.2 设 A 是度量空间 X 中的点集. A 是列紧集的充要条件是 X 中每个覆盖 A 的开集族中都有有限个开集覆盖 A.

这就是说, 在度量空间中 (覆盖) 紧集和列紧集是等价的. 因此, 在度量空间中, 不需再区分列紧集和 (覆盖) 紧集. 下面我们再给出紧集的一个有效判别方法.

定义 1.6.3 设 A 是度量空间 X 中点集, B 是 A 的子集.

(i) 如果有正数 ε, 使得以 B 中各点为球心, 以 ε 为半径的开球全体覆盖 A, 即

$$\bigcup_{x \in B} O(x, \varepsilon) \supset A,$$

那么称 B 是 A 的 ε 网.

(ii) 如果对任何 $\varepsilon > 0$, 集 A 总有有限的 ε 网 $\{x_1, x_2, \cdots, x_n\} \subset A$ (点的个数 n 随 ε 而变), 那么称 A 是完全有界的集.

注 1.6.1 在完全有界集定义中的 B 要求是 A 的子集, 但实际上无须这个条件. 这一事实留作读者练习.

例 1.6.3 n 维 Euclid 空间 $\mathbb{R}^n$ 中的有界集是完全有界的. 从而, 我们也可得到有限维赋范线性空间中的有界集是完全有界的.

完全有界集和相对列紧集有下面的关系.

定理 1.6.3 (Hausdorff (豪斯多夫)) (i) 度量空间中相对列紧集是完全有界集.

(ii) 在完备度量空间中, 完全有界集是相对列紧集. 因此, 在完备度量空间中, 完全有界集和相对列紧集是相同的.

定理 1.6.3 中的 (ii) 的完备性条件是不能除去的. 例如, 在赋范线性空间 $(C[0,1], \|\cdot\|_1)$ 中, 考虑其中的有界点列 $\{f_n\}$,

$$f_n(t) = \begin{cases} 1, & 0 \leqslant t < \dfrac{1}{2}, \\ 1 - n\left(t - \dfrac{1}{2}\right), & \dfrac{1}{2} \leqslant t \leqslant \dfrac{1}{2} + \dfrac{1}{n}, \\ 0, & \dfrac{1}{2} + \dfrac{1}{n} < t \leqslant 1, \end{cases}$$

则 $\|f_n - f_m\|_1 \leqslant \dfrac{1}{m} + \dfrac{1}{n}$, 所以 $\{f_n\}$ 是 $(C[0,1], \|\cdot\|_1)$ 中的基本点列, 集合 $A = \{f_n\}$ 是完全有界集, 但是它没有收敛子列, 因此不是相对列紧的. 不但如此, 而且更进一步有

定理 1.6.4 如果度量空间 X 中每个完全有界集都是相对列紧集, 那么 X 是完备的.

证明 设 $\{x_n\}$ 是 X 中基本点列, 则集合 $\{x_n\}$ 是完全有界的. 由假设得到集合 $\{x_n\}$ 是相对列紧集. 从而序列 $\{x_n\}$ 存在收敛子列, 因此 $\{x_n\}$ 也是收敛的. □

由此我们也得到下述推论.

推论 1.6.1 相对列紧集是可分的有界集.

证明 相对列紧集是完全有界集, 从而它是有界的. 只需说明完全有界集是可分的.

设 A 是完全有界集, 令 $\{x_1^{(n)}, x_2^{(n)}, \cdots, x_{k_n}^{(n)}\}$ 是 A 的有限的 $\dfrac{1}{n}$ 网 $(n = 1, 2, \cdots)$, 那么集

$$B = \{x_i^{(n)} : i = 1, 2, \cdots, k_n; n = 1, 2, \cdots\}$$

是可数集. 容易证明 B 在 A 中稠密, 故 A 是可分的. □

1.6.2 Arzelà-Ascoli 定理

从定理 1.6.3 知道, 在完备的度量空间中, 相对列紧性与完全有界性是一致的. 下面我们对某些具体的完备空间给出点集是完全有界集的判定准则. 我们总是设法把问题引导到有限维 Euclid 空间, 因为在有限维空间中完全有界和有界性是一致的, 而有界的条件较易掌握. 我们只以 $C[a,b]$ 及 l^p 为例来说明处理这类问题的基本方法, 其余的空间如 $L^p[a,b]$, $L^p(\mathbb{R})$, c 空间中点集是列紧集的条件都可以类似地给出.

定义 1.6.4 设 A 是 $[a,b]$ 上的一族连续函数, $A \subset C[a,b]$. 若对任何一个正数 ε, 有 $\delta > 0$, 使得对于区间 $[a,b]$ 中任何两点 $x, x' \in [a,b]$, 当 $|x - x'| < \delta$ 时, 对 A 中每个函数

f, 都成立

$$|f(x) - f(x')| < \varepsilon$$

(即 δ 不依赖于 A 中个别的 f), 那么称 A 是等度连续的函数族.

"等度" 的意思是族 A 中各个函数的连续程度是同等的.

例 1.6.4 设 L 和 α 是两个正数, A 是 $C[a,b]$ 中满足 Hölder 连续性条件:

$$|f(x) - f(y)| \leqslant L|x-y|^\alpha, \quad x,y \in [a,b]$$

的函数 f 所成的函数族, A 是等度连续的函数族.

例 1.6.5 设 $K(s,t)$ 是 $[a,b] \times [a,b]$ 上的连续函数, 设 $C[a,b]$ 的子集

$$A = \left\{ \int_a^b K(s,t)\varphi(t)\mathrm{d}t \colon \varphi \in C[a,b], \|\varphi\| \leqslant 1 \right\},$$

则 A 是等度连续的. 事实上, 因为 $K(s,t)$ 是正方形 $[a,b] \times [a,b]$ 上的连续函数, 它是一致连续的, 所以对于任意的 $\varepsilon > 0$, 存在 $\delta > 0$, 使得: 当 $|s_1 - s_2| < \delta$ 时,

$$|K(s_1,t) - K(s_2,t)| < \varepsilon.$$

于是, 对于任意的 $\varphi \in C[a,b], \|\varphi\| \leqslant 1$, 都有

$$\left| \int_a^b K(s_1,t)\varphi(t)\mathrm{d}t - \int_a^b K(s_2,t)\varphi(t)\mathrm{d}t \right| \leqslant \int_a^b |K(s_1,t) - K(s_2,t)| |\varphi(t)| \,\mathrm{d}t \leqslant (b-a)\varepsilon.$$

前已指出, 度量空间 $C[a,b]$ 中点集的有界性不足以推出相对列紧性. 但是, 只要再加上等度连续性的条件就行了.

定理 1.6.5 (Arzelà-Ascoli (阿尔泽拉–阿斯科利)) $C[a,b]$ 的子集 A 为相对列紧集的充要条件是 A 为有界的、等度连续的函数族.

证明 充分性. 设 A 是 $C[a,b]$ 中的有界点集同时又是等度连续的, 因为 $C[a,b]$ 是完备空间, 由定理 1.6.3, 只需证明 A 是完全有界的. 对任意给定的正数 ε, 由 A 的等度连续性, 有正数 δ, 使得对 $[a,b]$ 中的点 x,x', 当 $|x - x'| < \delta$ 时, A 中每个 f 都满足

$$|f(x) - f(x')| < \frac{\varepsilon}{3}. \tag{1.35}$$

利用这个 δ, 任意取定 $[a,b]$ 中的有限个分点:

$$a = x_0 < x_1 < \cdots < x_n = b,$$

使得 $|x_i - x_{i-1}| < \delta (i = 1, 2, \cdots, n)$. 因为 A 是有界集, 有常数 $K > 0$ 使得对每个 $f \in A$, $\|f\| = \max\limits_{x \in [a,b]} |f(x)| \leqslant K$. 因此, 点集

$$\tilde{A} = \{(f(x_0), f(x_1), \cdots, f(x_n)) \colon f \in A\}$$

组成 $n+1$ 维 Euclid 空间 $\mathbb{R}^{n+1}$ 中的有界集, 即 $\sqrt{\sum_{i=0}^{n}|f(x_i)|^2} \leqslant K\sqrt{n+1}$. 由例 1.6.3, $\tilde{A}$ 是完全有界的, 所以有 $f_1, f_2, \cdots, f_k \in A$, 使得 k 个点

$$(f_i(x_0), f_i(x_1), \cdots, f_i(x_n)), \quad i = 1, 2, \cdots, k$$

组成 $\tilde{A}$ 中的 $\dfrac{\varepsilon}{3}$ 网. 现在来证明 $\{f_1, f_2, \cdots, f_k\}$ 是 A 的 ε 网就行了. 事实上, 任取 $f \in A$, 由 $(f(x_0), f(x_1), \cdots, f(x_n)) \in \tilde{A}$, 所以有 $i_0 \in \{1, 2, \cdots, k\}$ 使得

$$\sqrt{\sum_{i=0}^{n}|f_{i_0}(x_i) - f(x_i)|^2} < \frac{\varepsilon}{3}.$$

所以 $|f(x_i) - f_{i_0}(x_i)| < \dfrac{\varepsilon}{3}(i = 0, 1, \cdots, n)$. 对于 $[a, b]$ 中的点 x, 设 x 落在子区间 $[x_p, x_{p+1}]$ 上, 由不等式 (1.35) 得到

$$|f(x) - f_{i_0}(x)| \leqslant |f(x) - f(x_p)| + |f(x_p) - f_{i_0}(x_p)| + |f_{i_0}(x_p) - f_{i_0}(x)| < \varepsilon.$$

因此, $\|f - f_{i_0}\| < \varepsilon$, 即 $f \in O(f_{i_0}, \varepsilon)$.

必要性. 设 $A \subset C[a, b]$ 是相对列紧集, 相对列紧集是有界的. 只需证明 A 是等度连续的. 对于任意的 $\varepsilon > 0$, 有 A 的有限 $\dfrac{\varepsilon}{3}$ 网 $f_1, f_2, \cdots, f_k$. 因为每个 f_i 在 $[a, b]$ 上连续, 所以有正数 $\delta_i(i = 1, 2, \cdots, k)$ 使得对 $[a, b]$ 上的 x, x', 当 $|x - x'| < \delta_i$ 时, $|f_i(x) - f_i(x')| < \dfrac{\varepsilon}{3}$, 取 $\delta = \min\{\delta_1, \delta_2, \cdots, \delta_k\}$. 我们证明: 对每个 $f \in A$, 只要 $[a, b]$ 中的两点 x, x' 满足 $|x - x'| < \delta$, 便有

$$|f(x) - f(x')| < \varepsilon.$$

事实上, 对于 $f \in A$, 有 $i, 1 \leqslant i \leqslant k$, 使得 $\|f - f_i\| < \dfrac{\varepsilon}{3}$, 因此

$$|f(x) - f(x')| \leqslant |f(x) - f_i(x)| + |f_i(x) - f_i(x')| + |f_i(x') - f(x')| < \varepsilon.$$

即 A 是等度连续的. □

定理 1.6.6 对 $1 \leqslant p < \infty$, 空间 l^p 中的集 A 成为相对列紧集的充要条件是 A 为有界集且对任何正数 ε, 存在正整数 N, 使得对一切 $x = (x_1, x_2, \cdots, x_n, \cdots) \in A$,

$$\sum_{n=N+1}^{\infty}|x_n|^p < \varepsilon. \tag{1.36}$$

证明 因为 l^p 是完备空间, 设 A 是有界集且满足条件 (1.36), 只要证明 A 是完全有界集. 对于任何 $\eta > 0$, 取 $\varepsilon = \min\left\{\left(\dfrac{1}{3}\right)\left(\dfrac{\eta}{2}\right)^p, 1\right\}$, 那么有 $N > 0$, 使 (1.36) 式成立. 作

$$\tilde{A} = \{(x_1, x_2, \cdots, x_N) : x = (x_1, x_2, \cdots, x_n, \cdots) \in A\},$$

由于 A 是有界集, 有 K 使得当 $x \in A$ 时, $\|x\|_p^p = \sum_{i=1}^{\infty} |x_i|^p \leqslant K^p$, 因此 $|x_i| \leqslant K$, 所以 $\sqrt{\sum_{i=1}^{N} |x_i|^2} \leqslant NK$. 因为 $\tilde{A}$ 是 N 维 Euclid 空间 $\mathbb{R}^N$ 中的有界集, 因而是相对列紧集. 于是有 $x^{(k)} \in A, k = 1, 2, \cdots, l$ 使得

$$\left(x_1^{(k)}, x_2^{(k)}, \cdots, x_N^{(k)}\right), \quad k = 1, 2, \cdots, l$$

成为 $\tilde{A}$ 的 $\dfrac{\varepsilon}{N}$ 网. 现在来证明 $\{x^{(1)}, x^{(2)}, \cdots, x^{(l)}\}$ 是 A 的一个 η 网. 事实上, 对任何一个 $x \in A$, 有 $k \leqslant l$ 使得 $x = (x_1, x_2, \cdots, x_N) \in O\left(\left(x_1^{(k)}, x_2^{(k)}, \cdots, x_N^{(k)}\right), \dfrac{\varepsilon}{N}\right)$, 即

$$\sqrt{\sum_{i=1}^{N} \left|x_i - x_i^{(k)}\right|^2} < \frac{\varepsilon}{N}.$$

因此 $\left|x_i - x_i^{(k)}\right| < \dfrac{\varepsilon}{N}$, 且

$$\begin{aligned}
\left\|x - x^{(k)}\right\|_p^p &= \sum_{i=1}^{N} \left|x_i - x_i^{(k)}\right|^p + \sum_{i=N+1}^{\infty} \left|x_i - x_i^{(k)}\right|^p \\
&\leqslant \sum_{i=1}^{N} \left|x_i - x_i^{(k)}\right|^p + \sum_{i=N+1}^{\infty} 2^p \left(|x_i|^p + \left|x_i^{(k)}\right|^p\right) \\
&< N \frac{\varepsilon^p}{N^p} + 2^p \cdot 2\varepsilon \\
&= \frac{\varepsilon^{p-1}}{N^{p-1}} \varepsilon + 2^p \cdot 2\varepsilon \leqslant \eta^p,
\end{aligned}$$

所以 $x \in O(x^{(k)}, \eta)$.

反过来, 设 A 是完全有界集, 只要证明 (1.36) 式成立. 这时对任何正数 ε, 有有限的 $\dfrac{1}{2} \varepsilon^{\frac{1}{p}}$ 网 $\{x^{(1)}, x^{(2)}, \cdots, x^{(N)}\}$, 因此存在正整数 n, 使得对每个 $i = 1, 2, \cdots, N$ 成立

$$\sum_{k=n+1}^{\infty} \left|x_k^{(i)}\right|^p < \frac{\varepsilon}{2^p},$$

其中 $x^{(i)} = \{x_k^{(i)}\}$. 由 Minkowski 不等式, 对每个 $x = \{x_k\} \in A$, 有

$$\begin{aligned}
\left\{\sum_{k=n+1}^{\infty} |x_k|^p\right\}^{\frac{1}{p}} &\leqslant \left\{\sum_{k=n+1}^{\infty} \left|x_k^{(i)}\right|^p\right\}^{\frac{1}{p}} + \left\{\sum_{k=n+1}^{\infty} \left|x_k^{(i)} - x_k\right|^p\right\}^{\frac{1}{p}} \\
&< \frac{1}{2} \varepsilon^{\frac{1}{p}} + \left\|x - x^{(i)}\right\|_p.
\end{aligned}$$

但因为 $\{x^{(1)}, x^{(2)}, \cdots, x^{(N)}\}$ 是 A 的 $\dfrac{1}{2} \varepsilon^{\frac{1}{p}}$ 网, 所以有 i 使上式右边小于 $\varepsilon^{\frac{1}{p}}$. □

条件 (1.36) 对应于 $C[a,b]$ 中的等度连续性, 可以称为 "等度收敛".

对 $L^p(\mathbb{R})$, 我们也有如下的结论, 证明可见附录.

定理 1.6.7 (Kolmogorov-Riesz-Frèchet (科尔莫哥罗夫–里斯–弗雷歇)) 空间 $L^p(\mathbb{R})$ 中的集 A 是完全有界集的充要条件是

(i) A 为有界集.

(ii) **(等度 L^p 胎紧)** 对于任意的 $\varepsilon>0$, 存在正数 M, 使得对于任意的 $f \in A$, 都有

$$\int_{|x|>M} |f(x)|^p \,\mathrm{d}m(x) < \varepsilon^p. \tag{1.37}$$

(iii) **(等度 L^p 范数连续)** 对于任意的 $\varepsilon > 0$, 存在 $\delta > 0$, 对于任意的 $f \in A$, 当 $|h| < \delta$ 时, 一定有

$$\|f(\cdot + h) - f(\cdot)\|_p \leqslant \varepsilon. \tag{1.38}$$

1.6.3 紧度量空间

我们现在把闭区间上的连续函数的基本性质拓广到度量空间的紧集上来.

定理 1.6.8 设 K 是紧集, f 是 K 上的连续映射, 那么 K 的像 $E = f(K)$ 也是紧集.

证明 设 $\{y_n\}$ 是 E 中的一列点, 相应地有 K 中的点列 $\{x_n\}$ 使得 $y_n = f(x_n), n = 1, 2, \cdots$. 因为 K 是紧集, 所以 $\{x_n\}$ 含有收敛子列 $\{x_{n_k}\}$, 并且 $x_{n_k} \to x_0 \in K$. 由于 f 在 K 上连续, 所以 $y_{n_k} = f(x_{n_k}) \to f(x_0) = y_0 \in E$. 因此, E 是紧集. □

定理 1.6.8 的证明也常用下面的方法:

证法二 设 $\mathfrak{G}$ 是 $E = f(K)$ 的一个开覆盖, 对任何 $O \in \mathfrak{G}$, 因为 f 是连续的, 所以 $f^{-1}(O) = G$ 是开集. 显然, $\mathfrak{G}_1 = \{G : G = f^{-1}(O), O \in \mathfrak{G}\}$ 是 K 的开覆盖, 因此存在有限个 $G_1, G_2, \cdots, G_n, \bigcup_{i=1}^{n} G_i \supset K$, 从而 $\bigcup_{i=1}^{n} O_i \supset f(K)$, 其中 $O_i = f(G_i)$. 这就是说 $f(K)$ 是紧集. □

推论 1.6.2 度量空间 X 上的连续映射把相对列紧集映射成相对列紧集.

证明 设 K 是 X 的相对列紧集, 则 $\overline{K}$ 也是相对列紧的, 因此是紧集. 于是, $f(\overline{K})$ 是紧集, $f(K) \subset f(\overline{K})$ 是相对列紧的. □

推论 1.6.3 度量空间 X 的紧子集 K 上的连续函数 f 是有界的, 且上、下确界可达.

证明 由于 $f(K)$ 是实直线上的紧集, 所以 $f(K)$ 是有界的, 即有常数 K, 使得 $|f(x)| \leqslant K, \forall x \in K$. 又因为 $f(K)$ 是有界闭集, $f(K)$ 的上确界 y_1 及下确界 y_0 也在 $f(K)$ 中, 于是在 K 中有 x_0, x_1, 使得 $y_0 = f(x_0), y_1 = f(x_1)$. □

推论 1.6.4 紧集之间一对一的、到上的连续映射是拓扑同胚.

证明 设 f 是紧集 K 到紧集 E 上的一对一的连续映射, 要证明逆映射 f^{-1} 是连续

的. 事实上, 只要证明 f^{-1} 的逆映射 f 把 K 的任何闭子集 A 映射成闭集. 因为 K 是紧集, 所以闭子集 A 也是紧集. 因此 $f(A)$ 也是紧集. f 和 f^{-1} 一样是连续映射, 所以 f 是拓扑同胚. □

我们可以将闭区间上连续函数的一些性质推广到紧集上.

定义 1.6.5 设 X 是度量空间.

(i) 设 f 是定义在 X 上的函数. 如果对于任意的 $\varepsilon > 0$, 存在 $\delta > 0$, 使得当 $d(x,y) < \delta$ 时, 有 $|f(x) - f(y)| < \varepsilon$, 则称 f 在 X 上一致连续.

(ii) X 上连续函数的全体记为 $C(X)$, 设 $A \subset C(X)$. 如果对于任意的 $\varepsilon > 0$, 存在 $\delta > 0$, 使得当 $d(x,x') < \delta$ 时,

$$|f(x) - f(x')| < \varepsilon, \quad \forall f \in A,$$

则称集合 A 是等度连续的.

定理 1.6.9 设 X 是紧度量空间.

(i) 如果 f 是定义在 X 上的连续函数, 那么 f 在 X 上是一致连续的.

(ii) 对于任意的 $f \in C(X)$, 定义 $\|f\| = \max_{x \in X} |f(x)|$, 那么 $C(X)$ 是 Banach 空间.

(iii) (Arzelà-Ascoli) $C(X)$ 中的子集 A 是相对列紧集的充要条件为 A 是等度连续的有界集.

定理的证明留作练习.

下面我们列举 $C(X)$ 上的几个非平凡的定理. 对 $C(X)$ 中子集 A, 如果 A 对数乘运算和函数加法及乘法都是封闭的, 则称 A 是一个子代数, 此时若 A 还含有常数函数 $f(x) \equiv 1$, 则称 A 是带单位元的子代数. 若对任意 $f \in A$ 都有 $\bar{f} \in A$, 则称 A 是自伴的. 而 A 分离 X 中的点, 则意味着: 对任意 $x \neq y \in X$, 可找到函数 $f \in A$ 使得 $f(x) \neq f(y)$.

定理 1.6.10 (Stone-Weierstrass (斯通–魏尔斯特拉斯)) 设 X 是紧度量空间. 若带单位元的子代数 A 是自伴的, 且 A 分离 X 中点, 则 A 在 $C(X)$ 中稠密.

定理的证明参见附录.

对一个特殊情形, 在单位圆周 $\mathbb{T} = \{z = \mathrm{e}^{\mathrm{i}x} : 0 \leqslant x < 2\pi\}$ 上, 三角多项式

$$\mathcal{P} = \left\{ \sum_{k=-n}^{n} a_n \mathrm{e}^{\mathrm{i}nx} : n \in \mathbb{N}, a_n \in \mathbb{C} \right\}$$

是 $\mathbb{T}$ 上一个带单位元的自伴子代数, 显然 $\mathcal{P}$ 分离 $\mathbb{T}$ 中点. 因此, 我们可得如下的稠密性结论.

定理 1.6.11 (Weierstrass 第二逼近定理) 三角多项式 $\mathcal{P}$ 在 Banach 空间 $C(\mathbb{T})$ 中稠密.

例 1.6.6 利用 Weierstrass 第二逼近定理, 也可以证明例 1.3.6, 例 1.3.7 的结果. 即

$$\{z^n = \mathrm{e}^{\mathrm{i}nx} : n \in \mathbb{Z}\}$$

是 $L^2\left(\mathbb{T}, \dfrac{\mathrm{d}x}{2\pi}\right)$ 的标准正交基. 实际上, 这组正交系张成的线性空间即为三角多项式 $\mathcal{P}$. 再由 $C(\mathbb{T})$ 按 L^2 范数在 $L^2(\mathbb{T})$ 中稠密, 三角多项式 $\mathcal{P}$ 也在 $L^2(\mathbb{T})$ 稠密, 由定理 1.3.2(ii) 即得所需结论.

最后我们介绍极为重要的 Schauder (绍德尔) 不动点定理, 证明可参见 Rudin (鲁丁) [18, 定理 5.28].

定理 1.6.12 (Schauder 不动点定理) 设 X 是 Banach 空间, $K \subset X$ 是空间中的紧凸集. 若 $f: K \to K$ 是连续函数, 则存在不动点 $x \in K$ 使得 $f(x) = x$.

习题 1.6

1. 设 A 是紧的度量空间, $\{F_\lambda\}$ 是 A 的一族闭子集, 如果 $\{F_\lambda\}$ 中任意有限个 $F_{\lambda_1}, F_{\lambda_2}, \cdots, F_{\lambda_n}$ 的交集都不空, 那么 $\bigcap_\lambda F_\lambda$ 也不空.

   反之, 如果度量空间 A 具有如下性质: 对于 A 中任意的闭子集族 $\{F_\lambda\}$, 从任意有限交集不空可推出 $\bigcap_\lambda F_\lambda$ 不空, 那么 A 是紧的度量空间.

2. 验证注 1.6.1.

3. 对 $\mathbb{R}^n$ 的有界子集 E 及数 $\varepsilon > 0$, 给出它的一个有限 ε-网.

4. 若度量空间 (X, d) 中的子集 A 是完全有界的, 证明: A 的任一子集 B 也是完全有界的.

5. 设 L 是赋范线性空间, A 是 L 的有界子集. 证明: A 是完全有界集的充要条件是: 对任何 $\varepsilon > 0$, 存在 L 的有限维子空间 M, 使 A 中每个点与 M 的距离都小于 ε.

6. 设 $C_\alpha[a, b]\, (0 < \alpha \leqslant 1)$ 是 $[a, b]$ 上满足 Hölder 连续性条件:
$$\left|f(x) - f(x')\right| \leqslant M_f \left|x - x'\right|^\alpha, \quad x, x' \in [a, b]$$
且 $f(a) = 0$ 的函数全体, 这里 M_f 是正的常数. 在 $C_\alpha[a, b]$ 中规定范数如下:
$$\|f\| = \sup_{\substack{x, x' \in [a,b] \\ x \neq x'}} \frac{|f(x) - f(x')|}{|x - x'|^\alpha}.$$
写出 $C_\alpha[a, b]$ 中的点集是完全有界集的一些条件.

7. 证明定理 1.6.7 中的必要性.

8. 对于 Banach 空间
$$C_0(\mathbb{R}) = \{f \text{ 在 } \mathbb{R} \text{ 上连续}: \lim_{|x| \to \infty} f(x) = 0\},$$
子集 A 相对列紧的充要条件是 A 是有界、等度连续的, 且对任意 $\varepsilon > 0$, 存在数 N 使得
$$|f(x)| \leqslant \varepsilon, \quad \forall |x| > N, f \in A.$$

9. 设 X 是 Banach 空间, A 是 X 的子集. 如果 A 是相对列紧集, 那么 A 的凸包
$$co(A) = \left\{\sum_{i=1}^n \alpha_i x_i : n \in \mathbb{N}_+; \forall 1 \leqslant i \leqslant n, x_i \in A, 0 \leqslant \alpha_i \leqslant 1; \sum_{i=1}^n \alpha_i = 1\right\}$$

是相对列紧的.

10. **(Grothendieck (格罗滕迪克))** 对 Banach 空间 X 中的相对列紧集 K, 证明: 存在 X 中一个点列 $\{x_n\}$, 使得 $\lim_n x_n = 0$ 且

$$K \subset \left\{\sum_{n=1}^\infty a_n x_n : \sum_{n=1}^\infty |a_n| \leqslant 1\right\}.$$

11. 令 $B_1 = \{f \in L^1[a,b] : \|f\|_1 \leqslant 1\}$ 为实 $L^1[a,b]$ 的闭单位球. 对实值 $g \in L^\infty[a,b]$, 定义 $F_g : B_1 \to \mathbb{R}$ 为

$$F_g(f) = \int_a^b fg\,\mathrm{d}m.$$

证明: F_g 是 B_1 上的连续函数, 且 $\sup_{f \in B_1} F_g = \|g\|_\infty$. 并说明, 当 $g(x) = x - a$ 时, 上界 $\sup_{f \in B_1} F_g$ 是不可达的.

12. 证明定理 1.6.9.

13. 设 F_1 是度量空间 X 的紧子集, F_2 是 X 的闭子集, $F_1 \cap F_2 = \emptyset$. 证明:

$$d(F_1, F_2) = \inf\{d(x,y) : x \in F_1, y \in F_2\}$$

是一个正数.

14. 设 X 是 Banach 空间, M 和 N 是 X 的闭线性子空间, 其中 N 是有限维的, 证明 $M + N$ 是 X 的闭线性子空间.

    定义 对度量空间 (X,d), 称函数 $f : X \to \mathbb{R}$ 下半连续是指对于 $x \in X$, $f(x) \leqslant \lim_{r \to 0} \inf_{y \in O(x,r)} f(y)$.

15. 对于 X 的一个开覆盖 $\{U_i\}_i$, 定义 Lebesgue 函数

$$L(x) = \sup\{r \in \mathbb{R} : 0 < r < 1, \text{ 存在某个 } U_i \text{ 使得 } O(x,r) \subseteq U_i\}.$$

证明:

(i) L 下半连续.

(ii) 若 X 是紧的, 则 L 达到下界: 即存在 $x_0 \in X$ 使得 $L(x_0) = \inf_{x \in X} L(x)$.

定义 设 X 和 Y 是度量空间, f 是 X 到 Y 中的映射, 如果对于任一正数 ε, 存在正数 δ, 当 $d(x,x') < \delta$ 时, 有 $d(f(x), f(x')) < \varepsilon$, 就称 f 在 X 上是一致连续的.

16. 设 X 是紧度量空间, f 是 X 上的连续映射. 证明: f 是一致连续的.

17. **(Dini 定理)** 设 X 为紧度量空间, $\{f_k\}_k$ 是 X 上一个实值的递增连续函数列: 对任意 $x \in X$ 及正整数 k, 有 $f_k(x) \leqslant f_{k+1}(x)$. 若 $\{f_k\}$ 点态收敛于连续函数 f, 证明: $\{f_k\}$ 一致收敛于 f.

第二章

线性泛函

2.1 赋范线性空间上的线性算子

线性算子的概念与例子

算子概念起源于运算. 例如代数运算、求导运算、求不定积分和定积分、把平面上的向量绕坐标原点旋转一个角度, 等等. 在泛函分析中通常把映射称为算子. 赋范线性空间上的线性算子, 是线性泛函分析的主要研究对象之一.

定义 2.1.1 设 $\mathbb{K}$ 是实数或复数域, X 及 Y 是域 $\mathbb{K}$ 上的两个线性空间, $\mathcal{D}$ 是 X 的线性子空间, T 是从 $\mathcal{D}$ 到 Y 中的映射. 如果对任何 $x, y \in \mathcal{D}$ 及数 $\alpha, \beta \in \mathbb{K}$, 成立

$$T(\alpha x + \beta y) = \alpha T(x) + \beta T(y),$$

就称 T 是**线性算子**, 称 $\mathcal{D}$ 是 T 的**定义域**, 也记为 $\mathcal{D}(T)$. 而称集 $T(\mathcal{D}) = \{Tx : x \in \mathcal{D}\}$ 是 T 的**值域** (或像), 记为 $\Re(T)$. X 的子空间 $\ker T \stackrel{\text{def}}{=\!=} T^{-1}(0) = \{x \in \mathcal{D} : Tx = 0\}$ 称为**核** (或**零空间**).

今后所讨论的算子都是线性算子. 特别地, 当 $Y = X$ 时, 称 T 是 X 上的线性算子; 当 $Y = \mathbb{K}$ 时, 称 T 是 X 上的**线性泛函**.

例 2.1.1 设 $\mathbb{K}^n$ 是 n 维 (实或复系数) 向量空间, 在 $\mathbb{K}^n$ 中取一组基 $\{e_1, e_2, \cdots, e_n\}$. 相应于任意一个 n 阶方阵 (t_{ji}), 作 $\mathbb{K}^n \mapsto \mathbb{K}^n$ 的算子 T 如下: 当 $x = \sum_{i=1}^{n} x_i e_i$ 时,

$$y = Tx = \sum_{j=1}^{n} y_j e_j,$$

其中 $y_j = \sum_{i=1}^{n} t_{ji} x_i (j = 1, 2, \cdots, n)$. 这样定义的 T 是一个线性算子, 这个算子在线性代数中称为线性变换. 算子 T 显然由矩阵 (t_{ji}) 唯一确定, 有时就直接记为 $T = (t_{ji})$.

反过来, 设 T 是 $\mathbb{K}^n \mapsto \mathbb{K}^n$ 的线性算子, 由于 Te_i 是 $e_1, e_2, \cdots, e_n$ 的线性组合, 所以存在矩阵 (t_{ji}), 使得

$$Te_i = t_{1i} e_1 + t_{2i} e_2 + \cdots + t_{ni} e_n. \tag{2.1}$$

因此, 当 $x = \sum_{i=1}^{n} x_i e_i$ 时, 由 T 的线性性可得 $Tx = \sum_{j=1}^{n} y_j e_j$, 而这里的 $y_j = \sum_{i=1}^{n} t_{ji} x_i$, 即 T 是对应于矩阵 (t_{ji}) 的算子.

由此可知, 在有限维线性空间上, 当基选定后, 线性算子与矩阵是相对应的.

类似地, 对线性泛函 $f : \mathbb{K}^n \to \mathbb{K}$, 存在唯一的 $a \in \mathbb{K}^n$ 使得

$$f(x) = a \cdot x, \quad x \in \mathbb{K}^n.$$

例 2.1.2 设 $P(t) = \sum_{i=0}^{k} a_i x^i$ 是常系数多项式, 那么将函数 $x(t)$ 映射成 $P\left(\dfrac{\mathrm{d}}{\mathrm{d}t}\right)x(t)$ 的算子

$$P\left(\frac{\mathrm{d}}{\mathrm{d}t}\right): x(t) \mapsto P\left(\frac{\mathrm{d}}{\mathrm{d}t}\right)x(t)$$

是 $C^{(k)}[a,b]$ 到 $C[a,b]$ 的线性算子.

例 2.1.3 积分运算

$$F(f) = \int_a^b f(t)\mathrm{d}t, \quad \forall f \in L^1[a,b]$$

是 $L^1[a,b]$ 上的线性泛函.

例 2.1.4 设 E 是线性空间, 给定数 α. 映射

$$T: x \mapsto \alpha x, \forall x \in E$$

是 E 上的线性算子, 记作 αI, 称为纯量算子 (或称为倍单位算子). 当 $\alpha = 0$ 时, T 是零算子, 记作 0. 当 $\alpha = 1$ 时, 称为单位算子或恒等算子, 记作 I.

例 2.1.5 (Fourier 级数) 对于 $f \in L^1(\mathbb{T})$, 它的第 n 个 Fourier 系数为

$$\hat{f}(n) = \langle f, \mathrm{e}^{\mathrm{i}n\theta}\rangle = \int_{[0,2\pi]} f(\mathrm{e}^{\mathrm{i}\theta})\mathrm{e}^{-\mathrm{i}n\theta}\frac{\mathrm{d}\theta}{2\pi}. \tag{2.2}$$

则映射 $\tau(f) = \{\hat{f}(n)\}_{n\in\mathbb{Z}}$ 是从 $L^1(\mathbb{T})$ 到 $l^\infty(\mathbb{Z})$ 的线性算子. 再由 Riemann-Lebesgue 引理知道当 $|n| \to \infty$ 时, $|\hat{f}(n)| \to 0$, 故 τ 是从 $L^1(\mathbb{T})$ 到 $c_0(\mathbb{Z})$ 的线性算子.

例 2.1.6 (Fourier 变换) 对 $f \in L^1(\mathbb{R})$, 定义它的 Fourier 变换 $\mathcal{F}(f)$ (或记作 $\hat{f}$) 为

$$\mathcal{F}(f)(t) = \int_\mathbb{R} f(x)\mathrm{e}^{-\mathrm{i}2\pi t x}\mathrm{d}x, \quad f \in L^1(\mathbb{R}). \tag{2.3}$$

注意到当 $t_n \to t$ 时, 有 $f(x)\mathrm{e}^{-\mathrm{i}2\pi t_n x}$ 点态收敛于 $f(x)\mathrm{e}^{-\mathrm{i}2\pi t x}$, 且 $|f(x)\mathrm{e}^{-\mathrm{i}2\pi t_n x}| = |f(x)|$, 由 Lebesgue 控制收敛定理知

$$\int_\mathbb{R} f(x)\mathrm{e}^{-\mathrm{i}2\pi t_n x}\mathrm{d}x \to \int_\mathbb{R} f(x)\mathrm{e}^{-\mathrm{i}2\pi t x}\mathrm{d}x.$$

这意味着 $\hat{f}$ 是 $\mathbb{R}$ 上的连续函数. 再由 Riemann-Lebesgue 引理知, 当 $|t| \to \infty$ 时, 有 $\hat{f}(t) \to 0$. 因此 $\mathcal{F}: f \longmapsto \hat{f}$ 是 $L^1(\mathbb{R})$ 到 $c_0(\mathbb{R})$ 的线性算子.

例 2.1.7 (Hilbert 空间上的投影算子) 设 L 是 Hilbert 空间 H 的闭子空间, 对 H 中元 x, 记它在 L 上的投影为 x_L. 那么, 从 H 到 L 上的投影算子 P 定义为

$$P: x \longmapsto x_L,$$

当强调空间 L 时, 常常将其记为 P_L. 显然 $P_L^2 = P_L$.

线性算子的有界性与连续性

本节中我们讨论线性算子的连续性.

例 2.1.8 有限维赋范空间中的线性算子是连续算子.

事实上, 因为有限维赋范线性空间中依范数收敛等价于依 Euclid 范数收敛, 或等价于按坐标收敛, 再由例 2.1.1, 此时的线性算子都可以表示成矩阵的形式, 容易验证有限维赋范空间中的一切线性算子都是连续的.

定理 2.1.1 设 $(X, \|\cdot\|), (Y, \|\cdot\|)$ 是赋范线性空间, $T: X \to Y$ 是线性映射, 则下列命题等价:

(i) T 是连续映射.

(ii) T 在点 0 连续.

(iii) 存在 $M > 0$, 使得 $\|Tx\| \leqslant M\|x\|$.

证明 (i) $\Rightarrow$ (ii) 是显然的.

(ii) $\Rightarrow$ (iii) 用反证法. 如果 (iii) 不成立, 则存在 X 中点列 $\{x_1, x_2, \cdots\}$ 满足 $\|Tx_n\| > n\|x_n\|$. 令 $y_n = \dfrac{x_n}{\|Tx_n\|}$, 则 $\|y_n\| < \dfrac{1}{n}$, 故 $y_n \to 0$. 但 $\|Ty_n\| = 1$, 与 T 在点 0 处连续矛盾.

(iii) $\Rightarrow$ (i) 对于 $x, y \in X$, $\|Tx - Ty\| \leqslant M\|x - y\|$, 故 T 在每个 $x \in X$ 处连续. □

如果算子 T 满足定理 2.1.1 中任一条件, 就称 T 是有界算子. 否则就称 T 为无界算子. 显然, 并非每个算子都是有界的.

例 2.1.9 设 $X = C^{(1)}[a, b]$, 视 X 为 $C[a, b]$ 的子空间 (就是说, X 中的范数取为 $C[a, b]$ 中的范数) 时, X 也成为一个赋范线性空间. 定义算子 $D: X \mapsto C[a, b]$ 如下:

$$(Dx)(t) = \frac{\mathrm{d}}{\mathrm{d}t} x(t), \quad \forall x \in X.$$

那么 D 显然是线性算子. D 是无界的.

实际上, 如果取 $x_n(t) = \mathrm{e}^{-n(t-a)}$, 显然 $\|x_n\| = 1$. 但是 $(Dx_n)(t) = -n\mathrm{e}^{-n(t-a)}$, 因此当 $n \to \infty$ 时, $\|Dx_n\| = n \to \infty$.

定义 2.1.2 设 T 为赋范线性空间 X 到赋范线性空间 Y 的有界算子, 称

$$\|T\| = \sup_{x \neq 0} \frac{\|Tx\|}{\|x\|}$$

为算子 T 的范数.

对有界线性算子 T, 成立

$$\|Tx\| \leqslant \|T\| \|x\|, \quad \forall x \in X. \tag{2.4}$$

若称 $\dfrac{\|Tx\|}{\|x\|}$ 为 T 在 x 方向的伸张系数, 则可以看出 $\|T\|$ 的几何意义是一切方向伸张系数的上确界. 容易看出, $\|T\|$ 有如下简单性质:

$$\|T\| = \sup_{x \neq 0} \frac{\|Tx\|}{\|x\|} = \sup_{\|x\|=1} \|Tx\| = \sup_{\|x\| \leqslant 1} \|Tx\| = \sup_{\|x\| < 1} \|Tx\|. \tag{2.5}$$

显然, 当 $T = I$(单位算子) 时, $\|I\| = 1$.

算子范数本质上是线性算子的 Lipschitz 常数, 在理论与应用中都是很重要的.

例如, 在具体问题中, 我们经常知道线性变换 T 在赋范线性空间 X 的一个稠密子空间 M 上是如何定义的. 如果我们还知道 T 在 M 上是有界的, 值域落在 Banach 空间 Y 中, 那么 T 可以自动延拓到 X 上: 对于 $x \in X$, 取一个 M 中的点列 $\{x_n\}$ 收敛到 x, 则 $\{Tx_n\}$ 是 Y 中的 Cauchy 点列, 从而可定义 $Tx = \lim\limits_{n \to \infty} Tx_n$. 容易验证, 此时 T 是 X 上一个良定义的有界算子. 具体例子可见习题 2.1 中第 8 题及第 9 题.

一般说来, 求出具体算子的范数的值并不容易. 以下举几个具体空间中算子范数的计算例子.

例 2.1.10 对任意 $f \in L^1[a,b]$, 作

$$(Tf)(x) = \int_a^x f(t)\mathrm{d}t. \tag{2.6}$$

把 T 视为 $L^1[a,b] \mapsto C[a,b]$ 的算子时, 那么 $\|T\| = 1$. 如将 T 看成 $L^1[a,b] \mapsto L^1[a,b]$ 的算子, 那么 $\|T\| = b - a$.

事实上, 任取 $f \in L^1[a,b], \|f\|_1 = 1$, 由于

$$\|Tf\|_\infty = \max_{a \leqslant x \leqslant b} |(Tf)(x)| = \max_{a \leqslant x \leqslant b} \left| \int_a^x f(t)\mathrm{d}t \right|$$

$$\leqslant \max_{a \leqslant x \leqslant b} \int_a^x |f(t)|\,\mathrm{d}t \leqslant \int_a^b |f(t)|\,\mathrm{d}t = 1,$$

即 $\|T\| \leqslant 1$. 另一方面, 取 $f_0 = \dfrac{1}{b-a}$, 显然 $\|f_0\|_1 = 1$, 那么又有

$$\|T\| = \sup_{\|f\|=1} \|Tf\|_\infty \geqslant \|Tf_0\|_\infty = \max_{a \leqslant x \leqslant b} \int_a^x \frac{1}{b-a}\mathrm{d}t$$

$$= \int_a^b \frac{1}{b-a}\mathrm{d}t = 1.$$

即 $\|T\| \geqslant 1$. 所以 $\|T\| = 1$.

如将 T 看成 $L^1[a,b] \mapsto L^1[a,b]$ 的算子, 任取 $f \in L^1[a,b], \|f\|_1 = 1$, 由于

$$\|Tf\|_1 = \int_a^b \left| \int_a^x f(t)\mathrm{d}t \right| \mathrm{d}x \leqslant \int_a^b \int_a^x |f(t)|\,\mathrm{d}t\mathrm{d}x$$

$$\leqslant \int_a^b \int_a^b |f(t)|\,\mathrm{d}t\mathrm{d}x = \int_a^b 1\mathrm{d}x = b - a.$$

即 $\|T\| \leqslant b-a$. 另一方面, 对充分大的 n, 作函数

$$f_n(x) = \begin{cases} n, & x \in \left[a, a+\dfrac{1}{n}\right], \\ 0, & x \in \left(a+\dfrac{1}{n}, b\right]. \end{cases}$$

显然 $\|f_n\|_1 = 1$, 且

$$\begin{aligned}\|Tf_n\|_1 &= \int_a^b \left|\int_a^x f_n(t)\mathrm{d}t\right|\mathrm{d}x \\ &= \int_a^{a+\frac{1}{n}} n(x-a)\mathrm{d}x + \int_{a+\frac{1}{n}}^b 1\mathrm{d}x \\ &= (b-a) - \dfrac{1}{2n}.\end{aligned}$$

所以又有 $\|T\| \geqslant \sup\limits_n \|Tf_n\|_1 = b-a$. 从而 $\|T\| = b-a$.

例 2.1.11 设 $X = L^1[a,b]$. 取 $x \in L^\infty[a,b]$, 作 $X \to X$ 的线性算子如下:

$$M_x: \quad f(t) \mapsto x(t)f(t), \quad \forall f \in L^1[a,b].$$

显然, 算子 M_x 是 $X \mapsto X$ 的线性算子, 通常称它为乘积算子. 那么 M_x 是有界算子, 并且

$$\|M_x\| = \|x\|_\infty. \tag{2.7}$$

证明 对任何 $f \in L^1[a,b]$, 由于

$$\int_{[a,b]} |x(t)f(t)|\,\mathrm{d}t \leqslant \int_{[a,b]} \|x\|_\infty |f(t)|\,\mathrm{d}t,$$

因此 $\|M_x\| \leqslant \|x\|_\infty$.

另一方面, 由 $\|\cdot\|_\infty$ 的定义, 对任何 $\varepsilon > 0$, Lebesgue 可测集

$$I = \{x \in [a,b] : |x| \geqslant \|x\|_\infty - \varepsilon\}$$

满足 $m(I) > 0$. 令 $\delta = m(I)$, 在 $[a,b]$ 中作函数 f_δ 如下:

$$f_\delta(t) = \begin{cases} 0, & t \notin I, \\ \dfrac{1}{\delta}, & t \in I. \end{cases}$$

显然 $f_\delta \in L^1[a,b]$, 且 $\|f_\delta\|_1 = 1$. 直接计算可得

$$\begin{aligned}\|M_x f_\delta\| &= \int_{[a,b]} |x(t)f_\delta(t)|\,\mathrm{d}t = \int_I |x(t)f_\delta(t)|\,\mathrm{d}t \\ &\geqslant \int_I (\|x\|_\infty - \varepsilon)|f_\delta(t)|\,\mathrm{d}t = \|x\|_\infty - \varepsilon.\end{aligned}$$

所以 $\|M_x\| \geqslant \|x\|_\infty - \varepsilon$. 令 $\varepsilon \to 0$, 便得到 $\|M_x\| \geqslant \|x\|_\infty$. 因此 (2.7) 式成立. □

例 2.1.12 设 X, Y 是赋范线性空间, T 是 X 到 Y 上的有界线性算子. 那么, 核空间 $\ker T$ 是 X 的闭线性子空间. 并且, T 诱导出的算子 $\tilde{T}([x]) \stackrel{\text{def}}{=\!\!=} T(x)$ 是从 $X/\ker T$ 到 $\Re(T)$ 的一一到上的有界线性算子, 且 $\|\tilde{T}\| = \|T\|$.

证明 由于 T 是连续的, 故 $\ker T = T^{-1}(0)$ 是闭线性子空间, 特别地, $X/\ker T$ 按诱导范数 $\|[x]\| = \inf\limits_{y \in \ker T} \|x + y\|$ 构成一个赋范线性空间. 由定义易得, $\tilde{T}$ 是良定义的线性算子, 且是一个双射. 由于商映射 $\pi : X \to X/\ker T$ 将 X 的开单位球映满 $X/\ker T$ 的开单位球 (商映射定义见 1.4 节例 1.4.14), 故

$$\|\tilde{T}\| = \sup_{\|[x]\| < 1} \|\tilde{T}([x])\| = \sup_{\|x\| < 1} \|Tx\| = \|T\|.$$

从而 $\tilde{T}$ 有界且 $\|\tilde{T}\| = \|T\|$. □

上一小节所举的几个例子中的算子 (按所指定的定义域空间和值域空间) 都是有界线性算子, 可以一一加以验证.

有界线性算子全体所成的空间 设 X, Y 是赋范线性空间, 以 $\mathfrak{B}(X, Y)$ 表示由 X 到 Y 的有界线性算子的全体, 类似于函数的初等运算, 我们也可引入算子的初等运算.

设 $A, B \in \mathfrak{B}(X, Y)$, α 是数, 作算子 $A + B, \alpha A$ 如下: 对于任意 $x \in X$, 规定

$$(A + B)(x) = Ax + Bx,$$
$$(\alpha A)(x) = \alpha Ax.$$

容易验证

$$\|A + B\| \leqslant \|A\| + \|B\|,$$
$$\|\alpha A\| = |\alpha| \, \|A\|.$$

显然 $\|A\| \geqslant 0$, 而 $\|A\| = 0$ 当且仅当 $A = 0$. 所以得到如下结论:

定理 2.1.2 设 X, Y 是赋范线性空间, $\mathfrak{B}(X, Y)$ 是 X 到 Y 的有界线性算子全体, 那么

(i) 按上述线性运算及算子范数, $\mathfrak{B}(X, Y)$ 成为赋范线性空间;

(ii) 当 Y 是 Banach 空间时, $\mathfrak{B}(X, Y)$ 是 Banach 空间.

证明 (i) 设 $T_1, T_2 \in \mathfrak{B}(X, Y)$, 则成立

$$\|(T_1 + T_2)(x)\| \leqslant \|T_1(x)\| + \|T_2(x)\| \leqslant (\|T_1\| + \|T_2\|) \|x\|, \quad \forall x \in X.$$

因此 $T_1 + T_2 \in \mathfrak{B}(X, Y)$ 且 $\|T_1 + T_2\| \leqslant \|T_1\| + \|T_2\|$.

而对于 $T \in \mathfrak{B}(X, Y), \alpha \in \mathbb{K}$, 则成立

$$\sup_{x \in X, x \neq 0} \frac{\|(\alpha T)x\|}{\|x\|} = \sup_{x \in X, x \neq 0} \frac{|\alpha| \, \|Tx\|}{\|x\|} = |\alpha| \sup_{x \in X, x \neq 0} \frac{\|Tx\|}{\|x\|}.$$

从而 $\alpha T \in \mathfrak{B}(X,Y)$ 且 $\|\alpha T\| = |\alpha|\|T\|$.

最后, 设 $T \in \mathfrak{B}(X,Y)$, 由定义知 $\|T\| \geqslant 0$. 且若 $\|T\| = 0$, 则 $\|Tx\| = 0$ 对任意 X 中元素 x 都成立, 故 $T = 0$.

(ii) 设 $\{T_n\}_{n=1}^{\infty}$ 是 $\mathfrak{B}(X,Y)$ 中的 Cauchy 列. 也就是说, $\forall \varepsilon > 0, \exists N > 0$, 当 $n, m \geqslant N$ 时, 有 $\|T_n - T_m\| < \varepsilon$. 于是对于 $x \in X$, $\{T_n x\}_{n=1}^{\infty}$ 是 Cauchy 列. 定义 $Tx = \lim_{n \to \infty} T_n x$, 易得 T 是线性映射. 且对 $n \geqslant N$, 有

$$\|Tx - T_n x\| = \lim_{m \to \infty} \|T_m x - T_n x\| \leqslant \varepsilon \|x\|.$$

这也就是说 $T \in \mathfrak{B}(X,Y)$, 且为算子列 $\{T_n\}_{n=1}^{\infty}$ 的极限. □

除了线性运算之外, 我们还可以定义算子的乘法运算 (即复合运算). 设 X, Y, Z 都是赋范线性空间, $A \in \mathfrak{B}(X,Y), B \in \mathfrak{B}(Y,Z)$, 规定

$$(BA)(x) = B(Ax), \quad x \in X.$$

则 $BA \in \mathfrak{B}(X,Z)$, 并且 $\|BA\| \leqslant \|B\|\|A\|$.

特别地, 将 $\mathfrak{B}(X,X)$ 记为 $\mathfrak{B}(X)$, 则 $\mathfrak{B}(X)$ 在上述乘法的意义下构成一个代数.

习题 2.1

1. 设 T 是赋范线性空间 X 到赋范线性空间 Y 的线性算子. 如果零空间 $\ker(T) = \{x : Tx = 0\}$ 是闭集, 问 T 是否有界?

2. 设 E 是 Hilbert 空间 H 的一个稠密的线性子空间, $T \in \mathfrak{B}(H)$. 证明:

$$\|T\| = \sup\{|\langle Tx, y \rangle| : x, y \in E, \|x\| = \|y\| = 1\}.$$

3. 在例 2.1.1 中, 如果规定向量 $x = \sum_{i=1}^{n} x_i e_i$ 的范数为 $\|x\| = \max_{1 \leqslant i \leqslant n} |x_i|$, 求出例 2.1.1 中算子 T 的范数; 如果规定向量 x 的范数为 $\|x\| = \left(\sum_{i=1}^{n} |x_i|^2\right)^{\frac{1}{2}}$, 证明例 2.1.1 中算子的范数满足

$$\max_{1 \leqslant i \leqslant n} \left(\sum_{j=1}^{n} |t_{ji}|^2\right)^{\frac{1}{2}} \leqslant \|T\| \leqslant \left(\sum_{i,j=1}^{n} |t_{ji}|^2\right)^{\frac{1}{2}}.$$

4. 作赋范线性空间 $l^p (1 < p < \infty)$ 中算子 T 如下: 当 $x = \{x_\nu\} \in l^p$ 时, $Tx = \{y_\mu\}$, 其中

$$y_\mu = \sum_{\nu=1}^{\infty} t_{\mu\nu} x_\nu, \quad \mu = 1, 2, \cdots.$$

且 $\sum_{\mu=1}^{\infty} \left(\sum_{\nu=1}^{\infty} |t_{\mu\nu}|^q\right)^{\frac{p}{q}} < \infty, \frac{1}{p} + \frac{1}{q} = 1$. 证明 T 是 l^p 上有界线性算子. 又问 l^p 上有界线性

算子是否都是这种形式?

5. T 是 $C[a,b]$ 到自身的积分算子:

$$(T\varphi)(s) = \int_a^b K(s,t)\varphi(t)\mathrm{d}t, \quad \varphi \in C[a,b],$$

其中 $K(s,t)$ 是 $[a,b] \times [a,b]$ 上二元连续函数. 证明

$$\|T\| = \max_{a \leqslant s \leqslant b} \int_a^b |K(s,t)|\,\mathrm{d}t.$$

6. 证明 $\dfrac{\mathrm{d}}{\mathrm{d}x}$ 是 $C^{(k)}[a,b](k \geqslant 1)$ 到 $C[a,b]$ 的连续线性算子, 并求出它的范数. 其中 $C^{(k)}[a,b]$ 是区间 $[a,b]$ 中具有连续的 k 阶导函数的函数全体, 以

$$\|x\| = \max_{0 \leqslant j \leqslant k} \max_{t \in [a,b]} |x^{(j)}(t)|$$

为范数.

7. 令 X 是赋范线性空间, L 是 X 的稠密线性子空间, Y 是 Banach 空间. 设 $\{T_n\}$ 是 $\mathfrak{B}(X,Y)$ 中的一致有界算子列: 即存在 $M > 0$ 使得 $\|T_n\| \leqslant M$. 且对每个 $x \in L$, $T_n x$ 都在 Y 中收敛. 那么, 存在 $T \in \mathfrak{B}(X,Y)$, 使得对 $x \in X$, 都有 $\lim_{n \to \infty} \|T_n x - Tx\| = 0$.

8. 令 A 为 $L^2(\mathbb{R})$ 中阶梯函数全体, 那么 A 中的函数也是 $L^1(\mathbb{R})$ 的, 它们的 Fourier 变换可以使用例 2.1.6 中给出的定义.
   (i) 证明: 存在有界线性算子 $T : L^2(\mathbb{R}) \to L^2(\mathbb{R})$, 使得 T 是等距的: 即 $\|Tf\| = \|f\|$, 且对于 $f \in A$ 有 $T(f) = \hat{f}$.
   (ii) 对 $L^2(\mathbb{R})$ 中函数, 如何合理定义 $\hat{f}$?

9. 对于图 $\Gamma = (V,E)$ (定义见 2.1 节题 6), 令 $m_x = |\{y \in V : y \sim x\}|$ 为与顶点 x 相邻的顶点个数. 假设对任一顶点 $x \in V$, $m_x < \infty$ (称图是局部有限的). 令 $l^2(\Gamma)$ 为 Hilbert 空间:

$$l^2(\Gamma) = \left\{ f \text{ 是 } V \text{ 上复值函数} : \|f\|^2 = \sum_{x \in V} m_x |f(x)|^2 < \infty \right\},$$

对于 V 上函数 f, 定义离散 Laplace (拉普拉斯) 算子 Δ 为

$$(\Delta f)(x) = \frac{1}{m_x} \sum_{y \in V, x \sim y} (f(y) - f(x)).$$

   (i) 设 $c_c(V)$ 是只在有限个顶点取值非零的复值函数全体. 证明: $c_c(V)$ 在 $l^2(\Gamma)$ 中稠密.
   (ii) 证明: Δ 是 $l^2(\Gamma)$ 上的有界算子.

10. 设 $X = L^2[a,b]$. 取 $x \in L^\infty[a,b]$, 作 $X \to X$ 的线性算子如下:

$$M_x : \quad f(x) \mapsto x(t)f(t), \quad \forall f \in L^2[a,b].$$

求 M_x 的算子范数. 并证明 M_x 是 Hilbert 空间 X 上的投影算子当且仅当存在 Lebesgue 可测集 E 使得 $x \stackrel{.}{=}_m \chi_E$.

2.2 有界线性泛函

对于赋范线性空间 X, 全体有界线性泛函 $\mathfrak{B}(X, \mathbb{K})$ 简记为 X^*, 称为 X 的对偶空间. 由 $\mathbb{K}$ 的完备性可得 X^* 是一个 Banach 空间. 这时, 对于 $f \in X^*$,

$$\|f\| = \sup_{x \neq 0} \frac{|f(x)|}{\|x\|} = \sup_{\|x\|=1} |f(x)| = \sup_{\|x\|<1} |f(x)|. \tag{2.8}$$

线性泛函是最简单的一种线性算子, 它有很多特殊的性质, 一个重要的角度是从 f 的核这个几何角度进行分析.

例 2.2.1 (i) n 维线性空间 $\mathbb{R}^n$ 上线性泛函 $f(x) = \sum_{i=1}^n a_i x_i$ $(\forall x = (x_1, x_2, \cdots, x_n) \in \mathbb{R}^n)$, 其中 $a = (a_1, a_2, \cdots, a_n) \in \mathbb{R}^n$, 则 $\ker f = \left\{ x \colon \sum_{i=1}^n a_i x_i = 0 \right\}$, 即 $\mathbb{R}^n$ 中的超平面.

(ii) 空间 $C[0,1]$ 上的线性泛函 $f(\varphi) = \int_0^1 \varphi(t) \mathrm{d}t$ $(\varphi \in C[0,1])$, 它的核是

$$\ker f = \left\{ \varphi \in C[0,1] : \int_0^1 \varphi(t) \mathrm{d}t = 0 \right\}.$$

(iii) 空间 $C[0,1]$ 上的线性泛函 $\delta_0(\varphi) = \varphi(0)$ $(\varphi \in C[0,1])$, 它的核是

$$\ker \delta_0 = \{ \varphi \in C[0,1] \colon \varphi(0) = 0 \}.$$

(iv) 设 $1 \leqslant q \leqslant \infty, \dfrac{1}{q} + \dfrac{1}{p} = 1$. 对于 $\phi \in L^q[a,b]$, 令

$$F_\phi(\varphi) = \int_{[a,b]} \varphi(t) \overline{\phi(t)} \mathrm{d}t,$$

由 Hölder 不等式, F_ϕ 为 $L^p[0,1]$ 上的有界线性泛函, 且 $\|F_\phi\| = \|\phi\|_q$. 它的核

$$\ker F_\phi = \left\{ \varphi \in L^p[0,1] : \int_0^1 \varphi(t) \overline{\phi(t)} \mathrm{d}t = 0 \right\}.$$

(v) 对于 Hilbert 空间 H 中一元素 x, 令

$$F_x(y) = \langle y, x \rangle, \quad \forall y \in H.$$

由 Cauchy-Schwarz 不等式, 我们有 $|\langle y, x \rangle| \leqslant \|x\| \|y\|$, 并且当 $x = y$ 时等号成立. 故 $F_x \in H^*$ 且 $\|F_x\| = \|x\|$. 它的核

$$\ker F_x = \{x\}^\perp.$$

线性泛函的很多性质都由它的核决定.

设 f 是线性空间 V 上的非零线性泛函, 那么 f 的核 $\ker f$ 的余维数是 1. 实际上, 可取某个 $x_0 \in V$ 使得 $f(x_0) \neq 0$. 对于 $[x] \in V/\ker f$, x 是等价类 $[x]$ 的任一代表元, 令 $y = x - \dfrac{f(x)x_0}{f(x_0)}$, 则 $f(y) = 0$, 即 $y \in \ker f$. 再由 $x = y + \dfrac{f(x)x_0}{f(x_0)}$ 即得 $[x] = \dfrac{f(x)}{f(x_0)}[x_0]$.

反之, 设 V' 是 V 的余维数为 1 的线性子空间 (即商空间 V/V' 的维数等于 1, 注意 V' 不一定是闭的), 则存在 V 上的线性泛函 f 使得 $\ker f = V'$.

实际上, 取 $V \setminus V'$ 中的一个元素 x_0, 则 V 中的元素 y 都可以唯一地表示成 $y = ax_0 + x$, 其中 a 是数, $x \in V'$. 这是由于商空间 V/V' 的维数等于 1, 所以存在数 a 使得 $[y] = a[x_0]$, 即存在 $x \in V', y = ax_0 + x$. 如果 y 还可以表示成 $y = bx_0 + x'$, 则 $ax_0 + x = bx_0 + x', (b-a)x_0 = x - x' \in V'$, 所以 $b = a$, 由此得到 $x = x'$. 作 V 上的线性泛函

$$f(y) = a.$$

容易验证 $\ker f = V'$.

定义 2.2.1 设 f 是线性空间 V 上非零的线性泛函, c 是给定常数, 集合

$$M_c = \{x \colon f(x) = c, x \in V\}$$

称为 V 中的一个**超平面**. 它决定的半空间 $\{x \colon f(x) \geqslant c\}$ 与 $\{x \colon f(x) \leqslant c\}$ 称为**闭半平面**; $\{x \colon f(x) > c\}$ 与 $\{x \colon f(x) < c\}$ 称为**开半平面**.

任取一个 $y_0 \in V$ 使得 $f(y_0) = c$, 则 $M_c = y_0 + \ker f$.

如果 V' 是线性空间 V 中余维数为 1 的子空间, 则 $y_0 + V', y_0 \in V$ 是超平面. 事实上, 取非零线性泛函 f 使得 $\ker f = V'$. 如果 $y_0 \in V'$, 则 $y_0 + V' = M_0$; 如果 $y_0 \notin V'$, 令 $f(y_0) = c$, 则 $y_0 + V' = M_c$.

定理 2.2.1 设 f 是赋范线性空间 X 上的线性泛函, 则 f 有界的充要条件是 $\ker f$ 是闭的.

证明 只需证明充分性. 不妨设 f 是一个非零线性泛函, 则 $X/\ker f$ 是一个一维线性空间. 由条件 $\ker f$ 是闭的, 可知它按诱导范数 $\|[x]\| = \inf\limits_{y \in \ker f} \|x + y\|$ 构成一个赋范线性空间. 再考虑映射 $\tilde{f}([x]) = f(x)$, 显然它是良定义的, 且为有限维线性空间 $X/\ker f$ 上的线性泛函, 所以 $\tilde{f}$ 是有界的. 注意到商映射 $\pi(x) = [x]$ 是 X 到 $X/\ker f$ 的压缩映射, 故 $f = \tilde{f} \circ \pi$ 也是有界的. □

充分性证法二 设 $\ker f$ 是闭集, 如果 f 不是有界的, 那么 $\sup\limits_{\|x\|=1} |f(x)| = \infty$. 因此有点列 $\{x_n\}$ 使得 $\|x_n\| = 1, |f(x_n)| \geqslant n$. 作

$$y_n = \frac{x_n}{f(x_n)} - \frac{x_1}{f(x_1)}.$$

那么 $f(y_n) = 0$, 因此 $y_n \in \ker f$. 然而由于

$$\left\|\frac{x_n}{f(x_n)}\right\| = \frac{1}{|f(x_n)|} \to 0 (n \to \infty),$$

这样就得到 $y_n \to -\dfrac{x_1}{f(x_1)}(n \to \infty)$. 但是 $f\left(-\dfrac{x_1}{f(x_1)}\right) = -1$, 即 $\dfrac{x_1}{f(x_1)} \notin \ker f$. 这和 $\ker f$ 为闭集的性质矛盾, 因此 f 是有界的. □

Hilbert 空间上连续线性泛函 为了应用泛函分析的一般理论于具体场合, 如果能知道具体空间上连续线性泛函的一般形式, 即具体了解一个线性空间 X 的对偶空间 X^* 中每个元素的形式将是重要的.

首先我们引入同构概念.

定义 2.2.2 设 X, Y 是两个赋范线性空间, U 是 X 到 Y 的映射.

(i) 如果对一切 $x \in X$, 有 $\|Ux\| = \|x\|$, 那么称 U 是 X 到 Y 的保范算子.

(ii) 如果 U 不但是保范的, 又是线性的, 而且还实现 X 到 Y 上的一一对应, 那么我们就称 U 是 X 到 Y 上的 (保范) 同构映射.

(iii) 若空间 X, Y 之间存在一个从 X 到 Y 上的 (保范) 同构映射, 就称 X 和 Y 同构, 记为 $X \cong Y$.

如果

$$U: X \mapsto Y$$

是 X 到 Y 的一个同构, 我们把 x 与 Ux 同一化 (即把 x 与 Ux 视为同一的), 那么就可以把 X 和 Y 同一化而不加区别.

在泛函分析中, 常把两个同构的空间同一化, 这是泛函分析中一个基本的观念.

一般说来, 一个抽象的赋范线性空间, 如果能与一个具体的赋范线性空间同构, 我们就把这个具体空间的形式称为抽象空间的一个表示. 所谓赋范线性空间 X 上连续线性泛函的表示, 就是研究 X^* 这个赋范线性空间能和怎样的具体空间实现同构. 这类问题的研究方法通常是: 先在 X 中取适当的元素集 $\mathfrak{F}$, 使得 $\mathfrak{F}$ 中元素的线性组合在 X 中稠密. 这种元素集 $\mathfrak{F}$ 称为赋范线性空间 X 中的母元组, 先把泛函 f 在 $\mathfrak{F}$ 上的形式表示出来, 再利用 $\mathfrak{F}$ 中元素的线性组合在 X 中的稠密性以及 f 的连续性, 从而把 f 在 X 上的形式表示出来.

现在我们来研究 Hilbert 空间上连续线性泛函的一般形式.

设 H 是一个 Hilbert 空间, 任意取 H 中一个固定向量 y, 可以在 H 上作泛函 F_y 如下:

$$F_y(x) = \langle x, y \rangle, \quad \forall x \in H, \tag{2.9}$$

由例 2.2.1(v) 知 $F_y \in H^*$ 且 $\|F_y\| = \|y\|$. 我们称 F_y 是向量 y 导出的有界线性泛函.

上面事实的逆命题也是成立的, 就是说, H 上的任何连续线性泛函都有 (2.9) 式的形式.

定理 2.2.2 (F. Riesz) 设 H 是 Hilbert 空间, F 是 H 上的连续线性泛函, 那么存在唯一的向量 $y \in H$, 使得

$$F(x) = \langle x, y \rangle, \quad \forall x \in H \tag{2.10}$$

并且 $\|F\| = \|y\|$.

证明 如果 $F = 0$, 只要取 $y = 0$. 因此不妨设 $F \neq 0$, 此时 $\ker F$ 是 H 的真闭线性子空间. 由投影定理, 存在 $z_0 \in H$ 使得 $z_0 \perp \ker F$, $F(z_0) = 1$, 于是对于任意的 $x \in H$, 由 $x - F(x)z_0 \in \ker F$ 得到

$$\langle x - F(x)z_0, z_0 \rangle = 0.$$

即 $F(x) = \dfrac{\langle x, z_0 \rangle}{\langle z_0, z_0 \rangle}$, 令 $y = \dfrac{z_0}{\|z_0\|^2}$, 就得到方程 (2.10).

唯一性显然. □

我们作 Hilbert 空间 H 到它的对偶空间 H^* 的映射 U 如下:

$$U : y \mapsto F_y,$$

其中 F_y 是由等式 (2.9) 规定的泛函. 那么由 F. Riesz 定理 2.2.2, U 是 H 到 H^* 上的一一对应.

容易看出, 当 H 是复空间时, 映射 U 是共轭线性的, 即

$$U(\alpha x + \beta y) = \overline{\alpha} U(x) + \overline{\beta} U(y), \quad x, y \in H, \alpha, \beta \in \mathbb{C}.$$

这可以由下面的等式导出:

$$F_{\alpha x + \beta y}(z) = (z, \alpha x + \beta y) = \overline{\alpha}(z, x) + \overline{\beta}(z, y) = \overline{\alpha} F_x(z) + \overline{\beta} F_y(z).$$

此外, 映射 U 保持范数不变.

总之, 对于复空间, 映射 U 是 H 到 H^* 上的一一对应, 共轭线性的, 而且保持范数不变, 这时映射 U 不是 H 到 H^* 之间的保范线性同构, 而称为 "复共轭" 保范线性同构. 在这种同构方式下, 今后我们将把 y 和 F_y 看成一致的, 即把向量 y 看成泛函 F_y, 把泛函 F_y 看成向量 y. 这样, H 和 H^* 就同一化了.

l^p 上连续线性泛函

定理 2.2.3 (F. Riesz) 设 $1 \leqslant p < \infty$, $\dfrac{1}{p} + \dfrac{1}{q} = 1$. 若 f 是 l^p 上的连续线性泛函, 那么存在唯一的向量 $\eta \in l^q$, 使得

$$f(x) = \sum_{\nu=1}^{\infty} x_\nu \eta_\nu, \quad \forall x \in l^p.$$

并且 $\|f\| = \|\eta\|_q$. 故此, $(l^p)^* \cong l^q$.

证明 我们只证明 $1 < p, q < \infty$ 的情况, $p = 1, q = \infty$ 的情况留作练习. 对

$\eta = (\eta_1, \eta_2, \cdots) \in l^q$,

$$f_\eta(x) = \sum_{\nu=1}^{\infty} x_\nu \eta_\nu, \quad \forall x = (x_1, x_2, \cdots) \in l^p$$

定义了 l^p 上的线性泛函. 实际上, 由 Hölder 不等式得

$$\left| \sum_{\nu=1}^{\infty} x_\nu \eta_\nu \right| \leqslant \left(\sum_{\nu=1}^{\infty} |\eta_\nu|^q \right)^{\frac{1}{q}} \left(\sum_{\nu=1}^{\infty} |x_\nu|^p \right)^{\frac{1}{p}} = \|\eta\|_q \|x\|_p.$$

并且, 若取 $x = \{x_\nu\}_{\nu \in \mathbb{N}_+}, x_\nu = |\eta_\nu|^{q-1} e^{-i\theta_\nu}$ (θ_ν 是 η_ν 的辐角), 则 $x \in l^p$ 且上式中的等号成立. 因此 $f_\eta \in (l^p)^*$, 并且可得 $\|f_\eta\| = \|\eta\|_q$.

作映射 $U: l^q \mapsto (l^p)^*, U(\eta) = f_\eta$, 显然 U 是线性的, 并且 $\|\eta\|_q = \|f_\eta\|$. 只需证明 U 是满射.

对 $f \in (l^p)^*$, 记 $\eta_n = f(e_n), n \in \mathbb{N}_+$, 及 $\eta = (\eta_1, \eta_2, \cdots)$. 先证 $\sum_{n=1}^{\infty} |\eta_n|^q < \infty$. 作点列 $x^{(m)} = (x_1^{(m)}, x_2^{(m)}, \cdots, x_m^{(m)}, 0, 0, \cdots)$, 其中 $x_\nu^{(m)} = |\eta_\nu|^{q-1} e^{-i\theta_\nu} (\nu \leqslant m)$ (θ_ν 是 η_ν 的辐角), 由此得到

$$f(x^{(m)}) = \sum_{\nu=1}^{\infty} x_\nu^{(m)} \eta_\nu = \sum_{\nu=1}^{m} |\eta_\nu|^q,$$

且

$$\left\| x^{(m)} \right\|_p = \left(\sum_{\nu=1}^{\infty} \left| x_\nu^{(m)} \right|^p \right)^{\frac{1}{p}} = \left(\sum_{\nu=1}^{m} |\eta_\nu|^q \right)^{\frac{1}{p}}.$$

由 $\left| f(x^{(m)}) \right| \leqslant \|f\| \left\| x^{(m)} \right\|_p$, 得到

$$\left(\sum_{\nu=1}^{m} |\eta_\nu|^q \right)^{\frac{1}{q}} \leqslant \|f\|.$$

令 $m \to \infty$, 就得到 $\eta \in l^q$, 且

$$\|\eta\|_q \leqslant \|f\|. \tag{2.11}$$

由于 $x = \lim_{n \to \infty} \sum_{k=1}^{n} x_k e_k$, 我们有 $f(x) = \lim_{n \to \infty} \sum_{k=1}^{n} x_k f(e_k) = \lim_{n \to \infty} \sum_{k=1}^{n} x_k \eta_k = f_\eta(x)$, 即 U 是满的. □

特别地, 我们有 $(l^2)^* \cong l^2$. 用类似的方法也可以证明 $c_0^* \cong l^1$.

共轭双线性 Hermite 泛函 共轭双线性 Hermite 泛函可认为是高等代数中二次型的推广.

定义 2.2.3 设 H 是内积空间, $\varphi(x, y)$ 是 H 上的二元泛函.

(i) 如果对于任何 $x, y, z \in H$ 及 $\alpha, \beta \in \mathbb{C}$, 都成立

$$\varphi(\alpha x + \beta y, z) = \alpha \varphi(x,z) + \beta \varphi(y,z),$$
$$\varphi(z, \alpha x + \beta y) = \overline{\alpha}\varphi(z,x) + \overline{\beta}\varphi(z,y),$$

那么称 $\varphi(\cdot,\cdot)$ 是 H 上的共轭双线性泛函.

(ii) 如果对任何 $x,y \in H$ 成立 $\varphi(x,y) = \overline{\varphi(y,x)}$, 那么称 $\varphi(x,y)$ 是 H 上的 Hermite 泛函.

(iii) 对共轭双线性泛函 φ, 如果有正常数 c 使得

$$|\varphi(x,y)| \leqslant c\|x\|\|y\|, \quad \forall x,y \in H,$$

那么称 φ 是 H 上有界的共轭双线性泛函, $\|\varphi\| = \sup\limits_{\|x\|=\|y\|=1} |\varphi(x,y)|$ 称为泛函 φ 的范数.

例 2.2.2 设 T 是 H 上的线性算子, 则 T 导出的泛函 $\varphi(x,y) = \langle Tx,y \rangle$ 是共轭双线性泛函. 如果 T 还是有界的, 那么 φ 也是有界的共轭双线性泛函且 $\|\varphi\| = \|T\|$. 实际上, 因为

$$|\varphi(x,y)| = |\langle Tx,y \rangle| \leqslant \|Tx\|\|y\| \leqslant \|T\|\|x\|\|y\|,$$

所以 $\|\varphi\| \leqslant \|T\|$. 反之,

$$\|T\| = \sup_{\|x\|=1} \|Tx\| = \sup_{\|x\|=\|y\|=1} |\langle Tx,y \rangle| = \sup_{\|x\|=\|y\|=1} |\varphi(x,y)| \leqslant \|\varphi\|.$$

这样就得到 $\|\varphi\| = \|T\|$.

定理 2.2.4 设 H 是 Hilbert 空间, $\varphi(\cdot,\cdot)$ 是 H 上有界的共轭双线性泛函, 那么存在 H 上唯一的有界线性算子 T, 使得 φ 是由 T 导出的共轭双线性泛函.

证明 由于 $\varphi(x,y)$ 是 H 上有界的共轭双线性泛函, 对于任意固定的 $x \in H$, $\varphi_x(\cdot) = \overline{\varphi(x,\cdot)}$ 是 H 上的线性泛函, 且 $\|\varphi_y\| \leqslant \|\varphi\|\|y\|$. 由 F. Riesz 定理 2.2.2, 存在唯一的 $z \in H$ 使得

$$\varphi(x,y) = \overline{\varphi_x(y)} = \overline{\langle y,z \rangle} = \langle z,y \rangle, \quad \forall y \in H. \tag{2.12}$$

且 $\|z\| = \|\varphi_x\| \leqslant \|\varphi\|\|x\|$.

对每个 $x \in H$, 我们把由 (2.12) 式决定的 $z \in H$ 记为 Tx. 显然 T 是线性的, 且 $\|T\| \leqslant \|\varphi\|$. 那么 (2.12) 式即说明 φ 是由有界线性算子 T 导出的. $\square$

由此可见, Hilbert 空间上的共轭双线性有界泛函相当于有界线性算子.

对于 Hermite 泛函, 则有如下结果.

定理 2.2.5 设 H 是复 Hilbert 空间, $\varphi(\cdot,\cdot)$ 是 H 上共轭双线性泛函. 那么, φ 是 Hermite 泛函的充要条件是 $\varphi(x,x)$ 对一切 $x \in H$ 都是实数.

证明 必要性显然. 充分性来自极化恒等式

$$\varphi(x,y) = \frac{1}{4}\sum_{k=0}^{3} \mathrm{i}^k \varphi(x+\mathrm{i}^k y, x+\mathrm{i}^k y). \quad \square$$

对复 Hilbert 空间 H 上的有界线性算子 T, 若对任何 $x \in H$, $\langle Tx, x \rangle$ 都是实数, 则称 T 是 Hermite 算子. 那么, 上面的结果即为: H 上有界的共轭双线性 Hermite 泛函 $\varphi(\cdot, \cdot)$ 都是由一个 Hermite 算子诱导的. 最后我们给出一个有界性的判定.

定理 2.2.6 设 $\varphi(\cdot, \cdot)$ 是复 Hilbert 空间 H 上的共轭双线性 Hermite 泛函, 且存在常数 c 使得

$$|\varphi(x,x)| \leqslant c\|x\|^2, \quad \forall x \in H, \tag{2.13}$$

那么 φ 是有界的, 且 $\|\varphi\| \leqslant c$.

证明 当 $\varphi(x, y)$ 是实数时, 由极化恒等式得

$$\varphi(x,y) = \frac{1}{4}[\varphi(x+y, x+y) - \varphi(x-y, x-y)].$$

因此

$$|\varphi(x,y)| \leqslant \frac{1}{4}[c\|x+y\|^2 + c\|x-y\|^2] \leqslant \frac{c}{2}[\|x\|^2 + \|y\|^2].$$

当 $\varphi(x,y)$ 不是实数时, 令 $\lambda = \dfrac{\overline{\varphi(x,y)}}{|\varphi(x,y)|}$, 则 $\varphi(\lambda x, y)$ 是实数. 所以

$$|\varphi(x,y)| = \varphi(\lambda x, y) \leqslant \frac{c}{2}[\|x\|^2 + \|y\|^2].$$

因此, 当 $\|x\| = \|y\| = 1$ 时, $|\varphi(x,y)| \leqslant c$. 这就得到 φ 是有界的, 并且 $\|\varphi\| \leqslant c$. □

由此可知, 对于复 Hilbert 空间上的 Hermite 算子 T, $\|T\| = \sup\limits_{\|x\|=1} |\langle Tx, x \rangle|$.

习题 2.2

1. 对例 2.2.1(iv), 证明 $\|F_\phi\| = \|\phi\|_q$.
2. 设 X 是赋范线性空间, f 是 X 上的无界线性泛函. 证明: $\ker f = \{x: f(x) = 0\}$ 在 X 中稠密. 这样的无界线性泛函存在吗?
3. 对线性空间 L 上的线性泛函 $f, f_1, f_2, \cdots, f_n$, 假设由 $f_1(x) = 0, f_2(x) = 0, \cdots, f_n(x) = 0$ 可推得 $f(x) = 0$. 证明: 存在常数 $a_1, a_2, \cdots, a_n$, 使得 $f = \sum\limits_{k=1}^{n} a_k f_k$.
4. 证明: $(l^1)^* = l^\infty$.
5. (i) c 是收敛数列 $x = \{x_n\}$ 的全体在范数 $\|x\| = \sup\limits_{n \geqslant 1} |x_n|$ 下的 Banach 空间. 证明:

$$c^* = \{\eta + \alpha f_0 : \eta \in l^1, \alpha \text{ 是数}\},$$

其中 $f_0(x) = \lim\limits_{n \to \infty} x_n, \forall x \in c$. 即: 对于任意的 $f \in c^*$, 都存在 $\eta \in l^1$ 以及数 α, 使得

$$f(x) = \sum_{n=1}^{\infty} x_n \eta_n + \alpha f_0(x), \quad \forall x \in c,$$

且 $\|f\| = \|\eta\|_1 + |\alpha|$.

(ii) c_0 是极限为 0 的数列 $x = \{x_n\}$ 的全体在范数 $\|x\| = \sup\limits_{n \geqslant 1} |x_n|$ 下的 Banach 空间. 证明: $c_0^* = l^1$.

这说明 c^* 与 c_0^* 是 Banach 空间同构的.

6. **(Bergman 再生核)** 由 1.3 节习题 6, 开单位圆盘 $\mathbb{D}$ 上的 Bergman 空间 $L_a^2(\mathbb{D})$ 定义为

$$L_a^2(\mathbb{D}) = \left\{ f : f \text{ 在 } \mathbb{D} \text{ 中解析, 并且 } \frac{1}{\pi} \int_{\mathbb{D}} |f(z)|^2 \, dA(z) < \infty \right\}.$$

(i) 对任意 $z \in \mathbb{D}$, 证明: $f \to f(z)$ 是一个有界线性泛函.

(ii) 任取 $L_a^2(\mathbb{D})$ 中的完备标准正交系 $e_n(z)(n = 1, 2, \cdots)$, 证明当 $|z| < 1, |w| < 1$ 时,

$$\sum_{n=1}^{\infty} e_n(z) \overline{e_n(w)} = \frac{1}{(1 - z\bar{w})^2}.$$

函数 $K(z, w) = \dfrac{1}{(1 - z\bar{w})^2}$ 被称为 Bergman 空间的再生核函数.

(iii) 证明: 对任意两两不同的 $z_1, z_2, \cdots, z_n \in \mathbb{D}$, 和不全为零的复数 $\alpha_1, \alpha_2, \cdots, \alpha_n$, 成立

$$\sum_{i,j=1}^{n} \alpha_i \overline{\alpha_j} K(z_i, z_j) > 0.$$

7. 令 $L^2(\mathbb{R}, e^{-t^2} dt)$ 为 Hilbert 空间:

$$L^2(\mathbb{R}, e^{-t^2} dt) \stackrel{\text{def}}{=\!=} \left\{ f \text{ 在 } \mathbb{R} \text{ 上 Lebesgue 可测} : \|f\|_2 = \left(\int_{\mathbb{R}} |f(t)|^2 e^{-t^2} dt \right)^{1/2} < +\infty \right\}.$$

证明: 多项式全体在 $L^2(\mathbb{R}, e^{-t^2} dt)$ 中稠密.

8. 设 $\mathcal{R}$ 是集合 X 上的一个 σ–代数, μ 是可测空间 $(X, \mathcal{R})$ 上的 σ–有限测度, ν 是 $(X, \mathcal{R})$ 上的一个全有限测度. 令 $\pi = \mu + \nu$, 定义泛函 $\tau_\nu : L^2(X, \pi) \to \mathbb{R}$ 为

$$\tau_\nu(f) = \int_X f \, d\nu.$$

(i) 证明: τ_ν 是 Hilbert 空间 $L^2(X, \pi)$ 上的有界线性泛函;

(ii) 证明 Radon-Nikodým-Lebesgue (拉东–尼科迪姆–勒贝格) 定理: 存在非负可测函数 $f \in L^1(X, \mu)$, 以及可测集 $B \in \mathcal{R}, \mu(B) = 0$, 使得

$$\nu(A) = \int_A f \, d\mu + \nu(A \cap B).$$

9. 证明: Hilbert 空间 H 上共轭双线性泛函 $\varphi(\cdot, \cdot)$ 有界的充要条件是 φ 是 H 上二元连续函数 (即当 $x_n \to 0, y_n \to 0$ 时, $\varphi(x_n, y_n) \to 0$).

10. 设 $\varphi(\cdot, \cdot)$ 是实 Hilbert 空间 H 上的共轭双线性泛函. 如果

$$\sup_{\|x\|=1} |\varphi(x,x)| < \infty,$$

问 φ 是否为有界的? 并说明理由.

11. 设 $\varphi(\cdot,\cdot)$ 是复 Hilbert 空间 H 上的共轭双线性泛函. 如果对一切 $x \in H$, $\varphi(x,x)$ 的实部 $\text{Re}\varphi(x,x) = 0$, 问是否成立等式:

$$\sup_{\|x\|=1, \|y\|=1} |\varphi(x,y)| = \sup_{\|x\|=1} |\varphi(x,x)|?$$

12. **(Lax-Milgram (拉克斯–米尔格拉姆) 定理)** 设 $\phi(x,y)$ 是 Hilbert 空间 H 上的一个共轭双线性泛函, 且满足下面两个条件:
(1) 连续性: 存在 $M > 0$, 使得 $|\phi(x,y)| \leqslant M\|x\|\|y\|$, $\forall x, y \in H$;
(2) 强制性: 存在 $c > 0$, 使得 $|\phi(x,x)| \geqslant c\|x\|^2$,
则对任意 $f \in H^*$, 存在唯一 $y_f \in H$, 使得 $\phi(x, y_f) = f(x)$.

2.3 Hahn-Banach 延拓定理

对于赋范线性空间 $(X, \|\cdot\|)$, 泛函分析中普遍的做法是用 X^* 中泛函的作用来测试 X 的性质. 一个自然的问题是, X^* 是否非空、是否有足够多泛函? 在一些常见的空间上, 我们可以直接构造有界线性泛函. 对于一般的赋范线性空间, 需要用到本节中的 Hahn-Banach (哈恩–巴拿赫) 延拓定理.

定理的证明采用延拓子空间上泛函的方式.

定义 2.3.1 设 L 是实线性空间, L_0 是它的线性子空间, 又设在子空间 L_0 上给定一线性泛函 f_0. 在全空间 L 上定义的线性泛函 f 叫做泛函 f_0 的**延拓**, 如果

$$f(x) = f_0(x), \quad \forall x \in L_0.$$

定理 2.3.1 (Hahn-Banach) 设 L_0 是实赋范线性空间 L 的线性子空间. 若 f_0 是 L_0 上的有界线性泛函, 则存在 L 上的有界线性泛函 f, $f|_{L_0} = f_0$, 且 $\|f\| = \|f_0\|$.

例 2.3.1 设 $X = \mathbb{R}^2$, X 中点 $x = (x_1, x_2)$ 的范数规定为 $\|x\| = |x_1| + |x_2|$. 又设 $G = \{(x_1, 0) : x_1 \in \mathbb{R}\}$, f 是定义在 G 上的泛函: $f((x_1, 0)) = x_1$. 显然 f 是 G 上连续线性泛函, 且 $\|f\|_G = 1$. 对任何数 β, X 上的连续线性泛函 $F((x_1, x_2)) = x_1 + \beta x_2$ 都是 f 的延拓. 由于

$$|F((x_1, x_2))| = |x_1 + \beta x_2| \leqslant \max\{1, |\beta|\} \|(x_1, x_2)\|.$$

所以, 只要 $|\beta| \leqslant 1$, F 都是 f 的保持范数不变的延拓.

注 2.3.1 如果不需要保持范数的要求, 延拓子空间上泛函是平凡的. 考虑 L_0 的一组 Hamel 基 $\{y_\lambda\}_{\lambda \in \Lambda}$, 把它扩充为 L 上的一组 Hamel 基, 在扩充的基元素上确定 f 的取值就得到 f_0 的延拓.

定理 2.3.1 是下面更一般 Hahn-Banach 延拓定理的直接推论.

线性空间 L 上的泛函 $p: L \to \mathbb{R}$ 称为**次线性函数**, 若
$$p(x+y) \leqslant p(x) + p(y), \quad \forall x, y \in L;$$
$$p(tx) = tp(x), \quad \forall x \in L, t \geqslant 0.$$

例 2.3.2 显然, $p(\{a_n\}) = \varlimsup_{n \to \infty} \operatorname{Re} a_n$ 是 l^∞ 上的次线性泛函, 其中 $\operatorname{Re} a_n$ 代表 a_n 的实部. 而 $p(f) = |f(0)|$ 是 $C[0,1]$ 上的次线性函数, 实际上它还是个半范数.

定理 2.3.2 (Hahn-Banach) 设 p 是定义在实线性空间 L 上的次线性函数, L_0 是 L 的线性子空间. 如果 f_0 是 L_0 上的线性泛函, 满足
$$f_0(x) \leqslant p(x), \quad \forall x \in L_0 \tag{2.14}$$

(满足这个条件的泛函 f_0 称为从属于泛函 p), 则 f_0 可以延拓为 L 上的线性泛函 f, 并且 f 在全空间 L 上从属于 p.

证明 我们首先证明, 如果 $L \neq L_0$, 则泛函 f_0 可以保持条件 (2.14) 从 L_0 延拓到 L_1 上, 其中 L_1 是由 L_0 和 $L \setminus L_0$ 中的一个向量 z 生成.

事实上, 由于 $z \notin L_0$, 则 L_1 中的每一元素都可唯一地写成 $tz + x (x \in L_0)$ 的形式. 如果 f 是所要的一个延拓, 则
$$f(tz + x) = tf(z) + f_0(x).$$
如果令 $f(z) = c$, 则
$$f(tz + x) = tc + f_0(x).$$
要使得泛函从属于 p, 我们就要选择 c 使得
$$tc + f_0(x) \leqslant p(tz + x), \quad \forall x \in L_0, t \in \mathbb{R}.$$
当 $t > 0$ 时, 即要求实数 c 满足不等式
$$c \leqslant p\left(\frac{x}{t} + z\right) - f_0\left(\frac{x}{t}\right);$$
当 $t < 0$ 时, 满足
$$c \geqslant -p\left(-\frac{x}{t} - z\right) - f_0\left(\frac{x}{t}\right),$$
即需要证明存在满足上述两个不等式的数 c. 为此, 只要证明对于任意的 $y', y'' \in L_0$, 有

$$p(z+y') - f_0(y') \geqslant -p(-y''-z) - f_0(y''). \tag{2.15}$$

由

$$\begin{aligned} f_0(y') - f_0(y'') = f_0(y'-y'') &\leqslant p(y'-y'') \\ &= p((y'+z) + (-y''-z)) \\ &\leqslant p(y'+z) + p(-y''-z), \end{aligned} \tag{2.16}$$

就得到不等式 (2.15). 令

$$c' = \inf_{y' \in L_0} \{p(z+y') - f_0(y')\},$$

$$c'' = \sup_{y'' \in L_0} \{-p(-y''-z) - f_0(y'')\},$$

则由不等式 (2.15) 得到 $c' \geqslant c''$. 任取 c 满足条件 $c' \geqslant c \geqslant c''$, 则在 L_1 上定义的泛函 f

$$f(tz+x) = tc + f_0(x)$$

从属于 $p(x)$.

一般情况需要使用 Zorn 引理证明. 记从属 $p(x)$ 的延拓全体为

$$\mathfrak{F} = \{(f, Y) \colon L_0 \subset Y \subset L, f \text{ 是 } Y \text{ 上线性泛函}, f|_{L_0} = f_0, f \leqslant p\}.$$

在 $\mathfrak{F}$ 中定义偏序为: $(f_1, Y_1) \prec (f_2, Y_2)$ 是指 $Y_1 \subset Y_2$ 且 $f_2|_{Y_1} = f_1$. 容易验证这是偏序关系, 并且 $\mathfrak{F}$ 的每一个全序子集 $\mathfrak{F}_0$ 都有上界. 根据 Zorn 引理, 存在 $\mathcal{F}$ 中的一个极大元 (f, Y). 由极大性可知 $Y = L$, 从而 f 即为满足要求的线性映射. $\square$

使用定理 2.3.2, 立即可得定理 2.3.1.

定理 2.3.1 的证明 令 $p(x) = \|f_0\| \|x\|$, 则 p 是 L 上的一个次线性泛函, 且 $f_0 \leqslant p$. 由定理 2.3.2, 存在 L 上的线性泛函 f 使得 $f|_{L_0} = f_0$, 且 $f \leqslant p$. 从而,

$$-\|f_0\| \|x\| = -p(-x) \leqslant -f(-x) = f(x) \leqslant p(x) = \|f_0\| \|x\|, \quad \forall x \in L.$$

这也就是说, $\|f\| \leqslant \|f_0\|$, 定理 2.3.1 成立.

对于复形式的 Hahn-Banach 定理, 需要注意到实线性泛函与复线性泛函之间的关系. 设 f 是复线性空间 L 上的实线性泛函, 记 $f_R = \operatorname{Re} f$ 是 f 的实部, $f_I = \operatorname{Im} f$ 是 f 的虚部, 则 f 是复线性泛函当且仅当 $f_I(\mathrm{i}x) = f_R(x)$ 成立, 这也等价于 $f_R(\mathrm{i}x) = -f_I(x)$ 成立.

定理 2.3.3 (Hahn-Banach) 设 L_0 是复线性空间 L 的子空间, p 是复线性空间 L 上的半范数, f_0 是子空间 L_0 上的线性泛函, 且在 L_0 上满足条件

$$|f_0(x)| \leqslant p(x), \quad \forall x \in L_0.$$

则存在定义在全空间 L 上的线性泛函 f 满足如下条件:

$$|f(x)| \leqslant p(x), \quad \forall x \in L; \text{ 并且 } \quad f(x) = f_0(x), \quad \forall x \in L_0.$$

证明 我们将复线性空间 L 和 L_0 看作实的线性空间, 分别记为 L_R 和 L_{0R}. 容易验证, p 是 L_R 上的次线性泛函, $f_{0R}(x) = \operatorname{Re} f_0(x)$ 是 L_{0R} 上满足条件

$$|f_{0R}(x)| \leqslant p(x),$$

更是满足条件

$$f_{0R}(x) \leqslant p(x)$$

的实线性泛函. 根据实的 Hahn-Banach 延拓定理, 存在实线性泛函 f_R,

$$f_R(x) \leqslant p(x), \quad \forall x \in L_R,$$
$$f_R(x) = f_{0R}(x), \quad \forall x \in L_{0R}.$$

显然, $-f_R(x) = f_R(-x) \leqslant p(-x) = p(x)$, 所以

$$|f_R(x)| \leqslant p(x), \quad x \in L_R(= L). \tag{2.17}$$

定义 L 上的泛函 f 为

$$f(x) = f_R(x) - \mathrm{i} f_R(\mathrm{i} x).$$

这里我们用到了 L 是复线性空间, 故在其中定义了乘以复数的乘法. 直接验证表明, f 是 L 上的复线性泛函, 并且

$$f(x) = f_0(x), \quad \forall x \in L_0.$$

对于任意的 $x \in L$, 记 θ 为 $f(x)$ 的辐角, 则

$$|f(x)| = \mathrm{e}^{-\mathrm{i}\theta} f(x) = f(\mathrm{e}^{-\mathrm{i}\theta} x) = f_R(\mathrm{e}^{-\mathrm{i}\theta} x) \leqslant p(\mathrm{e}^{-\mathrm{i}\theta} x) \leqslant \left|\mathrm{e}^{-\mathrm{i}\theta}\right| p(x) = p(x). \quad \square$$

接下来我们看一些 Hahn-Banach 延拓定理的应用例子.

推论 2.3.1 对赋范线性空间 X 中的非零元素 x_0, 存在 $f \in X^*$ 使得 $\|f\| = 1$ 且 $f(x_0) = \|x_0\|$.

证明 将 x_0 张成的一维线性空间记作 $Y = \mathbb{K} x_0$. 定义 Y 上线性泛函

$$f_0(a x_0) = a \|x_0\|, \quad \forall a \in \mathbb{K}.$$

则 $\|f_0\| = 1$. 由 Hahn-Banach 延拓定理, 存在延拓 $f \in X^*$, 使得 $\|f\| = \|f_0\| = 1$, 且 $f(x_0) = f_0(x_0) = \|x_0\|$. $\square$

推论 2.3.2 对赋范线性空间 X 中两个不同元素 x_1, x_2, 存在 $f \in X^*$ 使得 $f(x_1) \neq f(x_2)$.

证明 由推论 2.3.1, 存在 $f \in X^*$, 使得 $f(x_1) - f(x_2) = f(x_1 - x_2) = \|x_1 - x_2\| \neq 0$. □

这个推论说明 X^* 分离 X 中的点.

推论 2.3.3 对赋范线性空间 X 中的元素 x, 我们有
$$\|x\| = \max_{\|f\|=1} |f(x)|.$$

证明 由于 $\|f\| = 1$, $|f(x)| \leqslant \|x\|$. 又由推论 2.3.1, 存在 $f \in X^*$ 使得 $\|f\| = 1$, $f(x) = \|x\|$, 故等号成立. □

推论 2.3.4 设 M 是赋范线性空间 $(X, \|\cdot\|)$ 的闭线性子空间, $x \notin M$, 则存在 $f \in X^*$ 使得 $\|f\| = 1$, $f(M) = 0$, $f(x) = d(x, M)$.

证明 考虑 M 与 x 张成的子空间 $X_0 = \mathrm{span}\{M, x\}$. 对于 $y \in X_0$, 即 $y = m + \lambda x$, $m \in M$, $\lambda \in \mathbb{K}$, 定义
$$f_0(y) = \lambda\, d(x, M).$$

则
$$\|f_0\| = \sup_{m+\lambda x \neq 0} \frac{|\lambda d(x,M)|}{\|m + \lambda x\|} = \sup_{m \in M} \frac{d(x,M)}{\|m + x\|} = \frac{d(x,M)}{\inf\limits_{m \in M} \|m + x\|} = \frac{d(x,M)}{d(x,M)} = 1.$$

再由定理 2.3.1 知存在 f_0 的延拓 $f \in X^*$ 使得 $\|f\| = \|f_0\| = 1$, $f(M) = f_0(M) = 0$, 并且 $f(x) = f_0(x) = d(x, M)$. □

这个推论说明 X^* 也可以用来分离 X 中的闭线性子空间和点.

推论 2.3.5 设 M 为赋范线性空间 $(X, \|\cdot\|)$ 中一个子集, 则元素 $x \in \overline{\mathrm{span}} M$ 当且仅当对任意满足 $f(M) = 0$ 的线性泛函 $f \in X^*$, 有 $f(x) = 0$.

证明 必要性是显然的.

充分性: 使用反证法, 如果 $x \notin \overline{\mathrm{span}} M$, 由推论 2.3.4, 存在 $f \in X^*$, $f(\overline{\mathrm{span}} M) = 0$, 但 $f(x) \neq 0$. 这与条件矛盾, 故假设不成立, 即 $x \in \overline{\mathrm{span}} M$. □

最后, 我们再用 Hahn-Banach 延拓定理研究子空间和商空间的对偶空间.

定义 2.3.2 对于赋范线性空间 X 的子集 M, 定义 M 的零化子为
$$M^\perp = \{f \in X^* : f(x) = 0, \forall x \in M\}; \tag{2.18}$$

对于对偶空间 X^* 的子集 N, 定义 N 的预零化子为
$$^\perp N = \{x \in X : f(x) = 0, \forall f \in N\}. \tag{2.19}$$

显然 $M^\perp$ 是 X^* 的闭线性子空间, $^\perp N$ 是 X 的闭线性子空间. 零化子和预零化子可以视为正交补空间在 Banach 空间情形的推广, 类似于正交补空间, 我们有下面的结果.

定理 2.3.4 设 M 是赋范线性空间 X 的闭线性子空间.

(i) 对于任一 $m^* \in M^*$, 定义

$$\sigma(m^*) = [x^*],$$

这里 x^* 是 m^* 在 X 上的一个保范延拓, $[x^*]$ 是 x^* 在商空间 $X^*/M^\perp$ 中的等价类. 则映射 $\sigma : M^* \to X^*/M^\perp$ 是一个良定义的保范同构.

(ii) 令 $\pi : x \to [x]$ 是 X 到 X/M 的商映射. 对 $f \in (X/M)^*$, 定义

$$\tau(f) = f \circ \pi.$$

则 τ 是 $(X/M)^*$ 到 $M^\perp$ 的一个保范同构.

证明 我们只证明 (i), 将 (ii) 留给读者作为练习. 首先说明 σ 是良定义的: 如果 x^*, y^* 都是 m^* 在 X 上的保范延拓, 那么 $(y^* - x^*)(M) = 0$, 故 $[y^*] = [x^*]$. 显然 σ 是线性的. 也容易看出 σ 是满射, 对 $[x^*] \in X^*/M^\perp$, 设 x^* 是 $[x^*]$ 的一个代表元, 则 $\sigma(x^*|_M) = [x^*]$. 而且, 当 x^* 是 m^* 在 X 上的保范延拓时,

$$\|\sigma(m^*)\| = \|[x^*]\| \leqslant \|x^*\| = \|m^*\|,$$

反之对任一 $y^* \in [x^*]$, 由于 $y^*|_M = m^*$, 故 $\|y^*\| \geqslant \|m^*\|$, 从而 $\|[x^*]\| \geqslant \|m^*\|$. 这就意味着 $\|[x^*]\| = \|m^*\|$, 即 σ 是一个保范同构. □

习题 2.3

1. 设 E 是赋范线性空间, $x_1, x_2, \cdots, x_k \in E$, $\alpha_1, \alpha_2, \cdots, \alpha_k$ 是一组数, 证明: 在 E 上存在线性泛函 f, 使得 $f(x_\nu) = a_\nu, \nu = 1, 2, \cdots, k$, 且 $\|f\| \leqslant M$ 的充要条件是: 对于任意的一组数 $t_1, t_2, \cdots, t_k$, 成立

$$\left| \sum_{\nu=1}^k t_\nu a_\nu \right| \leqslant M \left\| \sum_{\nu=1}^k t_\nu x_\nu \right\|.$$

2. 设 $\{x_\alpha : \alpha \in \Lambda\}$, $\{f_\alpha : \alpha \in \Lambda\}$ 分别是赋范线性空间 X 与 X^* 中的两族向量. 若满足 $f_\alpha(x_\beta) = \delta_{\alpha\beta}, \alpha, \beta \in \Lambda$, 则称 $\{x_\alpha\}$ 和 $\{f_\alpha\}$ 是对偶族. 证明:
   (i) 当 $\{x_\alpha\}$, $\{f_\alpha\}$ 是对偶族时, $\{x_\alpha\}$, $\{f_\alpha\}$ 必分别是 X 和 X^* 中的线性无关组.
   (ii) 若 $\{x_\alpha\}$ 满足: $x_\alpha \notin \overline{\text{span}}\{x_\beta\}_{\beta \neq \alpha}, \alpha \in \Lambda$, 则必存在 $\{f_\alpha\}$, 使得 $\{x_\alpha\}$, $\{f_\alpha\}$ 是对偶族.
   (iii) 在 X 是线性空间的情况下, 对任何一族线性无关向量 $\{x_\alpha\}$, 必存在一族相应的线性泛函 $\{f_\alpha\}$, 使得 $f_\alpha(x_\beta) = \delta_{\alpha\beta}$, 并且 $\{f_\alpha\}$ 必也是线性无关的.

3. (i) 设 X, Y 是两个赋范线性空间, 在 $X \times Y$ 上定义 $\|(x, y)\| = \max(\|x\|, \|y\|)$. 证明: 对于任意的 $F \in (X \times Y)^*$, 必定存在唯一的一对 $f \in X^*$, $g \in Y^*$, 使得 $F(x, y) = f(x) + g(y)$. 如果在 $X^* \times Y^*$ 上定义 $\|(f, g)\| = \|f\| + \|g\|$, 那么 $F \mapsto (f, g)$ 映射是 $(X \times Y)^*$ 到 $X^* \times Y^*$ 的保范线性同构.

   (ii) 设 $\|\cdot\|_1, \|\cdot\|_2$ 是线性空间 X 上的两个范数, 记 $(X, \|\cdot\|_i)(i = 1, 2)$ 的对偶空间为 X_i^*, 并在 X 上赋范数 $\|\cdot\| = (\|x\|_1^2 + \|x\|_2^2)^{\frac{1}{2}}$. 证明: $F \in (X, \|\cdot\|)^*$ 的充要条件是存在 $f_i \in X_i^*$, 使得 $F = f_1 + f_2$.

4. 对于赋范线性空间 X, 证明: X 是无穷维空间当且仅当 X^* 是无穷维空间.
5. 设 X, Y 是两个赋范线性空间. 证明: 若 $X \neq \{0\}$, 并且 $\mathfrak{B}(X, Y)$ 是 Banach 空间, 则 Y 必是 Banach 空间.
6. 设 L 是赋范线性空间 X 的子空间, $T \in \mathfrak{B}(L, l^\infty)$, 证明: 存在线性延拓 $\tilde{T} \in \mathfrak{B}(X, l^\infty)$, 使得 $\tilde{T}|_L = T$ 且 $\|T\| = \|\tilde{T}\|$.
7. 若 E 是赋范线性空间 X 中的有限维子空间, 证明: 存在闭线性子空间 L, 使得 $L \cap E = \{0\}$ 且 $X = L + E$.
8. 证明定理 2.3.4 中 (ii).
9. (**Banach 极限**) 证明: 在有界数列空间 l^∞ 上存在如下线性泛函 F: 对于任意的 $\{a_n\}, \{b_n\} \in l^\infty$,

    (i) $F(\{a_n\}) = F(\{a_{n+1}\})$.

    (ii) 若 $a_n \geqslant 0, n = 1, 2, \cdots$, 则 $F(\{a_n\}) \geqslant 0$.

    (iii) $F(\alpha\{a_n\} + \beta\{b_n\}) = \alpha F(\{a_n\}) + \beta F(\{b_n\}), \alpha, \beta$ 是数.

    (iv) 若 $\{a_n\}$ 是实数列, 则 $\varliminf\limits_{n \to \infty} a_n \leqslant F(\{a_n\}) \leqslant \varlimsup\limits_{n \to \infty} a_n$.

    (v) 若 $\lim\limits_{n \to \infty} a_n$ 存在, 则 $F(\{a_n\}) = \lim\limits_{n \to \infty} a_n$.

    一般称 $F(\{a_n\})$ 为 $\{a_n\}$ 的 Banach 极限, 记作 $\mathrm{Lim}\{a_n\}$.

10. 证明: l^∞ 中的序列
$$y = (1, 0, 0, 1, 1, 0, 0, 0, 0, 1, 1, 1, 0, 0, 0, 0, 0, 0, \cdots)$$
的 Banach 极限 $\mathrm{Lim}\, y$ (见第 9 题) 可以取到不同的值.

11. 对于任意的 $\alpha = (\alpha_1, \alpha_2, \cdots) \in l^1$, 证明:
$$f(x) = \sum_{n=1}^{\infty} x_n \alpha_n, \quad \forall x = (x_1, x_2, \cdots) \in l^\infty$$
给出了 l^∞ 上的一个连续线性泛函. 举例说明 l^∞ 上存在连续线性泛函不能表示成上述形式.

12. (**Green (格林) 函数**) 令 $\Delta = \dfrac{\partial^2}{\partial x^2} + \dfrac{\partial^2}{\partial y^2}$. 设 Ω 是平面上有界开区域, 它的边界 $\partial \Omega$ 是光滑的. 对于带有 Dirichlet (狄利克雷) 边界值条件的 Laplace 方程
$$\begin{cases} \Delta u(x) = 0, x \in \Omega, \\ u|_{\partial \Omega} = f. \end{cases}$$
一个重要的解法是寻找 $\overline{\Omega}$ 上的一类 Green 函数 $G(x, y)$, 使得
$$\int_\Omega h(x) G(x, y) \mathrm{d}m(x) = h(y); G(x, y) = 0, \quad \forall y \in \partial \Omega.$$
令 $\mathcal{B} = C(\partial D)$ 是 ∂D 上连续函数全体. 设 $\mathcal{B}_0 = \{g \in \mathcal{B} : \Delta u(x) = 0, u|_{\partial \Omega} = g$ 有解$\}$, 由调和函数的极大模定理容易得到, 对于 $g \in \mathcal{B}_0$ 解 u 是唯一的. 对于 $P \in \Omega$, 定义 $\mathcal{B}_0$ 上的线性泛函 l_P 如下:
$$l_P(g) = u(P),$$
这里 u 是边值为 g 的调和函数.

(i) 证明: l_P 是一个有界线性泛函, 计算其范数.

(ii) 证明: l_P 可以保范地延拓到整个 $\mathcal{B}$ 上.

我们仍然用 l_P 来表示这个延拓. 对任意一点 $(a,b) \notin \partial\Omega$, 考虑 $\mathcal{B}$ 中的函数

$$\psi_{(a,b)}(x,y) = \ln|d((a,b),(x,y))|.$$

这里 $d((a,b),(x,y)) = \sqrt{(a-x)^2+(b-y)^2}$ 为 Euclid 空间度量.

(iii) 证明: ψ 关于变量 (a,b) 满足 Laplace 方程 $\dfrac{\partial^2 \psi_{(a,b)}}{\partial a^2} + \dfrac{\partial^2 \psi_{(a,b)}}{\partial b^2} = 0$.

(iv) 令 $k_P((a,b)) = \dfrac{1}{2\pi} l_P(\psi_{(a,b)})$. 证明: $k_P((a,b))$ 在 $\partial\Omega$ 的补集上是调和函数.

(v) 当 $(a,b) \notin \overline{\Omega}$ 即在 Ω 外时, 计算 $k_P((a,b))$.

对于 Ω 中离边界足够近的点 $Q = (a,b)$, 我们承认, Q 关于边界上到它最近的那一点处的切线的对称点 Q' 在 Ω 外. 且当 Q 到边界的距离趋于 0 时,

$$\frac{d(z,Q)}{d(z,Q')}$$

在 $z \in \partial\Omega$ 上是一致趋于 1 的 (这一结论来自边界 $\partial\Omega$ 是光滑的).

(vi) 证明: 当 Q 到边界的距离趋于 0 时, $\|\psi_Q - \psi_{Q'}\|$ 趋于 0, 且 $k_P(Q) - k_P(Q')$ 趋于 0.

(vii) 证明: $k_P(Q)$ 是一个 Ω 上的调和函数, 且在 $\overline{\Omega}$ 上连续, 在边界上的值为 $\dfrac{1}{2\pi} \ln d(P,Q)$. 实际上, 由边界的光滑性我们能得到 $k_P(Q)$ 在 $\overline{\Omega}$ 上二阶连续可微. 记 $g_0(P,Q) = k_P(Q)$, 令

$$G(P,Q) = -\frac{1}{2\pi} \ln d(P,Q) + g_0(P,Q).$$

(viii) 若 h 在 $\overline{\Omega}$ 上二阶连续可微, 在 Ω 内 $\Delta h = 0$, 证明: $h(P) = \displaystyle\int_{\partial\Omega} h(Q) \frac{\partial G(P,Q)}{\partial n} \mathrm{d}Q (\forall P \in \Omega)$, 其中 $\dfrac{\partial G}{\partial n}$ 是沿外法线方向的方向导数.

13*. 是否存在 $L^\infty(\mathbb{R})$ 上的一个泛函 $f \mapsto M(f)$, 满足
  (i) 如果 f 是非负的, 那么 $M(f) \geqslant 0$.
  (ii) 如果 $f \equiv 1$, 那么 $M(f) = 1$.
  (iii) 如果 $g(x) = f(x+1)$, 那么 $M(g) = M(f)$.
要是再加上 $M(f(ax)) = M(f)$ 的条件呢?

2.4 几何形式 —— 凸集分离定理

2.4.1 凸集

线性空间理论的许多重要部分都以凸性概念为基础. 它凭借几何的直观概念, 但同时也容许纯粹解析的叙述. 我们首先回顾凸集的一些基本事实.

定义 2.4.1 设 V 是线性空间, M 是 V 的一个子集. 如果对于任意的 $x,y \in M$, 及数 $\alpha \in [0,1]$, 有 $\alpha x + (1-\alpha)y \in M$, 就称 M 是一个**凸集**.

例 2.4.1 在三维 Euclid 空间 $\mathbb{R}^3$ 中, 线段、平面、三角形、立方体、球、四面体以及半空间等都是凸集.

例 2.4.2 若 φ 是直线 $\mathbb{R}$ 上的凸函数, 即
$$\varphi(tx + (1-t)y) \leqslant t\varphi(x) + (1-t)\varphi(y), \quad \forall x, y \in \mathbb{R}, t \in (0,1),$$
那么图形 $\{(x,y) \in \mathbb{R}^2 : y \geqslant \varphi(x)\}$ 是平面中的一个凸集.

例 2.4.3 $C[a,b]$ 的子集 $A = \{f \colon |f| \leqslant 1\}$ 是凸集.

例 2.4.4 l^2 中的集合 $A = \left\{x \colon x = (x_1, x_2, \cdots) \in l^2, \sum\limits_{n=1}^{\infty} n^2 x_n^2 \leqslant 1\right\}$ 是凸集.

例 2.4.5 若 M 是赋范线性空间 X 中的凸子集, 则 M 的内部 M° 也是凸的. 实际上, 若 $x \in M$, y 是 M 的内点, 那么对于数 $t \in (0,1)$, 有 $(1-t)x + ty$ 也是 M 的内点: 我们先取一个 y 的非空邻域 $O(y, \varepsilon) \subset M$. 对任意 $z \in X$, $\|z\| < t\varepsilon$, 由 M 的凸性, $(1-t)x + ty + z = (1-t)x + t(y + \frac{z}{t}) \in M$. 这也就是说 $O((1-t)x + ty, t\varepsilon) \subseteq M$, $(1-t)x + ty$ 是 M 的内点.

命题 2.4.1 线性空间 V 中的任意多个凸集的交仍是凸集.

证明 设 $\{M_\lambda \colon \lambda \in \Lambda\}$ 是 V 的一族凸集, $M = \bigcap\limits_{\lambda \in \Lambda} M_\lambda$, $x, y \in M$, 则对于任意的 $\lambda \in \Lambda$, $x, y \in M_\lambda$. 由于 M_λ 是凸集, $\alpha x + (1-\alpha)y \in M_\lambda$ ($\forall \alpha, 0 \leqslant \alpha \leqslant 1$), 因而也属于 M. 于是, M 是凸的. □

在线性空间 V 中, 对于任意的子集 A, 存在包含它的最小凸集: 包含 A 的所有凸集的交是最小凸集. 我们称包含 A 的最小凸集为集 A 的**凸包**, 记为 $co(A)$. 容易验证:
$$co(A) = \left\{\sum \alpha_i x_i \colon x_i \in A, \alpha_i \geqslant 0, \sum \alpha_i = 1, \text{其中 } \alpha_i \text{ 有限非零}\right\}.$$

特别地, 当 $x_0, x_1, \cdots, x_n$ 是线性空间 V 中的 $n+1$ 个点, 并且向量组 $x_1 - x_0, x_2 - x_0, \cdots, x_n - x_0$ 线性无关时, 则称 $co(x_0, x_1, \cdots, x_n)$ 为 n **维单纯形**.

2.4.2 Minkowski 泛函

半范数的概念在线性拓扑空间中具有根本的重要性, Minkowski 泛函理论揭示了半范数与凸集的联系.

例 2.4.6 设 f 是线性空间 V 上的线性泛函, 则 $|f|$ 是半范数.

例 2.4.7 定义线性空间 $\mathbb{R}^2$ 上的泛函:
$$p(x, y) = \sqrt{ax^2 + by^2}, \quad (x, y) \in \mathbb{R}^2,$$

其中 $a,b \geqslant 0$, 则 $p(x,y)$ 是 $\mathbb{R}^2$ 上的半范数.

命题 2.4.2 设 $p(x)$ 是线性空间 V 上的半范数, 则 $M = \{x \in V : p(x) \leqslant 1\}$ 具有下列性质:

(i) $0 \in M$;

(ii) M 是**凸**的: 若 $x, y \in M$ 且 $0 < \alpha < 1$, 则 $\alpha x + (1-\alpha)y \in M$;

(iii) M 是**均衡**的: 若 $x \in M$ 且 $|\alpha| = 1$, 则 $\alpha x \in M$;

(iv) M 是**吸收**的: 对任何 $x \in X$, 总存在 $\alpha > 0$, 使得 $\alpha^{-1} x \in M$;

(v) $p(x) = \inf\limits_{\alpha > 0, \alpha^{-1} x \in M} \alpha$.

证明 除了 (v), 其他都是显然的. 由下面的关系: 对任意正数 α,
$$\alpha^{-1} x \in M \Leftrightarrow p(\alpha^{-1} x) \leqslant 1 \Leftrightarrow p(x) \leqslant \alpha,$$
可得到 $p(x) = \inf\limits_{\alpha > 0, \alpha^{-1} x \in M} \alpha$. □

定义 2.4.2 设 M 是线性空间 V 中吸收的凸集. 对于任意的 $x \in V$, 定义
$$p_M(x) = \inf_{\alpha > 0, \alpha^{-1} x \in M} \alpha,$$
称 p_M 为 M 的 **Minkowski 泛函**.

命题 2.4.3 设 M 是线性空间 V 中的一个吸收凸子集, 那么 M 的 Minkowski 泛函 $p_M(x)$ 是 V 上的一个次线性函数, 并且
$$\{x : p_M(x) < 1\} \subset M \subset \{x : p_M(x) \leqslant 1\}.$$
如果 M 还是均衡的, 那么 $p_M(x)$ 是 V 上的一个半范数.

证明 我们只证明 p_M 是次线性的, 其他性质留给读者验证. 对于任意的 $\varepsilon > 0$, 存在 $0 \leqslant \sigma_1, \sigma_2 < \varepsilon$ 使得
$$\frac{x}{p_M(x) + \sigma_1} \in M, \quad \frac{y}{p_M(y) + \sigma_2} \in M.$$
再使用 M 的凸性又可得
$$\frac{x+y}{p_M(x) + p_M(y) + \sigma_1 + \sigma_2} = \frac{p_M(x) + \sigma_1}{p_M(x) + p_M(y) + \sigma_1 + \sigma_2} \cdot \frac{x}{p_M(x) + \sigma_1} +$$
$$\frac{p_M(y) + \sigma_2}{p_M(x) + p_M(y) + \sigma_1 + \sigma_2} \cdot \frac{y}{p_M(y) + \sigma_2} \in M.$$
从而 $p_M(x+y) < p_M(x) + p_M(y) + 2\varepsilon$. 由 ε 的任意性, 可得 $p_M(x+y) \leqslant p_M(x) + p_M(y)$. □

于是, 我们在半范数与均衡、吸收的凸集之间建立了一个对应关系.

例 2.4.8 当 $M = V$ 时, 显然 $p_M(x) = 0$.

例 2.4.9 设 $M = B(0, r)$ 是 n 维 Euclid 空间 $\mathbb{R}^n$ 中, 中心为 0、半径为 r 的球, 则

$$p_M(x) = \frac{\|x\|}{r}.$$

例 2.4.10 在空间 l^2 中, 设 $M = \{x\colon x = (x_1, x_2, \cdots), -1 \leqslant x_1 \leqslant 1\}$, 则

$$p_M(x) = |x_1|.$$

最后我们再来看赋范线性空间中 Minkowski 泛函 $p_M(x)$ 的连续性.

命题 2.4.4 如果 L 是赋范线性空间, M 是 L 中的一个吸收凸子集, 则 $p_M(x)$ 是连续函数当且仅当 0 为 M 的内点.

证明 若 $p_M(x)$ 是连续函数, 则 $\{x \in L\colon p_M(x) < 1\}$ 是 M 中包含 0 的开集, 故 0 为 M 的内点.

反之, 若 0 是 M 的内点, 则存在 $\varepsilon > 0$ 使得 $O(0, \varepsilon) \subset M$. 因此, 对任意 L 中点 x, 有 $\dfrac{\varepsilon}{2}\dfrac{x}{\|x\|} \in O(0, \varepsilon) \subset M$, 故 $p_M(x) \leqslant \dfrac{2}{\varepsilon}\|x\|$. 于是对于任意的 $x, y \in L$, 有

$$|p_M(x) - p_M(y)| \leqslant \max(p_M(x-y), p_M(y-x)) \leqslant \frac{2}{\varepsilon}\|x-y\|. \qquad \square$$

2.4.3 凸集的分离性

定义 2.4.3 设 V 是实线性空间, M 与 N 是它的子集, f 是 V 上的线性泛函.
(i) 如果存在常数 C, 使得

$$f(x) \leqslant C, \quad \forall x \in M;$$
$$f(y) \geqslant C, \quad \forall y \in N.$$

即

$$\sup\{f(x)\colon x \in M\} \leqslant \inf\{f(x)\colon x \in N\}.$$

则称线性泛函 f **分离集** M 与 N.

(ii) 如果线性泛函 f 满足

$$\sup\{f(x)\colon x \in M\} < \inf\{f(x)\colon x \in N\},$$

称线性泛函 f **严格分离集** M 与 N.

从分离性定义容易看出以下两个事实:

(i) 线性泛函 f 分离集 M 与 N 当且仅当它分离集 $M - N = \{x - y\colon x \in M, y \in N\}$ 与 $\{0\}$.

(ii) 线性泛函 f 分离集 M 与 N 当且仅当对于每一个 $x \in V$, 它分离集 $M - x$ 与 $N - x$.

从 Hahn-Banach 延拓定理容易得到以下关于线性空间中凸集的分离性定理, 它有着

众多的应用.

引理 2.4.1 设 A 是实赋范线性空间 L 中的凸子集,如果 A 的内部 A° 是非空的,并且 $y_0 \notin A^\circ$,则 L 上存在非零的连续线性泛函分离 A 与 $\{y_0\}$.

注 2.4.1 对于 X 是复赋范线性空间的情形,通常可用复线性泛函 f 的实部 $\operatorname{Re} f$ 分离集合. 例如,上面的结果在复线性空间情形的陈述如下: 设 A 是复赋范线性空间 L 中的凸子集,如果 A° 是非空的,并且 $y_0 \notin A^\circ$,则 L 上存在非零的连续线性泛函 f 使得

$$\sup_{x \in A} \operatorname{Re} f(x) \leqslant \operatorname{Re} f(y_0).$$

其他的凸集分离结果可作类似的修改.

证明 不妨设 0 为 A 的内点,即存在 0 的一个邻域 $O(0,\varepsilon) \subset A$,那么可以得到 A 是吸收子集. 由命题 2.4.4,p_A 是 L 中的连续次线性函数. 并由定义可得对任意 $x \in A$,有 $p_A(x) \leqslant 1$. 又由于 y_0 不是 A 的内点,故 $p_A(y_0) \geqslant 1$.

令 $L_0 = \mathbb{R} y_0$ 为 y_0 张成的线性空间,容易验证 $f_0(ty_0) = tp_A(y_0)$ 是 L_0 上从属于 p_A 的线性泛函. 由 Hahn-Banach 延拓定理,存在 L 上的线性泛函 f,使得 $f|_{L_0} = f_0$ 且

$$f(x) \leqslant p_A(x), \quad \forall x \in L.$$

由 p_A 的连续性知 f 是连续的. 并且,对任意 $x \in A$,我们有

$$f(x) \leqslant p_A(x) \leqslant 1 \leqslant p_A(y_0) = f(y_0).$$

所以 f 分离 A 和 $\{y_0\}$. □

注 2.4.2 若 A 是一个开凸子集,$x \notin A$,由上面的证明还可得到

$$f(x) < \sup_{y \in A} f(y) \leqslant f(y_0), \forall x \in A.$$

定理 2.4.1 设 M 与 N 是实赋范线性空间 L 中的凸集,如果 M 的内部 M° 是非空的,并且 $M^\circ \cap N = \varnothing$,则存在 L 上非零的连续线性泛函分离 M 与 N.

证明 由于 M 是凸集,由例 2.4.5 知 M° 也是凸的. 令

$$A = M^\circ - N = \bigcup_{y \in N}(M^\circ - y) = \{x - y : x \in M^\circ, y \in N\},$$

显然 A 是非空的开凸子集,且 $0 \notin A$. 由引理 2.4.1,存在 $f \in L^*$ 分离 A 与 $\{0\}$,不妨设为 $\sup_{x \in A} f(x) \leqslant 0$. 那么,对任意 $x \in M^\circ, y \in N$,有 $f(x-y) \leqslant 0$,也即 $f(x) \leqslant f(y)$. 这就是说

$$\sup_{x \in M^\circ} f(x) \leqslant \inf_{x \in N} f(x).$$

固定 M 的一个内点 y. 对任意 $x \in M$, 由例 2.4.5 可知 $ty + (1-t)x \in M^\circ (\forall t \in (0,1))$. 所以
$$f(x) = \lim_{t \to 0^+} f(ty + (1-t)x) \leqslant \inf_{x \in N} f(x).$$
这也就是说
$$\sup_{x \in M} f(x) \leqslant \inf_{x \in N} f(x). \qquad \square$$

推论 2.4.1 设 M, N 是实赋范线性空间 L 中的闭凸集, $d(M,N) = \inf_{x \in M, y \in N} d(x,y) > 0$, 则存在 L 上的非零连续线性泛函 f 严格分离 M 和 N.

证明 令 $\tilde{N} = \left\{ y \in V : d(y, N) < \dfrac{d(M,N)}{3} \right\}$, 显然 $\tilde{N}$ 是一个非空的开凸集, 且 $\tilde{N} \cap M = \varnothing$. 由定理 2.4.1, L 上存在非零的连续线性泛函 f 以及常数 β, 满足
$$f(x) \leqslant \beta \leqslant f(y), \quad \forall x \in M, y \in \tilde{N}.$$
于是, 对于任意的 $y \in N, z \in O\left(0, \dfrac{d(M,N)}{3}\right), f(y-z) \geqslant \beta$. 换而言之,
$$f(y) \geqslant \beta + \sup_{z \in O\left(0, \frac{d(M,N)}{3}\right)} f(z) = \beta + \frac{d(M,N)\|f\|}{3}.$$
因此, f 严格分离 M 和 N. $\qquad \square$

当 M 是闭凸子集, N 是紧的凸子集 (或者单点集), 且当 $M \cap N = \varnothing$ 时, 显然推论 2.4.1 中的距离条件成立, 故存在非零的连续线性泛函严格分离 M 和 N.

习题 2.4

1. 在 Euclid 空间 $\mathbb{R}^n$ 中, 闭集的凸包是否一定是闭集? 凸集的闭包是否是凸集?
2. 设 f 是实赋范线性空间 V 上的线性泛函, c 为实数. 证明:
   (i) 超平面 $V_c(f) = \{x : f(x) = c\}$ 和它决定的半空间 $\{x : f(x) \geqslant c\}$, $\{x : f(x) \leqslant c\}$, $\{x : f(x) > c\}$, $\{x : f(x) < c\}$ 都是凸集.
   (ii) 当 f 连续时, $\{x : f(x) \geqslant c\}$, $\{x : f(x) \leqslant c\}$ 是闭的, $\{x : f(x) > c\}$, $\{x : f(x) < c\}$ 是开的.
   (iii) $V_c(f)$ 和半空间中任何一个具有内点时, f 是连续的.
3. 设 V 是实赋范线性空间, M 是 V 的吸收闭凸集, 那么 $0 \in M$. 如果 $p(x)$ 是 M 的 Minkowski 泛函, 那么 $p(x)$ 是下半连续的, 且有
$$M = \{x : x \in X, p(x) \leqslant 1\}.$$
此外, 如果 M 还是有界的, 那么 $p(x)$ 满足
$$p(x) = 0 \Leftrightarrow x = 0.$$

4. 设 V 是实赋范线性空间, M 是 X 的真凸子集, $0 \in M^\circ$, $p(x)$ 是 M 的 Minkowski 泛函, 证明:
   (i) $x \in M^\circ \Leftrightarrow p(x) < 1$.
   (ii) $\overline{M^\circ} = \overline{M}$.

5. 设 A 是 $\mathbb{R}^2$ 中有界闭凸集. B 是 A 在 x 轴上的投影. 证明: B 是一个闭区间, 且存在两个 B 上的凸函数 $f_1(x)$ 和 $f_2(x)$, 使得
$$A = \{(x,y): x \in B, -f_2(x) \leqslant y \leqslant f_1(x)\}.$$

6. 设 φ 是直线 $\mathbb{R}$ 上的凸函数. 使用凸集分离定理证明: 对任意点 $x \in \mathbb{R}$, 存在常数 m 使得
$$\varphi(y) - \varphi(x) \geqslant m(y-x), \quad \forall y \in \mathbb{R}.$$

7. 设 V 是实赋范线性空间, M 是 V 的凸子集, M° 非空, F 是 V 的线性子空间, $M^\circ \cap F = \varnothing$. 则存在非零的 $f \in V^*$, 满足:
$$f(x) \leqslant 0, \quad \forall x \in M; \qquad f(x) = 0, \quad \forall x \in F.$$

8. 设 V 是实赋范线性空间, M 是 V 的凸子集. 证明:
   (i) 若 M 是闭的, 则 M 是一些闭半空间的交.
   (ii) 若 M 是开的, 则 M 是一些开半空间的交.

9. 设集合 A 是复赋范线性空间 V 中的一个均衡凸开集, B 是一个和 A 不相交的非空凸子集. 证明: 存在一个复线性泛函 f 和 $c > 0$, 使得在 A 上 $|f(x)| < c$, 在 B 上 $|f(x)| \geqslant c$.

10. 令实 Banach 空间 l^2 中的一个子集
$$E = \{x = (x_1, x_2, \cdots, x_n, \cdots) \in l^2 : \text{只有有限个 } x_n \text{ 非零, 且最后一个非零的 } x_n \text{ 是正数}\}.$$
证明: E 是凸子集且 $0 \notin E$. 且不存在 l^2 上的非零连续线性泛函 f 分离 E 与 $\{0\}$.

11. 设 M 是实赋范线性空间 X 的凸子集.
    (i) 证明: 若 M 是闭的, 则对任意 $x \notin M$, 我们有
$$d(x, M) = \sup_{f \in X^*, \|f\|=1} (f(x) - \sup_{z \in M} f(z)).$$
    (ii) 当 M 不是闭的时候, (i) 的结论是否成立? (参考第 10 题)

12. 设 M 是 Euclid 空间 $\mathbb{R}^n$ 中的紧凸子集.
    (i) 若 M 是吸收的, $p(x)$ 是 M 的 Minkowski 泛函. 证明: $p(x)$ 在 Euclid 空间 $\mathbb{R}^n$ 的单位球面 $S = \{x \in \mathbb{R}^n : \|x\|_2 = 1\}$ 有非零的上界与下界.
    (ii) 在 (ii) 的条件下, 证明: 0 是 M 的内点, 并且 M 同胚于 $\mathbb{R}^n$ 的闭单位球.
    (iii) 若假设 $0 \in M$, E 是 M 张成的 m 维子空间, 证明: 存在 $e \in M$, 使得 $M - e$ 在空间 E 中是吸收的.
    (iv) 证明: 存在正整数 $m \leqslant n$, 使得 M 同胚于 $\mathbb{R}^m$ 的单位球.

13. **(复线性空间中的凸锥)** 在一个线性空间中, 一个**锥** C 是指一族过原点的射线的并集, 即 $v \in C \Leftrightarrow \lambda v \in C, \forall \lambda > 0$. 令 X 为在 $\mathbb{C}^n$ 中包含 $\{(z, z^2, \cdots, z^n) \in \mathbb{C}^n, |z| \leqslant 1\}$ 的最小凸锥.
    (i) 证明: 复线性空间中的凸集在复线性泛函 f 映射下的像集是 $\mathbb{C}$ 中的凸集.
    (ii) 证明: 如果 $\overline{X} \neq \mathbb{C}^n$, 那么存在一个非零复线性泛函 f, 使得 f 在 X 上的取值都是实部

非负的复数.
(iii) 利用复数的指数形式, 证明 (ii) 中的 f 在 $\{(z, z^2, \cdots, z^n) \in \mathbb{C}^n, |z| = 1\}$ 上的取值的实部都是 0.
(iv) 利用复变函数的知识推出 (iii) 的结果是不成立的, 从而 $\overline{X} = \mathbb{C}^n$.
(v) 证明: $\mathbb{R}^n$ 中的稠密凸集一定是全空间.
(vi) 证明: $X = \mathbb{C}^n$.

14*. 设 A 是 Euclid 空间 $\mathbb{R}^2$ 中的一个闭集, 具有如下性质: 对于任意 $x \in \mathbb{R}^2$, 有且只有一点 $y \in A$, 使得 $d(x, y) = d(x, A)$. 证明: A 是一个凸集.

2.5 对偶空间

2.5.1 $L^p[a, b]$ 和 $C[a, b]$ 的对偶空间

本小节讨论 $L^p[a, b]$ 和 $C[a, b]$ 上的连续线性泛函的表示定理.

$L^p[a, b]$ 上的连续线性泛函 对于赋范线性空间 $L^p[a, b] (1 \leqslant p < \infty)$, 它的对偶空间是 $(L^p[a, b])^* \cong L^q[a, b] \left(\dfrac{1}{p} + \dfrac{1}{q} = 1 \right)$.

我们只证明 $p > 1$ 的情况, 这时 $1 < q < \infty$. 利用积分的 Hölder 不等式, 易知对任意给定的 $\beta(t) \in L^q[a, b]$,

$$f(x) = \int_a^b x(t)\beta(t)\mathrm{d}t, \quad \forall x \in L^p[a, b] \tag{2.20}$$

是 $L^p[a, b]$ 上的连续线性泛函, 并且 $\|f\| = \|\beta\|_q$.

下面说明 $L^p[a, b]$ 上连续线性泛函均有这样的形式. 假设 $f \in (L^p[a, b])^*$, 取 $\mathfrak{F} = \{\chi_t : t \in [a, b]\}$, 其中 χ_t 是区间 $[a, t]$ 上的特征函数. 令 $g(t) = f(\chi_t)$, 下面我们分几步证明:

(1) 证明 $g(t)$ 是全连续函数. 设 $\{(a_i, b_i) : i = 1, 2, \cdots, n\}$ 是区间 $[a, b]$ 的 n 个互不相交的开子区间,

$$\sum_{i=1}^n |g(b_i) - g(a_i)| = \sum_{i=1}^n \varepsilon_i (g(b_i) - g(a_i)) = \sum_{i=1}^n \varepsilon_i f(\chi_{b_i} - \chi_{a_i})$$

$$= f\left(\sum_{i=1}^n \varepsilon_i (\chi_{b_i} - \chi_{a_i}) \right) \leqslant \|f\| \left\| \sum_{i=1}^n \varepsilon_i (\chi_{b_i} - \chi_{a_i}) \right\|_p$$

$$\leqslant \|f\| \left(\sum_{i=1}^n (b_i - a_i) \right)^{\frac{1}{p}}.$$

其中 $\varepsilon_i = \mathrm{e}^{-\sqrt{-1}\theta_i}$, θ_i 是 $g(b_i) - g(a_i)$ 的辐角. 由此, 我们知道 g 是全连续函数, 并且可以将 $f(\chi_t)$ 写成

$$f(\chi_t) = g(t) = \int_a^b \chi_t(s) g'(s) \mathrm{d}s.$$

利用泛函 f 和积分的线性, 我们得到对于任何阶梯函数 $\varphi(t)$ 有

$$f(\varphi) = \int_a^b \varphi(t) g'(t) \mathrm{d}t. \tag{2.21}$$

(2) 证明 (2.21) 式对于 $[a,b]$ 中的有界可测函数 $\varphi(t)$ 也成立.

设 $|\varphi(t)| \leqslant M$, 则存在 $[a,b]$ 中的一列阶梯函数 $\varphi_n(n=1,2,\cdots)$ 满足 $|\varphi_n(t)| \leqslant M$ 并且 $\lim_{n\to\infty} \varphi_n(t) \stackrel{.}{=}_m \varphi(t)$. 由 Lebesgue 控制收敛定理,

$$\lim_{n\to\infty} \|\varphi_n - \varphi\|_p = \lim_{n\to\infty} \left(\int_a^b |\varphi(t) - \varphi_n(t)|^p \mathrm{d}t \right)^{\frac{1}{p}} = 0.$$

利用泛函 f 的连续性, 并注意到 $|\varphi_n(t) g'(t)| \leqslant M|g'(t)|$, 我们有

$$f(\varphi) = \lim_{n\to\infty} f(\varphi_n) = \lim_{n\to\infty} \int_a^b \varphi_n(t) g'(t) \mathrm{d}t = \int_a^b \varphi(t) g'(t) \mathrm{d}t.$$

(3) 证明 $g'(t) \in L^q[a,b]$. 令 $\theta(t) = \arg(g'(t))$, 作函数列:

$$h_n(t) = \begin{cases} |g'(t)|^{q-1} \mathrm{e}^{-\mathrm{i}\theta(t)}, & |g'(t)|^q \leqslant n, \\ 0, & \text{其他}. \end{cases}$$

其中 $n = 1, 2, \cdots$, 利用等式 (2.21)

$$\int_a^b [|g'(t)|^q]_n \mathrm{d}t = f(h_n) \leqslant \|f\| \|h_n\|_p \leqslant \|f\| \left(\int_a^b [|g'(t)|^q]_n \mathrm{d}t \right)^{\frac{1}{p}}.$$

从而

$$\left(\int_a^b [|g'(t)|^q]_n \mathrm{d}t \right)^{\frac{1}{q}} \leqslant \|f\|.$$

再令 $n \to \infty$, 便得到 $g'(t) \in L^q[a,b]$, 并且

$$\|g'\|_q \leqslant \|f\|.$$

(4) 最后证明等式 (2.21) 对于任意的 $\varphi \in L^p[a,b]$ 都成立.

由于 $g'(t) \in L^q[a,b]$, 令

$$F(\varphi) = \int_a^b \varphi(t) g'(t) \mathrm{d}t.$$

则 F 是 $L^p[a,b]$ 上的有界线性泛函. 对于任意的 $\varphi \in L^p[a,b]$, 存在有界的可测函数列 φ_n: $\|\varphi_n - \varphi\| \to 0$, 所以

$$f(\varphi) = \lim_{n\to\infty} f(\varphi_n) = \lim_{n\to\infty} F(\varphi_n)$$
$$= F(\varphi) = \int_a^b \varphi(t)g'(t)\mathrm{d}t. \tag{2.22}$$

综上所述, 映射 $U: (L^p[a,b])^* \mapsto L^q[a,b], f \mapsto g'$ 是一对一的、到上的、保持范数的线性映射.

$p=1, q=\infty$ 的情况可以完全类似地证明. 特别地, $(L^2[a,b])^* = L^2[a,b]$.

注 2.5.1 对一般的测度空间, 上述结果也是成立的. 设 $(X, \mathcal{R})$ 是一个可测空间, μ 是它的一个全 σ-有限测度. 对赋范线性空间 $L^p(X, \mu)(1 \leqslant p < \infty)$ 上的一个连续线性泛函 ψ, 都存在唯一的 $g \in L^q(X, \mu)\left(\dfrac{1}{p} + \dfrac{1}{q} = 1\right)$, 使得

$$\psi(f) = \int_X f(x)g(x)\mathrm{d}\mu(x), \quad \forall f \in L^p(X, \mu),$$

且此时 $\|\psi\| = \|g\|_q$.

$C[a,b]$ 上的连续线性泛函 利用 Hahn-Banach 延拓定理可以给出 $C[a,b]$ 上连续线性泛函的具体形式.

我们知道, $V_0[a,b]$ 是赋范线性空间 $V[a,b]$ 的线性子空间 (例 1.2.10). 对于任何 $g \in V_0[a,b]$ (即 g 是满足 $g(a) = 0$, 且在 (a,b) 上右连续的有界变差函数), 作 $C[a,b]$ 上的泛函 F_g 如下:

$$F_g(x) = \int_a^b x(t)\mathrm{d}g(t), \quad \forall x \in C[a,b]. \tag{2.23}$$

其中 $\mathrm{d}g(t)$ 是由 g 诱导的符号 (复) 测度. 那么 F_g 是 $C[a,b]$ 上的线性泛函, 且

$$|F_g(x)| \leqslant \int_a^b |x(t)||\mathrm{d}g|(t) \leqslant \|x\| \bigvee_a^b(g).$$

即

$$|F_g(x)| \leqslant \|x\|\|g\|,$$

这里的 $\|g\| = \bigvee_a^b(g)$. 所以 F_g 是有界泛函, 即 $F_g \in C[a,b]^*$, 且 $\|F_g\| \leqslant \|g\|$. 也就是说, $U: g \mapsto F_g$ 是 $V_0[a,b]$ 到 $C[a,b]^*$ 的线性算子, 且 $\|Ug\| \leqslant \|g\|$.

因此我们如能证明:

(i) 对任何 $F \in C[a,b]^*$, 一定存在 $V_0[a,b]$ 中某个 g, 使得

$$F(x) = \int_a^b x(t)\mathrm{d}g(t), \quad \forall x \in C[a,b];$$

(ii) $\|F\| \geqslant \|g\|$ (即 $\|Ug\| \geqslant \|g\|$),

那么就证明了 $C[a,b]^* = V_0[a,b]$, 这就是下面的 F. Riesz 表示定理.

定理 2.5.1 (F. Riesz) 设 f 是 $C[a,b]$ 上的连续线性泛函, 则存在唯一的 $g \in V_0[a,b]$, 使得

$$f(x) = \int_a^b x(t) \mathrm{d}g(t), \quad \forall x \in C[a,b], \tag{2.24}$$

且 $\|g\| = \|f\|$.

证明 我们仅证 $C[a,b]$ 是实空间的情况, 复空间情况作为练习. 首先分析一下, 假如对给定的 f, 满足 (2.24) 式的 g 存在, 如何求出 g? 根据 g 是广义测度, 并且 $g \in V_0[a,b]$, 得到

$$g(\xi) = g([a,\xi]) = \int_a^b \chi_{[a,\xi]}(t) \mathrm{d}g(t),$$

其中 $\chi_{[a,\xi]}$ 是 $[a,\xi]$ 的特征函数, 简记为 χ_ξ, 并规定 $\chi_a = 0$. 这样就启发我们应先把 $C[a,b]$ 空间的泛函 f 延拓到有界函数空间 $B[a,b]$ 上去, 然后由延拓后的泛函在 χ_ξ 处的值来定 g.

设 $B[a,b]$ 是 $[a,b]$ 上的有界实函数全体, 按通常线性运算及范数 $\|x\| = \sup_{t \in [a,b]} |x(t)|$ 所成的赋范线性空间, 那么 $C[a,b]$ 是 $B[a,b]$ 的线性子空间, 根据 Hahn-Banach 延拓定理, f 可以保范地延拓到 $B[a,b]$ 上得到 F, 且 $\|F\| = \|f\|$.

令

$$h(\xi) = F(\chi_\xi), \quad a \leqslant \xi \leqslant b.$$

(1) 显然 $h(a) = 0$. 下证 $h(\xi) \in V[a,b]$.

设

$$a = \xi_0 < \xi_1 < \xi_2 < \cdots < \xi_n = b.$$

记 $\varepsilon_i = \mathrm{sgn}[h(\xi_i) - h(\xi_{i-1})] (i = 1, 2, \cdots, n)$, 那么

$$\sum_{i=1}^n |h(\xi_i) - h(\xi_{i-1})| = \sum_{i=1}^n \varepsilon_i [h(\xi_i) - h(\xi_{i-1})]$$

$$= F\left(\sum_{i=1}^n \varepsilon_i [\chi_{\xi_i} - \chi_{\xi_{i-1}}]\right)$$

$$\leqslant \|F\| \left\|\sum_{i=1}^n \varepsilon_i [\chi_{\xi_i} - \chi_{\xi_{i-1}}]\right\| \leqslant \|f\|.$$

即 $h \in V[a,b]$, 且

$$\bigvee_a^b (h) \leqslant \|f\|. \tag{2.25}$$

接下来将 h 改造为 $V_0[a,b]$ 中的元素. 取 $g \in V_0[a,b]$, 使得对任意 $x \in (a,b)$, 有 $g(x) = h(x+)$, 且 $g(a) = 0, g(b) = h(b)$. 那么在 h 的连续点 x 或 $x = a, b$ 处, $g(x) = h(x)$, 而且由实变函数理论关于全变差的讨论可得

$$\bigvee_a^b(g) \leqslant \bigvee_a^b(h).$$

(2) 证明:
$$F(x) = \int_a^b x(t)\mathrm{d}g(t), \quad \forall x \in C[a,b].$$

对于任何 $x \in C[a,b]$, 可以在 $[a,b]$ 上选取分点组:

$$a = t_0^{(n)} < t_1^{(n)} < t_2^{(n)} < \cdots < t_{k_n}^{(n)} = b.$$

要求

(i) $t_i^{(n)} (i = 1, 2, \cdots, k_n - 1)$ 都是函数 $h(t)$ 的连续点;

(ii) $\lim\limits_{n \to \infty} \max\limits_{1 \leqslant i \leqslant k_n} \left\{ t_i^{(n)} - t_{i-1}^{(n)} \right\} = 0$.

对于这样的分点组, 作函数

$$x_n(t) = \sum_{i=1}^{k_n} x(t_i^{(n)})(\chi_{t_i^{(n)}}(t) - \chi_{t_{i-1}^{(n)}}(t)).$$

函数 $x_n(t) \in B[a,b]$, 根据函数 $x(t)$ 的一致连续性, $\lim\limits_{n \to \infty} \|x_n - x\| = 0$. 根据 h 和 g 的构造, 有

$$\begin{aligned}
F(x_n) &= \sum_{i=1}^{k_n} x(t_i^{(n)})[F(\chi_{t_i^{(n)}}) - F(\chi_{t_{i-1}^{(n)}})] \\
&= \sum_{i=1}^{k_n} x(t_i^{(n)})[h(t_i^{(n)}) - h(t_{i-1}^{(n)})] \\
&= \sum_{i=1}^{k_n} x(t_i^{(n)})[g(t_i^{(n)}) - g(t_{i-1}^{(n)})] \\
&= \int_a^b \sum_{i=1}^{k_n} x(t_i^{(n)})[\chi_{t_i^{(n)}}(t) - \chi_{t_{i-1}^{(n)}}(t)]\mathrm{d}g(t) \\
&= \int_a^b x_n(t)\mathrm{d}g(t).
\end{aligned} \tag{2.26}$$

根据关于广义测度的 Lebesgue 控制收敛定理, 成立

$$F(x) = \lim_{n \to \infty} F(x_n) = \int_a^b x(t)\mathrm{d}g(t),$$

所以

$$f(x) = \int_a^b x(t)\mathrm{d}g(t), \quad x \in C[a,b].$$

并且 $\|f\| = \|g\|$ 以及满足上式的 $g \in V_0[a,b]$ 是唯一的. □

由实 (复) 有界变差函数与广义测度 (复测度) 之间的对应可得 $V_0[a,b] \cong M[a,b]$(见例 1.2.10), 我们可以将 Riesz 表示定理写为测度的形式: $(C[a,b])^* = M[a,b]$. 也就是说, 对实 (复) 连续函数空间 $C[a,b]$ 上的一个连续线性泛函 f, 存在 $[a,b]$ 上唯一的全有限广义测度 (复测度)μ 使得

$$f(x) = \int_{[a,b]} x(t)\mathrm{d}\mu(t), \quad \forall x \in C[a,b].$$

对一般的紧度量空间, 类似的结果也是成立的.

定理 2.5.2 (Riesz 表示定理) 设 X 是紧度量空间. 对实 (复) 连续函数空间 $C(X)$ 上的一个连续线性泛函 f, 存在 X 上唯一的全有限广义测度 (复测度)μ 使得

$$f(x) = \int_X x(t)\mathrm{d}\mu(t), \quad \forall x \in C(X).$$

并且 $\|f\| = |\mu|(X)$, 这里 $|\mu|$ 是 μ 的全变差测度.

证明可见文献 Rudin [17, 第 6 章] 或 Stein (斯坦) [20, 1.7 节], 一个间接的证明见习题 2.5 第 7 题.

2.5.2 二次对偶空间与自反

设 X 是赋范线性空间, X^* 是它的对偶空间. 由于 X^* 也是赋范线性空间, 它也有对偶空间 $(X^*)^*$, 把它记为 X^{**}, 称 X^{**} 是 X 的二次对偶空间. 类似地, 可定义 $X^{***}, X^{****}, \cdots$.

例 2.5.1 (i) 我们知道 $(c_0)^* = l^1, (l^1)^* = l^\infty$, 所以 $(c_0)^{**} = l^\infty$.

(ii) $(l^p)^* = l^q \left(1 < p < \infty, \frac{1}{q} + \frac{1}{p} = 1\right)$, 所以 $(l^p)^{**} = l^p$, 同样有 $(L^p[a,b])^{**} = L^p[a,b]$.

典范映射建立了 X 与二次对偶空间 X^{**} 的直接联系. 对每个 $x \in X$, 作 X^* 上的泛函 x^{**}:

$$x^{**}(f) = f(x), \quad \forall f \in X^*.$$

显然, 这样的 x^{**} 是 X^* 上的线性泛函. 又由于

$$|x^{**}(f)| \leqslant \|f\|\|x\|.$$

所以, x^{**} 是有界泛函, 并且 $\|x^{**}\| \leqslant \|x\|$, 称泛函 x^{**} 为 x 生成的. 由此, 我们得到一个映射 $J: X \to X^{**}$.

定理 2.5.3 设 X 是赋范线性空间, 映射 $J: x \to x^{**}$ 是从 X 到 X^{**} 的保范的线性算子, 即

(i) $(\alpha x + \beta y)^{**} = \alpha x^{**} + \beta y^{**}$;

(ii) $\|x^{**}\| = \|x\|$.

证明 (i) 是明显的.

(ii) 由上面的说明, 只要再证 $\|x^{**}\| \geqslant \|x\|$. 对任何 $x \in X$, 由 Hahn-Banach 延拓定理知道, 存在 $f_0 \in X^*$ 使得 $\|f_0\| = 1, f_0(x) = \|x\|$. 因此 $\|x^{**}\| \geqslant |x^{**}(f_0)| = |f_0(x)| = \|x\|$. □

这个定理说明, 赋范线性空间 X 可以线性、保范的映射到它的二次对偶空间 X^{**} 中, 通常称这个映射为**典范映射** (或**自然嵌入**). 我们经常将 x 和它在二次对偶空间 X^{**} 中的像等同看待, 不加以区别. 这种做法会带来许多便利之处, 例如当 X 不完备的时候, 那么 JX 在 X^{**} 中的闭包就自动给出了 X 的一个完备化.

定义 2.5.1 设 X 是赋范线性空间. 如果 $J: X \mapsto X^{**}$ 是同构, 就称 X 是自反的.

注 2.5.2 必须强调的是, 自反指的是映射 J 是同构. 实际上, 存在赋范线性空间 X, 使得 J 不是满射, 但 $X^{**} \cong X$. (见汪林 [8, 184 页, 例 4]).

例 2.5.2 当 X 是自反空间时, X^* 也是自反的. 事实上, 这时 $(X^*)^{**} = (X^{**})^* = X^*$.

例 2.5.3 例如当 $1 < p < \infty$ 且 q 是 p 的对偶数, 即 $\dfrac{1}{p} + \dfrac{1}{q} = 1$ 时, 那么 $(L^p[a,b])^* = L^q[a,b], (L^q[a,b])^* = L^p[a,b]$, 即 $L^p[a,b]$ 是自反的.

类似地, $l^p (1 < p < \infty)$ 也是自反的.

定理 2.5.4 M 是 X 的闭线性子空间. 若 X 是自反的, 则 M 与 X/M 是自反的.

证明 只证明 M 是自反的, X/M 的自反性留作练习. 我们需要证明 $J_M: M \to M^{**}$ 是满射. 证明中需要使用 X 上的典范映射, 记为 J_X.

对任意 $m^{**} \in M^{**}$ 是 M^* 上的有界线性泛函, 我们令 $x^{**}(f) = m^{**}(f|_M)$ 为 X^* 上的有界线性泛函. 由于 X 是自反空间, 存在 $x \in X$ 使得 $J_X x = x^{**}$.

首先我们说明 $x \in M$. 使用反证法, 若 $x \notin M$, 由 Hahn-Banach 定理, 存在 $f \in X^*$ 使得 $f(x) \neq 0, f(M) = 0$. 但 $f(x) = x^{**}(f) = m^{**}(f|_M) = 0$, 矛盾. 故假设不成立, $x \in M$.

接下来说明 $J_M(x) = m^{**}$ 即可. 对于 $g \in M^*$, 由 Hahn-Banach 延拓定理, 存在 X^* 中元素 f 是 g 的延拓. 所以 $g(x) = f(x) = x^{**}(f) = m^{**}(f|_M) = m^{**}(g)$. 故 $J_M = m^{**}$. □

但一般说来, 赋范线性空间 X 不一定是自反的. 例如 $L^1[a,b]$ 就是一例. 为了说明这个事实, 我们先证明:

定理 2.5.5 设 X 是赋范线性空间, 如果 X^* 是可分的, 那么 X 是可分的.

证明 因为 X^* 是可分的, 所以可以在 X^* 中找到一列 $\{f_n\}$, 它在 X^* 的单位球面上稠密, 可以假设 $\|f_n\| = 1$. 对每个 n, 在 X 的单位球面上存在 x_n, 使得 $|f_n(x_n)| > \dfrac{1}{2}$.

把 $\{x_n\}$ 张成 X 的线性闭子空间，记作 X_0. 下面证明: $X_0 = X$.

使用反证法. 假若不然, $X_0 \neq X$. 从而在 X^* 中存在 f_0 使得 $\|f_0\| = 1$, 且当 $x \in X_0$ 时, $f_0(x) = 0$. 那么, 对每个正整数 n,

$$\|f_n - f_0\| \geq |f_n(x_n) - f_0(x_n)| = |f_n(x_n)| > \frac{1}{2}.$$

这与 $\{f_n\}$ 在 X^* 的单位球面上稠密的假设矛盾. 所以 $X = X_0$ 是可分的. □

例 2.5.4 $L^1[a,b]$ 不是自反的.

事实上, 如果 $L^1[a,b]$ 是自反的, 即 $L^1[a,b]^{**} = L^1[a,b]$. 由于 $L^1[a,b]$ 是可分的, 所以 $L^1[a,b]^* = L^\infty[a,b]$ 也是可分的, 这与例 1.4.11 结论矛盾. 因而 $L^1[a,b]$ 不是自反的.

我们注意, 定理 2.5.5 启发我们用对偶空间 X^* 的性质来研究原来的赋范线性空间的性质. 这个方向的进一步发展就是局部凸拓扑线性空间理论中的对偶理论, 它对于研究空间的拓扑结构是很有用的.

在这类讨论中, 自反空间的性质会容易得多, 下面我们给出它的两个特殊范例.

命题 2.5.1 若 X 是自反空间, 对于任意 $f \in X^*$, 都存在 $x \in X$, 使得 $\|x\| = 1, f(x) = \|f\|$.

证明 令 $x^{**} \in X^{**}$ 使得 $\|x^{**}\| = 1, x^{**}(f) = \|f\|$. 再由 X 的自反性, 取 $x \in X$ 使得 $Jx = x^{**}$ 即可. □

类似于在 Hilbert 空间中, 对其闭线性空间 M 成立 $(M^\perp)^\perp = M$, 在赋范线性空间的情形我们有下面的结果.

定理 2.5.6 设 X 是赋范线性空间, 则

(i) 对于 X 中的线性子空间 M, $^\perp(M^\perp) = \overline{M}$;

(ii) 若 X 还是自反的, G 是 X^* 的线性子空间, 则 $(^\perp G)^\perp = \overline{G}$.

证明 我们将 (i) 留作练习, 只给出 (ii) 的证明. 首先不妨设 G 是 X^* 的闭线性子空间. 由零化子和预零化子的定义, 易得 $(^\perp G)^\perp \supset G$.

若 $(^\perp G)^\perp \neq G$, 取一个元素 $x^* \in (^\perp G)^\perp \setminus G$. 由 Hahn-Banach 延拓定理可得, 存在 $f \in X^{**}$ 满足 $f(G) = 0$, 但 $f(x^*) \neq 0$. 由于 X 是自反的, 可取 $x \in X$ 使得 $Jx = f$. 则对任一 $y^* \in G$, 有 $y^*(x) = (Jx)(y^*) = 0$, 即 $x \in {}^\perp G$. 但是 $x^*(x) = f(x^*) \neq 0$, 这与 $x^* \in (^\perp G)^\perp$ 矛盾. 因此假设不成立, 即 $(^\perp G)^\perp = G$. □

注 2.5.3 在定理 2.5.6(ii) 中, X 是自反的是必须的条件. 例如, 令 $X = l^1$, 则 $X^* = l^\infty$. 取 X^* 的子空间 c_0, 易证 $^\perp c_0 = \{0\}$, 从而 $(^\perp c_0)^\perp = l^\infty \neq c_0$.

2.5.3 弱拓扑

上一章指出, 在无穷维赋范线性空间 X 的范数拓扑下, 闭单位球都不是紧的, 这是研究无穷维空间的困难所在. 类似于在 $C[a,b]$ 中, 我们经常用更弱更容易满足的点态收

敛替代序列的一致收敛,我们也会使用在赋范线性空间中一些较弱的拓扑.

定义 2.5.2 设 X 是赋范线性空间, X^* 是它的对偶空间.

(i) 称 X 中的点列 $\{x_n\}_{n=1}^\infty$ 弱收敛于 X 中点 x (记作 $x_n \xrightarrow{w} x$) 是指: 对于任意的 $f \in X^*$, $f(x_n)$ 收敛到 $f(x)$;

(ii) 称 X^* 中的点列 $\{f_n\}_{n=1}^\infty$ 弱 * 收敛到 X^* 中点 f (记作 $f_n \xrightarrow{w^*} f$) 是指: 对于任意的 $x \in X$, $f_n(x)$ 收敛到 $f(x)$.

由于 X^* 分离 X 中的点, 所以可得弱收敛的极限必然唯一. 类似地, 弱 * 收敛的极限也是唯一的.

例 2.5.5 (i) 若 x_n 按范数收敛于 x, 则对 $f \in X^*$, 有 $|f(x_n)-f(x)| \leqslant \|f\|\,\|x_n-x\| \to 0$, 故 $x_n \xrightarrow{w} x$. 反之则不成立. 如考虑 $X = L^2[0, 2\pi]$, 则当 $n \to \pm\infty$ 时, $e^{in\theta} \xrightarrow{w} 0$, 这等价于 Riemann-Lebesgue 引理. 但是, $e^{in\theta}$ 并不按范数收敛.

(ii) 在对偶空间 X^* 中, 若 f_n 按范数收敛于 f, 则 $f_n \xrightarrow{w^*} f$, 反之则不成立. 例如, 取 l^∞ 中点列 $\{e_n\}_{n=1}^\infty$, e_n 在第 n 个位置为 1 其他为 0. 则 $e_n \xrightarrow{w^*} 0$, 但 e_n 并不按范数收敛.

(iii) 赋范线性空间 X 中序列 $x_n \xrightarrow{w} x$, 等价于在二次对偶空间 X^{**} 中 $Jx_n \xrightarrow{w^*} Jx$. 例如: 对于 c_0 中序列 $x^{(n)}$, 它弱收敛于 x 是指对任意 $\eta \in l^1$,

$$\sum_{k=1}^\infty x_k^{(n)} \eta_k \to \sum_{k=1}^\infty x_k \eta_k,$$

这恰好是说 $x^{(n)}$ 在 l^∞ 中弱 * 收敛于 x.

(iv) 在对偶空间 X^* 上, 现在有三种收敛性: 按范数收敛 $(X^*, \|\cdot\|)$, 弱收敛 (X^*, w), 弱 * 收敛 (X^*, w^*). 按定义易得, 按范数收敛蕴涵弱收敛, 弱收敛蕴涵弱 * 收敛. 反之则不成立. 例如, 考虑 $X = c_0$, 则 $X^* = l^1$, $X^{**} = l^\infty$, 取 l^1 中序列 $\{e_n\}_{n=1}^\infty$, e_n 在第 n 个位置为 1 其他为 0. 请读者自行验证: $e_n \xrightarrow{w^*} 0$. 但是, 若取 $\eta = \{1, 1, \cdots\} \in l^\infty$, 显然有 $\eta(e_n) = 1 \neq \eta(0)$, 故 e_n 不是弱收敛于 0. 进一步, 这样也能说明 e_n 不是弱收敛序列.

(v) 当 X 是自反空间时, 由定义易得 X^* 的弱收敛 (X^*, w) 与弱 * 收敛 (X^*, w^*) 是一致的.

(vi) 对于 Hilbert 空间 H, 它的弱收敛 (H, w) 与弱 * 收敛 (H, w^*) 是一致的.

我们再从拓扑空间的角度给出 "弱拓扑" 以及 "弱 * 拓扑" 的严格定义. 一般说来, 拓扑 (X, w) 与 (X^*, w^*) 通常情况下都是不可度量化的, 因此只使用序列的方式讨论收敛是不够完善的, 在实际使用中经常不可避免地需要引入拓扑空间中网的概念. 为避免使用太多拓扑的内容, 我们使用读者更熟悉的开集形式给出这些拓扑的精确定义.

定义 2.5.3 对赋范线性空间 X 和它的对偶空间 X^*,

(i) 固定 $x_0 \in X$, 对于 $f_1, f_2, \cdots, f_n \in X^*$, $\varepsilon_1, \varepsilon_2, \cdots, \varepsilon_n > 0$, 令

$$U_{f_1, f_2, \cdots, f_n}^{\varepsilon_1, \varepsilon_2, \cdots, \varepsilon_n}(x_0) = \{x \in X : |f_1(x-x_0)| < \varepsilon_1, |f_2(x-x_0)| < \varepsilon_2, \cdots, |f_n(x-x_0)| < \varepsilon_n\}.$$

则 $\{U_{f_1,f_2,\cdots,f_n}^{\varepsilon_1,\varepsilon_2,\cdots,\varepsilon_n}(x_0): f_1, f_2, \cdots, f_n \in X^*, \varepsilon_1, \varepsilon_2, \cdots, \varepsilon_n > 0, n \in \mathbb{N}_+\}$ 构成 x_0 的一组拓扑基. 子集 U 为 X 的弱拓扑的开集, 是指对任意 $x_0 \in U$, 存在某个 $U_{f_1,f_2,\cdots,f_n}^{\varepsilon_1,\varepsilon_2,\cdots,\varepsilon_n}(x_0) \subset U$, 这也等价于 U 是某些 $U_{f_1,f_2,\cdots,f_n}^{\varepsilon_1,\varepsilon_2,\cdots,\varepsilon_n}(x_0)$ 的并集.

(ii) 固定 $f_0 \in X^*$. 对于 $x_1, x_2, \cdots, x_n \in X, \varepsilon_1, \varepsilon_2, \cdots, \varepsilon_n > 0$, 令

$$U_{x_1,x_2,\cdots,x_n}^{\varepsilon_1,\varepsilon_2,\cdots,\varepsilon_n}(f_0) = \{f \in X^*: |(f-f_0)(x_1)| < \varepsilon_1, |(f-f_0)(x_2)| < \varepsilon_2, \cdots, |(f-f_0)(x_n)| < \varepsilon_n\}.$$

则 $\{U_{x_1,x_2,\cdots,x_n}^{\varepsilon_1,\varepsilon_2,\cdots,\varepsilon_n}(f_0): x_1, x_2, \cdots, x_n \in X, \varepsilon_1, \varepsilon_2, \cdots, \varepsilon_n > 0, n \in \mathbb{N}_+\}$ 构成 f_0 的一组拓扑基. 子集 U 为 X^* 的弱 * 拓扑的开集, 是指对任意 $f_0 \in U$, 存在某个 $U_{x_1,x_2,\cdots,x_n}^{\varepsilon_1,\varepsilon_2,\cdots,\varepsilon_n}(f_0) \subset U$, 这也等价于 U 是某些 $U_{x_1,x_2,\cdots,x_n}^{\varepsilon_1,\varepsilon_2,\cdots,\varepsilon_n}(f_0)$ 的并集.

接下来我们介绍弱拓扑和弱 * 拓扑中的一些重要定理.

定理 2.5.7 (Mazur (马祖尔)) 设赋范线性空间 X 中的点列 $\{x_n\}_{n=1}^\infty$ 弱收敛于 x, 则存在 $\{y_n\}_{n=1}^\infty$, 其中的每个 y_n 是有限个 $x_{n_1}, x_{n_2}, \cdots, x_{n_k}$ 的凸组合, 使得 $y_n \xrightarrow{\|\cdot\|} x$.

证明 只考虑 X 是实空间的情形. 记 $M = co(\{x_n\}_{n=1}^\infty)$ 为序列 $\{x_n\}_{n=1}^\infty$ 的凸包. 使用反证法, 若 $x \notin \overline{M}$, 由 Hahn-Banach 延拓定理, 存在 $f \in X^*$ 和 $a \in \mathbb{R}$, 满足

$$f(x) < a < f(y), \quad \forall y \in \overline{M}.$$

故 $f(x) < a < f(x_n)$, 与 $x_n \xrightarrow{w} x$ 矛盾. □

显然, 定理 2.5.7 也等价于下面的结果.

推论 2.5.1 设 M 是赋范线性空间 X 中的凸子集, 则 M 在范数拓扑下的闭包和在弱拓扑下的闭包相同.

下面的紧性结果是引入弱 * 拓扑最主要的原因之一.

定理 2.5.8 (Banach-Alaoglu (巴拿赫–阿拉奥格卢)) 对于赋范线性空间 X, 它的对偶空间 X^* 中的闭单位球是弱 * 紧的.

这个定理的证明可参见定理 D.1. 我们只证明如下可分情况的结论.

定理 2.5.9 (Banach-Alaoglu) 若 X 可分, $\{f_n\}_{n=1}^\infty$ 是 X^* 中有界序列, 则存在子列 $\{f_{k_n}\}$ 在 X^* 中弱 * 收敛.

证明 取 X 中的一个可数稠密子集 $\{x_1, x_2, \cdots, x_n, \cdots\}$. 先看一个点 $x_1, \{f_n(x_1)\}_{n=1}^\infty$ 是 $\mathbb{R}$ 中的有界集, 故可取一个子列 $\{f_{n_k}\}$ 使得 $\{f_{n_k}(x_1)\}$ 在 $\mathbb{R}$ 中收敛, 我们将这个子列记为 $f^{(1)}$. 同理, 对序列 $f^{(1)}$, 可取它的子列 $f^{(2)}$, 使得 $\{f_m^{(2)}(x_2)\}$ 也收敛.

重复上面的步骤, 可取一系列子列 $f^{(1)}, f^{(2)}, \cdots$, 使得 $f^{(n+1)}$ 为 $f^{(n)}$ 的子列, 且 $\{f_m^{(n)}(x_n)\}$ 收敛. 再使用对角线法, 即得子列 $\{f_n^{(n)}\}$ 在 $\{x_1, x_2, \cdots, x_n, \cdots\}$ 中每一点的取值都收敛, 从而子列在稠密子空间 $M \xlongequal{\text{def}} \text{span}\{x_1, x_2, \cdots, x_n, \cdots\}$ 上点态收敛.

然后, 对于 $x \in M$, 令

$$f(x) = \lim_{n \to \infty} f_n^{(n)}(x),$$

易得 f 为 M 上的有界线性泛函，它的范数不超过 $\sup_n \|f_n\|$. 由 M 的稠密性，f 可唯一延拓为 X 上的有界线性泛函，仍记为 f. 不难证明，对于 $x \in X$, $f(x) = \lim_{n \to \infty} f_n^{(n)}(x)$, 也即 $f_n^{(n)} \xrightarrow{w^*} f$. □

在 X 可分的情况下，设 $\{x_1, x_2, \cdots\}$ 是 X 的单位闭球中的稠密子集. 定义 X^* 的闭单位球 $X_1^* = \{f \in X^* : \|f\| \leqslant 1\}$ 上的度量为

$$d(f, g) = \sum_{k=1}^{\infty} \frac{|f(x_k) - g(x_k)|}{2^k}, \quad \forall f, g \in X_1^*.$$

使用拓扑知识容易证明，X_1^* 上由 d 诱导的拓扑恰为其上的 w^* 拓扑. 换而言之，(X_1^*, w^*) 是可度量化的. 因此对可分赋范空间 X, 在对 X^* 中的有界集上弱 * 拓扑的讨论中，可以不引入网收敛而只使用序列收敛的概念. 特别地，在此情形下上述两个版本的 Banach-Alaoglu 定理是一致的.

推论 2.5.2 若 X 是可分自反空间，对于 X 中有界序列 $\{x_n\}_{n=1}^{\infty}$, 存在子列在 X 中弱收敛.

证明 由 $X^{**} = X$ 可分可知，X^* 也可分. 所以对于 X^{**} 中有界序列 $\{Jx_n\}_{n=1}^{\infty}$, 存在子列 $\{Jx_{k_n}\}$ 是 X^{**} 中弱 * 收敛的子列. 这就是说，$\{x_{k_n}\}$ 是 X 中弱收敛的子列. □

端点与 Kreĭn-Mil'man (克赖因–米尔曼) 定理 在 Euclid 空间对凸多边形、凸多面体的研究中，往往将问题转化为对顶点的讨论. 我们先给出顶点在赋范线性空间的推广.

定义 2.5.4 设 A 是线性空间 V 中的凸集，$x \in A$. 称 x 为 A 的端点，是指不能表示为 A 中不同两点的凸组合，也就是说：若存在 $0 < t < 1$ 与 $y, z \in A$ 使得 $x = (1-t)y + tz$, 则 $x = y = z$. 集合 A 的端点全体记为 $\operatorname{Ext} A$.

显然，凸多边形的端点就是其顶点；Euclid 空间单位闭球 $\{x \in \mathbb{R}^n : \|x\|_2 = 1\}$ 的端点正好为单位球面上的点. 但是，无穷维空间的单位球未必有端点. 例如，$L^1[0,1]$ 的单位闭球便没有端点：对于 $f \in L^1[0,1], \|f\|_1 \leqslant 1$, 取点 $a \in (0,1)$ 使得

$$\int_{[0,a]} |f(x)| \mathrm{d}m(x) = \frac{\|f\|_1}{2},$$

令 $g = 2f\chi_{[0,a]}, h = 2f\chi_{[a,1]}$, 则 g, h 也在单位闭球中且 $f = \dfrac{g+h}{2}$.

定理 2.5.10 (Kreĭn-Mil'man 定理) 设 X 是赋范线性空间，A 是 X^* 中凸的弱 * 紧集，则 A 的端点集 $\operatorname{Ext} A$ 非空，且 A 是包含凸包 $\operatorname{co} \operatorname{Ext} A$ 的最小弱 * 闭集.

证明请看附录.

作为一个直接的推论，由于 $L^1[0,1]$ 单位闭球的端点集是空集，因此不存在赋范空间 X 使得 $X^* = L^1[0,1]$.

习题 2.5

1. 设 $F \in L^p(\mathbb{R})^* (1 \leqslant p < \infty)$. 证明: 存在唯一的 $\beta \in L^q(\mathbb{R}) \left(\dfrac{1}{p} + \dfrac{1}{q} = 1\right)$, 使得

$$F(f) = \int_{\mathbb{R}} f(t)\beta(t)\mathrm{d}t, \quad \forall f \in L^p(\mathbb{R}),$$

并且 $\|F\| = \|\beta\|_q$. 从而映射 $F \mapsto \beta$ 是 $L^p(\mathbb{R})^*$ 到 $L^q(\mathbb{R})$ 的保范线性同构, 即在这个意义下 $L^p(\mathbb{R})^* = L^q(\mathbb{R})$.

2. 设 S 是区间 $[0,1]$ 上几乎处处有限可测函数的全体组成的线性空间 (见例 1.1.12), 如果对于任意的 $f, h \in S$, 定义度量

$$d(f, g) = \int_0^1 \frac{|f(t) - g(t)|}{1 + |f(t) - g(t)|} \mathrm{d}t.$$

证明:

(i) $L^1[0,1]$ 在 (S, d) 中稠密.

(ii) (S, d) 上不存在非零的连续线性泛函.

3. 设 (a,b) 是有限区间, 令 $C_0(a,b) = \{f \text{ 在 } [a,b] \text{ 上连续}: f(a) = f(b) = 0\}$, 它按范数 $\|f\| = \sup\limits_{x \in (a,b)} |f(x)|$ 构成 Banach 空间. 对 $C_0(a,b)$ 上的连续线性泛函 F, 证明: 存在唯一的 $g \in V_0[a,b]$, 使得 g 在点 a 右连续, 点 b 左连续, 且

$$F(x) = \int_a^b x(t)\mathrm{d}g(t), \quad \forall x \in C_0(a,b),$$

且 $\|g\| = \|F\|$. 这也等价于存在 (a,b) 上唯一的广义 (复) 测度 Borel 测度 μ, 使得对于 $x \in C_0(a,b)$, 有 $F(x) = \int_a^b x(t)\mathrm{d}\mu(t)$, 且 $\|\mu\| = \|F\|$.

4. 对 Banach 空间 $C_0(\mathbb{R}) = \{f \in C(\mathbb{R}) : \lim\limits_{|x| \to \infty} f(x) = 0\}$, 设 $F \in C_0(\mathbb{R})^*$, 证明: 存在直线上的有界变差函数 $\alpha(x)$, 使得

$$F(f) = \int_{\mathbb{R}} f(x)\mathrm{d}\alpha(x), \quad \forall f \in C_0(\mathbb{R}).$$

5. 设 $[a,b]$ 是有限区间, F 是 Banach 空间 $C[a,b]$ 上的有界线性泛函. 证明下列条件等价:

(i) 当 $x \in C[a,b], x \geqslant 0$ 时, $F(x) \geqslant 0$; (此时称 F 是正线性泛函)

(ii) 当 $x_1, x_2 \in C[a,b], x_1 \geqslant x_2$ 时, $F(x_1) \geqslant F(x_2)$;

(iii) 存在单调递增函数 $g \in V_0[a,b]$, 使得 $F(x) = \int_a^b x(t)\mathrm{d}g(t)$;

(iv) 存在 $[a,b]$ 上的一个全有限 Borel 正测度 μ, 使得 $F(x) = \int_a^b x(t)\mathrm{d}\mu(t)$.

6. (i) 对 $[0, 2\pi]$ 上的全有限广义 (复)Borel 测度 μ, 定义它的 Fourier 级数为

$$\hat{\mu}(n) = \int_{[0, 2\pi]} \mathrm{e}^{-\mathrm{i}n\theta} \mathrm{d}\mu(\theta).$$

若 $\hat{\mu}(n) = 0, \forall n \in \mathbb{Z}$, 且 $\mu(\{0\}) = \mu(\{2\pi\}) = 0$, 证明: μ 是零测度.

(ii) 证明: Fourier 级数是从 $L^1([0, 2\pi])$ 到 $c_0(\mathbb{Z})$ 的一个单射. (定义见例 2.1.5)

(iii) 设 $f \in L^1(\mathbb{R})$, 对正整数 k, 记 $f_k(x) = \sum_{m \in \mathbb{Z}} f(kx + 2mk\pi)$. 证明: $f_k(x) \in L^1([0, 2\pi])$; 并且当 k 趋于无穷时, $L^1(\mathbb{R})$ 中函数列 $f_k\left(\dfrac{x}{k}\right) \chi_{[-\pi, \pi]}\left(\dfrac{x}{k}\right)$ 依范数收敛于 $f(x)$.

(iv) 证明: Fourier 变换是从 $L^1(\mathbb{R})$ 到 $c_0(\mathbb{R})$ 的一个单射. (定义见例 2.1.6)

7. **(定理 2.5.2 的间接证明)** 令 K 为闭区间 $[0, 1]$ 中的 Cantor (康托尔) 三分集.

    (i) 对于 $f \in C(K)$, 在 $[0, 1] \setminus K$ 的每个构成区间用线段连接, 所得函数即为 $\tilde{f}$. 证明: $f \longmapsto \tilde{f}$ 是 $C(K)$ 到 $C[0, 1]$ 的一个等距线性映射.

    (ii) 证明: 当 X 是 Cantor 三分集 K 时, 定理 2.5.2 成立.

    (iii) * 对任意紧度量空间 X, 证明: 存在一个从 K 到 X 的连续满射.

    (iv) 证明定理 2.5.2 成立.

8. X 是有限维赋范线性空间, 证明: X 是自反空间.

9. 设 X 是 Banach 空间, 证明: X 是自反的充要条件是 X^* 是自反的.

10. 证明定理 2.5.6(i).

11. 设 X 是自反空间, M 是 X 的闭子空间. 证明: 商空间 X/M 也是自反的.

12. 对 $C[a, b]$ 中一致有界点列 $\{x_n\}$, 证明: x_n 弱收敛于 x_0 的充要条件是对任意的 $t \in [a, b]$,

$$\lim_{n \to \infty} x_n(t) = x_0(t).$$

13. 设 $\{f_n\}$ 是 $L^1[0, 1]$ 中的一致有界点列, 证明: f_n 弱收敛于一个可积函数 f, 当且仅当对任意 $[0, 1]$ 中 Lebesgue 可测集 E 成立

$$\lim_{n \to \infty} \int_E f_n \mathrm{d}m = \int_E f \mathrm{d}m.$$

14. 对 l^∞ 中元素 x, 给出 l^∞ 中的一个点列 $\{x_n\}$, 使得 $x_n \in c_0$ 且 x_n 弱 * 收敛于 x.

15. (i) 对一个 $L^\infty[a, b]$ 函数 f, 给出一个 $C[a, b]$ 中的函数列 $\{f_n\}$, 使得 $\{f_n\}$ 在 $L^\infty[a, b]$ 弱 * 收敛于 f.

    (ii) 在第 6 题中, 我们证明了: 若一个 $L^1[0, 2\pi]$ 函数 f 的 Fourier 系数全为零, 则 f 是零函数. 使用 (i) 给出这个结果的直接证明.

16. 对 Hilbert 空间 H, 证明: H 上的范数拓扑和弱拓扑是一致的, 当且仅当 H 是有限维空间.

17. 若赋范线性空间 X 上的有界线性泛函序列 f_n 弱 * 收敛于 f, 证明: $\varliminf\limits_{n \to \infty} \|f_n\| \geqslant \|f\|$.

18. 对 Hilbert 空间 X 中点列 $\{x_n\}$, 证明: $\{x_n\}$ 按范数收敛于 x, 当且仅当 $\{x_n\}$ 弱收敛于 x 且 $\lim\limits_{n \to \infty} \|x_n\| = \|x\|$.

19. 设 X 是自反 Banach 空间, M 是 X 的闭凸子集. 证明: 存在 $x_0 \in M$, 使得

$$\|x_0\| = \inf\{\|x\| : x \in M\}.$$

20. 对于一个双向序列 $\{a_n\}_{n \in \mathbb{Z}}$, 记 $\mathbb{T}$ 上函数 $S_N(\theta) = \sum_{n=-N}^{N} a_n \mathrm{e}^{2\pi i n \theta}$. 对于 $1 < p \leqslant \infty$, 若 $\sup\limits_{N} \|S_N\|_p < \infty$, 证明: 存在 $f \in L^p(\mathbb{T})$, 使得其 Fourier 系数为 a_n.

21. 对于一个度量空间 X, 令 $Iso(X) = \{f : X \to X$ 是等距的双射$\}$. 称 X 是有限 $Iso(X)$ 可分

解的, 是指存在 $X = \bigcup_{i=1}^{m+n} A_i$, m,n 为有限数, A_i 两两不交, 以及 $g_1, g_2, \cdots, g_{m+n} \in Iso(X)$ 使得

$$X = \bigcup_{i=1}^{n} g_i A_i = \bigcup_{i=n+1}^{m+n} g_i A_i.$$

(i) 对于整数集 $\mathbb{Z}$, 问: 若 $\phi : \mathbb{Z} \to \mathbb{Z}$ 是等距双射, 那么 ϕ 可能是什么形式, 什么样的 ϕ 满足 $\phi(0) = 0$?

(ii) 令 $F_n = [-n, n] \cap \mathbb{Z}$. 对任意 $k \in \mathbb{Z}$, 证明: $\lim_{n \to \infty} \frac{|(F_n + k) \cap F_n|}{|F_n|} = 1$. 这里 $|A|$ 表示子集 A 中的元素个数.

(iii) 证明: 存在 $\tau \in l^\infty(\mathbb{Z})^*$, 使得 $\tau(1) = 1$, 且对任意 $f(x) \in l^\infty(\mathbb{Z}), k \in \mathbb{Z}$ 成立 $\tau(f(x)) = \tau(f(x+k)), \tau(f(x)) = \tau(f(-x))$.

(iv) 证明: 存在 $\mathbb{Z}$ 上非负实值集函数 $\mu : 2^{\mathbb{Z}} \to \mathbb{R}$ 使得 $\mu(\mathbb{Z}) = 1$, 对 $E \subset \mathbb{Z}$ 与 $k \in \mathbb{Z}$, 有 $\mu(E) = \mu(E + k), \mu(E) = \mu(-E)$, 且

$$\mu(A) = \sum_{i=1}^{m} \mu(A_i), \forall m \in \mathbb{N}_+, A = \bigcup_{i=1}^{m} A_i, A_i \text{ 两两不交}.$$

(v) 证明: $\mathbb{Z}$ 不是 $Iso(\mathbb{Z})$ 可分解的.

$\mathbb{Z}$ 的这个性质来自于 $Iso(\mathbb{Z})$ 的顺从性 (Amenable). 而由 Banach-Tarski (巴拿赫–塔斯基) 悖论, $\mathbb{R}^3$ 是 $Iso(\mathbb{R}^3)$ 可分解的. 更多内容可阅读 Clay 与 Margalit 的几何群论著作 [11].

22. 对于 $\mathbb{R}^n$ 中的一个闭凸集 A, 若 A 中一点 x 是一列端点的极限, x 是否一定是 A 的端点?

23. 证明 l^∞ 的单位球 B_1 的端点全体

$$E = \{x = \{x_1, x_2, \cdots, x_n, \cdots\} : |x_n| = 1\},$$

并直接验证包含凸包 $\text{co}\, E$ 的最小弱 * 闭包是单位球 B_1.

24. 证明: c_0 的闭单位球无端点, 并且不存在赋范线性空间 X 使得 $X^* = c_0$.

第三章

有界线性算子的基本定理

线性算子是泛函分析中的主要研究对象之一, 在本章我们将介绍在线性算子的理论中几个非常基本而重要的定理.

3.1 Baire 纲定理

完备度量空间中的 Baire (贝尔) 纲定理是一个很不平凡的结果, 也将是证明线性算子的几个基本定理的出发点.

首先, 我们定义度量空间 (X,d) 中稠密集的相反概念——疏朗集.

定义 3.1.1 设 A 是度量空间 X 的一个子集, 如果 A 的闭包 $\overline{A}$ 不含有 X 的非空开集, 即 $\overline{A}$ 没有内点, 则称 A 在 X 中是疏朗的.

注 3.1.1 从定义可以看出, A 是疏朗集当且仅当 $\overline{A}$ 是疏朗的. 由此易得 A 是疏朗集也等价于 $\overline{A}$ 的余集 $\overline{A}^c = X \setminus \overline{A}$ 是稠密的: 若 A 是疏朗集, 则对任意一点 x_0 及其邻域 V_0, 由于 V_0 不包含于 $\overline{A}$, 故 $V_0 \cap \overline{A}^c \neq \varnothing$, 这也就是说 $\overline{A}^c$ 是稠密的. 反之亦然.

例 3.1.1 (i) 集合 $A = \left\{\dfrac{1}{n} : n = 1, 2, \cdots \right\}$ 作为直线的子集是疏朗集.

(ii) 单点集作为直线的子集是疏朗集.

(iii) Cantor 集是 $\mathbb{R}$ 中不含内点的闭集, 因此是一个疏朗集.

(iv) 整数集 $\mathbb{Z}$ 作为直线的子集是疏朗集.

(v) 对于平凡的度量空间, 由于每个点都是开集, 所以它的任何子集都不是疏朗的. 例如 $\mathbb{Z}$ 在度量空间 $(\mathbb{Z}, |\cdot|)$ 中不是疏朗集.

(vi) 如果赋范线性空间 X 的一个线性子空间 L 包含零点的一个开邻域, 那么 L 是吸收的, 从而 $L = X$. 所以, X 的真闭线性子空间是不含内点的, 是疏朗集.

在度量空间 X 中, 若子集 A 可以表示成可数个疏朗集的并, 就称 A 是**第一纲**的; 否则, 就称 A 是**第二纲**的. 特别地, 若全集 X 是第一纲 (第二纲) 的, 就称 X 是第一纲 (第二纲) 的度量空间.

例 3.1.2 (i) 有理数集 $\mathbb{Q}$ 作为度量空间是第一纲的, 因为单点集在有理数集中也是疏朗集, 有理数集是可数集.

(ii) $(\mathbb{Z}, |\cdot|)$ 中没有非平凡的疏朗集, 所以在此度量下 $\mathbb{Z}$ 是第二纲的. 但 $\mathbb{Z}$ 在 $(\mathbb{R}, |\cdot|)$ 中是第一纲的.

判定直线 $\mathbb{R}$ 或者无理数集 $\mathbb{R}\setminus\mathbb{Q}$ 是否第二纲集是不容易的, 我们需要下面的 Baire 纲定理.

定理 3.1.1 (Baire) 完备度量空间是第二纲的.

例 3.1.3 无理数集在度量空间 $(\mathbb{R},\cdot)$ 中是第二纲集. 否则, 存在可数个疏朗集 $\{E_n\}$ 使得若 $\mathbb{R}\backslash\mathbb{Q}=\bigcup_n E_n$, 则 $\mathbb{R}=\bigcup_{r\in\mathbb{Q}}\{r\}\cup\bigcup_n E_n$, 这就是说 $\mathbb{R}$ 也是第一纲集, 这与 Baire 纲定理矛盾. 同理可得, 超越数集也是第二纲集.

我们实际上可以得到一个更强版本的 Baire 纲定理.

定理 3.1.2 设 (X,d) 是完备的度量空间, 若 $\{U_n\}$ 是一列 X 中的稠密开集, 则它们的交集 $\bigcap_n U_n$ 是第二纲的稠密集.

证明 先证明 $\bigcap_n U_n$ 是稠密的. 任取点 $x_0\in X$ 以及它的一个闭球 $B(x_0,\varepsilon_0)$, 只需证明 $B(x_0,\varepsilon_0)\cap\bigcap_n U_n\neq\varnothing$ 即可.

由于 U_1 是稠密的, 故开球 $O(x_0,\varepsilon_0)\cap U_1$ 是一个非空开集, 也就是说 $B(x_0,\varepsilon_0)\cap U_1$ 包含一个非空开集. 从而我们可再取一个闭球 $B(x_1,\varepsilon_1)\subset B(x_0,\varepsilon_0)\cap U_1$, 同时不妨设 $\varepsilon_1<\dfrac{\varepsilon_0}{2}$ 成立. 重复上述步骤, 我们可取一系列递降的闭球

$$B(x_0,\varepsilon_0)\supset B(x_1,\varepsilon_1)\cdots\supset B(x_n,\varepsilon_n)\supset\cdots$$

使得 $B(x_n,\varepsilon_n)\subset U_n$ 且 $\varepsilon_n\leqslant\dfrac{\varepsilon_0}{2^n}$. 由闭球套定理即得, 存在 $x\in\bigcap_n B(x_n,\varepsilon_n)\subset\bigcap_n U_n$. 这也就是说, $\bigcap_n U_n$ 是一个稠密集.

我们再来证明 $\bigcap_n U_n$ 是第二纲集. 使用反证法, 若 $\bigcap_n U_n$ 是第一纲集, 即存在可数个闭的疏朗集 $\{E_k\}$, 使得 $\bigcap_n U_n\subset\bigcup_k E_k$, 即 $\bigcap_n U_n\cap\bigcap_k E_k^c=\varnothing$. 然而, 由于 U_n, E_k^c 都是稠密开集, 这与我们已证明的结论矛盾. 从而必有 $\bigcap_n U_n$ 是第二纲集. □

使用定理 3.1.2 能很快得到定理 3.1.1: 若完备度量空间 X 是第一纲集, 则存在闭的疏朗集 $\{E_n\}$, 使得 $X=\bigcup_n E_n$, 但由 E_n^c 是稠密开集可得 $\bigcap_n E_n^c=X\backslash\bigcup_n E_n\neq\varnothing$, 矛盾.

例 3.1.4 由于 $\mathbb{Q}$ 是 $(\mathbb{R},|\cdot|)$ 中的第一纲集, 因此它不是 $\mathbb{R}$ 中的 G_δ 集, 即不能表示为一列开集交的形式. 否则, 设 $\mathbb{Q}=\bigcap_n U_n$, 这里 $\{U_n\}$ 是 $\mathbb{R}$ 中的一族开集. 由于每个 U_n 都包含 $\mathbb{Q}$, 是 $\mathbb{R}$ 中的一个稠密开集, 由定理 3.1.2 知 $\bigcap_n U_n$ 是第二纲的, 这与 $\mathbb{Q}$ 是第一纲集矛盾. 再注意到 $\mathbb{Q}$ 是 F_σ 集, 所以 F_σ 与 G_δ 是 $\mathbb{R}$ 上两个不同的集类.

此外, 在实变函数中为了证明 $\mathbb{Q}$ 是 Lebesgue 零测集, 我们取了一族开集:

$$E_k=\bigcup_{r_n\in\mathbb{Q}}\left(r_n-\dfrac{1}{k2^n},r_n+\dfrac{1}{k2^n}\right).$$

根据定理 3.1.2, $\bigcap_k E_k$ 是第二纲集, 但是 $\mathbb{Q}$ 是第一纲集, 从而我们可以看到 $\bigcap_k E_k\supsetneq\mathbb{Q}$ 成

立. 同时, 由 $m\left(\bigcap_k E_k\right) = m(\mathbb{Q}) = 0$ 知, Lebesgue 测度为零的集合也可能是第二纲的.

例 3.1.5 类 Cantor 集是直线 $\mathbb{R}$ 中没有内点的闭集, 因此是一个疏朗集, 从而也是第一纲的. 但它的 Lebesgue 测度是可能大于零的.

例 3.1.6 利用 Baire 定理可以给出区间 $[0,1]$ 不是可列集的另一个证明: 因为每个单元素集 $\{x\}$ 显然是度量空间 $([0,1], |\cdot|)$ 中的疏朗集. 由于 $[0,1] = \bigcup_{0 \leqslant x \leqslant 1} \{x\}$, 而 $[0,1]$ 是完备空间, 由 Bair 纲定理可知 $\bigcup_{0 \leqslant x \leqslant 1} \{x\}$ 的指标集不可能是可列的. 所以 $[0,1]$ 不是可列集.

例 3.1.7 在数学分析中, 根据 Weierstrass 的构造知存在处处不可微的连续函数, 但是构造过程是很不平凡的. 我们可以用 Baire 纲定理来证明: $C[0,1]$ 中处处不可微的函数是第二纲的, 因此这类函数不光存在, 而且还不少.

证明 令
$$F_N = \left\{ f \in C[0,1] : \forall x \in [0,1], \exists y \in [0,1], \text{ s.t. } \left|\frac{f(x) - f(y)}{x - y}\right| > N \right\}.$$

我们断言 F_N 是稠密的开集.

如果断言成立, 那么根据 Baire 纲定理可得 $\bigcap_N F_N$ 是第二纲的稠密集. 而对任意 $f \in \bigcap_N F_N$, 它是处处不可微的: 否则, 若 f 在 (a, b) 中一点 x 处可微, 则可取 $\delta > 0$ 使得当 $|x - y| < \delta$ 时 $\left|\frac{f(x) - f(y)}{x - y}\right| \leqslant |f'(x)| + 1$ 成立; 而当 $|x - y| > \delta$ 时, 显然有 $\left|\frac{f(x) - f(y)}{x - y}\right| < \frac{2\|f\|_\infty}{\delta}$. 因此, 对任意 $y \in [a, b]$, 我们有
$$\left|\frac{f(x) - f(y)}{x - y}\right| \leqslant \max(|f'| + 1, \frac{2\|f\|_\infty}{\delta}).$$

这与 $f \in \bigcap_N F_N$ 矛盾.

下面证明我们所给出的断言.

首先说明 F_N 是开集, 只需证明
$$F_N^c = \left\{ f \in C[0,1] : \exists x \in [0,1] \text{ s.t. } \forall y \in [0,1], \left|\frac{f(x) - f(y)}{x - y}\right| \leqslant N \right\}$$

是一个闭集. 设 F_N^c 中的点列 $\{f_n\}$ 收敛于 f. 由于 $f_n \in F_N^c$, 存在 $x_n \in [0,1]$, 使得对任意的 $y \in [0,1]$ 有
$$|f_n(x_n) - f_n(y)| \leqslant N |x_n - y|$$

成立. 由 Weierstrass 致密性定理, $\{x_n\}$ 中存在收敛子列, 不妨设收敛子列仍为 $\{x_n\}$, 并记 $x = \lim_{n \to \infty} x_n$. 由 f 的连续性, 对任意 $\varepsilon > 0$, 存在 $\delta > 0$, 当 $|x - x'| < \delta$ 时 $|f(x) - f(x')| < \varepsilon$. 再取足够大的正整数 M 使得 $|x_M - x| < \min(\delta, \varepsilon)$ 以及 $\|f_M - f\|_\infty < \varepsilon$ 同时成立,

则对任意 $y \in [0,1]$,

$$|f(x) - f(y)| \leq |f_M(x_M) - f_M(y)| + |f(x_M) - f(x)| +$$
$$|f_M(y) - f(y)| + |f_M(x_M) - f(x_M)|$$
$$\leq 3\varepsilon + N|x_M - y| \leq (3+N)\varepsilon + N|x-y|.$$

由 ε 的任意性即得 $|f(x) - f(y)| \leq N|x-y|$ 成立. 因此 $f \in F_N^c$, 即 F_N^c 是闭集.

最后证明 F_N 在 $C[0,1]$ 中是稠密的: 对于任意的 $f \in C[0,1]$, 我们需要寻找一个函数 $g \in F_N$ 使得 $\|f - g\|$ 充分小.

对任意 $\varepsilon > 0$, 由于 f 在 $[0,1]$ 上一致连续, 存在 $\delta > 0$, 当 $|x-y| < \delta$ 时, $|f(x) - f(y)| < \varepsilon$ 成立. 取正整数 $n > \frac{1}{\delta}$, 我们将 $[0,1]$ 作 n 等分, 则 f 在每一段 $\left[\frac{k}{n}, \frac{k+1}{n}\right]$ 上的振幅不超过 ε; 同时再取 $M > \frac{N}{n\varepsilon}$, 对 $\left[\frac{k}{n}, \frac{k+1}{n}\right]$ 作 M 等分, 记这些分点为

$$\frac{k}{n} = x_{kM} < x_{kM+1} < \cdots < x_{kM+M} = \frac{k+1}{n}.$$

在分点 $\{x_{kM+i}\}$ 上定义函数值 $g(x_{kM+i}) = f(x_{kM+i}) + (-1)^{kM+i}\varepsilon$, 那么

$$|g(x_{kM+i+1}) - g(x_{kM+i})| \geq 2\varepsilon - |f(x_{kM+i+1}) - f(x_{kM+i})| \geq \varepsilon,$$

类似可得 $|g(x_{kM+i+1}) - g(x_{kM+i})| \leq 3\varepsilon$. 然后我们使用线段连接 $(x_{kM+i}, g(x_{kM+i}))$ 与 $(x_{kM+i+1}, g(x_{kM+i+1}))$, 所得的连续函数仍记为 g.

由于连接的每一段线段的斜率至少为

$$\frac{\varepsilon}{1/nM} = nM\varepsilon > N,$$

故 $g \in F_N$. 并且, 对于 $x \in [x_{kM+i}, x_{kM+i+1}]$,

$$|f(x) - g(x)| \leq |f(x_{kM+i}) - g(x_{kM+i})| + |f(x_{kM+i}) - f(x)| + |g(x_{kM+i}) - g(x)| \leq 5\varepsilon.$$

从而 $\|f - g\| \leq 5\varepsilon$ 成立. □

例 3.1.8 在数学分析中, 我们知道 Riemann 函数是在有理数点不连续且在无理数点连续的函数, 那么是否有函数恰好它的连续点是有理数集呢? 使用 Baire 纲定理我们能证明这样的函数不存在.

具体来说, 有如下结论成立: 若 $f: [0,1] \to \mathbb{R}$ 的连续点集 C_f 在 $[0,1]$ 中稠密, 那么 C_f 是第二纲的.

证明 与上例类似, 我们需要将讨论的集合分解成可列个稠密开集的交或者可列个疏朗闭集的并. 在具体实践中, 这些开集族或闭集族往往来自某些上半连续函数或下半连续函数的原像.

令 $w_f(x) = \lim\limits_{\delta \to 0} \sup\limits_{y,z \in O(x,\delta)} |f(y) - f(z)|$, 那么 $C_f = \{x \in [0,1]: w_f(x) = 0\}$, 并且 w_f

是上半连续函数 (见习题 3.1 第 7 题). 令 $U_n = \left\{ x \in [0,1] : w_f(x) < \dfrac{1}{n} \right\}$, 则我们有分解 $C_f = \bigcap\limits_n U_n$. 由题设可知 U_n 是 $[0,1]$ 上的稠密开集, 再由 Baire 纲定理即得 C_f 是第二纲的. □

习题 3.1

1. 设 A 是度量空间 (X,d) 的子集. 证明: A 是疏朗集的充要条件是对任意非空开集 U, 存在一个非空开子集 V 使得 $V \cap A = \varnothing$.

2. 设 A 是完备度量空间 (X,d) 中的闭疏朗集. 证明: 存在开集 U 以及闭集 V, 使得 $A = \partial U = \partial V$.

3. 设 A 是区间 $[a,b]$ 中的非空完全集 (即 $A' = A$, 这也是说 A 无孤立点). 证明: A 不是可数集.

4. 证明无限维的 Banach 空间不能分解成可列个相对列紧集的并集.

5. 设 X 是无限维的 Banach 空间. 证明不存在一列有限维的子空间 $\{L_n\}$, 使得 $X = \bigcup\limits_{n=1}^{\infty} L_n$. 由此证明 X 没有可数势的 Hamel 基.

6. 证明: 不存在可数个线性子空间 $\{L_n : n = 1, 2, \cdots\} \subset \mathbb{R}^m$, 使得 $\dim L_n < m$, 并且满足 $\mathbb{R}^m = \bigcup\limits_{n=1}^{\infty} L_n$.

7. 设 $[0,1]$ 上的连续函数序列 f_n 点态收敛于 f.
   (i) 对于 $x \in [0,1]$, 令 $w_f(x) = \lim\limits_{\delta \to 0} \sup\limits_{y,z \in O(x,\delta)} |f(y) - f(z)|$. 证明: f 在 x 处连续当且仅当 $w_f(x) = 0$.
   (ii) 对于 $\varepsilon > 0$, 证明: $\{x \in [0,1] : w_f(x) < \varepsilon\}$ 是 $[0,1]$ 的一个开集.
   (iii) 证明: f 的不连续点全体是一个第一纲集.

8. 设 L 是线性空间, p 是 L 上函数, 如果满足
   (1) $p(x) \geqslant 0, p(x) = 0$ 当且仅当 $x = 0$;
   (2) $p(x+y) \leqslant p(x) + p(y)$;
   (3) $p(-x) = p(x)$, 并且 $\lim\limits_{\alpha_n \to 0} p(\alpha_n x) = 0$, $\lim\limits_{p(x_n) \to 0} p(\alpha x_n) = 0$ (α_n, α 是数),
   则称 p 是拟范数, (L, p) 为拟赋范空间.
   (i) 在线性空间 $\mathbb{R}^\infty$ 中定义
   $$p(x) = \sum_{n=1}^{\infty} \frac{1}{2^n} \frac{|x_n|}{1 + |x_n|}, \quad x = (x_1, x_2, \cdots) \in \mathbb{R}^\infty.$$
   证明: p 是 $\mathbb{R}^\infty$ 上的拟范数.
   (ii) 记 S 是区间 $[a,b]$ 中 Lebesgue 可测的实 (复) 函数全体, 定义
   $$p(f) = \int_a^b \frac{|f(t)|}{1 + |f(t)|} \mathrm{d}t, \quad \forall f \in S.$$
   证明: p 是 S 上的拟范数.
   (iii)* 如果 $\lim\limits_{n \to \infty} \alpha_n = \alpha$, $\lim\limits_{n \to \infty} p(x_n - x) = 0$, 证明: $\lim\limits_{n \to \infty} p(\alpha_n x_n - \alpha x) = 0$.

3.2 开映射定理、逆算子定理、闭图像定理和共鸣定理

这一节, 我们将介绍 Banach 空间中算子的一些基本的定理, 如开映射定理、逆算子定理、闭图像定理以及共鸣定理等.

3.2.1 开映射定理和逆算子定理

定义 3.2.1 设 X, Y 是两个赋范线性空间, $T \in \mathfrak{B}(X, Y)$,
(i) 如果 T 是一对一的, 即如果 $Tx = 0$, 则 $x = 0$, 就称 T 为单射.
(ii) 如果 T 的值域 $\mathfrak{R}(T) = Y$, 则称 T 是满射, 或者到上的.
(iii) 如果 T 是既是单射又是满射, 并且 $T^{-1} \in \mathfrak{B}(Y, X)$, 那么称 T 是可逆算子.

容易验证:

引理 3.2.1 设 X, Y 是两个赋范线性空间, $T \in \mathfrak{B}(X, Y)$, T 为可逆算子的充要条件是存在 $C \in \mathfrak{B}(Y, X)$ 满足 $CT = I_X$, $TC = I_Y$.

例 3.2.1 对有限维线性空间上的线性算子 T, 由高等代数的知识, 验证 T 可逆只需要证明 T 左可逆或者右可逆即可. 但无穷维的时候结论并不成立. 例如, 考虑 l^2 上的左移位算子 S 和右移位算子 T, 它们定义为

$$S : (x_1, x_2, \cdots) \mapsto (x_2, x_3, \cdots); \ T : (x_1, x_2, \cdots) \mapsto (0, x_1, x_2, \cdots).$$

显然有 $ST = I_{l^2}$, 但 $TS \neq I_{l^2}$.

如果 X, Y 都是赋范线性空间, T 是 X 到 Y 上的有界线性算子, 并且实现 X 到 Y 上的一一对应. 这时, 算子 T^{-1} 存在, 而且是 Y 到 X 的线性算子. T^{-1} 是不是有界算子呢? 一般来说, T^{-1} 并不一定是有界的. 下面是一个反例.

例 3.2.2 设 T 是定义在 $C[a, b]$ 中的积分算子:

$$(T\varphi)(t) = \int_a^t \varphi(s) \, ds,$$

而 Y 是 $C[a, b]$ 中具有连续导函数 $y'(t) \in C[a, b]$, 且 $y(a) = 0$ 的函数 $y(t)$ 的全体, 它按照 $C[a, b]$ 中的范数成为赋范线性空间. 这时 T 是由 Banach 空间 $C[a, b]$ 到 Y 上的一对一的有界线性算子. 但是 T^{-1} 是微分算子 D, 它不是有界的.

然而, 当 X 和 Y 都是 Banach 空间时, 如果 T 是 X 到 Y 上的一一对应的有界线性算子, 下面的 Banach 逆算子定理将保证 T^{-1} 也是有界的, 更一般地, 我们有下面的开映射定理.

定理 3.2.1 (开映射定理) 设 X, Y 是 Banach 空间, $T \in \mathfrak{B}(X, Y)$. 如果 $TX = Y$, 那么 T 是开映射, 即 T 将 X 的开集映射成 Y 的开集.

商映射是开映射的一个典型例子 (参见 1.4 节例 1.4.14 与习题 1.4 第 20 题). 若 X 是赋范线性空间, M 是 X 的闭线性子空间, 则商映射 $\pi: X \to X/M$ 是开映射.

利用开映射定理, 即得如下可逆性的判据.

定理 3.2.2 (Banach 逆算子定理) 设 X 和 Y 都是 Banach 空间, T 是 X 到 Y 上的有界线性算子, 并且实现 X 到 Y 上的一一对应. 那么, 逆算子 T^{-1} 是有界算子.

证明 由开映射定理, 对任意 X 中的一个开集 U, $(T^{-1})^{-1}(U) = TU$ 是 Y 中的开集. 故此 $T^{-1}: Y \to X$ 是连续映射, 所以是有界的. $\square$

为了证明开映射定理, 我们先证明下面的两个引理:

引理 3.2.2 设 T 是 Banach 空间 X 到 Banach 空间 Y 的有界线性算子, 且 $TX = Y$. 那么, 存在 $\delta > 0$, 使得对任意的 $a > 0$, $TB_X(0, a)$ 在 $O_Y(0, a\delta)$ 中稠密.

证明 由于 $X = \bigcup_{n=1}^{\infty} B_X(0, n)$, 所以 $Y = TX = \bigcup_{n=1}^{\infty} TB_X(0, n)$. 由 Baire 纲定理, 存在正整数 N, 使得 $TB_X(0, N)$ 在 Y 的某个球 $O_Y(y_0, \eta)$ 中稠密. 由于 T 是到上的, 取 $x_0 \in X$, 使得 $Tx_0 = y_0$. 令 $M = N + \|x_0\|$, 那么 $TB_X(0, M) \supset TB_X(0, N) - Tx_0$, 故此在球 $O_Y(0, \eta)$ 中稠密. 取 $\delta = \dfrac{\eta}{M}$, 今证 $TB_X(0, a)$ 在 $O_Y(0, a\delta)$ 中稠密. 这只要经过相似变换就行了. 事实上, 任取 $y \in O_Y(0, a\delta)$, 那么向量 $\dfrac{My}{a} \in O(0, \eta)$, 因此有 $B_X(0, M)$ 中点列 $\{x_n\}$, 使得
$$Tx_n \to \frac{M}{a} y \quad (n \to \infty).$$

所以 $T\left(\dfrac{a}{M} x_n\right) \to y \ (n \to \infty)$, 即 $TB_X(0, a)$ 在 $O_Y(0, a\delta)$ 中稠密. $\square$

引理 3.2.3 设 T 是 Banach 空间 X 到 Banach 空间 Y 的有界线性算子. 若存在数 $\delta > 0$, 使得 $TB_X(0, 1)$ 在 $O_Y(0, \delta)$ 中稠密, 则对于任意的 $a > 0$, $TB_X(0, a) \supset O_Y\left(0, \dfrac{a\delta}{2}\right)$.

证明 令 $\varepsilon = \dfrac{\delta}{2}$. 任取 $y_0 \in O_Y(0, a\varepsilon) = O_Y\left(0, \dfrac{a\delta}{2}\right)$. 由题设得 $TB_X\left(0, \dfrac{a}{2}\right)$ 在 $O_Y\left(0, \dfrac{a\delta}{2}\right)$ 中稠密, 故存在一个 $x_1 \in B_X\left(0, \dfrac{a}{2}\right)$, 使得
$$\|y_0 - Tx_1\| < \frac{a\delta}{2^2}.$$

因此 $y_1 = y_0 - Tx_1 \in O_Y\left(0, \dfrac{a\delta}{2^2}\right)$, 由于 $TB_X\left(0, \dfrac{a}{2^2}\right)$ 在 $O_Y\left(0, \dfrac{a\delta}{2^2}\right)$ 中稠密, 有 $x_2 \in B_X\left(0, \dfrac{a}{2^2}\right)$, 使得
$$\|y_1 - Tx_2\| < \frac{a\delta}{2^3}.$$

即 $y_2 = y_1 - Tx_2 = y_0 - Tx_1 - Tx_2 \in O_Y\left(0, \dfrac{a\delta}{2^3}\right)$, 这样继续下去, 得到一列 $x_n \in$

$B_X\left(0, \dfrac{a}{2^n}\right), n = 1, 2, \cdots$, 使得

$$\|y_0 - T(x_1 + x_2 + \cdots + x_n)\| < \frac{a\delta}{2^{n+1}}.$$

因此 $x_0 = \sum\limits_{n=1}^{\infty} x_n \in X$, 且

$$\|x_0\| \leqslant \sum_{n=1}^{\infty} \|x_n\| \leqslant a.$$

同时, 由 T 的连续性,

$$y_0 = \lim_{n \to \infty} T(x_1 + x_2 + \cdots + x_n) = Tx_0,$$

即 $TB_X(0, a) \supset O_Y(0, a\varepsilon)$. □

开映射定理的证明 设 G 是 X 中任一开集, 任取 TG 中一点 $Tx_0, x_0 \in G$, 要证明 Tx_0 是 TG 的内点. 由于 G 是开集, 有 x_0 的 b-邻域 $O_X(x_0, b) \subset G$. 任取正数 $a < b$, 这时 $B_X(x_0, a) \subset O_X(x_0, b) \subset G$, 因此 $TB_X(x_0, a) \subset TG$.

当 x 是一向量, A 是一向量集时, 记 $x + A = \{x + y \colon y \in A\}$. 那么 $B_X(x_0, a) = x_0 + B_X(0, a)$. 由引理 3.2.3, 有 $TB_X(x_0, a) = Tx_0 + TB_X(0, a) \supset Tx_0 + O_Y(0, a\varepsilon) = O_Y(Tx_0, a\varepsilon)$. 所以, Tx_0 是 TG 的内点. □

注 3.2.1 从引理 3.2.3 我们可以得到下面的结论: 设 X, Y 都是 Banach 空间, $T \in \mathfrak{B}(X, Y)$, 并且 $TX = Y$, 那么存在一个 $M > 0$, 对于任意的 $y \in Y$, 都存在 $x \in X$, 使得 $Tx = y$ 并且 $\|x\| \leqslant M\|y\|$.

事实上, 在引理 3.2.3 中, 我们取 $a = \dfrac{1}{\varepsilon}$ 就得到 $TB_X(0, a) \supset O_Y(0, 1)$. 令 $M = 2a$, 则对于任意的 $y \in Y(y \neq 0)$, 向量 $\dfrac{y}{2\|y\|} \in O_Y(0, 1)$, 于是存在 $z \in B_X(0, a)$, 使得 $Tz = \dfrac{y}{2\|y\|}$. 取 $x = 2\|y\|z$, 则 $Tx = y$ 并且 $\|x\| \leqslant M\|y\|$.

注 3.2.2 仔细检查上述证明可以看出 Y 的完备性可以减弱为 TX 是第二纲的. 也就是说, 定理可以修改如下: 设 X, Y 是两个 Banach 空间, $T \in \mathfrak{B}(X, Y)$, 若 TX 在 Y 中为第二纲集, 则 T 为开映射且 $TX = Y$.

例 3.2.3 设 f 是赋范线性空间 X 上的非零连续线性泛函, 由于 f 是到值域的满射, 故 f 是一个开映射.

下面是逆算子定理在范数等价性问题上的应用.

定义 3.2.2 设 X 是线性空间, 在 X 上赋予两个范数 $\|\cdot\|_1, \|\cdot\|_2$.

(i) 如果存在正数 c, 使得

$$\|x\|_1 \leqslant c\|x\|_2, \quad \forall x \in X, \tag{3.1}$$

就称 $\|\cdot\|_1$ 对 $\|\cdot\|_2$ 是连续的，也称 $\|\cdot\|_1$ 弱于 $\|\cdot\|_2$ 或 $\|\cdot\|_2$ 强于 $\|\cdot\|_1$.

(ii) 如果 $\|\cdot\|_1$ 既弱于 $\|\cdot\|_2$ 又强于 $\|\cdot\|_2$，就称 $\|\cdot\|_1, \|\cdot\|_2$ 等价.

例如，在 $C[a,b]$ 中取 $\|x\|_2 = \max\limits_{a \leqslant t \leqslant b} |x(t)|, \|x\|_1 = \int_a^b |x(t)|\,\mathrm{d}t$，由于

$$\|x\|_1 = \int_a^b |x(t)|\,\mathrm{d}t \leqslant (b-a)\|x\|_2,$$

所以 $\|x\|_1$ 弱于 $\|x\|_2$，但是它们不等价.

定理 3.2.3 (范数等价定理) 设 $\|\cdot\|_1, \|\cdot\|_2$ 是线性空间 X 上的两个范数. 如果 X 按这两个范数都成为 Banach 空间，并且 $\|\cdot\|_1$ 弱于 $\|\cdot\|_2$，那么 $\|\cdot\|_1, \|\cdot\|_2$ 等价.

证明 视 X 上恒等算子 I 为 $(X, \|\cdot\|_2) \mapsto (X, \|\cdot\|_1)$ 的线性算子，由 (3.1) 式，

$$\|Ix\|_1 = \|x\|_1 \leqslant c\|x\|_2,$$

所以 I 是有界线性算子. 显然，I 是一一对应的. 由逆算子定理，$I^{-1}(=I)$ 也是有界的，因而存在正数 c'，使得

$$\|x\|_2 = \|I^{-1}x\|_2 \leqslant c'\|x\|_1,$$

这就是说 $\|\cdot\|_2$ 弱于 $\|\cdot\|_1$. $\square$

定理 3.2.3 既是逆算子定理的推论，也是泛函分析中常用的定理.

最后我们给出逆算子定理的一个应用.

定理 3.2.4 设 X, Y 是两个 Banach 空间，$T \in \mathfrak{B}(X, Y)$. 若 T 为单射，则 T 的值域 $\mathfrak{R}(T)$ 是闭的，当且仅当 T 是下有界的：即存在 $c > 0$，使得对任意 $x \in X$，有 $\|Tx\| \geqslant c\|x\|$.

证明 若 $\mathfrak{R}(T)$ 是闭的，那么映射 $T: X \to \mathfrak{R}(T)$ 是两个 Banach 空间之间的双射，由逆算子定理即得 $T^{-1}: \mathfrak{R}(T) \to X$ 是有界的. 取 $c = \dfrac{1}{\|T^{-1}\|}$ 即得 $\|Tx\| \geqslant c\|T^{-1}(Tx)\| = c\|x\|$.

反之，若 T 是下有界的，对 $\mathfrak{R}(T)$ 中任一 Cauchy 列 $\{y_n\}$，令 x_n 为 y_n 的原像，那么

$$\|x_n - x_m\| \leqslant \frac{1}{c}\|y_n - y_m\| \to 0, \quad n \to \infty,$$

即 $\{x_n\}$ 为 X 中 Cauchy 列. 令 $x = \lim\limits_{n \to \infty} x_n \in X$，则 $y = Tx \in \mathfrak{R}(T)$. $\square$

3.2.2 闭图像定理

我们仿照函数图像的概念引进映射的图像.

定义 3.2.3 设 X 和 Y 是两个集，T 是 $\mathfrak{D}(T)(\subset X)$ 到 Y 中的映射 (算子). 作 X 和 Y 的乘积集 $X \times Y = \{(x,y): x \in X, y \in Y\}$，称 $X \times Y$ 的子集

$$\mathfrak{G}(T) = \{(x, Tx) \colon x \in \mathfrak{D}(T)\}$$

为映射 (算子)T 的图像.

当 X 和 Y 是实直线, T 是通常的函数时, 这里的图像就是通常的函数图像.

当 $(X, d_1), (Y, d_2)$ 是两个度量空间时, 我们可以在 $X \times Y$ 上引进度量:

$$d((x_1, y_1), (x_2, y_2)) = \sqrt{d_1(x_1, x_2)^2 + d_2(y_1, y_2)^2},$$

这样得到一个乘积度量空间 $(X \times Y, d)$.

定义 3.2.4 设 $(X, d_1), (Y, d_2)$ 是两个度量空间, T 是 $\mathfrak{D}(T)(\subset X)$ 到 Y 中的映射 (算子), 如果 T 的图像

$$\mathfrak{G}(T) = \{(x, y) \colon x \in \mathfrak{D}(T)\}$$

是乘积度量空间 $(X \times Y, d)$ 中的闭集, 那么称 T 是闭算子.

引理 3.2.4 设 X, Y 是两个度量空间, T 是 $\mathfrak{D}(T)(\subset X)$ 到 Y 中的算子. 那么, T 成为闭算子的充要条件是对任何点列 $\{x_n\} \subset \mathfrak{D}(T)$, 当 $x_n \to x_0, y_n = Tx_n \to y_0$ 时, 有 $x_0 \in \mathfrak{D}(T)$, 而且 $Tx_0 = y_0$.

证明 必要性. 如果 T 是闭算子, 那么当 $x_n \to x_0, y_n = Tx_n \to y_0$ 时, 在乘积度量空间 $X \times Y$ 中, $(x_n, y_n) \to (x_0, y_0)$. 由假设 $G(T)$ 是闭集, $(x_n, y_n) \in G(T)$, 所以 $(x_0, y_0) \in G(T)$, 即 $x_0 \in \mathfrak{D}(T), Tx_0 = y_0$.

充分性. 如果条件满足, 任取 $(x_n, Tx_n) \in G(T)$, 且 $(x_n, Tx_n) \to (x_0, y_0)$, 那么 $x_n \to x_0, Tx_n \to y_0$. 由条件, $x_0 \in \mathfrak{D}(T), Tx_0 = y_0$, 即得到 $(x_0, y_0) \in \mathfrak{G}(T)$. 因此 $\mathfrak{G}(T)$ 是闭集. □

现在我们要研究连续映射和闭算子的关系.

引理 3.2.5 定义域是闭集的连续算子是闭算子.

证明 设 X, Y 是两个度量空间, T 是 $\mathfrak{D}(T)(\subset X)$ 到 Y 中的连续算子, $\mathfrak{D}(T)$ 是闭集, 那么当 $\{x_n\} \subset \mathfrak{D}(T), x_n \to x_0, Tx_n \to y_0$ 时, 由 $\mathfrak{D}(T)$ 的闭性得到 $x_0 \in \mathfrak{D}(T)$, 又因为 T 是连续的, $y_0 = \lim\limits_{n \to \infty} Tx_n = Tx_0$. 根据引理 3.2.4, T 是闭算子. □

一般说来闭算子不一定是连续算子.

例 3.2.4 考察 Banach 空间 $C[a, b]$ 的子空间 $C^{(1)}[a, b]$. 作 $C^{(1)}[a, b]$ 到 $C[a, b]$ 的求导算子 T 如下:

$$(Tx)(t) = \frac{\mathrm{d}}{\mathrm{d}t} x(t), \quad \forall x \in C^{(1)}[a, b],$$

则 T 是闭算子, 但不是有界算子.

证明 如果 $\{x_n\} \in C^{(1)}[a, b]$, 且 $x_n \to x_0, Tx_n = x'_n \to y_0$ $(n \to \infty)$, 即 x_n 在 $[a, b]$ 上一致收敛于函数 x_0, x'_n 在 $[a, b]$ 上也一致收敛于 y_0. 注意到 $x_n(t) = \int_a^t x'_n(s)\mathrm{d}s + x_n(a)$, 对 n 取极限可知 $x_0(t) = \int_a^t y_0(s)\mathrm{d}s + x_0(a)$. 故此, 极限函数

$x_0 \in C^1[a,b], \dfrac{\mathrm{d}}{\mathrm{d}t}x_0(t) = y_0(t)$. 因此, $Tx_0 = y_0$, 所以 T 是闭的. □

利用算子的图像研究一些"不连续"的算子是 von Neumann (冯·诺伊曼) 引进的一种有效的方法, 它常用来讨论闭算子. 泛函分析中对闭算子讨论得比较多的是线性闭算子. 在微分方程理论中所出现的绝大部分线性微分算子, 在常见的度量空间上容易验证它是闭算子. 这就是我们要讨论闭算子的理由之一.

定理 3.2.5 (闭图像定理) 设 X,Y 是两个 Banach 空间, T 是 $\mathfrak{D}(T) \subset X$ 到 Y 的闭线性算子, 如果 $\mathfrak{D}(T)$ 是 X 中的闭线性子空间, 那么 T 是连续的.

证明 显然乘积空间 $X \times Y$ 按范数 $\|(x,y)\| = \sqrt{\|x\|^2 + \|y\|^2}$ 成为赋范线性空间, 而且很容易证明它是完备的. 对 T 的图像 $\mathfrak{G}(T) = \{(x,Tx) \colon x \in \mathfrak{D}(T)\}$, 由于 T 是线性算子, 易知 $\mathfrak{G}(T)$ 是 $X \times Y$ 的线性子空间. 由假设 $\mathfrak{G}(T)$ 是闭集, 所以 $\mathfrak{G}(T)$ 本身按范数 $\|(x,y)\|$ 成为 Banach 空间. 又 $\mathfrak{D}(T)$ 作为 X 的线性子空间也是闭的, 即 $\mathfrak{D}(T)$ 本身也是 Banach 空间. 我们作 $\mathfrak{G}(T)$ 到 $\mathfrak{D}(T)$ 的算子 P 如下:

$$P \colon (x, Tx) \mapsto x, \quad \forall x \in \mathfrak{D}(T).$$

这显然是线性算子, 且

$$\|P(x, Tx)\| = \|x\| \leqslant \|(x, Tx)\|.$$

所以 P 是有界的. 显然 $\mathfrak{R}(P) = \mathfrak{D}(T)$, 即 P 是到上的算子. 再证 P 是一对一的: 事实上, 当 $x_1 = x_2$ 时, 必有 $Tx_1 = Tx_2$, 所以 $(x_1, Tx_1) = (x_2, Tx_2)$. 这说明 P 是可逆映射, 根据逆算子定理, P^{-1} 是有界的,

$$\|(x, Tx)\| = \|P^{-1}x\| \leqslant \|P^{-1}\|\,\|x\|.$$

因此 $\|Tx\| \leqslant \|(x, Tx)\| \leqslant \|P^{-1}\|\,\|x\|$, 这说明 T 是有界的. □

在验证算子是连续算子时, 常要用到闭图像定理. 特别是用泛函分析方法研究偏微分方程和函数理论时, 这个定理比较重要. 下面我们看一个简单的例子.

例 3.2.5 设 f 为 $[0,1]$ 上可测函数, 若对于任意 $g \in L^2[0,1]$ 都有 $fg \in L^1[0,1]$, 那么我们有 $f \in L^2[0,1]$.

证明 事实上, 如果定义乘法算子 T 为

$$T(g) = fg,$$

那么 T 为 $L^2[0,1]$ 到 $L^1[0,1]$ 的一个闭算子: 对于 $g_n \xrightarrow{L^2} g, fg_n \xrightarrow{L^1} h$, 由 Chebyshev 不等式可得 $\{g_n\}, \{fg_n\}$ 分别依测度收敛于 g 和 h. 因此存在子列 $\{g_{n_k}\}$ 使得 $\{g_{n_k}\}, \{fg_{n_k}\}$ 分别几乎处处收敛于 g 和 h, 从而可得 $fg = h$, 即 $Tg = h$. 再由闭图像定理就得到 T 是有界线性算子.

对任意正整数 n, 取 $g_n = f\chi_{|f|<n} \in L^2[0,1]$, 计算可得 $\|f\chi_{|f|<n}\|_2 = \dfrac{\|fg_n\|_1}{\|g_n\|_2} \leqslant \|T\|$.

令 $n \to \infty$, 我们有 $\|f\|_2 \leqslant \|T\|$, 即 $f \in L^2[0,1]$. □

例 3.2.6 (Toeplitz-Hellinger (特普利茨–黑林格)) 设 X, Y 是 Banach 空间, 若 T 是 X 到 Y 的映射, S 是 Y^* 到 X^* 的映射, 且对任意 $x \in X, y^* \in Y^*$ 有

$$y^*(Tx) = (Sy^*)(x), \tag{3.2}$$

则 T, S 都是有界线性算子.

证明 由 (3.2) 式, 对任意的 $y^* \in Y^*, x_1, x_2 \in X$, 数 a, b,

$$\begin{aligned} y^*(T(ax_1 + bx_2)) &= (Sy^*)(ax_1 + bx_2) = a(Sy^*)x_1 + b(Sy^*)x_2 \\ &= y^*(aTx_1 + bTx_2). \end{aligned}$$

由 y^* 的任意性, 使用 Hahn-Banach 延拓定理可知,

$$T(ax_1 + bx_2) = aTx_1 + bTx_2,$$

即 T 是线性映射. 再说明 T 是闭算子: 对 $x_n \to x, Tx_n \to y$, 对任意 $y^* \in Y^*$, 我们有

$$\begin{aligned} y^*(y) &= \lim_{n \to \infty} y^*(Tx_n) = \lim_{n \to \infty} (Sy^*)(x_n) \\ &= (Sy^*)(x) = y^*(Tx), \end{aligned}$$

因此 $Tx = y$, 这就说明了 T 是一个闭算子. 由闭算子定理得, T 是有界的. 类似地, 也可以证明 S 是有界线性算子, 请读者自行验证. □

在下一节我们会看到满足 (3.2) 式的有界线性算子 $T \in \mathfrak{B}(X, Y), S \in \mathfrak{B}(Y^*, X^*)$ 恰好是高等代数中的矩阵转置的推广, S 被称为 T 的共轭算子.

3.2.3 共鸣定理

这个定理也是 Banach 空间理论中的重要定理之一. 从 19 世纪中叶开始, 数学家们曾在几个不同的数学领域里发现这个定理的一些特殊情形. 例如 Fourier 级数理论中, P. du Bois Reymond (雷蒙德, 1876) 给出了连续函数的 Fourier 级数发散的例子. Toeplitz 和 H. Steinhaus (施坦豪斯) 等人 (1911) 关于级数求和法的结果, Hahn (1918) 关于插值问题的研究, 以及 Lebesgue, L. Schur (舒尔, 1920), Hahn (1922) 等人关于求和法与奇异积分问题的研究, 在这些工作中都发现了同类的定理. 在这个基础上, Banach 与 Steinhaus 共同提出了这个一般定理. 有时也称它为有界线性算子的一致有界性原理.

共鸣定理由于来源广泛, 它的证明方法也很多. 我们这里先应用定理 3.2.3 来证明它.

定理 3.2.6 (共鸣定理, 一致有界原理, Banach-Steinhaus 定理) 设 X 是 Banach 空间, Y 是赋范线性空间, $\{T_\lambda : \lambda \in \Lambda\}$ 是从 X 到 Y 的一族有界线性算子. 如果对每个 $x \in X$,

$$\sup_{\lambda \in \Lambda} \|T_\lambda x\| < \infty, \qquad (3.3)$$

那么数集 $\{\|T_\lambda\| : \lambda \in \Lambda\}$ 是有界的.

证明 对于 Banach 空间 X 中的任意一个 x, 定义

$$\|x\|_1 = \max\left\{\|x\|, \sup_{\lambda \in \Lambda}\|T_\lambda x\|\right\}, \quad \forall x \in X.$$

由 (3.3) 式, $\|x\|_1 < \infty$. 容易验证 $\|x\|_1 \geq \|x\|$, 且 $\|\cdot\|_1$ 是 X 上的范数.

现在证明 $(X, \|\cdot\|_1)$ 是 Banach 空间. 事实上, 如果 $\{x_n\}$ 按 $\|\cdot\|_1$ 为基本的, 由于 $\|\cdot\| \leq \|\cdot\|_1$, 所以 $\{x_n\}$ 按 $\|\cdot\|$ 也是基本的. 因此有 $x_0 \in X$, 使得 $\|x_n - x_0\| \to 0\ (n \to \infty)$. 今证 $\{x_n\}$ 按 $\|\cdot\|_1$ 收敛于 x_0: 对任何 $\varepsilon > 0$, 存在 N, 当 $n, m \geq N$ 时,

$$\|x_n - x_m\|_1 < \frac{\varepsilon}{2}.$$

即当 $\lambda \in \Lambda$ 时, $\|T_\lambda(x_n - x_m)\| < \frac{\varepsilon}{2}$, $\|x_n - x_m\| < \frac{\varepsilon}{2}$. 令 $m \to \infty$, 就得到

$$\|T_\lambda(x_n - x_0)\| \leq \frac{\varepsilon}{2}, \quad \|x_n - x_0\| \leq \frac{\varepsilon}{2}.$$

所以当 $n \geq N$ 时,

$$\|x_n - x_0\|_1 \leq \frac{\varepsilon}{2} < \varepsilon,$$

即 $\{x_n\}$ 按 $\|\cdot\|_1$ 收敛于 x_0.

根据定理 3.2.3 范数 $\|\cdot\|, \|\cdot\|_1$ 等价. 因此, 存在 $c > 0$, 使得 $\|x\|_1 \leq c\|x\|$ 对一切 $x \in X$ 成立. 这也说明了对每个 $\lambda \in \Lambda$, $\|T_\lambda\| \leq c$. □

下面再直接使用 Baire 纲定理给出一致有界原理的另一个形式.

定理 3.2.7 设 X, Y 是赋范线性空间, $\{T_\lambda : \lambda \in \Lambda\} \subset \mathfrak{B}(X, Y)$. 如果

$$R \stackrel{\text{def}}{=} \{x \in X : \sup_{\lambda \in \Lambda}\|T_\lambda x\| < +\infty\}$$

是 X 中的第二纲集, 那么数集 $\{\|T_\lambda\| : \lambda \in \Lambda\}$ 有界.

证明 作 X 上的泛函

$$p(x) = \sup_{\lambda \in \Lambda}\|T_\lambda x\|.$$

对任一 $M > 0$, 因为 $\{x : \|T_\lambda x\| \leq M\}$ 是 X 中的闭集, 因此

$$\{x \in X : p(x) \leq M\} = \bigcap_{\lambda \in \Lambda}\{x \in X : \|T_\lambda x\| \leq M\}$$

是一族闭集的交集, 因而也是闭集.

记 $X_k = \{x : p(x) \leq k\}$, 那么 $R = \bigcup_{k=1}^{\infty} X_k$. 因为 R 是第二纲集, 所以有一个 X_k, 在某一球 $O_X(x_0, \varepsilon)$ 中稠密. 又 X_k 是闭集, 因此 $X_k \supset O_X(x_0, \varepsilon)$. 令 $N = k + p(x_0)$, 那么

容易验证: $X_N \supset O_X(0,\varepsilon)$, 于是对于任意的 $x \in X$ $(x \neq 0)$, 有 $\dfrac{\varepsilon x}{2\|x\|} \in O_X(0,\varepsilon) \subset X_N$, 从而
$$p\left(\frac{\varepsilon x}{2\|x\|}\right) \leqslant N.$$

由半范数的齐次性就有 $p(x) \leqslant \dfrac{2N}{\varepsilon}\|x\|$, 即 $\|T_\lambda x\| \leqslant M\|x\|$, $M = \dfrac{2N}{\varepsilon}$. $\square$

利用共鸣定理立即得到 Banach-Steinhaus 另一个定理.

定理 3.2.8 设 X 是 Banach 空间, Y 是赋范线性空间, $\{T_n\}$ 是 $\mathfrak{B}(X,Y)$ 中的一个算子列. 若对任意 $x \in X$, $\{T_n x\}$ 都在 Y 中收敛, 那么存在 $T \in \mathfrak{B}(X,Y)$, 使得对 $x \in X$, $\lim\limits_{n\to\infty}\|T_n x - Tx\| = 0$, 且
$$\|T\| \leqslant \varliminf_{n\to\infty}\|T_n\|.$$

证明 对于 $x \in X$, 定义 $Tx = \lim\limits_{n\to\infty} T_n x$, 显然 T 是线性的. 由共鸣定理得 $\sup\limits_n \|T_n\| < \infty$, 且
$$\|Tx\| = \lim_{n\to\infty}\|T_n x\| \leqslant \varliminf_{n\to\infty}\|T_n\|\|x\|,$$

所以 $\|T\| \leqslant \varliminf\limits_{n\to\infty}\|T_n\| < \infty$. $\square$

例 3.2.7 设 X 是 Banach 空间, $\{f_\lambda : \lambda \in \varLambda\}$ 是 X^* 中一族线性泛函. 若它是弱 * 有界的, 即对任意 $x \in X$, 有
$$\sup_{\lambda \in \varLambda} |f_\lambda(x)| < \infty,$$

由共鸣定理得 $\{f_\lambda : \lambda \in \varLambda\}$ 是一致有界的. 特别地, 弱 * 收敛序列 $\{f_n\}$ 是有界序列.

类似地, 如果 $\{x_\lambda : \lambda \in \varLambda\}$ 是赋范线性空间 X 中一个弱有界的子集: 即对任意 $f \in X^*$, 有 $\sup\limits_{\lambda \in \varLambda}|f(x_\lambda)| < \infty$, 那么 $\{Jx_\lambda : \lambda \in \varLambda\}$ 在二次对偶空间 X^{**} 中弱 * 有界. 因此 $\{Jx_\lambda : \lambda \in \varLambda\}$ 以及 $\{x_\lambda : \lambda \in \varLambda\}$ 是 (依范数) 有界的. 特别地, 弱收敛序列 $\{x_n\}$ 是有界序列.

因此, 在习题 2.5 第 12 题中, 结果可修改为: 对 $C[a,b]$ 中一个点列 $\{x_n\}$, x_n 弱收敛于 x_0 的充要条件是 $\{x_n\}$ 是一致有界, 并且对任意的 $t \in [a,b]$,
$$\lim_{n\to\infty} x_n(t) = x_0(t).$$

习题 2.5 第 13 题也可作类似修改.

类似于弱拓扑与弱 * 拓扑, 在 $\mathfrak{B}(X,Y)$ 中, 除了范数拓扑, 也经常使用一些更弱的收敛性:

定义 3.2.5 有界线性算子的强算子收敛与弱算子收敛.

(i) **强算子收敛 (SOT)**: 称有界线性算子列 $\{T_n\}$ 强算子收敛到有界线性算子 T, 是指对任意 $x \in X$, 有 $\lim\limits_{n\to\infty}\|T_n x - Tx\|_Y = 0$;

(ii) 弱算子收敛 (WOT): 称有界线性算子列 $\{T_n\}$ 弱算子收敛到有界线性算子 T, 是指对任意 $x \in X$, 有 $T_n x \xrightarrow{w} Tx \ (n \to \infty)$.

显然依范数收敛强于强算子收敛, 强算子收敛强于弱算子收敛. 反之则不然. 例如, 设 S 为 l^2 上左移位算子, 即 $S(x_1, x_2, \cdots) = (x_2, x_3, \cdots)$, 则算子列 $\{S^n\}$ 强算子收敛到 0:

$$\forall x \in l^2, \|S^n x\| = \left(\sum_{k=n+1}^{\infty} |x_k|^2\right)^{\frac{1}{2}} \to 0 \quad (n \to \infty).$$

但是, $\|S^n\| = 1$, 故 S^n 不范数收敛到 0, 这也说明 S^n 不是范数收敛算子列.

再考虑等距算子 $T(x_1, x_2, \cdots) = (0, x_1, x_2, \cdots)$. 由于对任意的 $x \in l^2$, 有 $\|T^n x\| = \|x\|$ 成立, 所以 T^n 不强算子收敛到 0. 但是, 对于任意的 $x, y \in l^2$, 有

$$|\langle T^n x, y \rangle| = |\langle x, S^n y \rangle| \leqslant \|x\| \|S^n y\| \to 0 \quad (n \to \infty),$$

所以 T^n 弱算子收敛到 0.

例 3.2.8 若 X, Y 是 Banach 空间, $\{T_n\}$ 为 $\mathfrak{B}(X, Y)$ 中弱算子收敛序列. 那么对 $x \in X$, $\{T_n x\}$ 为 Y 中的弱收敛序列, 故 $\sup_n \|T_n x\| < \infty$. 再对 X 使用一次共鸣定理, 即得 $\sup_n \|T_n\| < \infty$.

例 3.2.9 设 $p \geqslant 1$, $\alpha(t)$ 是实直线 $\mathbb{R}$ 中闭区间 $[a, b]$ 上可测函数. 若对任何 $x \in L^p[a, b]$, 积分

$$\int_a^b \alpha(t) x(t) \mathrm{d}t$$

存在, 那么 $\alpha(t) \in L^q[a, b]$, 其中 $\dfrac{1}{p} + \dfrac{1}{q} = 1$.

证明 取 x 为常数函数 1, 可知 $\alpha(t) \in L^1[a, b]$, 因此 α 是几乎处处有限的函数. 对任意正整数 n, 作有界函数序列 $\alpha_n \xlongequal{\text{def}} \alpha \chi_{|\alpha| < n}$, 显然 $\{\alpha_n\}$ 几乎处处收敛于 α. 利用 $\alpha_n \ (n = 1, 2, \cdots)$, 构造 $L^p[a, b]$ 上线性泛函

$$F_n(x) = \int_a^b x(t) \alpha_n(t) \mathrm{d}t, \quad \forall x \in L^p[a, b].$$

由 Hölder 不等式可知, F_n 是有界线性泛函且 $\|F_n\| = \|\alpha_n\|_q$. 因为 $|x(t) \alpha_n(t)| \leqslant |x(t) \alpha(t)|$, 而由条件知 $|x(t) \alpha(t)|$ 可积, 所以根据 Lebesgue 控制收敛定理,

$$\lim_{n \to \infty} F_n(x) = \int_a^b x(t) \alpha(t) \mathrm{d}t, \quad \forall x \in L^p[a, b].$$

由共鸣定理可得, 存在数 M 使得 $\|\alpha_n\|_q = \|F_n\| \leqslant M$. 令 $n \to \infty$, 得 $\|\alpha\|_q \leqslant M$. □

例 3.2.10 由 Hölder 不等式, 我们知道 $L^2[0, 1]$ 是 $L^1[0, 1]$ 的子集. 实际还可以说明 $L^2[0, 1]$ 也是 $L^1[0, 1]$ 的第一纲集, 所以 $L^1[0, 1]$ 中的 $L^2[0, 1]$ 函数是 "稀少" 的.

事实上, 若令 $g_n = n \chi_{[0, \frac{1}{n^3}]}$, 定义 $L^1[0, 1]$ 上的有界线性泛函 F_n 为

$$F_n(f) = \int_0^1 f(t)g_n(t)\mathrm{d}t, \quad \forall f \in L^1[0,1],$$

则 $\|F_n\| = \|g_n\|_\infty = n$. 但对于任意 $f \in L^2[0,1]$,

$$|F_n(f)| \leqslant \|f\|_2 \|g_n\|_2 \leqslant \|f\|_2.$$

若 $L^2[0,1]$ 在 $L^1[0,1]$ 中是第二纲的, 由共鸣定理即得 $\sup_n \|F_n\| < \infty$, 矛盾.

习题 3.2

1. 设 X, Y 是 Banach 空间, $T \in \mathfrak{B}(X,Y)$. 证明: $\mathfrak{R}(T)$ 是闭的当且仅当存在 $c > 0$, 使得对任意 $x \in X$, 有 $c\|Tx\| \geqslant d(x, \ker T)$.
2. 用范数等价定理证明: $C[0,1]$ 按范数

$$\|f\|_1 = \int_{[0,1]} |f(t)|\mathrm{d}m(t)$$

不是 Banach 空间.

3. 对于 Lebesgue 可测函数 $\varphi \in L^\infty[0,1]$, 定义 $L^2[0,1]$ 上的有界线性算子 M_φ 为

$$M_\varphi(f) = \varphi f, \quad \forall f \in L^2[0,1].$$

证明: $\|M_\varphi\| = \|\varphi\|_\infty$. 并且 M_φ 是可逆算子当且仅当存在正数 $c > 0$, 使得对几乎处处的 $x \in [0,1]$, 成立不等式 $|\varphi(x)| > c$.

4. 设 X, Y 是 Banach 空间, $T \in \mathfrak{B}(X,Y)$, T 是满射. T 是否一定为闭映射 (即 T 将 X 中的闭集映成 Y 中的闭集)? 说明理由.
5. 设 X, Y 是 Banach 空间, $T \in \mathfrak{B}(X,Y)$, 并且 $TX = Y$. 证明: 存在常数 N, 使得对 Y 中任何收敛于 y_0 的点列 $\{y_n\}$, 都可找到 X 中的一个点列 $\{x_n\}$, $\|x_n\| \leqslant N\|y_n\|$, $Tx_n = y_n$ ($n = 0, 1, 2, \cdots$), 且 $x_n \to x_0$.
6. 设 X, Y 是 Banach 空间, $T \in \mathfrak{B}(X,Y)$. 若存在 Y 中的一个闭线性子空间 M 使得 $\mathfrak{R}(T) \cap M = \{0\}$, $\mathfrak{R}(T) + M = Y$, 证明: T 的值域 $\mathfrak{R}(T)$ 是闭的.
7. 在习题 2.5 第 6 题中证明了 Fourier 变换 $\mathcal{F}: f \to \hat{f}$ 是从 $L^1(\mathbb{R})$ 到 $c_0(\mathbb{R})$ 的单射.
   (i) 令 $f(x) = \chi_{[-n,n]}(x)\sin x$, 计算它的 Fourier 变换 $\hat{f}$.
   (ii) 证明: $\mathcal{F}: f \to \hat{f}$ 不是满射.
8. 设 $\{x_n\}$ 是 Banach 空间 X 中的点列, 如果对任意的 $x \in X$, 都存在唯一数列 $\{\alpha_i(x)\}$, 使得

$$\lim_{n\to\infty} \left\| x - \sum_{i=1}^n \alpha_i x_i \right\| = 0, \quad \text{也即 } x = \sum_{i=1}^\infty \alpha_i x_i,$$

则称 $\{x_n\}$ 为 X 的 Schauder 基, 并称 X 是具有基的 Banach 空间. 证明: 在有基 $\{x_n\}$ 的 Banach 空间 X 中, 展开式 $x = \sum_{i=1}^\infty \alpha_i(x) x_i$ 中的 $\alpha_i(x) \in X^*$.

定义 设 X 是线性空间, P 是定义在 X 上的线性算子.

(i) 如果 $P^2 = P$, 那么称 P 是 X 上的幂等算子.

(ii) 当 X 是赋范线性空间时, 满足 $P^2 = P$ 的有界线性算子称为幂等算子.

定义 设 X 是线性空间, E, L 是 X 的两个线性子空间. 如果 X 中的任何 x 都可唯一地分解成 $x = y + z, y \in E, z \in L$, 那么称 X 是 E, L 的直接和, 记为 $X = E \oplus L$.

9. 设 X 为线性空间, P 为 X 上幂等算子.

    (i) 证明: $I - P$ 也是 X 上幂等算子.

    (ii) 记 $L_P = \{x \colon Px = x, x \in X\}$, $L_{(I-P)} = \{x \colon Px = 0, x \in X\}$. 证明:
    $$X = L_P \oplus L_{(I-P)}.$$

    (iii) 设 E, L 是 X 的线性子空间, 并且 $X = E \oplus L$, 作 X 上的算子 P_E: 当 $x = y + z$ 时, 规定 $P_E x = y$. 证明: P_E 是 X 上幂等算子, 并且 $E = \Re(P_E), L = \ker P_E$.

10. 设 X 是赋范线性空间.

    (i) 设 P 是幂等算子 (按定义, 它是有界线性算子, 并且 $P^2 = P$). 证明: $L_P, L_{(I-P)}$ 都是 X 的闭线性子空间.

    (ii) 当 E, F 是 Banach 空间 X 的两个闭线性子空间, 并且 $X = E \oplus F$ 时, 并按第 9 题 (iii) 方式定义算子 P_E 和 P_F. 证明: 算子 P_E, P_F 是 X 上的幂等算子, 并且 $I = P_E + P_F$.

11. 试举一例: X 是 Banach 空间, E 是 X 的闭线性子空间, F 是 X 的线性子空间, 并且 $X = E \oplus F$, 但 F 不是闭线性子空间.

12. 设 X, Y 都是 Banach 空间, T 是 $X \mapsto Y$ 的线性算子, 证明: 如果对每个 $f \in Y^*$, $f(Tx)$ 作为空间 X 上的泛函是连续线性泛函, 那么 $T \in \mathfrak{B}(X, Y)$.

13. 设 $(E, \|\cdot\|)$ 是 Banach 空间, $(F, \|\cdot\|_1)$ 是赋范线性空间. 若 F 上有第二个范数 $\|\cdot\|_2$ 使得 $(F, \|\cdot\|_2)$ 是 Banach 空间, 且 $\|\cdot\|_2$ 强于 $\|\cdot\|_1$, 证明: 任何 $E \mapsto (F, \|\cdot\|_1)$ 的有界线性算子 T 也是 $E \mapsto (F, \|\cdot\|_2)$ 上的有界线性算子.

14. 设 T 是 $L^2[0,1]$ 上有界线性算子. 如果 T 把 $L^2[0,1]$ 中连续函数映射成连续函数, 证明: T 是 $C[0,1]$ 上有界线性算子.

15. 设 X 为线性空间, $\|\cdot\|_1, \|\cdot\|_2$ 是 X 上的两个范数. 如果凡对 $\|\cdot\|_1$ 为连续的线性泛函, 也为 $\|\cdot\|_2$ 连续, 那么存在数 $c > 0$, 使得对一切 $x \in X, \|\cdot\|_1 \leqslant c\|\cdot\|_2$.

16. 举例说明共鸣定理中空间完备性的假设不可除去.

17. 设 $\{e_\lambda\}_{\lambda \in \Gamma}$ 是 Hilbert 空间 H 的一组标准正交基. 对 H 中的一个点列, 证明: x_n 弱收敛于一点 x 当且仅当点列 $\{x_n\}$ 有界且
    $$\lim_{n \to \infty} \langle x_n, e_\lambda \rangle = \langle x, e_\lambda \rangle, \quad \forall \lambda \in \Gamma.$$

18. 设 X 是 Banach 空间, Y, Z 都是赋范线性空间, $\Phi(x, y)$ 是 $X \times Y$ 到 Z 中的双线性映射, 即: 固定 x, $\Phi(x, y)$ 是 $Y \mapsto Z$ 中的线性映射, 固定 y, $\Phi(x, y)$ 是 $X \mapsto Z$ 中的线性映射. 若 $\Phi(x, y)$ 对变量 x, y 是分别连续的: 对 $x \in X, \Phi(x, \cdot) \in \mathfrak{B}(Y, Z)$; 对 $y \in Y, \Phi(\cdot, y) \in \mathfrak{B}(X, Z)$, 证明: 存在常数 M, 使得 $\|\Phi(x, y)\| \leqslant M\|x\|\|y\|$.

19. **(Gel'fand (盖尔范德) 引理)** 设 X 是 Banach 空间, $p(x)$ 是 X 上的泛函, 它满足下面的条件:

    (i) $p(x) \geqslant 0$;

    (ii) 当 α 为非负数时, $p(\alpha x) = \alpha p(x)$;

    (iii) $p(x + y) \leqslant p(x) + p(y), \forall x, y \in X$;

(iv) 当 $x, x_n(n=1,2,\cdots) \in X$, $\lim\limits_{n\to\infty} x_n = x$ 时, $\lim\limits_{n\to\infty} p(x_n) \geqslant p(x)$.

证明: 存在正数 M, 使得对一切 $x \in X$, $p(x) \leqslant M\|x\|$. 这个结果说明了 Banach 空间吸收闭凸子集的什么性质?

20. 设 $C_{2\pi}$ 是直线上周期为 2π 的连续函数全体组成的 Banach 空间. 对于任意的 $x(t) \in C_{2\pi}$, 令 $a_n = \dfrac{1}{\pi}\int_0^{2\pi} x(t)\cos nt\, dt$, $b_n = \dfrac{1}{\pi}\int_0^{2\pi} x(t)\sin nt\, dt$ $(n=0,1,2,\cdots)$, 则 $x(t)$ 有 Fourier 展开:
$$x(t) \sim \frac{a_0}{2} + \sum_{n=1}^{\infty}(a_n\cos nt + b_n\sin nt).$$

记部分和 $S_n(x)(t) = \dfrac{a_0}{2} + \sum\limits_{k=1}^{n}(a_k\cos kt + b_k\sin kt)$, 证明:

(i) $S_n(x)(s) = \dfrac{1}{2\pi}\int_0^{2\pi} x(t)\dfrac{\sin\left[(2n+1)\dfrac{t-s}{2}\right]}{\sin\dfrac{t-s}{2}}\,dt.$

(ii) S_n 是从 $C_{2\pi}$ 到 $C_{2\pi}$ 的有界线性算子, 并且 $\|S_n\| = \dfrac{1}{\pi}\int_0^{\pi}\left|\dfrac{\sin(2n+1)t}{\sin t}\right|dt.$

(iii) $\lim\limits_{n\to\infty}\|S_n\| = \infty.$

(iv) 存在连续周期函数, 其 Fourier 级数不是一致收敛的.

(v) 将 S_n 看成从 $L^1[0,2\pi]$ 到 $L^1[0,2\pi]$ 的线性算子, 利用同样的方法证明: 存在可积函数, 其 Fourier 级数在 $L^1[0,2\pi]$ 中不是收敛的.

21. 在习题 2.5 第 6 题与习题 2.5 第 15 题中证明了 Fourier 级数 $f \to \{\hat{f}(n)\}_{n\in\mathbb{Z}}$ 是从 $L^1([0,2\pi])$ 到 $c_0(\mathbb{Z})$ 的单射, 证明这个映射不是满射.

对 Fourier 级数与 Fourier 变换的收敛性质的研究, 在泛函分析的发展中起了重要的作用. 更多内容参见文献 [12].

22. 设 $\{e_1, e_2, \cdots, e_n, \cdots\}$ 是 Hilbert 空间 H 的一组标准正交基, L_n 是 e_n 生成的线性子空间, P_n 是 H 到 L_n 上的投影. 证明: 当 n 趋于无穷时, P_n 强算子收敛于 0, $\sum\limits_{i=1}^{n} P_i$ 强算子收敛于 I.

23. 设 Hilbert 空间 H 上有界线性算子列 $\{A_n\}, \{B_n\}$ 分别强算子收敛于 A, B. 证明: 算子列 $\{A_nB_n\}$ 强算子收敛于 AB. 在弱算子收敛下, 相应的结论是否成立? 并说明理由.

24. 使用下面的方法给出 $L^2[0,1]$ 是 $L^1[0,1]$ 的第一纲子集的两种不同的证明.

(i) $\{f \in L^2[0,1] : \|f\|_2 \leqslant n\}$ 在 $L^1[0,1]$ 中是不含内点的闭子集.

(ii) 从 $L^2[0,1]$ 到 $L^1[0,1]$ 的嵌入映射不是满的.

25. **(Toeplitz)** 对于一个无穷阶数值矩阵 $A = (a_{i,j})_{1\leqslant i,j\leqslant \infty}$, 可引入 A-求和法: 令 $s_n = x_1 + x_2 + \cdots + x_n$ 为数项级数 $\sum\limits_{n=1}^{\infty} x_n$ 的部分和. 若 Cauchy 和

$$\sigma_n = a_{n1}s_1 + a_{n2}s_2 + \cdots \tag{3.4}$$

都存在, 且 $\lim\limits_{n\to\infty}\sigma_n$ 收敛, 则称其极限 σ 为数项级数 $\sum\limits_{n=1}^{\infty}x_n$ 按求和矩阵 A 的广义和, 记为 $A - \sum\limits_{n=1}^{\infty}x_n$. 证明下面两个条件是等价的:

(i) A-求和法是正则的, 即: 若 $\sum_{n=1}^{\infty} x_n$ 收敛, 则 $A - \sum_{n=1}^{\infty} x_n$ 存在且与 $\sum_{n=1}^{\infty} x_n$ 相等.

(ii) $\lim_{n \to \infty} a_{nj} = 0$, $\lim_{n \to \infty} \sum_{j=1}^{\infty} a_{nj} = 1$, 且 $b \stackrel{\text{def}}{=\!=} \sup_n \sum_{j=1}^{\infty} |a_{nj}| < \infty$.

同时证明: 由 (3.4) 式定义的线性变换 $T(\{s_n\}) = \{\sigma_n\}$ 是 c 上的有界线性算子, 且 $\|T\| = b$. 对于数项级数和积分, 寻找各种正则求和法讨论相互之间的联系是 Tauber (陶伯) 型定理的主要内容. 对发散级数的处理也经常使用正则求和法. 对数项级数 $\sum_{n=1}^{\infty} x_n$ 及部分和 $s_n = x_1 + x_2 + \cdots + x_n$, 设 $\sigma_n = \dfrac{s_1 + s_2 + \cdots + s_n}{n}$, 再令 n 趋于无穷即为 Cesàro (切萨罗) 的 $(C, 1)$-求和法. 而 Abel (阿贝尔) 求和法则是研究 $|z| < 1$ 时的幂级数 $\sum_{n=1}^{\infty} x_n z^n$, 再取 z 趋于 1 的极限. 这些求和算法在 Fourier 级数的分析中起了重要的作用.

26. **(Grothendieck (格罗滕迪克))** 设 $1 \leqslant p < \infty$, E 是 $L^p[0,1]$ 的闭线性子空间, 且 E 是 $L^\infty[0,1]$ 的子集.
    (i) 证明: E 也是 $L^\infty[0,1]$ 的一个闭线性子空间.
    (ii) 证明: 存在 $C > 0$ 使得 $\|f\|_\infty \leqslant C \|f\|_p$.
    (iii) 证明: 存在 $A > 0$ 使得 $\|f\|_\infty \leqslant A \|f\|_2$.
    (iv) 固定 E 中的一个标准正交系 $\{f_1, f_2, \cdots, f_n\}$. 证明: 存在常数 M 以及 $[0,1]$ 中 Lebesgue 可测集 H, $m(H) = 1$, 使得对满足 $|a_1|^2 + |a_2|^2 + \cdots + |a_n|^2 = 1$ 的数组 $(a_1, a_2, \cdots, a_n)$ 和 $x \in H$, 有
    $$|a_1 f_1(x) + a_2 f_2(x) + \cdots + a_n f_n(x)| \leqslant M.$$
    (v) 固定 E 中的一个标准正交系 $\{f_1, f_2, \cdots, f_n\}$. 证明: 存在常数 B, 使得对几乎处处的 $x \in [0,1]$, 都有 $\sum_{i=1}^{n} |f_i(x)|^2 \leqslant B^2$.
    (vi) 证明: E 是有限维的.

3.3 共轭算子

3.3.1 赋范线性空间中的共轭算子

现在将有限维空间中转置矩阵的概念推广到一般赋范线性空间中.

定义 3.3.1 设 T 是赋范线性空间 X 到赋范线性空间 Y 的有界线性算子, 如果有 Y^* 到 X^* 的算子 T^*, 使得

$$(T^*f)(x) = f(Tx), \quad \forall x \in X, f \in Y^*. \tag{3.5}$$

那么就称 T^* 是 T 的共轭算子, 或伴随算子.

例 3.3.1 设 E 是 n 维赋范线性空间, F 是 m 维赋范线性空间, T 是从 E 到 F 的

一个线性算子. 如果 $\{e_1, e_2, \cdots, e_n\}$ 是 E 的一组基, $\{f_1, f_2, \cdots, f_m\}$ 是 F 的一组基, 那么 $Te_i(i=1,2,\cdots,n)$ 可以写成 $\{f_1, f_2, \cdots, f_m\}$ 的线性组合, 即

$$Te_i = \sum_{j=1}^{m} \alpha_{ji} f_j, \quad i=1,2,\cdots,n.$$

或者写成

$$T(e_1, e_2, \cdots, e_n) = (f_1, f_2, \cdots, f_m) \begin{pmatrix} \alpha_{11} & \alpha_{12} & \cdots & \alpha_{1n} \\ \alpha_{21} & \alpha_{22} & \cdots & \alpha_{2n} \\ \vdots & \vdots & & \vdots \\ \alpha_{m1} & \alpha_{m2} & \cdots & \alpha_{mn} \end{pmatrix}.$$

定义: $e_i^*(e_j) = \delta_{ij}(1 \leqslant i,j \leqslant n)$ 和 $f_\mu^*(f_\nu) = \delta_{\mu\nu}(1 \leqslant \mu, \nu \leqslant m)$ ($\{e_1^*, e_2^*, \cdots, e_n^*\}$ 称为 $\{e_1, e_2, \cdots, e_n\}$ 的对偶基), 那么 T 的共轭算子 T^* 为

$$T^*(f_1^*, f_2^*, \cdots, f_m^*) = (e_1^*, e_2^*, \cdots, e_n^*) \begin{pmatrix} \alpha_{11} & \alpha_{21} & \cdots & \alpha_{m1} \\ \alpha_{12} & \alpha_{22} & \cdots & \alpha_{m2} \\ \vdots & \vdots & & \vdots \\ \alpha_{1n} & \alpha_{2n} & \cdots & \alpha_{mn} \end{pmatrix}.$$

因此, 在对偶基下, 算子 T 的共轭算子 T^* 的矩阵表示相应于转置矩阵.

例 3.3.2 例 2.1.10 中的算子 T 视为从 $L^1[a,b]$ 到 $C[a,b]$ 上的算子时, 它的共轭算子 T^* 是从 $V_0[a,b]$ 到 $L^\infty[a,b]$ 的算子:

$$(T^*\varphi)(x) = \int_x^b \mathrm{d}\varphi(t), \quad \forall \varphi \in V_0[a,b].$$

如果视 T 为 $L^1[a,b] \mapsto L^1[a,b]$ 的算子, 它的共轭算子 T^* 是从 $L^\infty[a,b]$ 到 $L^\infty[a,b]$ 的算子:

$$(T^*\varphi)(x) = \int_x^b \varphi(t)\mathrm{d}t, \quad \forall \varphi \in L^\infty[a,b].$$

证明 我们只证明第一个断言. 由共轭算子定义, T^* 是从 $V_0[a,b]$ 到 $L^\infty[a,b]$ 的算子. 要说明 T^* 是给定的形式, 只需验证对于 $\varphi \in V_0[a,b], f \in L^1[a,b]$, 等式

$$\int_{[a,b]} (Tf)(t)\mathrm{d}\varphi(t) = \int_{[a,b]} (T^*\varphi)(x)f(x)\mathrm{d}x$$

成立. 代入 $(Tf)(t) = \int_a^t f(x)\mathrm{d}x, (T^*\varphi)(x) = \int_x^b \mathrm{d}\varphi(t)$, 并使用 Fubini (富比尼) 定理交换积分次序即得结论. □

定理 3.3.1 设 X 和 Y 是赋范线性空间, 那么
(i) 对每个 $T \in \mathfrak{B}(X,Y)$, 共轭算子 T^* 存在且唯一;

(ii) 映射 $T \mapsto T^*$ 是由 $\mathfrak{B}(X,Y)$ 到 $\mathfrak{B}(Y^*,X^*)$ 的保范线性算子；

(iii) $I_{X^*} = (I_X)^*$；

(iv) 又设 Z 是赋范线性空间，$S \in \mathfrak{B}(Y,Z)$，那么 $(ST)^* = T^*S^*$；

(v) 若 $T \in \mathfrak{B}(X,Y)$ 可逆，则共轭算子 T^* 也可逆，它的逆为 $(T^{-1})^*$.

(vi) 若 $T \in \mathfrak{B}(X,Y)$，则 $T^{**} \stackrel{\text{def}}{=} (T^*)^* \in \mathfrak{B}(X^{**},Y^{**})$. 使用典范映射将 X,Y 分别视为 X^{**},Y^{**} 的子空间，那么 $T^{**}|_X = T$.

证明 (i) 对于 $f \in Y^*$，定义 X 上的泛函 $\varphi: x \mapsto f(Tx)$，这是线性泛函，由于

$$|\varphi(x)| = |f(Tx)| \leqslant \|f\| \|T\| \|x\|.$$

φ 是 X 上的有界线性泛函，记这个泛函为 $T^*f: (T^*f)(x) = f(Tx)$，并且 $\|T^*f\| \leqslant \|f\| \|T\|$，因此得到从 Y^* 到 X^* 的映射 $T^*: f \mapsto T^*f$，这是个线性映射，并且 $\|T^*\| \leqslant \|T\|$. 显然满足等式 (3.5) 的 T^* 是由 T 唯一确定的.

(ii) 只要证明 $\|T^*\| \geqslant \|T\|$. 如果 $T = 0$，不需要证明. 假设 $T \neq 0$，则对于任意的 $x \in X$，如果 $Tx \neq 0$，则由泛函的存在性定理：存在 $f \in Y^*, \|f\| = 1$，并且 $f(Tx) = \|Tx\|$，于是

$$\|Tx\| = f(Tx) = (T^*f)(x) \leqslant \|T^*f\| \|x\| \leqslant \|T^*\| \|x\|.$$

如果 $Tx = 0$，上式自动成立，所以上式对一切 x 都成立，即有 $\|T\| \leqslant \|T^*\|$，因此 $\|T^*\| = \|T\|$，即映射 $T \mapsto T^*$ 是保范的.

其他显然. $\square$

3.3.2 Hilbert 空间中的共轭算子

由于 Hilbert 空间 H 和它的对偶空间 H^* 可以一致化，因此对偶空间上的共轭算子的概念可以引进到 Hilbert 空间本身中去.

定理 3.3.2 设 G, H 是 Hilbert 空间，$T \in \mathfrak{B}(H,G)$，那么有唯一的有界线性算子 $S \in \mathfrak{B}(G,H)$，使得

$$\langle Tx, y \rangle = \langle x, Sy \rangle, \quad \forall x \in H, y \in G, \tag{3.6}$$

并且 $\|S\| = \|T\|$.

证明 对任何 $y \in G$，因为

$$|\langle Tx, y \rangle| \leqslant \|Tx\| \|y\| \leqslant \|T\| \|x\| \|y\|,$$

所以 $\varphi_y(x) = \langle Tx, y \rangle$ 是 H 上的有界线性泛函，因为 H 是 Hilbert 空间，由 F. Riesz 定理，有唯一的 $z \in H$，使得

$$\varphi_y(x) = \langle x, z \rangle = \langle Tx, y \rangle, \quad \forall x \in H. \tag{3.7}$$

作 G 到 H 的算子 S 如下: 对于 $y \in G$, 令 $Sy = z$. 这样作出的算子 S 满足 (3.6) 式.

下面验证 S 是 $G \mapsto H$ 的有界线性算子. 对于任意的 $y_1, y_2 \in G$ 及数 α_1, α_2,

$$\langle Tx, \alpha_1 y_1 + \alpha_2 y_2 \rangle = \overline{\alpha_1} \langle Tx, y_1 \rangle + \overline{\alpha_2} \langle Tx, y_2 \rangle$$
$$= \overline{\alpha_1} \langle x, Sy_1 \rangle + \overline{\alpha_2} \langle x, Sy_2 \rangle$$
$$= \langle x, \alpha_1 Sy_1 + \alpha_2 Sy_2 \rangle.$$

由唯一性得到 $S(\alpha_1 y_1 + \alpha_2 y_2) = \alpha_1 Sy_1 + \alpha_2 Sy_2$, 即 S 是线性算子. 另外, 由 S 的定义, 可知对任何 $y \in G$, 有 $\|Sy\| = \|\varphi_y\| \leqslant \|T\| \|y\|$, 因此 S 是有界线性算子, 且 $\|S\| \leqslant \|T\|$. 由对称性, 就得到 $\|S\| = \|T\|$.

显然使 (3.6) 式成立的算子 S 是由 T 唯一确定的. □

定义 3.3.2 设 H 和 G 是两个 Hilbert 空间, $T \in \mathfrak{B}(H, G)$, 又设 $T^* \in \mathfrak{B}(G, H)$ 适合

$$\langle Tx, y \rangle = \langle x, T^* y \rangle, \quad \forall x \in H, y \in G, \tag{3.8}$$

那么称 T^* 是 T 的共轭算子或伴随算子.

定理 3.3.2 说明对任何 $T \in \mathfrak{B}(H, G)$, 存在唯一的共轭算子 $T^* \in \mathfrak{B}(G, H)$.

这个共轭算子与赋范线性空间上有界线性算子的共轭算子在形式上有些差别. 对于实 Hilbert 空间, 两者是完全一致的; 而对于复空间, 两个共轭算子稍有不同, Hilbert 空间上的共轭算子对应于高等代数中矩阵的共轭转置.

例 3.3.3 设 $\mathbb{C}^n$ 是 n 维复 Hilbert 空间, $e_1, e_2, \cdots, e_n$ 是 $\mathbb{C}^n$ 的标准正交基, 设 T 是 $\mathbb{C}^n$ 到 $\mathbb{C}^n$ 的线性算子 (这时 T 是有界的). 由于 $e_1, e_2, \cdots, e_n$ 是 $\mathbb{C}^n$ 的基, T 是线性算子, 所以 $Te_\mu (\mu = 1, 2, \cdots, n)$ 的值就决定了算子 T. 如果

$$T \begin{pmatrix} e_1 \\ e_2 \\ \vdots \\ e_n \end{pmatrix} = \begin{pmatrix} a_{11} & a_{12} & \cdots & a_{1n} \\ a_{21} & a_{22} & \cdots & a_{2n} \\ \vdots & \vdots & & \vdots \\ a_{n1} & a_{n2} & \cdots & a_{nn} \end{pmatrix} \begin{pmatrix} e_1 \\ e_2 \\ \vdots \\ e_n \end{pmatrix}. \tag{3.9}$$

当 $x \in \mathbb{C}^n, y = Tx, x, y$ 用 $e_1, e_2, \cdots, e_n$ 表示时, 即 $x = \sum_{\nu=1}^{n} x_\nu e_\nu$, $y = \sum_{\nu=1}^{n} y_\nu e_\nu$ 时, 由 (3.9) 式就得到

$$(y_1, y_2, \cdots, y_n) = (x_1, x_2, \cdots, x_n) \begin{pmatrix} a_{11} & a_{12} & \cdots & a_{1n} \\ a_{21} & a_{22} & \cdots & a_{2n} \\ \vdots & \vdots & & \vdots \\ a_{n1} & a_{n2} & \cdots & a_{nn} \end{pmatrix}. \tag{3.10}$$

$\mathbb{C}^n$ 中的线性算子 T 由 n 阶方阵 $(a_{\mu\nu})$ 决定. 而给定任何一个 n 阶方阵 $(a_{\mu\nu})$, 由

(3.9) 式决定了一个线性算子 T. 我们把 n 阶方阵 $(a_{\mu\nu})$ 称为线性算子 T 在标准正交基 $e_1, e_2, \cdots, e_n$ 下的表示矩阵. 由 (3.9) 式知道

$$a_{\mu\nu} = \langle Te_\mu, e_\nu \rangle.$$

容易知道, 在取定的标准正交基下, 线性算子 T 与它的表示矩阵 $(a_{\mu\nu})$ 之间的这种对应关系是算子与 n 阶方阵之间的一一对应.

T 的共轭算子 T^* 的表示矩阵 $(a^*_{\mu\nu})$ 为

$$a^*_{\mu\nu} = \langle T^*e_\mu, e_\nu \rangle = \langle e_\mu, Te_\nu \rangle = \overline{\langle Te_\nu, e_\mu \rangle} = \overline{a_{\nu\mu}}.$$

因此 T^* 在 $\{e_i\}$ 下的表示矩阵 $(\overline{a_{\nu\mu}})$ 就是 T 的表示矩阵 $(a_{\mu\nu})$ 的共轭矩阵.

例 3.3.4 设 $H = L^2[a,b]$, T 是 Fredholm (弗雷德霍姆) 型积分算子:

$$(Tx)(s) = \int_a^b K(s,t)x(t)\mathrm{d}t, \quad \forall x \in L^2[a,b], \tag{3.11}$$

其中 $K(s,t)$ 是矩形 $[a,b] \times [a,b]$ 上的连续函数. T 是 H 上的有界线性算子, T^* 为

$$(T^*x)(s) = \int_a^b \overline{K(t,s)}x(t)\mathrm{d}t, \quad \forall x \in L^2[a,b]. \tag{3.12}$$

由等式 (3.11) 和 (3.12) 定义的 H 上的算子 T, T^* 都是有界线性算子, 只要验证对任何 $x, y \in L^2[a,b]$, 成立 $\langle Tx, y \rangle = \langle x, T^*y \rangle$.

对于 $x, y \in L^2[a,b]$, 函数 $x(s)y(t)$ 在 $[a,b] \times [a,b]$ 上是平方可积的, 利用 Fubini 定理,

$$\begin{aligned}
\langle x, T^*y \rangle &= \int_a^b x(s) \overline{\int_a^b \overline{K(t,s)}y(t)\mathrm{d}t}\,\mathrm{d}s \\
&= \int_a^b \int_a^b K(t,s)x(s)\overline{y(t)}\mathrm{d}t\mathrm{d}s \\
&= \int_a^b \int_a^b K(t,s)x(s)\overline{y(t)}\mathrm{d}s\mathrm{d}t = \langle Tx, y \rangle.
\end{aligned}$$

所以由 (3.12) 式定义的算子 T^* 是 T 的共轭算子, 如果令 $K^*(s,t) = \overline{K(t,s)}$, 那么

$$(T^*x)(s) = \int_a^b K^*(s,t)x(t)\mathrm{d}t.$$

所以 T^* 也是 Fredholm 型积分算子. 称 $K^*(s,t)$ 为 $K(s,t)$ 的共轭核.

共轭算子是共轭矩阵概念的推广. 它具有与共轭矩阵类似的许多性质.

定理 3.3.3 (共轭算子的性质) 设 H, K, G 都是 Hilbert 空间, $S, T \in \mathfrak{B}(H, G)$, α, β 是复数, 又 $U \in \mathfrak{B}(K, H)$. 那么

(i) $(T^*)^* = T$;

(ii) $\|T^*\|^2 = \|T\|^2 = \|T^*T\|$;

(iii) $(\alpha S + \beta T)^* = \overline{\alpha}S^* + \overline{\beta}T^*$;

(iv) $(TU)^* = U^*T^*$;

(v) T 为可逆算子的充要条件是 T^* 是可逆算子, 这时 $(T^{-1})^* = (T^*)^{-1}$. 因此,T 可逆当且仅当 T^* 可逆.

证明 (i) 对任何 $x \in H, y \in G$, 因为 $\langle Tx, y \rangle = \langle x, T^*y \rangle$, 所以 $\langle T^*y, x \rangle = \langle y, Tx \rangle$, 从而 $(T^*)^* = T$.

(ii) 由定理 3.3.2 知 $\|T^*\| = \|T\|$, 于是 $\|T^*T\| \leqslant \|T\|^2$.

另一方面, 由

$$|\langle Tx, Tx \rangle| = |\langle T^*Tx, x \rangle| \leqslant \|T^*Tx\|\,\|x\| \leqslant \|T^*T\|\,\|x\|\,\|x\|$$

得到 $\|T\|^2 \leqslant \|T^*T\|$, 这就证明了 $\|T^*T\| = \|T\|^2$.

(iii) 和 (iv) 显然.

(v) 算子 T 可逆的充要条件是存在算子 $V \in \mathfrak{B}(G, H)$, 满足

$$VT = I_H, \quad TV = I_G.$$

由 (iv) 得到

$$T^*V^* = I_H, \quad V^*T^* = I_G.$$

所以 T^* 是可逆算子, 并且 $(T^*)^{-1} = V^* = (T^{-1})^*$.

而 T^* 可逆时, 由已证结果, $(T^*)^*$ 可逆. 由 (i), 即为 T 可逆. □

下面再介绍共轭算子的一个重要性质.

定理 3.3.4 设 H, G 为 Hilbert 空间, $T \in \mathfrak{B}(H, G)$, 那么

$$\ker T = \mathfrak{R}(T^*)^{\perp}, \quad \ker(T^*) = \mathfrak{R}(T)^{\perp};$$

$$\overline{\mathfrak{R}(T)} = \ker(T^*)^{\perp}, \quad \overline{\mathfrak{R}(T^*)} = \ker T^{\perp}.$$

证明 对于 $x \in H, y \in G$, 有 $\langle Tx, y \rangle = \langle x, T^*y \rangle$. 因此, 当 $x \in \ker T$ 时, 对任何 $y \in G$ 有 $\langle x, T^*y \rangle = 0$, 即 $x \in \mathfrak{R}(T^*)^{\perp}$. 另一方面, 任取 $x \in \mathfrak{R}(T^*)^{\perp}$, 这时对任何 $y \in G$, $\langle x, T^*y \rangle = 0 = \langle Tx, y \rangle$, 取 $y = Tx$ 就得到 $Tx = 0$, 即 $x \in \ker T$. 同样可以证明, $\ker(T^*) = \mathfrak{R}(T)^{\perp}$.

我们知道对于线性子空间 $L \subset H$, 有 $\overline{L} = (L^{\perp})^{\perp}$, 就可以得到另外的两个等式. □

例 3.3.5 设 $T \in B(H)$, 那么

(i) 如果 $T^*T = TT^*$, 则称 T 是正规算子. 它是复内积空间 $\mathbb{C}^n$ 上的正规矩阵的推广.

(ii) 如果 $T^* = T$, 则称 T 是自伴算子 (或自共轭算子, Hermite 算子). 它是复内积空间 $\mathbb{C}^n$ 上的 Hermite 矩阵的推广.

(iii) 如果 $T^*T = TT^* = I$, 则称 T 是酉算子. 它是复内积空间 $\mathbb{C}^n$ 上的酉矩阵的推广.

显然, 自伴算子和酉算子都是特殊的正规算子.

3.3.3 闭值域定理

在本小节我们将使用算子的基本理论证明如下结果:

定理 3.3.5 (闭值域定理) 若 X 和 Y 是 Banach 空间, $T \in \mathfrak{B}(X,Y)$, 则下列命题等价:

(i) $\mathfrak{R}(T)$ 是闭的.

(ii) $\mathfrak{R}(T^*)$ 是闭的.

(iii) $\mathfrak{R}(T) =^\perp \ker(T^*)$.

(iv) $\mathfrak{R}(T^*) = \ker T^\perp$.

首先, 我们推广 Hilbert 空间的结论, 给出 Banach 空间上算子与共轭算子的核及值域的联系.

引理 3.3.1 若 X 和 Y 是 Banach 空间, $T \in \mathfrak{B}(X,Y)$, 则 $\ker T^* = \mathfrak{R}(T)^\perp$, $\ker T =^\perp \mathfrak{R}(T^*)$. 从而 $\overline{\mathfrak{R}(T)} =^\perp \ker T^*$.

证明 直接验证可得

$$y^* \in \ker T^* \iff T^*y^* = 0 \iff 0 = T^*y^*(x) = y^*(Tx), \forall x \in X \iff y^* \in \mathfrak{R}(T)^\perp.$$

即 $\ker T^* = \mathfrak{R}(T)^\perp$. 类似可得 $\ker T =^\perp \mathfrak{R}(T^*)$. 由定理 2.5.6, $\overline{\mathfrak{R}(T)} =^\perp (\mathfrak{R}(T)^\perp) =^\perp \ker T^*$. □

一个直接的推论是, 若 T 是稠值域的 (即 $\overline{\mathfrak{R}(T)} = Y$), 则 $\ker T^* = Y^\perp = \{0\}$, T^* 是单射; 类似地, 若 T^* 是稠值域的 (即 $\overline{\mathfrak{R}(T^*)} = X^*$), 则 T 是单射.

反之, 若 T^* 是单射, 那么 $\overline{\mathfrak{R}(T)} =^\perp \{0\} = Y$, 即 T 是稠值域的. 进一步, 我们还有如下结果:

引理 3.3.2 设 X, Y 是 Banach 空间, $T \in \mathfrak{B}(X,Y)$. 若 T^* 是单射, 且 $\mathfrak{R}(T^*)$ 是闭的, 则 T 是满射.

证明 若 $\mathfrak{R}(T^*)$ 是闭的, 则 $T^* : Y^* \to \mathfrak{R}(T^*)$ 为 Banach 空间之间的双射, 由逆算子定理得, 存在 $\delta > 0$, 对于任意的 $y^* \in Y^*$, 有 $\|T^*y^*\| \geqslant \delta \|y^*\|$. 我们断言 $O_Y(0, \delta) \subset \overline{TB_X(0,1)}$. 再由引理 3.2.3, 可得 $O_Y\left(0, \dfrac{\delta}{2}\right) \subset TB_X(0,1)$, 从而就知道 T 是满射.

接下来使用反证法证明我们的断言. 假设存在 $y_0 \in Y$, $\|y_0\| < \delta$, 但 $y_0 \notin \overline{TB_X(0,1)}$. 由于 $\overline{TB_X(0,1)}$ 是凸闭子集, 根据凸集分离定理, 存在 $y_0^* \in Y^*$ 使得 $y_0^*(y_0) > 1$, 且对任意的 $y \in \overline{TB_X(0,1)}$, 有 $|y_0^*(y)| \leqslant 1$. 这也就是说, 对任意的 $x \in B_X(0,1)$,

$$|y_0^*(Tx)| = |(T^*y_0^*)(x)| \leqslant 1,$$

从而可得 $\|T^*y_0^*\| \leqslant 1$. 而 $\|y_0^*\| \geqslant \frac{|y_0^*(y_0)|}{\|y_0\|} > \frac{1}{\delta}$, 故 $\|T^*y_0^*\| \geqslant \delta\|y_0^*\| > 1 \geqslant \|T^*y_0^*\|$, 矛盾. 这就证明了假设不成立, $O_Y(0,\delta) \subset \overline{TB_X(0,1)}$. □

使用以上引理, 我们来证明闭值域定理.

闭值域定理的证明 (i) $\Rightarrow$ (iii): $\mathfrak{R}(T) = \overline{\mathfrak{R}(T)} = ^\perp \ker T^*$.

(iii) $\Rightarrow$ (i): 这是平凡的, 预零化子总是闭子空间.

(iv) $\Rightarrow$ (ii): 这也是平凡的, 零化子总是闭子空间.

(i) $\Rightarrow$ (iv): 我们先分解算子 T 为

$$T = i \circ \tilde{T} \circ \pi : X \xrightarrow{\pi} X/\ker T \xrightarrow{\tilde{T}} \overline{\mathfrak{R}(T)} \xhookrightarrow{i} Y,$$

其中 $\pi : X \to X/\ker T$ 是商映射, $i : \overline{\mathfrak{R}(T)} \to Y$ 是恒等嵌入, 诱导映射 $\tilde{T}([x]) = Tx$ 是从 $X/\ker T$ 到 $\mathfrak{R}(T)$ 稠值域的单射. 相应地, T^* 也被分解为

$$T^* = \pi^* \circ \tilde{T}^* \circ i^* : X^* \xleftarrow{\pi^*} (X/\ker T)^* \xleftarrow{\tilde{T}^*} (\overline{\mathfrak{R}(T)})^* \xleftarrow{i^*} Y^*.$$

我们检查每一步的值域. 显然 $\tilde{T}$ 是一个 Banach 空间之间的双射. 由逆算子定理, $\tilde{T}$ 可逆. 于是 $\tilde{T}^* : (\overline{\mathfrak{R}(T)})^* \to (X/\ker(T))^*$ 也是可逆的, 特别地, $\tilde{T}^*$ 是满值域的. 然后再来看 i^* 的影响, 容易看出 $i^* : Y^* \to \overline{\mathfrak{R}(T)}^*$ 的定义是 $i^*(f) = f|_{\overline{\mathfrak{R}(T)}}$, 即将 Y 上的泛函限制在 $\overline{\mathfrak{R}(T)}$ 上, 由 Hahn-Banach 延拓定理即得 i^* 是满射. 而 $\pi^*(f) = f \circ \pi : (X/\ker T)^* \to X^*$ 是 $X/\ker T$ 的对偶空间到 X 的对偶空间的自然等距嵌入 (见定理 2.3.4), 值域恰为 $\ker(T)^\perp$.

故此, $\mathfrak{R}(T^*) = \mathfrak{R}(\pi^*) = \ker(T)^\perp$.

(2) $\Rightarrow$ (1): 继续检查上面的分解, π 是一个满射, i 是一个恒等嵌入, 故 $\mathfrak{R}(T) = \mathfrak{R}(\tilde{T})$. 注意到 $\tilde{T}$ 是一个稠值域的映射, 由引理 3.3.1 知 $\tilde{T}^* : (\overline{\mathfrak{R}(T)})^* \to (X/\ker(T))^*$ 是一个单射. 根据题设 $\mathfrak{R}(T^*)$ 是闭的, 又从上段讨论知 i^* 是满射, π^* 是等距嵌入, 因此 $\mathfrak{R}(\tilde{T}^*) = \mathfrak{R}(T^*)$ 也是闭的. 再由引理 3.3.2 即得 $\mathfrak{R}(\tilde{T})$ 是闭的, 故 $\mathfrak{R}(T) = \mathfrak{R}(\tilde{T})$ 是闭的. □

由闭值域定理, 直接可得

推论 3.3.1 设 X 和 Y 是 Banach 空间, $T \in \mathfrak{B}(X,Y)$, 则 T 是可逆的当且仅当 T^* 是可逆的.

习题 3.3

1. 对 Banach 空间 X 上有界线性算子 T 和解析多项式 $p(z) = \sum_{k=0}^{n} a_k z^k$, 记 $p(T) = \sum_{k=0}^{n} a_k T^k$. 证明: $[p(T)]^* = p(T^*)$.

2. 设 $K(s,t) \in C([0,1] \times [0,1])$, 作 Banach 空间 $L^2[0,1]$ 上有界线性算子

$$(Kf)(s) = \int_0^1 K(s,t)f(t)\mathrm{d}t, \quad \forall f \in L^2[0,1].$$

求出 K^* 的表达式. 并将结果与例 3.3.4 比较.

3. 设 T 是 Hilbert 空间 l^2 上的有界线性算子. 当 $x = (x_\nu) \in l^2$ 时, 记 $Tx = (y_\nu)$, 其中

$$y_\mu = \sum_{\nu=1}^\infty a_{\mu\nu} x_\nu, \quad \mu = 1, 2, \cdots.$$

设 $T^* x = (y_\nu^*)$, $y_\mu^* = \sum_{\nu=1}^\infty a_{\mu\nu}^* x_\nu, \mu = 1, 2, \cdots$, 证明 $a_{\mu\nu}^* = \overline{a_{\nu\mu}}$.

4. 对 Lebesgue 可测函数 $\phi \in L^\infty([0,1])$, 定义 M_ϕ 为

$$M_\phi f = \phi f, \quad \forall f \in L^2([0,1]),$$

这里 $L^2([0,1])$ 为 $[0,1]$ 上复值平方可积空间. 分别在 $L^2([0,1])$ 视为 Banach 空间与 Hilbert 空间的两种情况下, 计算 M_ϕ^*.

5. 设 T 是 $l^p (1 \leqslant p < \infty)$ 上有界线性算子, 且 $Te_n = e_{n+1}(n = 1, 2, \cdots)$. 其中 e_n 为第 n 个位置为 1, 其他为 0 的数列. 求出 $\|T\|$ 及 T^*.

6. 设 U 是 Hilbert 空间 H 上的有界算子. 证明: U 是酉算子当且仅当 U 是一个满射且 U 是等距 (即 $\|Ux\| = \|x\|, \forall x \in H$).

7. 设 T 是复线性 Hilbert 空间 H 上的有界算子. 证明: T 是自伴算子当且仅当对任意 $x \in H$, $\langle Tx, x \rangle$ 都是实值的.

8. 设 P 是 Hilbert 空间 H 到闭线性子空间 L 的投影, 证明 P 是自伴算子.

9. 若 $\{U_n\}, U$ 都是 Hilbert 空间 H 上的酉算子. 证明: U_n 强算子收敛于 U 当且仅当 U_n 弱算子收敛于 U.

10. (**Cotlar** (科特勒)) 设 $T_1, T_2, \cdots, T_m$ 是 Hilbert 空间 H 上的有界线性算子, 非负数组 $\{\alpha_{1-m}, \alpha_{2-m}, \cdots, \alpha_{m-1}\}, \{\beta_{1-m}, \beta_{2-m}, \cdots, \beta_{m-1}\}$ 满足

$$\|T_j^* T_k\| \leqslant \alpha_{j-k}^2, \|T_j T_k^*\| \leqslant \beta_{j-k}^2, 1 \leqslant j, k \leqslant m.$$

记 $A = \sum_{k=1-m}^{m-1} \alpha_k, B = \sum_{k=1-m}^{m-1} \beta_k, C = \sup_{1 \leqslant k \leqslant m} \|T_k\|, T = T_1 + T_2 + \cdots + T_m$.

(i) 对任意正整数 $n = 2^k$, 证明 $\|(T^*T)^n\| \leqslant mCA^n B^{n-1}$;

(ii) 证明 $\|T\| \leqslant \sqrt{AB}$.

11. 证明推论 3.3.1.

12. 设 X, Y 是 Banach 空间, $T \in \mathfrak{B}(X, Y)$. 证明: T 是满射当且仅当 T^* 是下有界的, 即存在正数 c 使得对任意 $y^* \in Y^*$, 有 $\|T^* y^*\| \geqslant c\|y^*\|$.

13. 举例说明: 存在 Banach 空间 X 上的有界算子 T, 使得 T 是单射, 但是 T^* 的值域在 X^* 中不稠密.

第四章

谱理论初步

在对有限维空间上线性变换与矩阵理论的研究中, 最核心的一个想法是寻找矩阵的特征值、特征向量, 从而将矩阵表示为对角矩阵、Jordan (若尔当) 块等简便的形式. 在泛函分析中, 我们也根据线性算子的谱 (特征值) 研究算子的性质. 下面我们将对这方面最基本的概念作一简单介绍.

为简化叙述, 在本章中若无特别注释, 我们总假设所涉及的赋范线性空间是复线性且完备的.

4.1 预解集与谱集

特征值与特征向量 有限维线性空间上线性变换的特征值及特征向量的概念是大家了解的. 在微分方程和积分方程中也有特征值和特征函数的概念. 现在把它们推广到一般的线性空间上来.

定义 4.1.1 设 X 是赋范线性空间, λ 为一数, $T \in \mathfrak{B}(X, X)$.

(i) 如果存在 X 中非零向量 x, 使得

$$Tx = \lambda x, \tag{4.1}$$

那么就称 λ 是 T 的特征值 (或本征值), 而称 x 为 T (相应于特征值 λ) 的特征向量 (或本征向量).

(ii) 记 $E_\lambda = \{x : Tx = \lambda x\}$ 是算子 T 的 (相应于特征值 λ 的) 特征向量全体, 再加入零向量, 称 E_λ 为算子 T 的 (相应于特征值 λ 的) 特征向量空间. E_λ 是闭子空间.

(iii) 称 E_λ 的维数 $\dim E_\lambda$ 为特征值 λ 的重复度, 这就是方程 (4.1) 的最大线性无关解组中向量的个数.

例 4.1.1 设 X 是 n 维向量空间, T 为 X 上的线性算子. 在 X 中任取一组基 $\{e_1, e_2, \cdots, e_n\}$, 设 T 相应的矩阵是 $(a_{\mu\nu})$. 这也就是说, 如果记

$$Tx = y,$$

其中

$$x = \sum_{\nu=1}^{n} x_\nu e_\nu, \quad y = \sum_{\mu=1}^{n} y_\mu e_\mu,$$

那么 $y_\mu = \sum_{\nu=1}^{n} a_{\mu\nu} x_\nu$. 这时方程 (4.1) 可改写成线性方程组

$$\sum_{\nu=1}^{n} a_{\mu\nu} x_\nu = \lambda x_\mu, \quad \mu = 1, 2, \cdots, n. \tag{4.2}$$

因此, λ 为算子 T 的特征值的充要条件是 λ 为矩阵 $(a_{\mu\nu})$ 的特征值, 且 λ 的重复度就是线性方程组 (4.2) 的线性独立的最大解组中解的个数. 如果系数矩阵 $(\lambda\delta_{\mu\nu} - a_{\mu\nu})$ 的秩为 $n-r$, 那么重复度就是 r.

例 4.1.2 设 P 是 Hilbert 空间 H 到非平凡闭线性子空间 M 上的投影. 那么, $0, 1$ 是 P 的两个特征值, 对应的特征向量空间分别为 $M^\perp, M$.

而对任意数 $\lambda \neq 0, 1, \lambda I - P$ 均是可逆的.

例 4.1.3 令 $X = L^2[a, b]$. 有界线性算子 $T : X \to X$ 为

$$(Tx)(t) = \int_a^t x(s)\mathrm{d}s, \quad x \in L^2[a, b].$$

方程 (4.1) 即为

$$\int_a^t x(s)\mathrm{d}s = \lambda x(t), \quad x \in L^2[a, b]. \tag{4.3}$$

对任何 λ, (4.3) 式只有零解, 所以 T 没有特征值. 我们分情况讨论. 当 $\lambda = 0$ 时, x 是零函数的导数, 故 $x(t) = 0$; 当 $\lambda \neq 0$ 时, x 是绝对连续函数, 对 (4.3) 式求导得 $x(t) = \lambda x'(t)$. 由常微分方程的知识 $x(t) = Ce^{t/\lambda}$. 注意到 $x(a) = 0$, 故常数 $C = 0$, x 恒为 0.

从这个例子我们可以认识到, 在无穷维空间上直接使用特征值的概念是不太适当的.

4.1.1 算子的正则点与谱点

在本小节, 我们给出无穷维空间上算子谱的定义和基本性质.

定义 4.1.2 设 X 是复赋范线性空间, T 是 X 上的有界线性算子, λ 是一复数.

(i) 如果 $\lambda I - T$ 是 X 上的可逆算子, 即 $\lambda I - T$ 是 X 上的双射, 且它的逆算子 $(\lambda I - T)^{-1}$ 是 X 上的有界线性算子, 则称 λ 是 T 的正则点, 并称 $R_\lambda(T) = (\lambda I - T)^{-1}$ 是 T 的预解算子.

(ii) 不是正则点的复数 λ 称为 T 的谱点.

(iii) 复平面上正则点全体称为 T 的预解集, 记为 $\rho(T)$.

(iv) 谱点全体称为 T 的谱集 (或称为谱), 记为 $\sigma(T)$.

显然 $\rho(T) \cup \sigma(T)$ 就是整个复平面.

引理 4.1.1 设 T 是复赋范线性空间 X 上的有界线性算子.

(i) λ 是 T 的正则点的充要条件是方程

$$(\lambda I - T)x = y \tag{4.4}$$

对任何 y 都有解, 且存在正的常数 m, 使得 $\|x\| \leqslant m\|y\|$.

(ii) λ 不是 T 的特征值的充要条件是 $\lambda I - T$ 是 X 到 X 中的单射. 此时, 如果 X 还是有限维空间, 那么 λ 是 T 的正则点.

证明 (i) 由 $\|x\| = \|(\lambda I - T)^{-1} y\| \leqslant \|\lambda I - T^{-1}\| \|y\|$, 得到必要性.

因为 $\|x\| \leqslant m \|y\|$, 所以当 $y = 0$ 时, 方程 (4.4) 只有零解. 由方程的线性性就得到 $\lambda I - T$ 是单的, 并且 $\|(\lambda I - T)^{-1} y\| = \|x\| \leqslant m \|y\|$, 得到 $(\lambda I - T)^{-1}$ 是有界的, 所以 $\lambda I - T$ 可逆.

(ii) 前一个论断显然. 如果 λ 不是 $\lambda I - T$ 的特征值, 并且 X 是有限维的空间, 由线性代数的知识得到 $\lambda I - T$ 也是满射. $\square$

根据谱的定义, 立即可得谱的一些常用性质.

例 4.1.4 (i) 设 T 是 Banach 空间 X 上的有界线性算子. 对于数 $a \neq 0, b$, 由于 $\lambda I - (b + aT)$ 可逆当且仅当 $\dfrac{\lambda - b}{a} I - T$ 可逆, 故 $\rho(b + aT) = b + a\rho(T), \sigma(b + aT) = b + a\sigma(T)$.

(ii) 设 T_1, T_2 是 Banach 空间 X 上的有界线性算子, 若 T_1 和 T_2 同时可逆, 则乘积 $T_1 T_2$ 也是可逆的, $T_2^{-1} T_1^{-1}$ 就是 $T_1 T_2$ 的逆. 逆命题一般不成立 (见例 3.2.1).

但在 $T_1 T_2 = T_2 T_1$ 的情况下, $T_1 T_2$ 可逆当且仅当 T_1 和 T_2 同时可逆: 只需说明必要性. 若 $T_1 T_2$ 可逆, 容易验证 $(T_1 T_2)^{-1} T_2 = T_2 (T_1 T_2)^{-1}$, 由定义即得它就是 T_1 的逆. T_2 的可逆性可用类似的讨论.

(iii) 设 X 为 Banach 空间, $T \in \mathfrak{B}(X)$. 由于 $\lambda I_X - T$ 可逆等价于 $\lambda I_{X^*} - T^*$ 可逆, 故 $\rho(T) = \rho(T^*), \sigma(T) = \sigma(T^*)$. 对于 Hilbert 空间 H 上有界线性算子 T, 类似可得 $\rho(T) = \overline{\rho(T^*)}$ 及 $\sigma(T) = \overline{\sigma(T^*)}$.

(iv) 对 Banach 空间 X 上可逆算子 T, 由于 $\lambda \neq 0$ 时, $\lambda I_X - T^{-1}$ 可逆当且仅当 $T - \dfrac{1}{\lambda} I_X$ 可逆, 故 $\sigma(T^{-1}) = \left\{ \lambda \in \mathbb{C} : \dfrac{1}{\lambda} \in \sigma(T) \right\}$.

线性算子谱的分类 对无限维空间中算子 T 而言, 它的谱点不仅限于特征值. 如例 4.1.3 中算子 T 就没有特征值, 但是 $0I - T$ 不是到上的映射, 因此 0 并不是正则点. 所以, 在无限维空间中算子谱的情况是复杂的. 下面介绍在理论研究和应用中使用较为广泛的对谱的一种分类.

设 X 是复 Banach 空间, T 为 X 上的有界线性算子, $\lambda \in \sigma(T)$. 由逆算子定理, 这也就是说 $\lambda I - T$ 不是单射或者满射.

(i) λ 是算子 T 的特征值, 即 $\ker(\lambda I - T) \neq \{0\}$. 这时算子 $\lambda I - T$ 不是单的, 因而特征值是谱点. 特征值全体称为算子的点谱, 记作 $\sigma_p(T)$.

(ii) λ 不是算子 T 的特征值, 即 $\ker(\lambda I - T) = \{0\}$, 然而算子的值域 $\overline{\mathfrak{R}(\lambda I - T)} \neq X$. 则称 λ 为 T 的剩余谱点, 其全体记作 $\sigma_r(T)$. 这时算子 $\lambda I - T$ 是单的. 但是如果从它的共轭算子来看, T 的值域不稠密, 即 $\ker(\lambda I - T)^* = \overline{\mathfrak{R}(\lambda I - T)}^{\perp} \neq \{0\}$.

(iii) λ 不是算子 T 的特征值, 算子的值域 $\overline{\mathfrak{R}(\lambda I - T)} = X$, 然而 $\mathfrak{R}(\lambda I - T) \neq X$. 这类谱点称为连续谱点, 其全体记作 $\sigma_c(T)$. 产生这种情况缘于 $\lambda I - T$ 虽然是单射且稠值域的, 但 $\lambda I - T$ 不是下有界的. 在这种情况下, 可以取到 X 中一个序列 $\{x_n\}$,

$\|x_n\| = 1$, 虽然 $(\lambda I - T)x_n \neq 0$, 但 $(\lambda I - T)x_n \to 0$ $(n \to \infty)$.

下面的例子说明, 在无限维空间中, (ii), (iii) 都是会出现的.

例 4.1.5 定义 $C[0,1]$ 上的线性算子 T 为

$$T : x(t) \mapsto tx(t),$$

容易证明 T 是有界线性算子, $\|T\| = 1$. 它的谱 $\sigma(T) = \sigma_r(T) = [0,1]$.

证明 考虑方程 $(\lambda I - T)x = (\lambda - t)x = y$.

当 $\lambda \notin [0,1]$ 时, 对任意 $y \in C[0,1]$, 方程都有唯一解 $x(t) = \dfrac{y(t)}{\lambda - t}$. 则 $\lambda I - T$ 是一个双射, 故 $\lambda I - T$ 可逆.

当 $\lambda \in [0,1]$ 时, 先考虑 $\ker(\lambda I - T)$, 即 $(\lambda - t)x = 0$ 的解. 此时, 当 $t \neq \lambda$ 时有 $x(t) = 0$, 再由 $x(t) \in C[0,1]$ 知 $x(t) \equiv 0$. 故 $\ker(\lambda I - T) = \{0\}$, $\lambda I - T$ 为单射. 但是, $\lambda I - T$ 并不是满射. 对任意 $y(t) = (\lambda - t)x(t) \in \Re(\lambda I - T)$, 我们有 $y(\lambda) = 0$. 也就是说,

$$\Re(\lambda I - T) \subset \{y \in C[0,1] : y(\lambda) = 0\}.$$

从而可得 $\overline{\Re(\lambda I - T)} \neq C[0,1]$. 即 $\lambda \in \sigma_r(T)$, $\sigma(T) = \sigma_r(T) = [0,1]$. □

例 4.1.6 令 $L^2[0,1]$ 上有界线性算子 T 为

$$T : x(t) \mapsto tx(t).$$

则它的谱 $\sigma(T) = \sigma_c(T) = [0,1]$.

证明 仍旧来看方程 $(\lambda I - T)x = (\lambda - t)x = y$.

当 $\lambda \notin [0,1]$ 时, 对任意 $y \in L^2[0,1]$, 方程都有唯一解 $x(t) = \dfrac{y(t)}{\lambda - t}$. 则 $\lambda I - T$ 是一个双射, 故 $\lambda I - T$ 可逆.

$\lambda \in [0,1]$ 时, 同上可得 $\ker(\lambda I - T) = \{0\}$, $\lambda I - T$ 为单射. 而它的值域

$$\Re(\lambda I - T) = \left\{ (\lambda - t)x(t) : x \in L^2[0,1] \right\}.$$

由于 $\dfrac{1}{\lambda - t} \notin L^2[0,1]$, 故 $1 \notin \Re(\lambda I - T)$. 但对任意 $y(t) \in L^2[0,1]$, 取 $x_n(t) = \dfrac{y(t)}{\lambda - t}\chi_{\left\{t:|\lambda - t| > \frac{1}{n}\right\}}$, 则 $x_n(t) \in L^2[0,1]$ 且 $(\lambda I - T)x_n = y(t)\chi_{\left\{t:|\lambda - t| > \frac{1}{n}\right\}} \to y(t)$ $(n \to \infty)$. 也就是说, $\Re(\lambda I - T) \neq L^2[0,1]$, 而 $\overline{\Re(\lambda I - T)} = L^2[0,1]$, 故 $\sigma(T) = \sigma_c(T) = [0,1]$. □

4.1.2 谱的初步性质

对于一个具体算子, 要确定出它的谱是不容易的事, 甚至经常是某个研究领域的核心问题, 往往需要深入地研究才能得到一些定性的结果. 然而, 从谱的定义出发, 我们就能得到一些谱的一般性质, 可以帮助我们更快地确定谱所在的范围.

引理 4.1.2 设 X 为 Banach 空间, $T \in \mathfrak{B}(X)$. 如果 $\|T\| < 1$, 那么算子 $I - T$ 可

逆, 并且
$$(I-T)^{-1} = \sum_{n=0}^{\infty} T^n.$$

证明 因为 $\mathfrak{B}(X)$ 是完备的, 且 $\sum_{n=0}^{\infty}\|T\|^n < \infty$, 所以级数 $\sum_{n=0}^{\infty} T^n$ 在 $\mathfrak{B}(X)$ 中收敛, 记极限为 S, 容易验证:
$$S(I-T) = (I-T)S = I. \qquad \square$$

推论 4.1.1 设 X 为 Banach 空间, T 在 $\mathfrak{B}(X)$ 中可逆. 若 $S \in \mathfrak{B}(X)$, 且 $\|S-T\| \leqslant \dfrac{1}{2\|T^{-1}\|}$, 那么 S 也是可逆的, 且 $\|S^{-1} - T^{-1}\| \leqslant 2\|T^{-1}\|^2\|T-S\|$.

证明 由题设知,
$$\|I - T^{-1}S\| = \|T^{-1}(T-S)\| \leqslant \|T^{-1}\|\|T-S\| \leqslant \frac{1}{2}.$$

由引理 4.1.2, $T^{-1}S$ 在 $\mathfrak{B}(X)$ 中可逆. 所以 $S = T(T^{-1}S)$ 也是可逆的, 且
$$\|S^{-1}\| \leqslant \|T^{-1}\|\|(T^{-1}S)^{-1}\| \leqslant \|T^{-1}\|\sum_{n=0}^{\infty}\|(I-T^{-1}S)^n\| \leqslant 2\|T^{-1}\|.$$

从而
$$\|S^{-1} - T^{-1}\| = \|S^{-1}(T-S)T^{-1}\| \leqslant 2\|T^{-1}\|^2\|T-S\|. \qquad \square$$

由此可知, 可逆元全体 $\mathfrak{B}(X)^{-1}$ 是 $\mathfrak{B}(X)$ 中的开集, 并且映射 $T \to T^{-1}$ 在 $\mathfrak{B}(X)^{-1}$ 上连续.

定理 4.1.1 设 X 为 Banach 空间, $T \in \mathfrak{B}(X)$, 则

(i) 当 $|\lambda| > \|T\|$ 时, $\lambda \in \rho(T)$;

(ii) $\rho(T)$ 是开集;

(iii) $\sigma(T)$ 是一个紧集.

证明 (i) 当 $|\lambda| > \|T\|$ 时, $\left\|\dfrac{T}{\lambda}\right\| < 1$. 由引理 4.1.2, 算子 $\lambda I - T = \lambda\left(I - \dfrac{T}{\lambda}\right)$ 可逆, 所以 $\lambda \in \rho(T)$.

(ii) 我们通过预解式来证明这个结论. 定义映射 $R: \mathbb{C} \to \mathfrak{B}(X)$ 为
$$R(\lambda) = \lambda I - T, \quad \forall \lambda \in \mathbb{C}.$$

显然 R 为连续映射. 容易验证 $\rho(T) = R^{-1}(\mathfrak{B}(X)^{-1})$, 而 $\mathfrak{B}(X)^{-1}$ 是 $\mathfrak{B}(X)$ 中开集, 故 $\rho(T)$ 为开集.

(iii) 由 (i), (ii) 得 $\sigma(T)$ 是一个有界闭集, 故是紧的. $\qquad \square$

定义 4.1.3 设 X 为 Banach 空间, $T \in \mathfrak{B}(X)$. 定义 T 的谱半径 $r(T) = \sup\limits_{x \in \sigma(T)} |x|$.

由定理 4.1.1 知 $r(T) \leqslant \|T\|$.

例 4.1.7 设 $A = \begin{pmatrix} 0 & 1 \\ 0 & 0 \end{pmatrix}$, 则 $r(A) = 0 \neq \|A\| = 1$.

我们计算一个简单但非常重要的算子的谱.

例 4.1.8 令 S, T 分别是 Hilbert 空间 l^2 的左移位算子与右移位算子,

$$S(x_1, x_2, \cdots) \mapsto (x_2, x_3, \cdots); \quad T(x_1, x_2, \cdots) \mapsto (0, x_1, x_2, \cdots).$$

对它们的谱作讨论可得, $\sigma(T) = \sigma(S) = \overline{\mathbb{D}}$.

证明 对于 $x = (x_1, x_2, \cdots, x_n, \cdots)$,

$$\|Tx\|^2 = \sum_{n=1}^{\infty} |x_n|^2 = \|x\|^2.$$

所以 $\|T\| = 1$. 故 $r(T) \leqslant 1$. 而且, 对于 $x = (x_1, x_2, \cdots, x_n, \cdots)$, $y = (y_1, y_2, \cdots, y_n, \cdots) \in l^2$,

$$\langle Tx, y \rangle = \sum_{n=1}^{\infty} x_n \overline{y_{n+1}} = \langle x, Sy \rangle.$$

因此, T 的共轭算子 $T^* = S$. 故 $\|S\| = 1, r(S) \leqslant 1$, 根据例 4.1.4 中 (iii) 得 $\sigma(T) = \overline{\sigma(S)}$.

当 $|\lambda| < 1$ 时, $\ker(\lambda I - S) \neq \{0\}$: 如果 $\lambda = 0$, 显然成立; 如果 $\lambda \neq 0$, 将 $x = (x_1, x_2, \cdots, x_n, \cdots)$ 代入方程 $(\lambda I - S)x = 0$, 可得

$$0 = (\lambda I - S)x = (\lambda x_1 - x_2, \lambda x_2 - x_3, \cdots, \lambda x_n - x_{n+1}, \cdots),$$

故此 $\lambda x_n = x_{n+1} (n = 1, 2, \cdots)$. 由此得到 $x_n = \lambda^{n-1} x_1$. 特别地, 取 $x_1 = 1$, 我们就得到一个非零解 $x = (1, \lambda, \lambda^2, \cdots)$. 由 $\sum_{n=1}^{\infty} |\lambda|^{2(n-1)} < \infty$, 即得 $x \in l^2$. 从而 $\ker(\lambda I - S)$ 不是平凡的, $\lambda \in \sigma_p(S)$.

由此可知 $\{z : |z| < 1\} \subset \sigma(S) \subset \{z : |z| \leqslant 1\}$. 注意到 $\sigma(S)$ 是闭的, 则 $\sigma(S) = \{z : |z| \leqslant 1\}$. 再由例 4.1.4 中 (iii) 可知, $\sigma(T) = \{z : |z| \leqslant 1\}$.

实际上, 也容易直接证明单位圆周属于 S 的谱集. 对任意 $|\lambda| = 1$, 尽管 $\lambda \notin \sigma_p(S)$, 我们依然可以说明 $\lambda I - S$ 不是可逆的. 令

$$x^{(n)} = (1, \lambda, \lambda^2, \cdots, \lambda^n, 0, 0, 0, \cdots),$$

则 $x^{(n)} \in l^2$, 且 $(\lambda I - S)x^{(n)} = \lambda^{n+1} e_{n+1}$. 故 $\dfrac{\|(\lambda I - S)x^{(n)}\|}{\|x^{(n)}\|} = \dfrac{1}{\sqrt{n+1}} \to 0 \; (n \to \infty)$. 这说明 $\lambda I - S$ 不是可逆的, $\lambda \in \sigma(S)$. □

使用谱的性质, 我们还能得到酉算子谱的一般结果.

例 4.1.9 设 H 为 Hilbert 空间, $U \in \mathfrak{B}(H)$ 为酉算子: $UU^* = U^*U = I$, 即 $U^{-1} = U^*$. 它是酉矩阵在无限维情形的推广.

由于 $\|U\|^2 = \|UU^*\| = \|U^*\|^2 = 1$, 故 $\|U\| = \|U^*\| = 1$. 因此, $\sigma(U), \sigma(U^*) \subset \{z : |z| \leqslant 1\}$.

又由 U 可逆, $U^{-1} = U^*$ 得

$$\sigma(U) = \left\{\lambda \in \mathbb{C} : \frac{1}{\lambda} \in \sigma(U^*)\right\} \subset \{z : |z| \geqslant 1\}.$$

因此, $\sigma(U) \subset \{|z| = 1\}$.

例 4.1.10 若 T 是 Hilbert 空间 H 上的自伴算子, 可以证明 $\sigma(T) \subset \mathbb{R}$. 证明留作练习 (见习题 4.1 第 8 题).

4.1.3 谱半径公式

Gel'fand 在 Banach 代数的框架下给出了谱半径的准确公式.

定义 4.1.4 设 $\mathcal{A}$ 是复 Banach 空间. 如果 $\mathcal{A}$ 还是一个代数, 并且满足

$$\|TS\| \leqslant \|T\|\|S\|, \quad \forall T, S \in \mathcal{A},$$

就称 $\mathcal{A}$ 是一个 (复) Banach 代数.

如果 $\mathcal{A}$ 具有代数单位元 e, 并且 $\|e\| = 1$, 就称 $\mathcal{A}$ 是具有单位元的 Banach 代数.

例 4.1.11 对于 Banach 空间 X, 它的有界线性算子全体 $\mathfrak{B}(X)$ 就是一个 Banach 代数. 恒等算子 I 是它的单位元.

例 4.1.12 设 K 是紧的度量空间, $C(K)$ 是 K 上复值连续函数的全体, 则 $C(K)$ 是一个具有单位元的 Banach 代数. 常数函数 $f \equiv 1$ 是它的单位元.

例 4.1.13 设 T 是 Banach 空间 X 上的有界线性算子, 则 $\mathfrak{B}(X)$ 中包含 $\{I, T\}$ 的最小闭子代数 $\mathcal{A}$ 是 Banach 代数. 由于 $\{p(T) : p \text{ 为多项式}\}$ 在 $\mathcal{A}$ 中稠密, 故 $\mathcal{A}$ 是有单位元的交换 Banach 代数.

例 4.1.14 设 $\mathbb{Z}$ 是整数集, 则 $l^1(\mathbb{Z}) = \left\{x = \{x_n\}_{n \in \mathbb{Z}} : \sum_{n \in \mathbb{Z}} |x_n| < \infty\right\}$ 按范数 $\|x\| = \sum_{n \in \mathbb{Z}} |x_n|$ 构成一个 Banach 空间. 我们定义 $l^1(\mathbb{Z})$ 上乘法:

$$xy = \{z_n\}_{n \in \mathbb{Z}}, \quad \text{这里 } z_n = \sum_{k=-\infty}^{\infty} x_k y_{n-k}, \quad \forall n \in \mathbb{Z}.$$

这个乘法是交换的. 若记 e 为在 0 位置取 1, 其他位置取 0 的元素, 则 e 为 $l^1(\mathbb{Z})$ 的单位元. 因此, $l^1(\mathbb{Z})$ 是有单位元的交换 Banach 代数.

例 4.1.15 对于 Banach 空间 $L^1(\mathbb{R})$, 如果以卷积运算

$$(f*g)(x) = \int_{\mathbb{R}} f(x-t)g(t)\mathrm{d}m(t)$$

作为乘积, 可以证明它是没有单位元的交换 Banach 代数. 这个 Banach 代数在 Fourier 变换的发展中发挥了重要的作用, 对它与 $l^1(\mathbb{Z})$ 的研究是提出与发展 Banach 代数理论的一个重要因素.

我们只考虑具有单位元 e 的 Banach 代数 $\mathcal{A}$. 此时, 对于元素 $T \in \mathcal{A}$, 我们称 T 是可逆的是指存在 $S \in \mathcal{A}$ 使得 $TS = ST = e$. 对于 $\lambda \in \mathbb{C}$, 若 $\lambda e - T$ 在 $\mathcal{A}$ 中可逆, 则称 λ 为正则点; 否则, 称 λ 为谱点. 正则点全体记为 $\rho(T)$, 称为 T 的预解集; 谱点全体记为 $\sigma(T)$. 使用定理 4.1.1 和推论 4.1.1 中的讨论, 可类似证明可逆元全体 $\mathcal{A}^{-1}$ 是 $\mathcal{A}$ 中的一个开集, 映射 $T \to T^{-1}$ 在 $\mathcal{A}^{-1}$ 上连续; 并且 $\rho(T)$ 是 $\mathbb{C}$ 中的开集, $\sigma(T)$ 是紧集. 记

$$r(T) = \sup\{|\lambda| : \lambda \in \sigma(T)\}$$

为 T 的谱半径. 下面将证明谱半径公式 $r(T) = \lim\limits_{n \to \infty} \|T^n\|^{\frac{1}{n}}$. 首先说明右端极限是存在的.

定理 4.1.2 设 $\mathcal{A}$ 是具有单位元的 Banach 代数, 那么对任意 $T \in \mathcal{A}$, 都有

$$\lim_{n \to \infty} \|T^n\|^{\frac{1}{n}} = \inf_{n \geqslant 1} \|T^n\|^{\frac{1}{n}}.$$

证明 令 $a = \inf\limits_{n \geqslant 1} \|T^n\|^{\frac{1}{n}}$, 那么 $\varliminf\limits_{n \to \infty} \|T^n\|^{\frac{1}{n}} \geqslant a$. 由下确界的定义, 对于任意的 $\varepsilon > 0$, 存在 $m \geqslant 1$, 满足 $\|T^m\|^{\frac{1}{m}} < a + \varepsilon$. 对于任意的正整数 n, 我们可以以它唯一地表示成 $n = k_n m + l_n, k_n \geqslant 0, 0 \leqslant l_n < m$, 这时我们有

$$\|T^n\|^{\frac{1}{n}} \leqslant \left(\|T^{k_n m}\|\, \|T^{l_n}\|\right)^{\frac{1}{n}}$$
$$\leqslant \left(\|T^m\|^{k_n} \|T\|^{l_n}\right)^{\frac{1}{n}} \leqslant \|T\|^{\frac{l_n}{n}} (a + \varepsilon)^{\frac{k_n m}{n}}.$$

因此, $\varlimsup\limits_{n \to \infty} \|T^n\|^{\frac{1}{n}} \leqslant a + \varepsilon$. 令 $\varepsilon \to 0$, 我们就得到

$$a \leqslant \varliminf_{n \to \infty} \|T^n\|^{\frac{1}{n}} \leqslant \varlimsup_{n \to \infty} \|T^n\|^{\frac{1}{n}} \leqslant a.$$

于是, $\lim\limits_{n \to \infty} \|T^n\|^{\frac{1}{n}}$ 存在, 并且 $\lim\limits_{n \to \infty} \|T^n\|^{\frac{1}{n}} = \inf\limits_{n \geqslant 1} \|T^n\|^{\frac{1}{n}}$. $\square$

接下来讨论 $r(T)$ 与 $\lim\limits_{n \to \infty} \|T^n\|^{\frac{1}{n}}$ 的联系.

定理 4.1.3 设 $\mathcal{A}$ 是 Banach 代数, $T \in \mathcal{A}$, 令 $a = \lim\limits_{n \to \infty} \|T^n\|^{\frac{1}{n}}$. 那么

(i) 当 $|\lambda| > a$ 时, $\lambda \in \rho(T)$.

(ii) 当 $|\lambda| > a$ 时,

$$(\lambda e - T)^{-1} = \sum_{n=0}^{\infty} \frac{T^n}{\lambda^{n+1}}.$$

(iii) 当 $|\lambda| > \|T\|$ 时,

$$\|(\lambda e - T)^{-1}\| \leqslant \frac{1}{|\lambda| - \|T\|}.$$

证明 由于 $\lim\limits_{n\to\infty}\left[\frac{\|T^n\|}{|\lambda|^{n+1}}\right]^{1/n} = \frac{a}{|\lambda|} < 1$, 由 Cauchy 判别法, $\sum\limits_{n=0}^{\infty}\frac{\|T^n\|}{|\lambda|^{n+1}}$ 收敛. 因此, $\sum\limits_{n=0}^{\infty}\frac{T^n}{\lambda^{n+1}}$ 依范数收敛, 记之为 S.

容易验证 $S(e\lambda - T) = (e\lambda - T)S = e$, 即 $\lambda \in \rho(T)$. 不等式 (iii) 显然. □

这就说明了 $r(T) \leqslant \lim\limits_{n\to\infty}\|T^n\|^{\frac{1}{n}}$. 为给出另一边的不等式, 我们使用复变函数的视角来研究预解式 $\lambda \to (\lambda e - T)^{-1}$.

定理 4.1.4 设 $\mathcal{A}$ 是 Banach 代数, $T \in \mathcal{A}$, 若 f 是 $\mathcal{A}$ 上的连续线性泛函, 那么 $f((\lambda e - T)^{-1})$ 是 $\rho(T)$ 上的解析函数.

证明 对于 $\lambda, \mu \in \rho(T)$, 直接计算可得如下的第一预解公式:
$$(\lambda e - T)^{-1} - (\mu e - T)^{-1} = (\lambda e - T)^{-1}((\mu e - T) - (\lambda e - T))(\mu e - T)^{-1}$$
$$= (\mu - \lambda)(\lambda e - T)^{-1}(\mu e - T)^{-1}.$$

因此, 对于 $f \in \mathcal{A}^*, \lambda_0 \in \rho(T)$ 有
$$\lim\limits_{\lambda\to\lambda_0}\frac{f((\lambda e - T)^{-1}) - f((\lambda_0 e - T)^{-1})}{\lambda - \lambda_0} = \lim\limits_{\lambda\to\lambda_0} f(-(\lambda e - T)^{-1}(\lambda_0 e - T)^{-1})$$
$$= f(-[(\lambda_0 e - T)^{-1}]^2),$$

这就说明了 $\lambda \to f((\lambda e - T)^{-1})$ 在 $\rho(T)$ 上是解析的. □

定义 4.1.5 设 Ω 是复平面中的开集, X 是复赋范线性空间. 对于函数 $\phi: \Omega \to X$, 如果对于任意 $f \in X^*, f \circ \phi: \Omega \to \mathbb{C}$ 都是 Ω 上的解析函数, 则称 ϕ 是 (弱) 解析的.

定理 4.1.4 就是说, $\lambda \to (\lambda e - T)^{-1}$ 是 $\rho(T)$ 上的向量值解析函数. 它具有很多普通的解析函数的性质. 例如, 使用向量值解析函数的 Liouville (刘维尔) 定理, 我们很快就能得到谱非空这个结论.

推论 4.1.2 设 $\mathcal{A}$ 是 Banach 代数, $T \in \mathcal{A}$, 则 $\sigma(T)$ 是非空的.

证明 如果 $\sigma(T) = \varnothing, \rho(T) = \mathbb{C}$, 则对任意 $f \in \mathcal{A}^*$,
$$\lambda \to f((\lambda e - T)^{-1})$$
是一个整函数. 并且, 当 $|\lambda| > \|T\|$ 时,
$$|f((\lambda e - T)^{-1})| \leqslant \frac{\|f\|}{|\lambda| - \|T\|},$$

因此 $\lim\limits_{\lambda\to\infty} f((\lambda e - T)^{-1}) = 0$. 由 Liouville 定理得 $f((\lambda e - T)^{-1}) = 0$. 由 f 的任意性以及 Hahn-Banach 延拓定理知 $(\lambda e - T)^{-1} = 0$, 这显然是矛盾的. □

使用预解式的 Laurent (洛朗) 展开, 我们也能获得 Gel'fand 的谱半径公式.

定理 4.1.5 (Gel'fand) 设 $\mathcal{A}$ 是 Banach 代数, $T \in \mathcal{A}$, 那么
$$r(T) = \lim_{n \to \infty} \|T^n\|^{\frac{1}{n}}.$$

证明 我们已经知道 $r(T) \leqslant \lim_{n \to \infty} \|T^n\|^{\frac{1}{n}}$.

另一方面, 对任意 $f \in \mathcal{A}^*$, 函数 $\lambda \to f((\lambda e - T)^{-1})$ 在区域 $\{\lambda \in \mathbb{C} : \lambda > r(T)\}$ 上是解析的. 并且当 $|\lambda| > \lim_{n \to \infty} \|T^n\|^{\frac{1}{n}}$ 时,
$$(\lambda e - T)^{-1} = \sum_{n=0}^{\infty} \frac{T^n}{\lambda^{n+1}},$$

从而在 $|\lambda| > \lim_{n \to \infty} \|T^n\|^{\frac{1}{n}}$ 时的 Laurent 展开为
$$f((\lambda e - T)^{-1}) = \sum_{n=0}^{\infty} \frac{f(T^n)}{\lambda^{n+1}}.$$

由 Laurent 展开的唯一性可知,
$$f((\lambda e - T)^{-1}) = \sum_{n=0}^{\infty} \frac{f(T^n)}{\lambda^{n+1}}$$

在 $\{\lambda \in \mathbb{C} : |\lambda| > r(T)\}$ 上也是成立的, 特别地, 等式右侧级数在此区域上收敛. 故对 $\varepsilon > 0$,
$$\sum_{n=0}^{\infty} \frac{|f(T^n)|}{(r(T) + \varepsilon)^{n+1}} < \infty.$$

记 $y_n = \dfrac{T^n}{(r(T) + \varepsilon)^{n+1}}$, 上式说明: $\sup_{n \geqslant 1} |f(y_n)| < \infty$ 对任意 $f \in \mathcal{A}^*$ 都成立. 由共鸣定理, 存在常数 M 使得 $\|y_n\| \leqslant M$. 因此 $\|T^n\| \leqslant M(r(T) + \varepsilon)^{n+1}$, 从而可得 $\lim_{n \to \infty} \|T^n\|^{\frac{1}{n}} \leqslant r(T) + \varepsilon$. 令 $\varepsilon \to 0$ 就得到所要的结果. □

接下来我们讨论 Gel'fand 谱理论的两个应用, 首先给出一个在抽象 Banach 代数上的推论.

定理 4.1.6 (Gel'fand-Mazur) 设 $\mathcal{A}$ 是 Banach 代数, 如果 $\mathcal{A}$ 的每个非零元都是可逆的, 那么 $\mathcal{A}$ 等距同构于 $\mathbb{C}$.

证明 设 $T \in \mathcal{A}$, 由于 $\sigma(T)$ 非空, 因此它至少包含一个点 $\lambda(T)$. 又因为每个非零元都是可逆的, 所以 $T - \lambda(T)e = 0$, 即 $T = \lambda(T)e$. 因此 $\mathcal{A} = \mathbb{C}e$, 显然它等距同构于 $\mathbb{C}$.
□

然后我们具体计算一个线性算子的谱.

例 4.1.16 设 $K(x, y)$ 是三角形 $D = \{(x, y) : a \leqslant x \leqslant b, a \leqslant y \leqslant x\}$ 上的连续函数, 定义 $C[a, b]$ 上的线性算子

$$(Tf)(x) = \int_a^x K(x,y)f(y)\mathrm{d}y.$$

由定理 1.5.5 的计算得 $|(T^nf)(x)| \leqslant \dfrac{M^n(x-a)^n}{n!}\|f\|_\infty$,故此 $\|T^n\| \leqslant \dfrac{M^n(b-a)^n}{n!}$. 从而可知

$$r(T) = \lim_{n\to\infty} \|T^n\|^{\frac{1}{n}} \leqslant \lim_{n\to\infty} \frac{M(b-a)}{\sqrt[n]{n!}} = 0.$$

这就是说 $\sigma(T) \subset \{0\}$,又由谱不空性质得 $\sigma(T) = \{0\}$.

定义 4.1.6 对于 Banach 空间 X 上的有界线性算子 T,若 $\lim\limits_{n\to\infty} \|T^n\|^{\frac{1}{n}} = 0$,则称 T 为广义幂零算子.

显然广义幂零算子 T 的谱集 $\sigma(T) = \{0\}$,谱集并没有提供太多算子的有效信息. 另一个极端情况是 Hilbert 空间的自伴算子.

例 4.1.17 设 T 为 Hilbert 空间 H 上的自伴算子,即 $T = T^*$. 它可视为 Hermite 矩阵在无穷维空间上的推广. 那么,我们有 $r(T) = \|T\|$. 事实上,由于

$$\|T^2\|^{\frac{1}{2}} = \|T^*T\|^{\frac{1}{2}} = (\|T\|^2)^{\frac{1}{2}} = \|T\|,$$

继续递归可得 $\|T^4\|^{\frac{1}{4}} = \|T^2\|^{\frac{1}{2}} = \|T\|, \cdots, \|T^{2^n}\|^{\frac{1}{2^n}} = \left\|T^{2^{n-1}}\right\|^{\frac{1}{2^{n-1}}} = \cdots = \|T\|$. 因此,$r(T) = \lim\limits_{n\to\infty} \|T^n\|^{\frac{1}{n}} = \|T\|$.

使用类似的技巧,可以说明这个结果对于正规算子也是成立的. 读者可以作为练习自行验证.

谱映射定理 设 T 是带单位元的 Banach 代数 $\mathcal{A}$ 中元素. 若 p 是一个多项式,则有 $\sigma(p(T)) = p(\sigma(T))$ (见习题 4.1 第 1 题). 这一结果对更多的解析函数也是成立的,通常称之为谱映射定理.

设 Ω 是包含 $\{z \in \mathbb{C}: |z| \leqslant r(T)\}$ 的区域,f 在 Ω 上解析,$f(z) = \sum\limits_{n=0}^{\infty} a_n z^n$ 是 f 在点 0 处的 Taylor (泰勒) 展开. 那么,可取某个严格大于 $r(T)$ 的正数 R 使得 $\sum\limits_{n=0}^{\infty} a_n z^n$ 在 $|z| \leqslant R$ 时收敛,因此 $M = \sup\limits_n |a_n| R^n < +\infty$. 由此可得

$$\sum_{n=0}^{\infty} \|a_n T^n\| \leqslant M \sum_{n=0}^{\infty} \frac{\|T^n\|}{R^n} = M \sum_{n=0}^{\infty} \frac{\|T^n\|}{r(T)^n} \left(\frac{r(T)}{R}\right)^n < +\infty.$$

从而,算子 T 关于函数 f 的函数演算 $f(T) = \sum\limits_{n=0}^{\infty} a_n T^n$ 是合理定义的.

定理 4.1.7 设 T 是带单位元的 Banach 代数 $\mathcal{A}$ 中元素,Ω 是包含 $\{z \in \mathbb{C}: |z| \leqslant r(T)\}$ 的区域,f 在 Ω 上解析. 那么

$$\sigma(f(T)) = f(\sigma(T)).$$

证明 先证 $\sigma(f(T)) \supset f(\sigma(T))$. 对于 $\lambda \in f(\sigma(T))$, 存在 $z_0 \in \sigma(T)$ 使得 $f(z_0) = \lambda$. 由复变函数知识, 存在 Ω 上解析函数 g 使得 $\lambda - f(z) = (z - z_0)g(z)$. 比较点 0 处的展开系数, 可知 $\lambda - f(T) = (T - z_0)g(T)$. 再由 $T - z_0$ 不可逆得 $\lambda - f(T)$ 也是不可逆的, 也即 $\lambda \in \sigma(f(T))$.

再说明 $\sigma(f(T)) \subset f(\sigma(T))$ 即可. 设 $\lambda \notin f(\sigma(T))$, 等价于 $\lambda - f(z) = 0$ 在 $\sigma(T)$ 上无零点. 取某个严格大于 $r(T)$ 的正数 R, 使得 $A = \{z \in \mathbb{C} : |z| \leqslant R\} \subset \Omega$. 注意到 $\lambda - f(z) = 0$ 在 A 上只有有限个零点 $\{t_1, t_2, \cdots, t_m\}$, 故存在 A 的某个邻域上恒不取零值的解析函数 g 使得

$$\lambda - f(z) = (z - t_1)(z - t_2) \cdots (z - t_m)g(z), \quad \forall z \in A.$$

又对每个 $t_i \notin \sigma(T)$, $t_i - T$ 可逆 ($\forall i = 1, 2, \cdots, m$), 而 $g(T)^{-1} = \left(\dfrac{1}{g}\right)(T)$, 所以

$$\lambda - f(T) = (T - t_1)(T - t_2) \cdots (T - t_m)g(T)$$

也可逆. 也即 $\lambda \notin \sigma(f(T))$. □

上述定理在更弱的条件下也是成立的. 设 f 在谱集 $\sigma(T)$ 的一个邻域 G 上解析, 取 G 中一组正定向的简单闭曲线 Γ, Γ 内部包含 $\sigma(T)$, 我们可如下定义 Riesz 函数演算:

$$f(T) = \frac{1}{2\pi \mathrm{i}} \int_\Gamma f(z)(z - T)^{-1} \mathrm{d}z, \text{ (积分定义见习题 1.4 第 27 题)}$$

则有谱映射定理 $\sigma(f(T)) = f(\sigma(T))$. (参见文献 [5, 4.3 节].)

不变子空间

在算子谱分析或算子结构的研究中, 算子往往没有非平凡的特征空间, 一个重要的方式是改为研究算子的不变子空间.

定义 4.1.7 设 T 是赋范线性空间 X 上的有界线性算子, L 是 X 的一个线性子空间. 如果 $TL \subset L$, 则称 L 是 T 的不变子空间.

例 4.1.18 设 X 为复 Banach 空间, $T \in \mathfrak{B}(X)$, 则 $\ker(\lambda I - T)^n$ 及 $\mathfrak{R}((\lambda I - T)^n)$ 为不变子空间.

例 4.1.19 设 T 是复 Banach 空间 X 上有界线性算子, 若 M_1, M_2 是 T 的不变子空间, 则 $\overline{M_1 + M_2}$ 与 $M_1 \bigcap M_2$ 也是 T 的不变子空间.

显然, 子空间 $\{0\}$ 和全空间 X 是 T 的不变子空间, 称为平凡的不变子空间. 人们感兴趣的是, 有界线性算子是否有非平凡的、闭的不变子空间.

我们知道, 对于有限维线性空间 X 上的线性算子 T, 有 Jordan 块的理论, 根据这个理论, 可以把 X 分解成 T 的不变子空间 $X_1, X_2, \cdots, X_n$ 的和使得当我们把 T 限制在 X_i 上时, 所得到的线性算子 T_i 只有一个谱点——就是特征值 λ_i, 这时 X_i 包含算子 T 的特

征向量空间 E_{λ_i}, 而且 T_i 有很简单的结构. 这就是有限维空间上一般线性算子的谱分析.

我们自然希望对照这个理论, 对于无限维 Banach 空间上的有界线性算子搞清楚算子的结构, 建立起相应的谱分析, 这个问题的研究一直是泛函分析的一个重要课题. 20 世纪二三十年代已经在两个方面建立起基本理论, 其一是相当于有限维空间中的自共轭矩阵, 酉矩阵, 正常矩阵的对角化, 建立起 Hilbert 空间中正常算子 (特别是自伴算子、酉算子) 的谱分解理论, 其二是由对积分方程的研究产生的紧算子的谱分析. 对于一般的有界线性算子, 有下面的基本问题:

问题 I: 在无限维的复 Banach 空间中, 是否每个有界线性算子都一定存在非平凡的不变闭子空间?

这个问题在 1975 年由 P. Enflo (恩弗洛) 给出否定的回答.

习题 4.1

1. 设 T 是复 Banach 空间 X 上的有界线性算子. 对于 $\mathbb{C}$ 上的一个多项式 $p(z) = \sum_{k=0}^{n} a_k z^k$, 定义 $p(T) = \sum_{k=0}^{n} a_k T^k$. 证明:
$$\sigma(p(T)) = p(\sigma(T)).$$

2. 设 T 是复 Banach 空间 X 上的有界线性算子. 若存在正整数 m 使得 $\|T^m\| < 1$, 证明 $I - T$ 可逆.

3. 设 T 是复 Banach 空间 X 上的有界线性算子. $\lambda_1, \lambda_2, \cdots, \lambda_n$ 为 T 的特征值, 对每个 $i(i = 1, 2, \cdots, n)$, 设 x_i 是对应于 λ_i 的特征向量. 证明: $x_1, x_2, \cdots, x_n$ 是线性无关的.

4. 设 A, B 是复 Banach 空间 X 上的有界线性算子. 证明: $I - AB$ 可逆当且仅当 $I - BA$ 可逆.

5. 对 Lebesgue 可测函数 $\varphi \in L^\infty[0,1]$, 定义 $L^2[0,1]$ 上的有界线性算子 M_φ 为
$$M_\varphi(f) = \varphi f.$$
求 $\sigma(M_\varphi), \sigma_p(M_\varphi), \sigma_c(M_\varphi), \sigma_r(M_\varphi)$.

6. 对于有界序列 $\{a_n\}$, 定义 l^2 上的有界线性算子 T 为
$$T(x_1, x_2, \cdots) = (a_1 x_1, a_2 x_2, \cdots).$$
求 $\sigma(T), \sigma_p(T), \sigma_c(T), \sigma_r(T)$.

7. 令 S 是 Hilbert 空间上 l^2 的左移位算子,
$$S : (x_1, x_2, \cdots) \mapsto (x_2, x_3, \cdots).$$
求 $\sigma_p(S), \sigma_c(S), \sigma_r(S)$.

8. 设 T 是复 Hilbert 空间 H 上的有界算子. 若 T 为自伴算子, 即 $T = T^*$, 证明:
   (i) 对任意 $x \in H$, 成立 $\|(T + iI)x\| \geq \|x\|, \|(T - iI)x\| \geq \|x\|$.

(ii) $T \pm iI$ 均是可逆的.

(iii) $\sigma(T) \subset \mathbb{R}$.

9. 设 T, S 是复 Banach 空间 X 上的有界线性算子, T 可逆, $\|S - T\| < \dfrac{1}{\|T^{-1}\|}$. 证明: S 可逆, 且
$$\|S^{-1} - T^{-1}\| \leqslant \dfrac{\|T^{-1}\|^2 \|S - T\|}{1 - \|T^{-1}\| \|S - T\|}.$$

10. 设 T 是复 Banach 空间 X 上的有界线性算子. 若预解集 $\rho(T)$ 中的一个点列 $\{\lambda_n\}$ 收敛于点 λ, 证明: $\lambda \in \sigma(T)$ 当且仅当 $\|(\lambda_n I - T)^{-1}\| \to \infty\ (n \to \infty)$.

11. 设 T 是复 Banach 空间 X 上的有界线性算子, $\lambda \in \rho(T)$. 若 $\mathfrak{B}(X)$ 中算子列 $\{T_n\}$ 收敛于 T, 证明: 当 n 充分大时, $\lambda \in \rho(T_n)$.

12. 验证例 4.1.14, $l^1(\mathbb{Z})$ 是一个具有单位元的交换 Banach 代数.

13. 验证例 4.1.15, $L^1(\mathbb{R})$ 是一个交换 Banach 代数, 且不具有单位元.

14. 对于矩阵 $A \in M_2(\mathbb{C})$, 直接计算验证 $r(A) = \lim\limits_{n \to \infty} \|A^n\|^{\frac{1}{n}}$.

15. 设 A, B 是复 Banach 空间 X 上的有界线性算子. 证明:

(i) $r(AB) = r(BA)$.

(ii) 当 A, B 可交换时, $r(A + B) \leqslant r(A) + r(B)$. 并举例说明, 对非交换的情况不等式不成立.

16. 设 T 是有单位元 e 的 Banach 代数 $\mathcal{A}$ 中元素, $\lambda_0 \in \rho(T)$. 记 $r_0 = \lim\limits_{n \to \infty} \|(\lambda_0 e - T)^{-n}\|^{\frac{1}{n}}$. 证明: 当 λ 满足 $|\lambda - \lambda_0| < \dfrac{1}{r_0}$ 时, 有 $\lambda \in \rho(T)$, 且
$$(\lambda e - T)^{-1} = \sum_{n=0}^{\infty} (-1)^n (\lambda_0 e - T)^{-(n+1)} (\lambda - \lambda_0)^n.$$

17. 令 $\Gamma = (V, E)$ 是一个局部有限图, Δ 是 $l^2(\Gamma)$ 上的离散 Laplace 算子 (定义见习题 2.1 第 9 题). 对 $f \in l^2(\Gamma)$, 令
$$|\nabla f|^2 = \dfrac{1}{2} \sum_{x \sim y} |f(x) - f(y)|^2.$$

(i) 对于 $u \in C_c(V)$, 证明 $\langle \Delta u, u \rangle = \langle u, \Delta u \rangle = -|\nabla u|^2$. 并说明当 $u \in l^2(\Gamma)$ 时, 公式也是成立的.

(ii) 证明: Δ 是 $l^2(\Gamma)$ 上的自伴算子.

(iii) 若 $u \in \ker \Delta$, 证明: u 是一个常数函数. 若 V 是无限集, 那么 u 恒为 0.

(iv) 证明: $\sigma(-\Delta) \subset [0, 2]$.

更多对图、群上的分析等离散几何理论可参见论著 [15].

18. 设 $\Gamma = (\mathbb{Z}, E)$, 其中 $(x, y) \in E$ 当且仅当 $|x - y| = 1$. Δ 是 $l^2(\Gamma)$ 上的离散 Laplace 算子.

(i) 对于 $f \in l^2(\Gamma)$, 计算 $(\Delta + I)f$.

(ii) 证明: $\sigma(-\Delta) = [0, 2]$.

19. 令 $\Gamma = (V, E)$ 是一个局部有限图, Δ 是 $l^2(\Gamma)$ 上的离散 Laplace 算子.

(i) 对于 $t \in \mathbb{R}$, 证明
$$\sum_{k \geqslant 0} \dfrac{i^k t^k \Delta^k}{k!}$$

给出了 $l^2(\Gamma)$ 上的一个有界线性算子. 我们将这个算子记作 $e^{it\Delta}$.

(ii) 证明: $e^{it\Delta}$ 是 $l^2(\Gamma)$ 上的酉算子.

(iii) 对于 $f \in l^2(\Gamma)$, 证明: $u(x,t) \stackrel{\text{def}}{=} e^{it\Delta} f$ 满足 Schrödinger (薛定谔) 方程

$$\begin{cases} i\partial_t u(x,t) = -\Delta u(x,t), & \forall (x,t) \in V \times \mathbb{R}, \\ u(x,0) = f(x), & \forall x \in V. \end{cases}$$

20. 设 T, S 是复 Hilbert 空间 H 上的有界线性算子.
    (i) 若 $TS = ST$, 证明: $e^T e^S = e^{T+S}$.
    (ii) 若 T 是自伴算子, 证明 e^{iT} 是酉算子. 反之, 结论是否成立?

21. 设 T 是复 Banach 空间 X 上的有界线性算子, 区域 Ω 包含了闭圆盘 $\{z \in \mathbb{C} : |z| \leqslant r(T)\}$, 函数 f 在 Ω 上解析.
    (i) 取某个严格大于 $r(T)$ 的正数 R, 使得 $\{z \in \mathbb{C} : |z| \leqslant R\}$ 包含在 Ω 中. 证明:

    $$f(T) = \frac{1}{2\pi i} \int_{|z|=R} f(z)(z-T)^{-1} dz.$$

    (ii) 设 Γ 是 Ω 中的一条光滑正定向简单闭曲线, Γ 内部包含 $\sigma(T)$. 证明:

    $$f(T) = \frac{1}{2\pi i} \int_\Gamma f(z)(z-T)^{-1} dz.$$

注: 积分定义见习题 1.4.27.

4.2 紧算子

在无限维的 Banach 空间中, 紧算子是人们研究得最清楚的一类算子, 这种算子最初来源于积分方程, 是积分方程中 Fredholm 理论的一般化. 我们将介绍把 Fredholm 理论推广到紧算子情况下的大部分结果. 可以看到, 紧算子的谱理论与高等代数中的矩阵特征值性质有很多相近之处.

定义 4.2.1 设 T 是线性空间 X 到线性空间 Y 的线性算子. 如果 TX 是 Y 中有限维子空间, 就称 T 为有限秩算子.

例 4.2.1 设 $f_1, f_2, \cdots, f_n$ 为 X 上线性泛函, 从 Y 中取 n 个向量 $y_1, y_2, \cdots, y_n$, 作算子 T:

$$T(x) = f_1(x)y_1 + f_2(x)y_2 + \cdots + f_n(x)y_n, \quad \forall x \in X. \tag{4.5}$$

这个算子 T 就是 $X \to Y$ 的有限秩算子.

反过来, 也很容易证明 $X \to Y$ 的任何有限秩算子 T 都可以写成 (4.5) 式的形式. 事实上, 因为 TX 是 Y 中有限维的线性子空间, 从中可以取出极大的线性无关向量组 $y_1, y_2, \cdots, y_n$. 由于 $T(x) = \alpha_1(x)y_1 + \alpha_2(x)y_2 + \cdots + \alpha_n(x)y_n \in Y$, 并由于 $\{y_k\}$ 的线性无关性, 很容易验证, $\alpha_k(x)$ 看作 X 上泛函时是线性的.

如果 X, Y 是赋范线性空间, $f_1, f_2, \cdots, f_n$ 是 X^* 中的 n 个向量, 按 (4.5) 式所作算子 T 是 $X \to Y$ 的有限秩的、有界线性算子.

事实上, 从
$$\|Tx\| = \left\|\sum_{k=1}^{n} f_k(x) y_k\right\| \leqslant \left(\sum_{k=1}^{n} \|f_k\| \|y_k\|\right) \|x\|$$
得到线性算子 T 是有界的.

反之, $X \to Y$ 的任何有限秩的有界线性算子 T 都是 (4.5) 式的形式, 其中 $f_1, f_2, \cdots, f_n \in X^*$.

事实上, 根据 T 的线性性, 前面已经证明
$$Tx = \alpha_1(x) y_1 + \alpha_2(x) y_2 + \cdots + \alpha_n(x) y_n,$$
其中 $y_1, y_2, \cdots, y_n$ 是 Y 中线性无关的向量, $\alpha_1, \alpha_2, \cdots, \alpha_n$ 是 X 上的线性泛函. 下面利用 Hahn-Banach 延拓定理来证明 $\alpha_1, \alpha_2, \cdots, \alpha_n \in X^*$. 令 $y_1, y_2, \cdots, y_{n-1}$ 张成的子空间为 L_{n-1}, 则 $y_n \notin L_{n-1}$, 所以存在连续线性泛函 $f_n \in Y^*$, 使得 $f_n(y) = 0 (\forall y \in L_{n-1})$, 而 $f_n(y_n) = 1$. 因而
$$f_n(Tx) = f_n\left(\sum_{k=1}^{n} \alpha_k(x) y_k\right) = \alpha_n(x) f_n(y_n) = \alpha_n(x).$$

因此 $|\alpha_n(x)| \leqslant \|f_n\| \|T\| \|x\|$, 即 α_n 是 X 上的连续线性泛函. 同样可以证明 $\alpha_1, \alpha_2, \cdots, \alpha_{n-1} \in X^*$.

例 4.2.2 (有限秩算子的谱) 设 X 是无限维的 Banach 空间, $\{x_1, x_2, \cdots, x_n\}$ 是 X 中 n 个线性无关的向量, T 是 X 上有限秩的、有界线性算子,
$$Tx = \alpha_1(x) x_1 + \alpha_2(x) x_2 + \cdots + \alpha_n(x) x_n, \tag{4.6}$$
其中 $\alpha_j(x) \in X^* (j = 1, 2, \cdots, n)$.

如果 $\lambda \in \mathbb{C}, \lambda \neq 0$ 是 T 的特征值, 那么 $Tx = \lambda x$, 则 x 是 $x_1, x_2, \cdots, x_n$ 的线性组合, 设
$$x = a_1 x_1 + a_2 x_2 + \cdots + a_n x_n,$$
将它代入方程 (4.6), 得到方程组
$$\sum_{i=1}^{n} a_i \alpha_j(x_i) = \lambda a_j (j = 1, 2, \cdots, n).$$
即 λ 是矩阵 $(\alpha_j(x_i))_{n \times n}$ 的特征值, $(a_1, a_2, \cdots, a_n)$ 是相应的特征向量.

如果 $\lambda = 0$, 那么 $Tx = 0$ 的所有向量就是满足方程组
$$\alpha_j(x) = 0 (j = 1, 2, \cdots, n)$$

的所有向量. 不妨假设 $\alpha_1, \alpha_2, \cdots, \alpha_n$ 中极大线性无关组的个数为 k, 并且就是 $\alpha_1, \alpha_2, \cdots, \alpha_k$, 使用高等代数中的方法容易证明存在 X 中的线性无关向量 $z_1, z_2, \cdots, z_k$, 使得 $\alpha_j(z_i) = \delta_{ji}\,(1 \leqslant j, i \leqslant k)$, 那么对于任意的 $x \in X$, 向量 $y = x - \sum_{j=1}^{k} \alpha_j(x) z_j$ 都满足 $\alpha_i(y) = 0 (i = 1, 2, \cdots, n)$, 即 $Ty = 0$, 这是一个无限维的子空间. 除了这些特征值之外, 根据下一节中有关紧算子的谱的定理, 有限秩算子没有其他的谱点.

定义 4.2.2 设 T 是赋范线性空间 X 映射到赋范线性空间 Y 中的线性算子. 如果它把 X 中任何有界集映射成 Y 的相对列紧集, 则称 T 是紧算子.

由于赋范空间中相对列紧集是有界的, 所以紧算子是有界的.

例 4.2.3 赋范线性空间 X 到赋范线性空间 Y 中的有限秩的、有界线性算子 T 是紧算子.

事实上, 根据 T 是有界的, X 中有界集 A 的像 TA 是 Y 中有界集, 并且它包含在 Y 的一个有限维子空间中. 任何有限维赋范线性空间中的有界集一定是相对列紧集, 因此 T 是紧算子.

例 4.2.4 设 $K(s,t)$ 是 $[a,b] \times [a,b]$ 上二元连续函数. 我们作 $C[a,b]$ 到 $C[a,b]$ 中的算子 K 如下:

$$(K\varphi)(s) = \int_a^b K(s,t)\varphi(t)\mathrm{d}t, \quad \forall \varphi \in C[a,b]. \tag{4.7}$$

这个算子 K 称为 Fredholm 算子, 或称为积分算子. 它是积分方程论中非常重要的研究对象. 容易看出 K 一般不是有限秩算子. 然而, K 是 $C[a,b]$ 上的紧算子.

证明 设 A 是 $C[a,b]$ 中的有界集, 即存在常数 L, 使得当 $\varphi \in A$ 时, $\|\varphi\| \leqslant L$. 我们要证明集合 KA 是 $C[a,b]$ 中的相对列紧集, 根据 Arzelà-Ascoli 定理, 只要验证集合 KA 是等度连续的. 由不等式

$$\begin{aligned}|(K\varphi)(s_1) - (K\varphi)(s_2)| &= \left|\int_a^b [K(s_1,t) - K(s_2,t)]\varphi(t)\mathrm{d}t\right| \\ &\leqslant \int_a^b |K(s_1,t) - K(s_2,t)|\,\mathrm{d}t\,\|\varphi\| \\ &\leqslant L \int_a^b |K(s_1,t) - K(s_2,t)|\,\mathrm{d}t.\end{aligned}$$

又因为 $K(s,t)$ 是有界闭区域 $[a,b] \times [a,b]$ 上的二元连续函数, 所以它是一致连续的, 则对任何 $\varepsilon > 0$, 存在 $\delta > 0$, 使得当 $|s_1 - s_2| < \delta$ 时,

$$|K(s_1,t) - K(s_2,t)| < \varepsilon, \quad \forall t \in [a,b].$$

于是对一切 $\varphi \in A$, 当 $|s_1 - s_2| < \delta$ 时, 有

$$|(K\varphi)(s_1) - (K\varphi)(s_2)| \leqslant L(b-a)\varepsilon.$$

KA 是 $C[a,b]$ 中有界的、等度连续的集. □

我们用 $\mathcal{K}(X,Y)$ 表示赋范线性空间 X 到赋范线性空间 Y 中的紧算子全体.

定理 4.2.1 设 X,Y 是两个赋范线性空间, 那么

(i) $\mathcal{K}(X,Y)$ 是 $\mathfrak{B}(X,Y)$ 的线性子空间.

(ii) 设 $T \in \mathcal{K}(X,Y)$. 如果 Z 是赋范线性空间, 且 $S \in \mathfrak{B}(Y,Z), S' \in \mathfrak{B}(Z,X)$, 那么 $ST \in \mathcal{K}(X,Z), TS' \in \mathcal{K}(Z,Y)$.

(iii) 如果 Y 是 Banach 空间, 那么 $\mathcal{K}(X,Y)$ 是 Banach 空间 $\mathfrak{B}(X,Y)$ 的闭子空间.

证明 (i) 设 $S,T \in \mathcal{K}(X,Y)$, 今证 $S+T \in \mathcal{K}(X,Y)$. 任取 X 中的有界集 A, 对 $(S+T)A$ 中任何一个点列 $\{(S+T)x_n\}(x_n \in A)$, 由于 SA 是相对列紧集, 所以点列 $\{Sx_n\}$ 中有收敛的子列 $\{Sx_{n_k}\}$. 又由于 TA 是相对列紧的, 所以点列 $\{Tx_{n_k}\}$ 中又有收敛子列 $\{Tx_{n'_k}\}$. 从而 $\{(S+T)x_n\}$ 的子列 $\{(S+T)(x_{n'_k})\}$ 是收敛的. 所以 $(S+T)A$ 是相对列紧集, 因而 $S+T$ 是紧的.

类似地可以证明, 对任何数 α, αT 也是紧的. 这样便得到 $\mathcal{K}(X,Y)$ 是 $\mathfrak{B}(X,Y)$ 的线性子空间.

(ii) 设 A 是 X 的一个有界集, TA 便是 Y 的相对列紧集. 由于 S 是从 Y 到 Z 的有界算子, 是连续的, 它把相对列紧集 TA 映射成相对列紧集 STA, 所以 ST 是紧的. 同样, 如果 B 是 Z 中有界集, 所以 $S'B$ 是 X 中的有界集, 因而 $T(S'B)$ 是 Y 中相对列紧集, 即 TS' 是紧的.

(iii) 当 Y 是 Banach 空间时, $\mathfrak{B}(X,Y)$ 是 Banach 空间. 要证明 $\mathcal{K}(X,Y)$ 是闭子空间, 就是要证明: 当 $T_n \in \mathcal{K}(X,Y), n=1,2,\cdots, T \in \mathfrak{B}(X,Y)$, 而且 $\|T_n - T\| \to 0\ (n \to \infty)$ 时, 有 $T \in \mathcal{K}(X,Y)$.

设 A 是 X 的有界集, 令 $L = \sup\{\|x\| : x \in A\}$. 由 $\|T_n - T\| \to 0\ (n \to \infty)$, 对任何 $\varepsilon > 0$, 存在 N, 当 $n \geqslant N$ 时,

$$\|T_n - T\| < \frac{\varepsilon}{3L}.$$

由于 $T_N A$ 是相对列紧的, 所以在 $T_N A$ 中存在有限个点 $y_1, y_2, \cdots, y_k$, 它们构成集 $T_N A$ 的一个 $\frac{\varepsilon}{3}$-网. 因为 $y_i \in T_N A$, 所以有 $x_i \in A$, 使得 $y_i = T_N x_i (i=1,2,\cdots,k)$. 今证 $Tx_1, Tx_2, \cdots, Tx_k$ 是 TA 的 ε-网.

事实上, 对任何 $y \in TA$, 有 $x \in A$, 使得 $y = Tx$. 因为 $T_N x \in T_N A$, 所以有 $i(1 \leqslant i \leqslant k)$, 使得 $\|T_N x - y_i\| < \frac{\varepsilon}{3}$, 于是

$$\|y - Tx_i\| \leqslant \|Tx - T_N x\| + \|T_N x - T_N x_i\| + \|T_N x_i - Tx_i\|$$
$$< L\|T - T_N\| + \frac{\varepsilon}{3} + L\|T_N - T\| < \varepsilon,$$

即 TA 是完全有界集, 它是相对列紧集 (Hausdorff 定理). 因而 $T \in \mathcal{K}(X,Y)$. □

注 4.2.1 上述性质说明, $\mathfrak{B}(X)$ 中的紧算子全体 $\mathcal{K}(X)$ 是 $\mathfrak{B}(X)$ 的一个闭子理想.

利用定理 4.2.1, 我们可以考察 $L^2[a,b]$ 上的积分算子的紧性.

例 4.2.5 设 $K(s,t) \in L^2(E)$, 其中 $E = [a,b] \times [a,b] (-\infty < a < b < \infty)$. 在 $L^2[a,b]$ 上, 作算子

$$(K\varphi)(s) = \int_a^b K(s,t)\varphi(t)\mathrm{d}t, \quad \forall \varphi \in L^2[a,b], \tag{4.8}$$

则 K 是 $L^2[a,b]$ 上的有界线性算子, 并且还是紧算子, 称 K 为 Fredholm 型算子.

证明 事实上, 由 Schwarz 不等式和 Fubini 定理,

$$\|K\varphi\| = \left(\int_a^b |(K\varphi)(s)|^2 \mathrm{d}s\right)^{\frac{1}{2}} = \left(\int_a^b \left|\int_a^b K(s,t)\varphi(t)\mathrm{d}t\right|^2 \mathrm{d}s\right)^{\frac{1}{2}}$$

$$\leqslant \left(\int_a^b \int_a^b |K(s,t)|^2 \mathrm{d}t \|\varphi\|^2 \mathrm{d}s\right)^{\frac{1}{2}} = \left(\int_a^b \int_a^b |K(s,t)|^2 \mathrm{d}t\mathrm{d}s\right)^{\frac{1}{2}} \|\varphi\|.$$

就得到

$$\|K\| \leqslant \left(\int_a^b \int_a^b |K(s,t)|^2 \mathrm{d}t\mathrm{d}s\right)^{\frac{1}{2}}. \tag{4.9}$$

下面证 K 是紧的.

如同 $L^2[a,b]$ 中的函数可以用 $[a,b]$ 上的阶梯函数来逼近一样, $L^2(E)$ 中的函数也可以用 $[a,b] \times [a,b]$ 中的某些矩形集的特征函数的线性组合函数来逼近, 即存在 E 上的阶梯函数 $K_n(s,t)$, 使得

$$\iint_E |K(s,t) - K_n(s,t)|^2 \mathrm{d}t\mathrm{d}s \to 0 \quad (n \to \infty). \tag{4.10}$$

由 $K_n(s,t)$ 定义的 $L^2[a,b]$ 上的 Fredholm 算子记为 K_n, 则根据 (4.10) 式, 并由 $L^2[a,b]$ 上积分算子范数估计 (4.9) 式, 得到

$$\|K - K_n\| \to 0 \quad (n \to \infty).$$

因为 $K_n(s,t)$ 是 E 上的阶梯函数, 即它可以写成

$$K_n(s,t) = \sum_{i=1}^{k_n} \alpha_i^{(n)} \chi_i^{(n)}(s,t),$$

其中 $\chi_i^{(n)}(s,t)$ 是矩形 $(a_i^{(n)}, b_i^{(n)}) \times (c_i^{(n)}, d_i^{(n)}) \subset [a,b] \times [a,b]$ 上的特征函数, 也就是说 $\chi_i^{(n)}(s,t) = \chi_{(a_i^{(n)}, b_i^{(n)})}(s)\chi_{(c_i^{(n)}, d_i^{(n)})}(t)$. 因此, 对于任意的 $\varphi \in L^2[a,b]$,

$$(K_n\varphi)(s) = \int_a^b K_n(s,t)\varphi(t)\mathrm{d}t$$
$$= \sum_{i=1}^{k_n} \alpha_i \chi_{(a_i^{(n)}, b_i^{(n)})}(s) \int_a^b \chi_{(c_i^{(n)}, d_i^{(n)})}(t)\varphi(t)\mathrm{d}t.$$

这就是说 K_n 是有限秩算子, 所以 K_n 是 $L^2[a,b]$ 上的紧算子, 由定理 4.2.1 得到, K 是紧算子. □

例 4.2.6 设 H 是一个可分的 Hilbert 空间, $\{e_1, e_2, \cdots, e_n, \cdots\}$ 为其正交基. 令 P_n 为从 H 到子空间 $\mathrm{span}\{e_1, e_2, \cdots, e_n\}$ 的投影算子, 即 $P_n(x) = \sum_{i=1}^n \langle x, e_i \rangle e_i$. 如果 H 上算子列 $\{P_n T\}_n$ 依算子范数收敛于 T, 则 T 是紧的. 这个结论的逆命题也是正确的, 证明留作练习.

弱拓扑给出了自反空间上紧算子的一个常用的判定方式.

命题 4.2.1 设 T 是可分自反空间 X 上的有界线性算子. 那么 T 是紧的充要条件是对 X 中任意弱收敛序列 $x_n \xrightarrow{w} x$ $(n \to \infty)$, 都有 $Tx_n \to Tx$ $(n \to \infty)$.

证明 充分性. 若 $\{x_n\}$ 为 X 的有界序列, 由推论 2.5.2, 存在子列 $\{x_{n_k}\}$ 是弱收敛的, 令 x 为子列的弱极限. 由题设即得, $Tx_{n_k} \to Tx$ $(k \to \infty)$. 这就说明 T 是紧的.

必要性. 当序列 x_n 弱收敛于 x 时, 首先我们说明 $Tx_n \xrightarrow{w} Tx$ $(n \to \infty)$: 对任意 $y^* \in X^*$,
$$y^*(Tx_n) = (T^* y^*)(x_n) \to (T^* y^*)(x) = y^*(Tx) \ (n \to \infty).$$

假设 $\{Tx_n\}$ 不依范数收敛于 Tx, 则存在数 $\varepsilon_0 > 0$ 与子列 $\{x_{n_k}\}$ 使得 $\|Tx_{n_k} - Tx\| \geqslant \varepsilon_0$. 由于 T 为紧算子, 故存在 $\{x_{n_k}\}$ 的子列 $\{x_{n_{k'}}\}$ 使得 $Tx_{n_{k'}}$ 依范数收敛于某点 y. 特别地, $Tx_{n_{k'}} \xrightarrow{w} y$ $(k' \to \infty)$, 从而可知 $y = Tx$. 但此时 $\|Tx_{n_{k'}} - Tx\| \geqslant \varepsilon_0$, 矛盾. □

注 4.2.2 (i) 命题 4.2.1 中的判定条件显然可改写为: 若序列 $x_n \xrightarrow{w} 0$ $(n \to \infty)$, 则 $Tx_n \to 0$ $(n \to \infty)$.

(ii) 由附录中的定理 D.2 可得, X 的可分性并不是必需的.

最后, 我们来看算子与共轭算子紧性的关系. 我们先引入紧算子的值域性质.

命题 4.2.2 设 X, Y 是赋范线性空间, $T \in \mathcal{K}(X, Y)$, 那么 TX 是 Y 中的可分子集.

证明 显然有 $TX = \bigcup_{n=1}^\infty TB_X(0,n)$. 因为 T 是紧算子, $TB_X(0,n)$ 是相对列紧集且是可分的, 所以 TX 是可分的. □

定理 4.2.2 设 X, Y 是赋范线性空间, $T \in \mathfrak{B}(X,Y)$. 若 T 是紧算子, 那么 $T^* \in \mathcal{K}(Y^*, X^*)$. 如果 Y 是 Banach 空间, 则逆命题也正确.

证明 必要性. 设 $\{\varphi_n\}$ 为 Y^* 中一有界点列, $\|\varphi_n\| \leqslant M$. 今证存在 $\{\varphi_n\}$ 的子序列 $\{\varphi_{n_k}\}$, 使得 $\{T^* \varphi_{n_k}\}$ 在 X^* 中按范数收敛.

(a) 设 Y_0 是 TX 在 Y 中的闭包, 那么 Y_0 是 Y 中可分的、闭线性子空间. 这时如果将 T 看作从 X 到 Y_0 中的线性有界算子 T_0, 即 $T_0 x = Tx (\forall x \in X)$, 则 T_0 是从 X 到 Y_0 的紧算子. 如果将任意的 $\varphi \in Y^*$ 限制在 Y_0 上, 看作 Y_0 上的有界线性泛函, 则 $T_0^* \varphi = T^* \varphi$. 反过来, 对于 $\varphi \in Y_0^*$, 利用 Hahn-Banach 延拓定理, 可以保范延拓成 Y 上的有界线性泛函 φ, 这时同样有 $T_0^* \varphi = T^* \varphi$. 我们要证明对于 Y^* 中的任何有界点列 $\{\varphi_n\}$ 都存在子列 $\{\varphi_{n_k}\}$, 使得 $\{T^* \varphi_{n_k}\}$ 在 X^* 中收敛, 只要将 $\{\varphi_n\}$ 看作 Y_0 上的有界点列, 证明存在子列 $\{\varphi_{n_k}\}$ 使得 $T_0^* \varphi_{n_k} = T^* \varphi_{n_k}$ 在 X^* 中收敛. 即可以认为 Y 是一个可分的空间.

(b) 设 Y 是可分的赋范线性空间, $\{\varphi_n\}$ 是 Y^* 中的有界点列, 由 Banach-Alaoglu (巴拿赫–阿拉奥格卢) 定理, 存在子列 $\{\varphi_{n_k}\}$ 弱 $*$ 收敛. 即对任何 $y \in Y$,
$$\lim_{k \to \infty} \varphi_{n_k}(y) = \varphi(y). \tag{4.11}$$

(c) 我们验证
$$\lim_{k \to \infty} \|T^* \varphi_{n_k} - T^* \varphi\| = 0.$$

事实上, 设 S 是 X 的单位球面, 那么
$$\begin{aligned}\|T^* \varphi_{n_k} - T^* \varphi\| &= \sup_{x \in S} \|(T^* \varphi_{n_k} - T^* \varphi)(x)\| \\ &= \sup_{x \in S} \|\varphi_{n_k}(Tx) - \varphi(Tx)\| \\ &= \sup_{y \in TS} \|\varphi_{n_k}(y) - \varphi(y)\|.\end{aligned}$$

由于 TS 是 Y 中的相对列紧集, 它是完全有界的, 所以对于任意的 $\varepsilon > 0$, 存在 TS 的有限的 $\dfrac{\varepsilon}{3(M+1)}$ 网 $y_1, y_2, \cdots, y_n \in TS$. 所以对于任意的 $y \in TS$, 存在 y_l 使得 $\|y - y_l\| < \dfrac{\varepsilon}{3(M+1)}$,

$$|\varphi_{n_k}(y) - \varphi(y)| \leqslant |\varphi_{n_k}(y) - \varphi_{n_k}(y_l)| + |\varphi_{n_k}(y_l) - \varphi(y_l)| + |\varphi(y_l) - \varphi(y)|$$
$$\leqslant M \frac{\varepsilon}{3(M+1)} + |\varphi_{n_k}(y_l) - \varphi(y_l)| + M \frac{\varepsilon}{3(M+1)}.$$

根据 (4.11) 式, 对于 $y_1, y_2, \cdots, y_n$, 存在 K, 当 $k \geqslant K$ 时,
$$|\varphi_{n_k}(y_l) - \varphi(y_l)| < \frac{\varepsilon}{3}, \quad l = 1, 2, \cdots, n.$$

所以当 $k \geqslant K$ 时, 对任何 $x \in S$, 都有
$$|T_{n_k}(Tx) - \varphi(Tx)| < \varepsilon.$$

因而当 $k \geqslant K$ 时, $\|T^* \varphi_{n_k} - T^* \varphi\| \leqslant \varepsilon$. $\square$

证法二 我们利用 Arzelà-Ascoli 定理 1.6.9 来证明. 设 S 是 X 的单位球面, 则 TS 是 Y 中的相对列紧集, 于是 $K = \overline{TS}$ 是 Y 中的紧集. 将 $\{\varphi_n\}$ 看作紧集 K 上的函数列,

则它们是一致有界和等度连续的, 由 Arzelà-Ascoli 定理, $\{\varphi_n\}$ 是 $C(K)$ 中的相对列紧集, 则存在子列 $\{\varphi_{n_k}\}$ 在 K 中一致收敛. 于是 $\{T^*\varphi_{n_k}\}$ 是 X^* 中的基本点列, 是收敛的.

充分性. 因为 $T^* \in \mathcal{K}(Y^*, X^*)$, 由必要性得到 $T^{**} \in \mathcal{K}(X^{**}, Y^{**})$. 设 B 是 X 的单位球, 将 B 看作 X^{**} 包含在 X^{**} 的单位球中的子集, 它是有界集, 所以 $T^{**}B$ 是 Y^{**} 中的相对列紧集. 由共轭算子性质定理 3.3.1 得, $TB = T^{**}B$ 是 Y^{**} 中的完全有界集. 这也说明, TB 在 Y 中是完全有界集, 而 Y 是 Banach 空间, 它也是 Y 中的相对列紧集. $\square$

习题 4.2

1. 设 $K(s,t)$ 是全平面上 Lebesgue 可测函数, 且

$$\iint_{\mathbb{R}\times\mathbb{R}} |K(s,t)|^2 \, ds dt < \infty.$$

作 $L^2(\mathbb{R})$ 上线性算子 T:

$$(Tf)(s) = \int_{\mathbb{R}} K(s,t)f(t)dt,$$

问 T 是否 $L^2(\mathbb{R})$ 上的紧算子?

2. 设 T 是 Banach 空间 X 上有界线性算子, L 是 T 的不变子空间. 对于 $x \in X$, 记等价类 $[x] = x + L$. 在 Banach 空间 $\widetilde{X} = X/L$ 上作算子 $\widetilde{T}: [x] \mapsto [Tx]$.
    (i) 证明: $\widetilde{T}$ 是 Banach 空间 $\widetilde{X}$ 上有界线性算子.
    (ii) 若 T 是 X 上的紧算子, 证明: $\widetilde{T}$ 也是 $\widetilde{X}$ 上的紧算子.

3. 设 T 为 $l^2(\mathbb{Z})$ 上的有界线性算子. 记 $e_n = (0, 0, \cdots, 0, 1, 0, \cdots)$ (第 n 个坐标为 1, 其他为 0), 则

$$Te_k = \sum_{j=-\infty}^{\infty} a_{jk} e_j, \quad k \in \mathbb{Z}.$$

如果 $\sum_{j,k=-\infty}^{\infty} |a_{jk}|^2 < \infty$, 证明: T 是 $l^2(\mathbb{Z})$ 上的紧算子.

4. 设 $1 < p < \infty, \dfrac{1}{p} + \dfrac{1}{q} = 1$, $K(i,j)$ 满足

$$\sum_{i=1}^{\infty} \left(\sum_{j=1}^{\infty} |K(i,j)|^q\right)^{\frac{p}{q}} < \infty.$$

证明: l^p 上的线性算子

$$(Tx)(i) = \sum_{j=1}^{\infty} K(i,j)x(j), \quad \forall x \in l^p$$

为 l^p 上的紧算子.

5. 对于有界数列 $\{a_n\}$, Hilbert 空间 l^2 上的有界线性算子

$$(x_1, x_2, \cdots, x_n, \cdots) \longmapsto (a_1 x_1, a_2 x_2, \cdots, a_n x_n, \cdots)$$

何时是紧的?

6. 对 Lebesgue 可测函数 $\varphi \in L^\infty[0,1]$, 定义 $L^2[0,1]$ 上的有界线性算子 M_φ 为
$$M_\varphi(f) = \varphi f.$$
证明: M_φ 是紧算子当且仅当 $\varphi = 0$.

7. 设 T 是可分的 Hilbert 空间 H 上有界线性算子. 证明: T 是紧算子当且仅当 T^*T 是紧的, 也当且仅当 TT^* 是紧的.

8. 设 $\{e_1, e_2, \cdots, e_n, \cdots\}$ 是 Hilbert 空间 H 的一个正交基, 令 $P_n(x) = \sum_{k=1}^{n} \langle x, e_n \rangle e_n$ 是到子空间 $\text{span}\{e_1, e_2, \cdots, e_n\}$ 上的投影算子. 若 H 上有界线性算子 T 是紧的, 证明: $P_n T$ 按范数收敛于 T.

9. 设 $1 < p < \infty, \frac{1}{p} + \frac{1}{q} = 1$, $K(s,t)$ 是正方形 $[a,b] \times [a,b]$ 上的可测函数且满足
$$\int_a^b \left(\int_a^b |K(s,t)|^q \, dt \right)^{\frac{p}{q}} ds < \infty.$$
证明: $L^p[a,b]$ 上的线性算子
$$(Tf)(s) = \int_a^b K(s,t)f(t) dt, \quad \forall f \in L^p[a,b]$$
为 $L^p[a,b]$ 上的紧算子.

10. 设 X, Y 是 Banach 空间, $A, B \in \mathfrak{B}(X, Y)$, 且 $\mathfrak{R}(A) \subset \mathfrak{R}(B)$.
    (i) **(Douglas (道格拉斯))** 若 B 是单射, 那么存在 $C \in \mathfrak{B}(X)$ 使得 $A = BC$.
    (ii) 证明: 若 B 是紧算子, 则 A 也是紧的.

4.3 紧算子的谱

下面我们来研究紧算子的谱. 有限维赋范线性空间上的线性算子是最简单的紧算子, 这种算子的谱的许多性质大家都已经知道了. 例如每个谱点都是特征值 (特征向量空间当然也是有限维的) 等. 现在我们就要研究有限维空间上线性算子的这些性质和结构如何推广到 Banach 空间 (主要是无限维) 上的紧算子. 下面是 Riesz-Schauder 关于紧算子的特征值和特征向量空间的理论.

定理 4.3.1 (Riesz-Schauder) 设 X 是复 Banach 空间, T 是 X 上紧算子.
(i) 当 X 是无限维空间时, 0 是 T 的谱点.
(ii) 紧算子 T 的非零谱点是 T 的特征值. 即: 如果 $\lambda \neq 0$, λ 不是 T 的特征值, 那么 $\lambda \in \rho(T)$.
(iii) 当 $\lambda \neq 0$, 且是 T 的特征值时, λ 的特征向量空间是有限维的.

(iv) 设 $\lambda_1, \lambda_2, \cdots, \lambda_n$ 是 T 的不同的特征值, $x_1, x_2, \cdots, x_n$ 是相应的特征向量, 那么, $x_1, x_2, \cdots, x_n$ 是线性无关的.

(v) $\sigma(T)$ 的极限点只可能是 0 (因而 $\sigma(T)$ 是有限集或可列集).

在证明该定理之前, 我们先看一个例子.

例 4.3.1 令 $L^2[0,1]$ 上 Volterra 算子 T 为
$$(Tf)(x) = \int_0^x f(y)\mathrm{d}y,$$
我们使用 Riesz-Schauder 定理来计算 T 的谱. 由于 T 是积分核为 $K(x,y) = \chi_{y \leqslant x}(x,y)$ 的积分算子, 由例 4.2.5, T 为紧算子. 故 $0 \in \sigma(T)$. 当 $\lambda \neq 0$ 时, 考虑特征方程
$$(Tf)(x) = \lambda f(x) = \int_0^x f(y)\mathrm{d}y.$$
这个积分方程等价于微分方程
$$\begin{cases} \lambda f(0) = 0, \\ \lambda f'(x) = f(x). \end{cases}$$
从而可得 $f \equiv 0$. 这说明 $\lambda \notin \sigma_p(T)$, 即 $\sigma(T) = \{0\}$.

从而可得 $r(T) = 0$. 由谱半径公式,
$$\lim_{n \to \infty} \|T^n\|^{1/n} = r(T) = 0,$$
即 T 是广义幂零算子 (如何直接验证).

我们先证明 Riesz-Schauder 定理中相对比较容易的 (i) (iii) (iv) (v).

证明 (i) 当 X 是无限维时, 如果 $0 \notin \sigma(T)$, 那么 T^{-1} 是 X 上的有界线性算子. 根据定理 4.2.1, $I = T^{-1}T$ 是紧算子, 这样 X 中单位球就是相对列紧集, 矛盾. 所以 $0 \in \sigma(T)$.

(ii) 设 λ 是 T 的非零特征值, 记 E_λ 为相应的特征向量空间. 对任何 $x \in E_\lambda$, 显然 $Tx = \lambda x$, 即 T 限制在 E_λ 上是 λI. 如果 E_λ 是无限维的, 根据 Riesz 引理, E_λ 的单位球面 S 不是相对列紧的, 而 $S = \frac{1}{\lambda}TS$, 由 T 的紧性, 得到 S 是相对列紧的, 矛盾. 因此 E_λ 是有限维的.

(iii) 设 $\lambda_1, \lambda_2, \cdots, \lambda_n$ 是 T 的 n 个互不相同的特征值, $x_1, x_2, \cdots, x_n$ 是相应的特征向量. 如果 $\sum_{i=1}^n \alpha_i x_i = 0$, 将 $T, T^2, \cdots, T^{n-1}$ 依次作用在这个等式上, 我们得到
$$\begin{pmatrix} 1 & 1 & 1 & \cdots & 1 \\ \lambda_1 & \lambda_2 & \lambda_3 & \cdots & \lambda_n \\ \lambda_1^2 & \lambda_2^2 & \lambda_3^2 & \cdots & \lambda_n^2 \\ \vdots & \vdots & \vdots & & \vdots \\ \lambda_1^{n-1} & \lambda_2^{n-1} & \lambda_3^{n-1} & \cdots & \lambda_n^{n-1} \end{pmatrix} \begin{pmatrix} \alpha_1 x_1 \\ \alpha_2 x_2 \\ \alpha_3 x_3 \\ \vdots \\ \alpha_n x_n \end{pmatrix} = \begin{pmatrix} 0 \\ 0 \\ 0 \\ \vdots \\ 0 \end{pmatrix},$$

所以 $\alpha_i x_i = 0$ $(i=1,2,\cdots,n)$, 得到 $\alpha_i = 0$ $(i=1,2,\cdots,n)$, 所以 $x_1, x_2, \cdots, x_n$ 线性无关.

(iv) 设 $M > 0$, 我们证明集合 $A = \{\lambda: |\lambda| \geqslant M, \lambda \text{ 是 } T \text{ 的特征值}\}$ 是有限集. 假若不然, 我们从 A 中取出一列互不相同的 T 的特征值 $\{\lambda_n\}$, $\{x_n\}$ 是相应的特征向量. 记 E_n 为 $x_1, x_2, \cdots, x_n$ 张成的 X 的线性子空间. 由 (iv), E_n 是 n 维子空间, $E_n \subsetneq E_{n+1}$. 由 Riesz 引理, 存在一列 $\{y_n\}$ 满足

$$y_n \in E_n, \quad \|y_n\| = 1, \quad \rho(y_n, E_{n-1}) > \frac{1}{2}.$$

设 $y_n = \sum_{i=1}^n \alpha_i x_i$, 则 $(\lambda_n I - T) y_n \in E_{n-1}$. 因此当 $n > m$ 时, $y_n - T\dfrac{y_n}{\lambda_n} + T\dfrac{y_m}{\lambda_m} \in E_{n-1}$, 所以

$$\left\| T\frac{y_n}{\lambda_n} - T\frac{y_m}{\lambda_m} \right\| = \left\| y_n - \left(y_n - T\frac{y_n}{\lambda_n} + T\frac{y_m}{\lambda_m} \right) \right\| \geqslant \frac{1}{2}.$$

因为 $\left\| \dfrac{y_n}{\lambda_n} \right\| \leqslant \dfrac{1}{M}$, 所以集合 $\left\{ T\dfrac{y_n}{\lambda_n} \right\}$ 是列紧的, 矛盾. □

(ii) 是 Riesz-Schauder 定理中最核心的结论, 它的证明是比较烦琐的, 需要下面的两个引理.

引理 4.3.1 设 T 是复 Banach 空间 X 上的紧算子, λ 是非零复数, 如果 $(\lambda I - T)X = X$, 那么 λ 是算子 T 的正则点.

证明 当 X 是有限维空间时, 结论是明显的. 所以不妨设 X 是无限维的. 根据逆算子定理, 只要证明 $(\lambda I - A)$ 是 X 到 X 上的一一对应, 为此只需证明当 $(\lambda I - T)x = 0$ 时, 有 $x = 0$.

令 $E_n = \{x: (\lambda I - T)^n x = 0\}$, 由于 $(\lambda I - T)^n$ 是连续线性算子, E_n 为 X 的线性闭子空间, 且

$$E_1 \subset E_2 \subset E_3 \subset \cdots \subset E_n \subset \cdots.$$

如果 $E_1 \neq 0$, 就有 $x_1 \in E_1, x_1 \neq 0$, 由 $(\lambda I - T)X = X$, 有 $x_2 \in X$, 使得 $(\lambda I - T)x_2 = x_1$. 依次类推, 有 $x_n \in X$, 使得 $(\lambda I - T)x_n = x_{n-1} (n = 2, 3, \cdots)$. 这时 $(\lambda I - T)^{n-1} x_n = x_1$, 所以 $x_n \in E_n$, 而 $x_n \notin E_{n-1}$, 根据 F. Riesz 引理, 在 E_n 中存在 y_n, 使得

$$\|y_n\| = 1, \quad \rho(y_n, E_{n-1}) > \frac{1}{2}, \quad n = 2, 3, \cdots. \tag{4.12}$$

如果 $p > q$, 从 $E_q \subset E_{p-1}$, $(\lambda I - T) E_q \subset (\lambda I - T) E_p \subset E_{p-1}$, 得到 $y_q - \dfrac{\lambda I - T}{\lambda} y_q + \dfrac{\lambda I - T}{\lambda} y_p \in E_{p-1}$, 因此由 (4.12) 式得到

$$\|Ty_p - Ty_q\| = |\lambda| \left\| y_p - \left(y_q - \frac{\lambda I - T}{\lambda} y_q + \frac{\lambda I - T}{\lambda} y_p \right) \right\| > \frac{|\lambda|}{2}.$$

这和 T 是紧的假设相矛盾. $\square$

引理 4.3.2 设 T 是 Banach 空间 X 上的紧算子, λ 是非零复数, 那么 $\mathfrak{R}(\lambda I - T)$ 是 X 的闭子空间.

证明 假设 $y_n \in \mathfrak{R}(\lambda I - T)$, 并且 $y_n \to y_0$ $(n \to \infty)$, x_n 是 y_n 的一个原像:

$$(\lambda I - T)x_n = y_n. \tag{4.13}$$

(i) 如果 $\{x_n\}$ 是有界点列, 那么 $\{x_n\}$ 存在收敛子序列.

事实上, 从 (4.13) 式得到 $x_n = \frac{1}{\lambda}(y_n + Tx_n)$, 由 $\{x_n\}$ 的有界性, 所以有 $\{x_{n_k}\}$, 使得 $\{Tx_{n_k}\}$ 收敛, 从而 $\{x_{n_k}\}$ 收敛. 令 $x_{n_k} \to x_0$ $(k \to \infty)$, 那么 $(\lambda I - T)x_0 = y_0 \in \mathfrak{R}(\lambda I - T)$.

(ii) 我们假设 $\{\|x_n\|\}$ 是无界的, 令 $\alpha_n = \rho(x_n, \ker(\lambda I - T)) > 0$, 则在 $\ker(\lambda I - T)$ 中存在 $\{w_n\}$ 满足

$$\alpha_n \leqslant \|x_n - w_n\| \leqslant \left(1 + \frac{1}{n}\right)\alpha_n.$$

令 $x'_n = x_n - w_n$, 则 x'_n 满足方程 (4.13). 如果 $\{\alpha_n\}$ 有界, 则 $\{x'_n\}$ 有界, 利用 (i) 的结论, 就得到 $y_0 \in \mathfrak{R}(\lambda I - T)$. 因此, 假设 $\alpha_n \to \infty$ $(n \to \infty)$. 令 $z_n = \frac{x'_n}{\|x'_n\|}$, 则 $\|z_n\| = 1$, $(\lambda I - T)z_n = \frac{y_n}{\|x'_n\|} \to 0$ $(n \to \infty)$. 于是, 存在 $\{z_n\}$ 的子列 $\{z_{n_k}\}$ 使得 $z_{n_k} \to z_0$ $(k \to \infty)$, $(\lambda I - T)z_0 = 0$. 由

$$x_{n_k} - w_{n_k} - z_0\|x_{n_k} - w_{n_k}\| = (z_{n_k} - z_0)\|x_{n_k} - w_{n_k}\|.$$

以及 $w_{n_k} + z_0\|x_{n_k} - w_{n_k}\| \in \ker(\lambda I - T)$, 我们得到

$$\alpha_{n_k} \leqslant \|z_{n_k} - z_0\|\|x_{n_k} - w_{n_k}\| \leqslant \left(1 + \frac{1}{n_k}\right)\alpha_{n_k}\|z_{n_k} - z_0\|.$$

则 $1 \leqslant \left(1 + \frac{1}{n_k}\right)\|z_{n_k} - z_0\|$, 矛盾. $\square$

下面给出 Riesz-Schauder 定理 (ii) 的证明.

证明 (ii) 对于非零数 λ, 假设 $\lambda \notin \sigma_p(T)$, 即 $\lambda I_X - T$ 为单射, $\ker(\lambda I_X - T) = \{0\}$. 由引理 4.3.2, 我们可以使用闭值域定理 3.3.5 得到

$$\mathfrak{R}(\lambda I_{X^*} - T^*) = \ker(\lambda I_X - T)^\perp = X^*.$$

再由引理 4.3.1 即得 $\lambda I - T^*$ 可逆. 这就是说 $\lambda I - T$ 也可逆, $\lambda \notin \sigma(T)$. $\square$

下面是 Riesz-Schauder 理论中讨论紧算子 T 与 T^* 的关系的部分.

定理 4.3.2 (Riesz-Schauder) 设 X 为复 Banach 空间, T 为 X 上紧算子, 那么
(i) $\sigma(T^*) = \sigma(T)$.

(ii) 当 $\lambda \in \sigma(T)$, 并且 $\lambda \neq 0$ 时, 空间 $\ker(\lambda I - T)$ 与 $\ker(\lambda I - T^*)$ 具有相同的维数;

它也是 $X/\mathfrak{R}(\lambda I - T)$ 和 $X^*/\mathfrak{R}(\lambda I - T^*)$ 的维数.

(iii) 如果 $\lambda \neq \mu$, 那么 T 的相应于 λ 的特征向量 x 与 T^* 的相应于 μ 的特征向量 f 正交, 即 $f(x) = 0$.

(iv) 假设 λ 是 T 的非零特征值, 那么方程 $(\lambda I - T)x = y$ 可解的充要条件是: y 与 T^* 的任一相应于 λ 的特征向量 f 正交.

(v) 如果 λ 为 T 的非零特征值, 那么共轭方程 $(\lambda I - T^*)g = f$ 可解的充要条件是: f 与 T 的任一相应于 λ 的特征向量 x 正交.

证明 只需说明 (ii), 其他留给读者自行证明.

我们首先断言: $\dim X/\mathfrak{R}(\lambda I - T) \leqslant \dim \ker(\lambda I - T)$.

若 $\dim \ker(\lambda I - T) = 0$, 即 $\lambda I - T$ 是单射, $\lambda I - T$ 可逆故也是满射, 断言显然成立.

对于一般的情况, 即当 $\dim \ker(\lambda I - T) = n > 0$ 时, 我们将其转化为单射的情形. 取 $\{x_1, x_2, \cdots, x_n\}$ 为 $\ker(\lambda I - T)$ 的一个线性无关基. 假设断言不成立, 即 $\dim X/\mathfrak{R}(\lambda I - T) > n$, 则存在 X 中元素 $\{y_1, y_2, \cdots, y_{n+1}\}$, 使得 $\{[y_1], [y_2], \cdots, [y_{n+1}]\}$ 在 $X/\mathfrak{R}(\lambda I - T)$ 中是线性无关的.

由 Hahn-Banach 延拓定理, 存在 $f_1, f_2, \cdots, f_n \in X^*$ 满足 $f_j(x_i) = \delta_{ji}(1 \leqslant i, j \leqslant n)$, 我们构造 X 上的算子:
$$Ax = Tx - \sum_{i=1}^{n} f_i(x) y_i, \tag{4.14}$$

由 A 是紧算子和有限秩算子的和, 可知 A 也是紧算子. 下面验证 $\lambda I - A$ 是单射.

设 $x \in \ker(\lambda I - A)$, 则
$$(\lambda I - A)x = (\lambda I - T)x + \sum_{i=1}^{n} f_i(x) y_i = 0.$$

这意味着在 $X/\mathfrak{R}(\lambda I - T)$ 中, $\sum_{i=1}^{n} f_i(x)[y_i] = 0$. 故 $f_i(x) = 0$. 由此亦得 $(\lambda I - T)x = 0$, $x \in \ker(\lambda I - T)$. 设 $x = \sum_{i=1}^{n} c_i x_i$, 则对每个 i 有
$$0 = f_i(x) = f_i\left(\sum_{i=1}^{n} c_i x_i\right) = c_i,$$

即 $x = 0$.

因此, $\lambda I - A$ 是单射, 从而也是可逆的, $\mathfrak{R}(\lambda I - A) = X$. 但是, 显然可得 $y_{n+1} \notin \mathfrak{R}(\lambda I - A)$, 矛盾. 故假设不成立, $\dim X/\mathfrak{R}(\lambda I - T) \leqslant \dim \ker(\lambda I - T)$, 这就是我们的断言.

对于共轭算子, 同样有 $\dim X^*/\mathfrak{R}(\lambda I - T^*) \leqslant \dim \ker(\lambda I - T^*)$. 使用定理 2.3.4 和闭值域定理 3.3.5 即得

$$\dim \ker(\lambda I - T) \geqslant \dim X/\Re(\lambda I - T) = \dim(X/\Re(\lambda I - T))^* = \dim \Re(\lambda I - T)^\perp$$
$$= \dim \ker(\lambda I - T^*) \geqslant \dim X^*/\Re(\lambda I - T^*) = \dim(\ker(\lambda I - T))^*$$
$$= \dim \ker(\lambda I - T).$$

因此 $\ker(\lambda I - T), \ker(\lambda I - T^*), X/\Re(\lambda I - T), X^*/\Re(\lambda I - T^*)$ 的维数都是相同的. □

例 4.3.2 设积分核 $K(x,y) \in L^2(E)$, 其中 $E = [a,b] \times [a,b]$, 则 $L^2[a,b]$ 上算子

$$(Tf)(x) = \int_{[a,b]} K(x,y)f(y)\mathrm{d}y, \quad \forall f \in L^2[a,b]$$

是紧的. 那么对固定的 $g(x) \in L^2[a,b]$ 及 Fredholm 方程

$$\lambda \int_{[a,b]} K(x,y)f(y)\mathrm{d}y + g(x) = f(x), \tag{4.15}$$

显然只需讨论 $\lambda \neq 0$ 的情况.

若齐次方程

$$\lambda \int_{[a,b]} K(x,y)f(y)\mathrm{d}y = f(x)$$

只有零解, 即 $\ker(I - \lambda T) = \{0\}$, 则 $I - \lambda T$ 是可逆的. 从而, 对任意 $f \in L^2[a,b]$, 方程 (4.15) 都有唯一的 $L^2[a,b]$ 解.

而当 $\ker(I - \lambda T) \neq \{0\}$ 时, 注意到 $\Re(I - \lambda T) =^\perp \ker(I - \overline{\lambda}T^*)$, 故先求解齐次方程

$$\overline{\lambda} \int_{[a,b]} \overline{K(y,x)} f(y)\mathrm{d}y = f(x),$$

取得 m 个线性无关解后, 使用 Gram-Schmidt 正交化方法可得 $\ker(I - \overline{\lambda}T^*)$ 中的一组标准正交基 $\{\phi_1, \phi_2, \cdots, \phi_m\}$, 则对于 $g \in L^2[a,b]$, 方程 (4.15) 有解当且仅当

$$\int_{[a,b]} g(y)\overline{\phi_k(y)}\mathrm{d}y = 0, k = 1, 2, \cdots, m.$$

紧算子的不变子空间 若 Banach 空间上的紧算子 T 没有特征值, 则 $\sigma(T) = \{0\}$, 此时从谱分析得不到太多算子的结构信息. 幸运的是, 我们已经知道紧算子 T 有非常多的不变子空间.

定理 4.3.3 (Lomonosov (罗蒙诺索夫) 不变子空间定理) 设 X 是无限维的复 Banach 空间, $T \in \mathfrak{B}(X)$ 是非零的紧算子. 那么, 存在 X 的一个非平凡闭子空间 M, 对于每个与 T 可交换的算子 $S \in \mathfrak{B}(X)$, 都有

$$S(M) \subset M.$$

证明请见附录.

通过不变子空间的分析, 可以得到紧算子有类似 "Jordan 块" 的结构. 一般性的理论

是相当烦琐的, 我们只给出一个简单的例子.

例 4.3.3 对于例 4.3.1 中的 Volterra 算子 T:

$$(Tf)(x) = \int_0^x f(y)\mathrm{d}y, \quad \forall f \in L^2[0,1],$$

容易验证 $L^2[t,1](0 \leqslant t \leqslant 1)$ 是 T 的不变子空间. 实际上, 这也是 T 的所有不变子空间, 并且将这些不变子空间按 t 的大小排序为 $\{L^2[t,1]\}_{0\leqslant t\leqslant 1}$, T 有接近于上三角形矩阵形式的结构.

习题 4.3

1. 证明定理 4.3.2(iii), (iv) 及 (v).
2. 设 T 是 Banach 空间 X 上的紧算子, λ 是非零复数. 记 $S = \lambda I - T$, $N(S) = \ker S$. 那么
   (i)
   $$N(S) \subset N(S^2) \subset \cdots \subset N(S^n) \subset N(S^{n+1}) \subset \cdots,$$
   并且存在 K, 使得 $N(S^K) = N(S^{K+1}) = N(S^{K+2}) = \cdots$. 记 m 为最小的非负整数, 使得 $N(S^m) = N(S^{m+1})$, 如果 $N(S) = 0$, 设 $m = 0$.
   (ii)
   $$\Re(S) \supset \Re(S^2) \supset \cdots \supset \Re(S^n) \supset \Re(S^{n+1}) \supset \cdots,$$
   并且存在 L, 使得 $\Re(S^L) = \Re(S^{L+1}) = \Re(S^{L+2}) = \cdots$. 记 r 为最小的非负整数, 使得 $\Re(S^r) = \Re(S^{r+1})$, 如果 $\Re(S) = X$, 设 $r = 0$.
3. X, T, S, r 如第 2 题, 记 $X_1 = \Re(S^r), X_2 = N(S^r)$, 证明:
   (iii) 算子 S 将 X_1 一对一到上映射到自身.
   (iv) X_2 是有限维的, S 将 X_2 映射到 X_2.
   (v) X 中的每个向量都可以唯一地表示成:
   $$x = x_1 + x_2, \quad \text{其中 } x_1 \in X_1, x_2 \in X_2,$$
   并且存在常数 $M > 0$, 使得 $\|x_1\| \leqslant M\|x\|, \|x_2\| \leqslant M\|x\|$, 即 $X = X_1 \oplus X_2$.
   (vi) 算子 T 可以表示成
   $$T = T_1 + T_2,$$
   其中 T_1 是从 X 到 X_1 的紧算子, T_2 是从 X 到 X_2 的紧算子, $T_1T_2 = 0$. 将算子 $S_1 = \lambda I - T_1$ 看成从 X_1 到 X_1 的算子是可逆的.
4. X, T, S, r, m 如第 2 题, 证明: $r = m$.
5. 设 T 是复 Banach 空间 X 上的紧算子. 若 $T^2 = T$, 证明: T 为有限秩算子.
6. 设 p 是常数项非零的多项式, T 为无穷维 Banach 空间上的有界线性算子. 若 $p(T) = 0$, 证明: T 不是紧算子.
7. 设 T 是无限维 Banach 空间 X 上的有界算子. 假设 T 是下有界的: 存在数 $c > 0$ 使得对任意 $x \in X$ 成立 $\|Tx\| \geqslant c\|x\|$. 证明: T 不是紧的.
8. 设 X 是 Banach 空间, $A, K \in \mathfrak{B}(X)$. 若 K 还是紧算子, 证明:

$$\sigma(A+K) \subset \sigma_p(A+K) \cup \sigma(A).$$

9. 设 Hilbert 空间 l^2 上的有界线性算子 W 定义为

$$W(x_1, x_2, \cdots, x_n, \cdots) = \left(0, x_1, \frac{1}{2}x_2, \cdots, \frac{1}{n}x_n, \cdots\right).$$

   (i) 证明: W 是紧算子.
   (ii) 求 $\sigma(W), \sigma_p(W)$.
   (iii) 给出 W 的一个非平凡不变子空间.

10. 设 $C[0,1]$ 上的有界线性算子 T 定义为

$$(Tf)(x) = \int_0^1 [\sin(x-y)\pi] f(y) \mathrm{d}y.$$

证明: T 为紧算子, 并求 $\sigma(T), \sigma_p(T)$.

11. 设 $C[0,1]$ 上的有界线性算子 T 定义为

$$(Tf)(x) = \int_0^{1-x} f(y) \mathrm{d}y.$$

证明: T 为紧算子, 并求 $\sigma(T), \sigma_p(T)$.

12. 令 $[0,1] \times [0,1]$ 上二元函数 $K(x,y) = \begin{cases} (1-x)y, & y \leqslant x, \\ (1-y)x, & x \leqslant y. \end{cases}$ 它给出的 $L^2[0,1]$ 上的有界 Fredholm 积分算子为

$$(Tf)(x) = \int_0^1 K(x,y) f(y) \mathrm{d}y.$$

   (i) 证明: T 是 $L^2[0,1]$ 上的紧的自伴算子.
   (ii) 证明 $\sigma_p(T) = \left\{\frac{1}{(n\pi)^2} : n = 1, 2, \cdots\right\}$. 并求 $\lambda = \frac{1}{(n\pi)^2}$ 时的 $\ker(\lambda I - T)$.
   (iii) 求 $\|T\|$.

4.4 自伴紧算子

对于 Hilbert 空间紧算子 T, 若 T 还是自伴的, 即 $T^* = T$, 那么 T 有非常清晰的算子结构. 我们先给出自伴紧算子特征值和特征空间的性质.

引理 4.4.1 若 T 是 Hilbert 空间自伴算子, μ 为 T 的特征值, 则 $\mu \in \mathbb{R}$.

证明 取非零向量 x 使得 $Tx = \mu x$. 由

$$\mu \|x\|^2 = \langle Tx, x \rangle = \langle x, Tx \rangle = \overline{\mu} \|x\|^2,$$

即得 μ 是实数. □

引理 4.4.2 若 T 是 Hilbert 空间上的自伴算子，f_1, f_2 分别为不同特征值 μ, ν 的特征向量，则 $f_1 \perp f_2$.

证明 由
$$\mu\langle f_1, f_2\rangle = \langle Tf_1, f_2\rangle = \langle f_1, Tf_2\rangle = \nu\langle f_1, f_2\rangle$$
及 $\mu \neq \nu$，即得 $\langle f_1, f_2\rangle = 0$. □

引理 4.4.3 若 T 是 Hilbert 空间自伴紧算子，则 $\|T\| = \max\limits_{x \in \sigma_p(T)} |x|$.

证明 $T = 0$ 时结论显然成立. 若 $T \neq 0$，由例 4.1.17 得，$r(T) = \|T\| \neq 0$. 取 $x_0 \in \sigma(T)$ 使得 $|x_0| = r(T) \neq 0$，由 Riesz-Schauder 定理知 $x_0 \in \sigma_p(T)$. 这也说明 $\max\limits_{x \in \sigma_p(T)} |x|$ 在 $x = x_0$ 处取到. 故 $\max\limits_{x \in \sigma_p(T)} |x| = |x_0| = r(T) = \|T\|$. □

定理 4.4.1 若 T 是 Hilbert 空间 H 上的自伴紧算子，则存在 T 的一些特征向量 $\{e_\lambda\}$ 构成 H 的一组标准正交基.

证明 设 $\{\lambda_n\}_{n \in \Gamma}$ 为 T 的所有非零点谱集 (可能为有限集)，则对每个 n，$\ker(\lambda_n - T)$ 都是有限维空间，可取它的一个标准正交集 $\{e_{n,1}, e_{n,2}, \cdots, e_{n,k_n}\}$，这里 $k_n = \ker(\lambda_n - T)$. 由引理 4.4.2,
$$\mathcal{F}_1 = \{e_{n,i} : n \in \Gamma, i = 1, 2, \cdots, k_n\}$$
是一组标准正交系. 若正交系 $\mathcal{F}_1$ 是完全的，则命题得证.

否则，令 $H_1 = \overline{\mathrm{span}}\mathcal{F}_1$，显然 $TH_1 \subset H_1$，即 H_1 为 T 的不变子空间. 令 $H_2 = H_1^\perp$ 为 H_1 的正交补，由于
$$\langle f_1, Tf_2\rangle = \langle Tf_1, f_2\rangle = 0, \quad \forall f_1 \in H_1, f_2 \in H_2,$$
故 $TH_2 \subset H_2$，H_2 也是 T 的不变子空间. 我们考虑 T 在 H_2 上的限制 $\tilde{T} = T|_{H_2}$，易得 $\tilde{T}$ 是 H_2 上的自伴紧算子. 我们断言 $\tilde{T} = T|_{H_2} = 0$.

否则，若 $\tilde{T} \neq 0$，由引理 4.4.3，$\tilde{T}$ 的绝对值最大的特征值 $\lambda \neq 0$. 设 $x \in H_2$ 为相应的非零特征向量，则
$$\lambda x = \tilde{T}x = Tx,$$
这就是说 λ 是 T 的特征值，x 为相应的非零特征向量. 故 $x \in H_1$，这与 $x \in H_2$ 矛盾.

由断言可得，$H_2 = \ker T$ 为 T 相应于特征值 0 的特征空间. 取 $\mathcal{F}_2$ 为 H_2 的一组标准正交基，则 $\mathcal{F}_1 \cup \mathcal{F}_2$ 为 H 的一组标准正交基. □

在上述命题给出的标准正交基下，算子 T 可表示为对角矩阵. 我们也可将这一结果改写为投影算子的形式.

定理 4.4.2 若 T 是 Hilbert 空间 H 上的自伴紧算子，将 T 的非零特征值按绝对值从大到小排列为
$$|\lambda_1| \geqslant |\lambda_2| \geqslant \cdots |\lambda_n| \geqslant \cdots,$$

记 $E_n = \ker(\lambda_n - T)$ 为特征空间, 那么

$$T = \sum_n \lambda_n P_{E_n} \text{ (求和按范数收敛)}.$$

证明 若非零特征值个数有限, 容易验证结论, 下面只考虑非零特征值个数是无穷的情形. 首先对于 $n < m$, 估计算子 $S_{n,m} = \sum_{k=n}^{m} \lambda_k P_{E_k}$ 的范数为 $\|S_{n,m}\| = |\lambda_n|$: 对于 $x \in H$, x 有展开 $x = x_0 + \sum_{k=1}^{\infty} x_k$, 这里 $x_0 \in \ker T$, $x_k \in E_k$, 则

$$\|S_{n,m}x\|^2 = \sum_{k=n}^{m} |\lambda_k|^2 \|x_k\|^2 \leqslant |\lambda_n|^2 \|x\|^2,$$

等式在 $x = x_n$ 时成立. 故当 $n, m \to \infty$ 时, $\|S_{n,m}\| = |\lambda_n| \to 0$. 这也就是说 $\sum_{n=1}^{\infty} \lambda_n P_{E_n}$ 按范数收敛. 再对定理 4.4.1 中所得的正交基 $\mathcal{F}_1 \cup \mathcal{F}_2$ 计算可得

$$Te_{k,i} = \lambda_k e_{k,i} = \left[\sum_n \lambda_n P_{E_n}\right] e_{k,i}, \quad \forall e_{k,i} \in \mathcal{F}_1,$$

$$Te = 0 = \left[\sum_n \lambda_n P_{E_n}\right] e, \quad \forall e \in \mathcal{F}_2.$$

这即为 $T = \sum_n \lambda_n P_{E_n}$. □

例 4.4.1 设积分核 $K(x,y) \in L^2(E)$ 满足 $K(x,y) = \overline{K(y,x)}$, 其中 $E = [a,b] \times [a,b]$, 则 $L^2[a,b]$ 上算子

$$(Tf)(x) = \int_{[a,b]} K(x,y)f(y)\mathrm{d}y, \quad \forall f \in L^2[a,b]$$

是自伴的紧算子. 取 T 的特征向量构成的一组正交基 $\{e_n\}$, 设对应特征值为 λ_n, 即 $Te_n = \lambda_n e_n$. 令 $E_n = \mathbb{C}e_n$ 为对应的特征空间, 则 $P_n(x) = \langle x, e_n\rangle e_n$ 为 H 到 E_n 的投影算子, 且 $H = \oplus_n E_n$.

那么, 对固定的 $g(x) \in L^2[a,b]$ 及 Fredholm 方程

$$\lambda \int_{[a,b]} K(x,y)f(y)\mathrm{d}y + g(x) = f(x), \tag{4.16}$$

令 $f = \sum_n f_n e_n, g = \sum_n g_n e_n$ 为 f, g 在此基底下的 Fourier 展开, 则方程 (4.16) 等价于

$$\sum_n (\lambda_n \lambda f_n + g_n)e_n = \sum_n f_n e_n,$$

这意味着对于 n, 有 $(\lambda_n \lambda f_n + g_n) = f_n$, 由此容易求出系数 f_n 以及方程的解 f. 例如, 若

对每个 n 均有 $\lambda_n\lambda \ne 1$,则可解得 $f_n = \dfrac{g_n}{1-\lambda_n\lambda}$ 以及 $f = \sum\limits_n \dfrac{g_n}{1-\lambda_n\lambda} e_n$.

对于 Hilbert 空间 H 上的自伴紧算子 T,可将其对角化成定理 4.4.2 中的形式. 那么, 对任何 $\sigma(T)$ 上的函数 f, 函数演算 $f(T)$ 可定义为

$$f(T) = \sum_n f(\lambda_n) P_{E_n}.$$

容易看出,这一定义与 4.1 节的定义是一致的.

而对一般的紧算子 T,显然 T^*T 是自伴的,且 T^*T 的任何点谱都是非负的:实际上,若 $T^*Tx = \lambda x$,则

$$\lambda = \frac{\langle T^*Tx, x\rangle}{\langle x, x\rangle} = \frac{\|Tx\|^2}{\|x\|^2} \geqslant 0.$$

注意到 $f(x) = \sqrt{x}$ 是 $\sigma(T^*T)$ 上的函数,就可得到算子 T 的绝对值 $|T| = \sqrt{T^*T}$. 显然 $|T|$ 是自伴的紧算子,并且 $|T|^2 = T^*T$. 下面的结果给出了 T 与 $|T|$ 的直接联系.

定理 4.4.3 (极分解) 设 T 是 Hilbert 空间 H 上的紧算子. 那么存在 $W \in \mathfrak{B}(H)$ 使得 $T = W|T|$, $|T| = W^*T$.

证明 先在稠密子空间 $M = \mathfrak{R}(|T|) + \mathfrak{R}(|T|)^\perp$ 上定义线性算子 W 为

$$W(y) = \begin{cases} Tx, & y = |T|x, \\ 0, & y \perp \mathfrak{R}(|T|). \end{cases}$$

则当 $y = |T|x \in \mathfrak{R}(|T|)$ 时,

$$\|W(y)\|^2 = \|Tx\|^2 = \langle T^*Tx, x\rangle = \langle |T|^2 x, x\rangle = \||T|x\|^2.$$

因此 W 在 M 上是有界的,从而可延拓为 H 上的有界线性算子. 显然 $\|W\| \leqslant 1$, 且 W 在 $\overline{\mathfrak{R}(|T|)}$ 上的作用是等距的.

这也说明对任意 $x \in H$, $h \in M = \mathfrak{R}(|T|) + \mathfrak{R}(|T|)^\perp$,

$$\langle Tx, Wh\rangle = \langle |T|x, h\rangle,$$

因此 $W^*(Tx) = |T|x$. 从而, $T = W|T|$, $|T| = W^*T$. $\square$

Hilbert-Schmidt 算子与迹类算子 在积分方程和量子统计力学中, Hilbert-Schmidt 算子和迹类算子是经常出现的紧算子类. 为引出它们的定义,我们需要下面的引理.

引理 4.4.4 设 $\{e_n\}, \{f_m\}$ 是 Hilbert 空间 H 的两组标准正交基, $T \in B(H)$. 那么

$$\sum_n \|Te_n\|^2 = \sum_m \|T^*f_m\|^2.$$

证明 由 Parseval 公式可得

$$\sum_n \|Te_n\|^2 = \sum_n \sum_m |\langle Te_n, f_m\rangle|^2$$

$$= \sum_m \sum_n |\langle e_n, T^* f_m\rangle|^2 = \sum_m \|T^* f_m\|^2. \qquad \square$$

由引理 4.4.4 可知, $\sum_n \|Te_n\|^2$ 与标准正交基 $\{e_n\}$ 的选取无关, 实际上是算子 T 的一个固有属性, 记 $\|T\|_2 = \sqrt{\sum_n \|Te_n\|^2}$ 为 T 的 Hilbert-Schmidt 范数.

定义 4.4.1 若 Hilbert 空间 H 上的有界线性算子 T 满足 $\|T\|_2 < \infty$, 则称 T 是 Hilbert-Schmidt 算子. H 上的 Hilbert-Schmidt 算子全体记作 $\mathcal{S}_2(H)$ (或简写为 $\mathcal{S}_2$).

由引理 4.4.4, 若 T 是 Hilbert-Schmidt 算子, 显然 T^* 也是 Hilbert-Schmidt 算子, 并且 $\|T\|_2 = \|T^*\|_2$. 因此 $\mathcal{S}_2(H)$ 是一个自伴的算子类. 它还有如下良好的性质.

定理 4.4.4 设 H 是 Hilbert 空间.

(i) 对于 $T \in \mathcal{S}_2$, 有 $\|T\| \leqslant \|T\|_2$.

(ii) $\mathcal{S}_2$ 依范数 $\|\cdot\|_2$ 构成一个 Banach 空间.

(iii) 对于 $T, S \in \mathcal{S}_2$ 和任取的一组标准正交基 $\{e_n\}$, 令

$$\langle T, S\rangle_2 = \sum_n \langle Te_n, Se_n\rangle.$$

则 $\langle \cdot, \cdot\rangle_2$ 与标准正交基 $\{e_n\}$ 的选取无关. 在此内积下, $\mathcal{S}_2$ 是一个 Hilbert 空间.

(iv) 对于 $T \in \mathcal{S}_2, S \in \mathfrak{B}(H)$, 有 $TS, ST \in \mathcal{S}_2$, 并且

$$\|TS\|_2 \leqslant \|S\|\|T\|_2, \|ST\|_2 \leqslant \|S\|\|T\|_2.$$

(v) 有限秩算子全体在 $(\mathcal{S}_2, \|\cdot\|_2)$ 中稠密. 因此, $\mathcal{S}_2$ 中元素都是紧算子.

证明 (i), (iv) 留作练习.

(ii) 任取 $\mathcal{S}_2$ 的一组标准正交基 $\{e_n\}$, 注意到 $\{\|Te_n\|\}, \{\|Se_n\|\}$ 都是平方可和的, 使用 Minkowski 不等式可得

$$\|T + S\|_2 \leqslant \sqrt{\sum_n [\|Te_n\| + \|Se_n\|]^2} \leqslant \sqrt{\sum_n \|Te_n\|^2} + \sqrt{\sum_n \|Se_n\|^2} = \|T\|_2 + \|S\|_2.$$

从而, $\|\cdot\|_2$ 的三角不等式成立, 同时也说明 $\mathcal{S}_2$ 关于加法封闭. 容易看出 $\|\cdot\|_2$ 也满足正定性与齐次性. 所以 $\mathcal{S}_2$ 关于数乘也是封闭的, 并依 $\|\cdot\|_2$ 构成一个赋范线性空间.

$\mathcal{S}_2$ 的完备性留作习题.

(iii) 只需说明 $\langle \cdot, \cdot\rangle_2$ 与标准正交基 $\{e_n\}$ 的选取无关. 由极化恒等式

$$\langle T, S\rangle_2 = \sum_n \langle Te_n, Se_n\rangle = \sum_{k=0}^{3} \sum_n \|(T + \mathrm{i}^k S)e_n\|^2$$

显然可得.

(v) 对任意 $T \in \mathcal{S}_2$ 及任取的标准正交基 $\{e_n\}$, 由 $\sum_n \|Te_n\|^2 < \infty$ 可知, 至多可数个

$\|Te_n\|$ 非零, 因此不妨设 n 的指标集是正整数集 $\mathbb{N}_+$. 令 P_m 是到 $\text{span}\{e_1, e_2, \cdots, e_m\}$ 的正交投影, 有限秩算子 $T_m = TP_m$. 那么

$$\|T - T_m\|_2^2 = \sum_{n=1}^{\infty} \|(T-T_m)e_n\|^2 = \sum_{n=m+1}^{\infty} \|(T-T_m)e_n\|^2 \to 0 \ (m \to \infty).$$

这就是说有限秩算子在 $(\mathcal{S}_2, \|\cdot\|_2)$ 中稠密. 同时, 也证明了 $\|T - T_m\| \to 0 \ (m \to \infty)$, 因此 T 是紧算子. □

例 4.4.2 对 $[a,b] \times [a,b]$ 上的平方可积函数 K, 由例 4.2.5,

$$(T_K f)(x) = \int_a^b f(y) K(x,y) \mathrm{d}y$$

定义的积分算子 T_K 是 $L^2[a,b]$ 上的有界线性算子. 下面说明 T_K 还是 Hilbert-Schmidt 算子.

设 $\{e_n\}$ 是 $L^2[a,b]$ 的一组标准正交基, 显然 $\{\overline{e_n(y)}\}$ 也是 $L^2[a,b]$ 的一组标准正交基. 那么, $\{e_m(x)\overline{e_n(y)}\}$ 构成了 $L^2([a,b] \times [a,b])$ 的一组标准正交基. 将 $K(x,y)$ 在此正交基下展开为

$$K(x,y) = \sum_{n,m} a_{n,m} e_m(x) \overline{e_n(y)}, \quad \text{其中 } a_{n,m} = \langle K(x,y), e_m(x)\overline{e_n(y)} \rangle.$$

从而

$$\langle T_K(e_n), e_m \rangle = \int_a^b \int_a^b K(x,y) e_n(y) \overline{e_m(x)} \mathrm{d}x \mathrm{d}y = a_{n,m}.$$

因此,

$$\|T_K\|_2^2 = \sum_{n,m} |\langle T_K(e_n), e_m \rangle|^2 = \sum_{n,m} |a_{n,m}|^2 = \|K\|_2^2.$$

这就说明了 T_k 是 Hilbert-Schmidt 算子, 并且 $\|T_K\|_2 = \|K\|_2$.

例 4.4.3 设 T 是 Hilbert 空间 H 上的自伴紧算子. 由定理 4.4.1 与定理 4.4.2, 可取一组标准正交基 $\{e_n\}$ 与实数列 $\{\mu_n\}$ 使得

$$T(e_n) = \mu_n e_n, \quad n = 1, 2, \cdots.$$

其中, 每个 $\lambda \in \sigma_p(T)$ 在实数列 $\{\mu_n\}$ 中恰好出现 $\dim \ker(\lambda I - T)$ 次. 那么

$$\sum_n \|Te_n\|^2 = \sum_n |\lambda_n| = \sum_{\lambda \in \sigma(T)} |\lambda|^2 \dim \ker(\lambda I - T),$$

从而 T 是 Hilbert-Schmidt 算子当且仅当 $\{\lambda_n\} \in l^2$, 也即 $\sum_{\lambda \in \sigma(T)} |\lambda|^2 \dim \ker(\lambda I - T) < \infty$.

而对一般的紧算子 T, 使用定理 4.4.4 的 (iv) 和定理 4.4.3, 注意到 $\|W\| = \|W^*\| \leqslant 1$, 容易得到 T 是 Hilbert-Schmidt 算子当且仅当 $|T|$ 是 Hilbert-Schmidt 的, 此时 $\|T\|_2 =$

$\|\|T\|\|_2$. 另一个转化的方式是考虑它的实部 $\operatorname{Re} T = \dfrac{T+T^*}{2}$ 和虚部 $\operatorname{Im} T = \dfrac{T-T^*}{2\mathrm{i}}$, 显然 $\operatorname{Re} T$ 和 $\operatorname{Im} T$ 都是自伴的, 并且 $T \in \mathcal{S}_2$ 等价于 $\operatorname{Re} T \in \mathcal{S}_2$, $\operatorname{Im} T \in \mathcal{S}_2$.

参考上面的例子, 我们如下给出迹类算子的定义.

定义 4.4.2 设 T 是 Hilbert 空间 H 上的自伴紧算子, 将 T 对角化为定理 4.4.2 的形式, 若 $\sum_n |\lambda_n| \dim E_n < \infty$, 则称 T 是一个迹类算子. 而对一般的紧算子 T, 当 $\operatorname{Re} T$ 和 $\operatorname{Im} T$ 都是迹类算子时, 称 T 是迹类算子.

迹类算子全体记作 $\mathcal{S}_1$.

定理 4.4.5 设 T 是 Hilbert 空间 H 上的迹类算子. 选取 H 的一组标准正交基 $\{e_n\}$, 令
$$\operatorname{tr}(T) = \sum_n \langle Te_n, e_n \rangle,$$
则 $\operatorname{tr}(T)$ 是良定义的, 且与标准正交基 $\{e_n\}$ 的选取无关.

证明 不失一般性, 不妨设 T 是自伴紧算子. 由定理 4.4.2, 可将 T 对角化为
$$T = \sum_n \lambda_n P_{E_n}.$$
令 $A_1 = \sum_n \sqrt{|\lambda_n|} P_{E_n}$, $A_2 = \sum_n \operatorname{sgn}(\lambda_n)\sqrt{|\lambda_n|} P_{E_n}$. 那么 A_1, A_2 也是自伴紧算子, 且 $T = A_1 A_2$. 注意到 $\sum_n |\lambda_n| \dim E_n < \infty$, 由例 4.4.3 中讨论可知 $A_1, A_2 \in \mathcal{S}_2$. 由定理 4.4.4(iii) 即得
$$\operatorname{tr}(T) = \sum_n \langle Te_n, e_n \rangle = \sum_n \langle A_1 e_n, A_2 e_n \rangle = \langle A_1, A_2 \rangle_2,$$
这就说明 $\operatorname{tr}(T)$ 是良定义的且不依赖 $\{e_n\}$ 的选取. □

例 4.4.4 对于 Hilbert 空间 H 上的自伴紧算子 T, 若 $\sigma(T) \subset \mathbb{R}_+$, 由定义易知 T 是迹类算子当且仅当 $\operatorname{tr}(T) < \infty$.

而对一般的紧算子 T, 由于迹类算子也是 $\mathfrak{B}(H)$ 的理想, 可以说明 T 是迹类算子当且仅当 $|T|$ 是迹类算子, 也等价于 $\operatorname{tr}(|T|) < \infty$ (可见习题 4.4 第 6, 7 题).

例 4.4.5 设 T 是习题 4.3 第 12 题中紧的自伴积分算子, $K(x,y)$ 是积分核. 注意到 $\sigma_p(T) = \left\{\dfrac{1}{(n\pi)^2} : n = 1, 2, \cdots \right\}$, 并且对每个 $\lambda \in \sigma_p(T)$ 都有 $\dim \ker(\lambda - I_T) = 1$. 所以 T 是迹类算子, 并且
$$\operatorname{tr}(T) = \sum_{n=1}^{\infty} \frac{1}{(n\pi)^2} = \frac{1}{6}.$$
而 $K(x,x) = x - x^2$, 显然
$$\operatorname{tr}(T) = \int_0^1 K(x,x) \mathrm{d}x.$$

在非常一般情形下, 例如 $K(x,y)$ 是二元连续函数时, 这一等式也是成立的, 证明可见 [16, 30.5 节定理 12].

习题 4.4

1. 设 N 是无限维可分 Hilbert 空间 H 上的紧正规算子. 令 $R = \dfrac{N+N^*}{2}, S = \dfrac{N-N^*}{2\mathrm{i}}$. 证明:
   (i) R, S 是自伴紧算子, 且 $RS = SR$.
   (ii) 存在 H 中的一组标准正交基 $\{u_n\}$ 与实数列 $\{\alpha_n\}, \{\beta_n\}$ 使得
   $$Rx = \sum_{n=1}^{\infty} \alpha_n \langle x, u_n \rangle u_n, \quad \forall x \in H$$
   以及
   $$Sx = \sum_{n=1}^{\infty} \beta_n \langle x, u_n \rangle u_n, \quad \forall x \in H.$$
   且
   $$Nx = \sum_{n=1}^{\infty} (\alpha_n + \beta_n \mathrm{i}) \langle x, u_n \rangle u_n, \quad \forall x \in H.$$

2. 设 H 是无限维可分 Hilbert 空间, T 是 H 中的紧算子.
   (i) 证明: 存在 H 中的一组标准正交基 $\{u_n\}$ 与非负数列 $\{\lambda_n\}$ 使得
   $$T^*Tx = \sum_{n=1}^{\infty} \lambda_n^2 \langle x, u_n \rangle u_n, \quad \forall x \in H.$$
   这里我们假设 $\{\lambda_n\}$ 是按绝对值从大到小排列的.
   (ii) 当 $\lambda_n \neq 0$ 时, 记 $v_n = \dfrac{Tu_n}{\lambda_n}$. 证明: $\{v_n : \lambda_n \neq 0\}$ 是一组标准正交系.
   (iii) 证明: $Tx = \sum_{\lambda_n \neq 0} \lambda_n \langle x, u_n \rangle v_n (\forall x \in H)$.

3. 验证定理 4.4.4 中的 (i), (iv) 以及 $\mathcal{S}_2$ 的完备性.

4. 证明例 4.4.2 中给出的映射 $K \mapsto T_K$ 是从 $L^2([a,b] \times [a,b])$ 到 $\mathcal{S}_2$ 的 Hilbert 空间同构.

5. 若 T 是 Hilbert 空间 H 上的迹类算子, 则 T 也是 Hilbert-Schmidt 的.

6. 设 H 是 Hilbert 空间, $T \in \mathfrak{B}(H)$. 证明下列三个条件等价:
   (i) $T \in \mathcal{S}_1$.
   (ii) 存在 $T_1, T_2 \in \mathcal{S}_2$ 使得 $T = T_1 T_2$.
   (iii) 存在数 M, 使得对 H 中任意两组标准正交系 $\{e_n\}, \{f_n\}$, 有 $\sum_{n} |\langle Te_n, f_n \rangle| \leqslant M$.

   并说明若 T 满足上述条件之一, $S \in \mathfrak{B}(H)$, 那么 TS 和 ST 也都是迹类算子.

7. 设 H 是 Hilbert 空间. 对于 $T \in \mathcal{S}_1$, 规定
   $$\|T\|_1 = \sup \left\{ \sum_n |\langle Te_n, f_n \rangle| : \{e_n\}, \{f_n\} \text{ 是 } H \text{ 的标准正交系} \right\}.$$
   证明:

(i) 若 $T \in \mathcal{S}_1$, 则 $\|T\| \leq \|T\|_1$.
(ii) $(\mathcal{S}_1, \|\cdot\|_1)$ 是 Banach 空间, 并且有限秩算子全体在它中稠密.
(iii) 若 $T_1, T_2 \in \mathcal{S}_2$, 则 $\|T_1 T_2\|_1 \leq \|T_1\|_2 \|T_2\|_2$.
(iv) 若 $T \in \mathcal{S}_1$, 则 $\|T\|_1 = \mathrm{tr}(|T|)$.
(v) 若 $T_1 \in \mathfrak{B}(H), T_2 \in \mathcal{S}_1$, 则 $\|T_1 T_2\|_1 \leq \|T_1\| \|T_2\|_1$.
(vi) 若 $T_1, T_2 \in \mathcal{S}_1$, 则 $\mathrm{tr}(|T_1 + T_2|) \leq \mathrm{tr}(|T_1|) + \mathrm{tr}(|T_2|)$.

8. 若 H 是 Hilbert 空间, $T_1 \in \mathfrak{B}(H), T_2 \in \mathcal{S}_1$, 那么
$$\mathrm{tr}(T_1 T_2) = \mathrm{tr}(T_2 T_1).$$

9. **(Lidskii (里德斯基))** 设 H 是 Hilbert 空间, $T \in \mathcal{S}_1$.
   (i) 若空间 $M = \mathrm{span}\{f \in H : 存在非零 \lambda 使得 Tf = \lambda f\}$ 在 H 中稠密, 证明
   $$\mathrm{tr}(T) = \sum_{\lambda \in \sigma_p(T)} \lambda \dim E_\lambda,$$
   其中 $E_\lambda = \ker(\lambda I - T)$.
   (ii) 当 T 的谱半径 $r(T) = 0$ 时, 可以说明 $\mathrm{tr}(T) = 0$. 基于这一事实, 证明 $\mathrm{tr}(T) = \sum_{\lambda \in \sigma_p(T)} \lambda \dim E_\lambda$ 总是成立的.

4.5 Fredholm 算子与指标

Fredholm 算子及其指标有着广泛的应用, 为简化叙述, 我们只介绍 Hilbert 空间上的情形.

定义 4.5.1 对于 Hilbert 空间 H 上算子 T, 如果它的值域 $\mathfrak{R}(T)$ 是闭的, 并且 $\ker T$ 和 $H \ominus \mathfrak{R}(T)$ 都是有限维空间, 则称它是一个 Fredholm 算子. 此时, 定义它的指标
$$\mathrm{ind}\, T = \dim \ker T - \dim H \ominus \mathfrak{R}(T).$$

注 4.5.1 此时由于 $\ker T^* = H \ominus \mathfrak{R}(T)$, 因此也经常使用 $\mathrm{ind}\, T = \dim \ker T - \dim \ker T^*$.

例 4.5.1 设 T 是 Hilbert 空间 H 上的可逆算子, 则 T 是 Fredholm 算子, 并且 $\mathrm{ind}\, T = 0$.

例 4.5.2 设 T 是 Hilbert 空间 H 上的紧算子. 由 Riesz-Schauder 定理可知, 若 $\lambda \neq 0$, 则 $\lambda I - T$ 是 Fredholm 算子, 且 $\mathrm{ind}(\lambda I - T) = \dim \ker(\lambda I - T) - \dim \ker(\lambda I - T)^* = 0$.

例 4.5.3 设 S, T 是 Hilbert 空间 l^2 上的左移位算子与右移位算子:
$$S(x_1, x_2, \cdots, x_n, \cdots) = (x_2, x_3, \cdots, x_n, \cdots);$$

$$T(x_1, x_2, \cdots, x_n, \cdots) = (0, x_1, x_2, \cdots, x_n, \cdots).$$

令 e_n 为第 n 个位置取 1 其他位置为 0 的数列. 那么, $\ker S$ 是一维子空间 $\mathbb{C}e_1$, 且 S 是满射. 从而 S 是 Fredholm 算子, 并且 $\operatorname{ind} S = 1$. 而 T 是等距单射, $\Re(T)^\perp = \mathbb{C}e_1$, 故 T 也是 Fredholm 算子, 并且 $\operatorname{ind} T = -1$.

更一般地, 对任意 $n \in \mathbb{N}$, S^n 是满射, $\ker S^n = \operatorname{span}\{e_1, e_2, \cdots, e_n\}$, 因此 S^n 是 Fredholm 算子且 $\operatorname{ind} S^n = n$. 类似地, T^n 也是 Fredholm 算子且 $\operatorname{ind} T^n = -n$.

下面的定理刻画了 Fredholm 算子的特征.

定理 4.5.1 设 T 是 Hilbert 空间 H 上的有界线性算子. 那么

(i) 若 T 是 Fredholm 算子, 那么存在 $S \in \mathfrak{B}(H)$, 使得 $I - TS$ 和 $I - ST$ 都是有限秩算子.

(ii) 若存在 $S \in \mathfrak{B}(H)$ 使得 $I - TS$ 和 $I - ST$ 都是紧算子, 那么 T 是 Fredholm 算子.

证明 (i) 当 T 是 Fredholm 算子时, 诱导算子 $\tilde{T}: \ker T^\perp \to \Re(T)$ 是 Hilbert 空间之间的双射, 因此是可逆的, 我们记其逆为 $\tilde{S}: \Re(T) \to \ker T^\perp$. 再将 $\tilde{S}$ 延拓为 H 上的算子:
$$S(x_1 + x_2) = \tilde{S}(x_1), \forall x_1 \in \Re(T), x_2 \in \Re(T)^\perp = \ker T^*.$$

那么, 直接计算可得 $I - ST = P_{\ker T}$. 实际上, 若 $x \in \ker T$, 则 $(I - ST)(x) = x$; 而若 $x \in \ker T^\perp$, 则 $(I - ST)(x) = x - \tilde{S}\tilde{T}x = 0$, 这即 $I - ST = P_{\ker T}$. 类似地, 也可得到 $I - TS = P_{\ker T^*}$.

(ii) 由于 $I - ST$ 是紧算子, 所以 $ST = I - (I - ST)$ 是 Fredholm 算子, 从而 $\ker ST$ 是有限维空间. 再由 $\ker T \subset \ker ST$ 得, $\ker T$ 也是有限维空间.

又由题设可得 TS 是 Fredholm 算子, 故 $\Re(TS)$ 是闭的有限维余子空间, $\ker S^*T^*$ 是有限维空间. 考虑商映射 $\pi: H \to H/\Re(TS)$, 则 $\Re(T) = \pi^{-1}(\pi(\Re(T)))$. 而 $\pi(\Re(T))$ 自动在有限维赋范线性空间 $H/\Re(TS)$ 中闭, 注意到 π 是连续的, 故原像 $\Re(T)$ 是闭的 (怎么由定义直接证明这个结论). 并且 $\ker T^* \subset \ker S^*T^*$ 是有限维线性空间, 所以 T 是 Fredholm 算子. □

注 4.5.2 在 (i) 证明中出现的算子 S 也是 Fredholm 算子, 在计算数学中经常称之为 T 的广义逆. 又由 (ii) 的证明知, 如果存在 $S_1, S_2 \in \mathfrak{B}(H)$ 使得 $I - TS_1$ 和 $I - S_2T$ 都是紧算子, 那么 T 是 Fredholm 算子.

下面讨论 Fredholm 算子的乘积和其指标.

定理 4.5.2 若 T_1, T_2 都是 Hilbert 空间 H 上的 Fredholm 算子, 那么 T_1T_2 也是 Fredholm 算子, 并且
$$\operatorname{ind} T_1T_2 = \operatorname{ind} T_1 + \operatorname{ind} T_2.$$

证明 因为 T_1, T_2 都是 Fredholm 算子, 由定理 4.5.1 的 (i), 存在 H 上的 Fredholm 算子 S_1, S_2 使得

$$\begin{cases} S_1 T_1 = I - P_{\ker T_1}, \\ T_1 S_1 = I - P_{\ker T_1^*}, \end{cases} \quad \begin{cases} S_2 T_2 = I - P_{\ker T_2}, \\ T_2 S_2 = I - P_{\ker T_2^*}. \end{cases}$$

令 $S = S_2 S_1$, 则

$$S(T_1 T_2) = S_2(S_1 T_1) T_2 = S_2(I - P_{\ker T_1}) T_2 = I - P_{\ker T_2} - S_2 P_{\ker T_1} T_2$$

是一个有限秩算子. 使用类似的计算也可得到 $(T_1 T_2) S$ 是有限秩的. 由定理 4.5.1 的 (ii) 即得 $T_1 T_2$ 是 Fredholm 算子.

我们再精细化上面的讨论研究核空间、值域以及指标的关系. 令 $Y_2 = \Re(T_2) \cap \ker T_1$, 则有 $\dim Y_2 < \infty$. 再取子空间 $Y_1 = \Re(T_2) \ominus Y_2$, $Y_3 = \ker T_1 \ominus Y_2$ 使得

$$\Re(T_2) = Y_2 \oplus Y_1, \quad \ker T_1 = Y_2 \oplus Y_3.$$

令 $Y_4 = (\Re(T_2) + \ker T_1)^\perp$, 则 $Y_4 \subset \Re(T_2)^\perp$ 也是有限维的. 从而有

$$H = Y_4 \oplus \overbrace{Y_1 \oplus \underbrace{Y_2}_{\ker T_1} \oplus Y_3}^{\Re(T_2)}.$$

在此分解下, 可如下表示 Fredholm 算子 $T = T_1 T_2$ 的核空间与值域. 由于 T_1, T_2 的诱导映射 $\tilde{T}_1 : \ker T_1^\perp \to \Re(T_1)$, $\tilde{T}_2 : \ker T_2^\perp \to \Re(T_2)$ 都是双射, 故它们的逆都是存在的. 并且,

$$\ker T = \ker T_2 \oplus \tilde{T}_2^{-1} Y_2, \tag{4.17}$$

$$\Re(T_1) = \Re(T) + \tilde{T}_1 Y_4, \quad \Re(T) \cap \tilde{T}_1 Y_4 = \{0\}. \tag{4.18}$$

实际上, 显然 $\ker T_2 \subset \ker T$, 且 $x \in \ker T \ominus \ker T_2$ 当且仅当 $x \in \ker T_2^\perp$ 且 $T_2 x \in Y$, 即 $x \in \tilde{T}_2^{-1} Y_2$. 而 $\Re(T_1) = \Re(\tilde{T}_1) = \tilde{T}_1(\ker T_1^\perp) = \tilde{T}_1(Y_4 \oplus Y_1)$, 且 $\tilde{T}_1 Y_1 = \Re(T)$, 故 $\tilde{T}_1(\ker T_1^\perp) = \tilde{T}_1 Y_4 + \Re(T)$. 再由 $\tilde{T}_1$ 在 $\ker T_1^\perp$ 上为单射, 即得 $\tilde{T}_1 Y_4 \cap \Re(T) = \{0\}$.

由 (4.17) 式即得 $\dim \ker T = \dim \ker T_2 + \dim Y_2$. 又由于 $\Re(T) \subset \Re(T_1)$, 映射

$$j(x + \Re(T)) = x + \Re(T_1) : H/\Re(T) \to H/\Re(T_1)$$

是一个有限维线性空间之间良定义的满射, 由 (4.18) 式得 $\dim \ker(j) = \dim Y_4$, 从而.

$$\dim H/\Re(T) = \dim \Re(j) + \dim \ker(j) = \dim H/\Re(T_1) + \dim Y_4.$$

再由 $\ker T_1 = Y_2 \oplus Y_3$ 与 $H \ominus \Re(T_2) = Y_4 \oplus Y_3$ 可得

$$\operatorname{ind} T = \dim \ker T - \dim H/\Re(T)$$

$$= \dim \ker T_2 + \dim Y_2 - \dim H/\Re(T_1) - \dim Y_4$$
$$= (\dim \ker T_1 - \dim H/\Re(T_1)) + (\dim \ker T_2 - \dim H/\Re(T_2))$$
$$= \operatorname{ind} T_1 + \operatorname{ind} T_2. \qquad \square$$

指标的扰动不变性 作为像集为整数的映射, Fredholm 算子的指标有非常好的"稳定性", 这使得它成为一个应用非常广泛的不变量. 我们先说明它在紧扰动下是不变的.

定理 4.5.3 设 T 是 Hilbert 空间 H 上的 Fredholm 算子. 若 S 为 H 上紧算子, 则 $T+S$ 也是 Fredholm 算子并且

$$\operatorname{ind} T = \operatorname{ind}(T+S).$$

证明 由定理 4.5.1 中 (i) 可知, 可取算子 R 使得 $RT = I - P_{\ker T}, TR = I - P_{\ker T^*}$. 则

$$R(T+S) = I - (P_{\ker T} + RS), \quad (T+S)R = I - (P_{\ker T^*} + SR),$$

由定理 4.5.1 中 (ii) 即得 $T+S$ 是 Fredholm 的. 再由算子乘积的指标公式

$$\operatorname{ind}(T+S) + \operatorname{ind}(R) = \operatorname{ind}(I - (P_{\ker T} + RS)) = 0,$$

即 $\operatorname{ind}(T+S) = -\operatorname{ind} R$.

特别地, 取 $S=0$ 得 $\operatorname{ind} T = -\operatorname{ind} R$. 从而, 对任意紧算子 S 有

$$\operatorname{ind}(T+S) = -\operatorname{ind} R = \operatorname{ind} T. \qquad \square$$

用类似的方法, 也可得到关于范数的扰动不变性.

定理 4.5.4 设 T 是 Hilbert 空间 H 上的 Fredholm 算子, 则存在 $\varepsilon > 0$ 使得对于 $S \in \mathfrak{B}(H), \|S\| < \varepsilon, T+S$ 也是 Fredholm 算子并且

$$\operatorname{ind} T = \operatorname{ind}(T+S).$$

证明 由定理 4.5.1 可知, 可取算子 R 使得 $RT = I - P_{\ker T}, TR = I - P_{\ker T^*}$. 令 $\varepsilon = \dfrac{1}{\|R\|}$, 则当 $\|S\| < \varepsilon = \dfrac{1}{\|R\|}$ 时, $I+RS, I+SR$ 都可逆, 直接计算可得

$$(I+RS)^{-1} R(T+S) = I - (I+RS)^{-1} P_{\ker T},$$
$$(T+S)R(I+SR)^{-1} = I - P_{\ker T^*}(I+SR)^{-1},$$

由注 4.5.2(ii) 即得 $T+S$ 是 Fredholm 的. 再由算子乘积的指标公式以及

$$\operatorname{ind}(I+RS)^{-1} = 0, \quad \operatorname{ind}(I - (I+RS)^{-1} P_{\ker T}) = 0$$

即得 $\operatorname{ind}(T+S) = -\operatorname{ind} R$. 从而,

$$\operatorname{ind}(T+S) = -\operatorname{ind} R = \operatorname{ind} T. \qquad \square$$

推论 4.5.1 (指标的同伦不变性)　设 H 是 Hilbert 空间, $F : [0, 1] \to \mathfrak{B}(H)$ 是一个连续的算子道路 (这里 $\mathfrak{B}(H)$ 取范数拓扑). 若对每个 $t \in [0, 1]$, $F(t)$ 都是 H 上的 Fredholm 算子, 则
$$\operatorname{ind} F(0) = \operatorname{ind} F(1).$$

证明　考虑映射 $t \to \operatorname{ind} F(t)$. 由定理 4.5.4 得这是个连续映射, 由数学分析知它的值域为一个闭区间 $[a, b]$. 但它的值域是包含在整数集 $\mathbb{Z}$ 中的, 因此 $a = b$, 值域为一个单点集. 这也就是说映射是一个常值映射. □

圆周上 Toeplitz 算子的 Fredholm 性与应用　对于单位圆周 $\mathbb{T} = \{z = e^{i\theta} : 0 \leqslant \theta < 2\pi\}$, 我们知道 $L^2(\mathbb{T})$ 按内积
$$\langle f, g \rangle = \int_{[0, 2\pi]} f(e^{i\theta}) \overline{g(e^{i\theta})} \frac{d\theta}{2\pi}, \quad \forall f, g \in L^2(\mathbb{T})$$
构成一个 Hilbert 空间. 由例 1.3.7, $\{z^n = e^{in\theta} : n \in \mathbb{Z}\}$ 是 $L^2(\mathbb{T})$ 的一组正交基. 它的子空间 $H^2(\mathbb{T})$ 定义为 $\{e^{in\theta} : n = -1, -2, -3, \cdots\}$ 的零化子空间, 即
$$H^2(\mathbb{T}) = \{f \in L^2(\mathbb{T}) : \langle f, e^{in\theta} \rangle = \int_{[0, 2\pi]} f(e^{i\theta}) e^{-in\theta} d\theta = 0, \ n = -1, -2, -3, \cdots\}.$$
显然 $\{e^{in\theta} : n = 0, 1, 2, \cdots\}$ 构成 $H^2(\mathbb{T})$ 的一组标准正交基. 特别地, 对 $H^2(\mathbb{T})$ 中元素 f, 其展开式是 $f(e^{i\theta}) = \sum_{n=0}^{\infty} \langle f, e^{in\theta} \rangle e^{in\theta}$ 并且 $\|f\|^2 = \sum_{n=0}^{\infty} |\langle f, e^{in\theta} \rangle|^2$. 令 P 是从 $L^2(\mathbb{T})$ 到 $H^2(\mathbb{T})$ 上的正交投影, 即
$$P(f) = \sum_{n=0}^{\infty} \langle f, e^{in\theta} \rangle e^{in\theta}, \quad \forall f \in L^2(\mathbb{T}).$$
对于 $f \in C(\mathbb{T})$, 定义 Toeplitz 算子 T_f 为
$$T_f(g) = P(fg), \quad \forall g \in H^2(\mathbb{T}),$$
则 T_f 是 $H^2(\mathbb{T})$ 上的有界线性算子, 实际上,
$$\|T_f\| = \sup_{\|g\|=1} \|P(fg)\| \leqslant \sup_{\|g\|=1} \|fg\| = \sup_{\|g\|=1} \left(\int_{[0, 2\pi]} |f(e^{i\theta}) g(e^{i\theta})|^2 \frac{d\theta}{2\pi} \right)^{1/2}$$
$$\leqslant \|f\|_\infty \sup_{\|g\|=1} \left(\int_{[0, 2\pi]} |g(e^{i\theta})|^2 \frac{d\theta}{2\pi} \right)^{1/2} = \|f\|_\infty. \tag{4.19}$$

例 4.5.4　对常值函数 $f(z) = 1 \in C(\mathbb{T})$, 显然有
$$T_1 e^{in\theta} = P(e^{in\theta}) = e^{in\theta}, \quad n = 0, 1, 2, \cdots,$$
即 $T_1 = I$.

对于恒等映射 $f(z) = z \in C(\mathbb{T})$, 容易验证
$$T_z e^{in\theta} = P(e^{i(n+1)\theta}) = e^{i(n+1)\theta}, \quad n = 0, 1, 2, \cdots.$$

所以, T_z 可看作在标准正交基 $\{e^{in\theta} : n = 0, 1, 2, \cdots\}$ 下的右移位算子. 再考虑 $\bar{z} \in C(\mathbb{T})$, 直接计算得
$$T_{\bar{z}} e^{i0\theta} = P(e^{-i\theta}) = 0, \quad T_{\bar{z}} e^{in\theta} = P(e^{i(n-1)\theta}) = e^{i(n-1)\theta}, \quad n = 1, 2, \cdots,$$

从而可以认为 $T_{\bar{z}}$ 是在标准正交基 $\{e^{in\theta} : n = 0, 1, 2, \cdots\}$ 下的左移位算子.

容易验证
$$T_z T_{\bar{z}} e^{i0\theta} = 0, \quad T_z T_{\bar{z}} e^{in\theta} = e^{in\theta}, \quad n = 1, 2, \cdots,$$

因此 $T_z T_{\bar{z}} = I - P_0$, 这里 P_0 是到常数函数全体 $\mathbb{C}e^{i0\theta}$ 的正交投影. 类似地, 也可以验证 $T_{\bar{z}} T_z = I$. 由定理 4.5.1 即得, T_z 和 $T_{\bar{z}}$ 都是 Fredholm 的. 并且由 $\ker T_z = \{0\}, \Re(T_z)^\perp = \mathbb{C}e^{i0\theta}$ 可得
$$\operatorname{ind} T_z = \dim \ker T_z - \dim \Re(T_z)^\perp = -1,$$

类似地也可以说明 $\operatorname{ind} T_{\bar{z}} = 1$.

对于 $f(z) = z^k$, 由于
$$T_{z^k} e^{in\theta} = e^{i(n+k)\theta} = (T_z)^k(e^{in\theta}), \quad n = 0, 1, 2, \cdots,$$

故 $T_{z^k} = (T_z)^k$. 因此, T_{z^k} 也是 Fredholm 算子并且
$$\operatorname{ind} T_{z^k} = k \operatorname{ind} T_z = -k.$$

T_{z^k} 的 Fredholm 性也可通过
$$T_{\overline{z^k}} T_{z^k} = I, \quad T_{z^k} T_{\overline{z^k}} = I - P_0 - \cdots - P_{k-1}$$

得到, 这里 P_n 是到 $\mathbb{C}e^{in\theta}$ 的秩 1 投影.

下面给出一般的 Toeplitz 算子 Fredholm 性的结果.

引理 4.5.1 设 $f, g \in C(\mathbb{T})$, 则 $T_f T_g - T_{fg}$ 是 $H^2(\mathbb{T})$ 上的紧算子.

证明 先看 f, g 为单项式的情况, 此时 $T_f T_g - T_{fg}$ 是有限秩算子. 例如, 当 $f(z) = z^k$, $g(z) = \bar{z}^m, 0 < k < m$ 时, 则
$$T_f T_g - T_{fg} = T_{z^k} T_{\bar{z}^m} - T_{\bar{z}^{m-k}}$$

且
$$(T_{z^k} T_{\bar{z}^m} - T_{\bar{z}^{m-k}})(e^{in\theta}) = \begin{cases} 0, & n = 0, 1, \cdots, m-k-1, \\ e^{in\theta}, & n = m-k, m-k+1, \cdots, m-1, \\ 0, & n = m, m+1, \cdots. \end{cases}$$

即 $T_{z^k}T_{\bar{z}^m} - T_{\bar{z}^{m-k}} = P_{m-k} + P_{m-k+1} + \cdots + P_{m-1}$ 是有限秩算子. 其他情形可类似验证.

对于三角多项式的情形, 即 $f(\mathrm{e}^{\mathrm{i}\theta}) = \sum_{k=-n}^{n} f_k \mathrm{e}^{\mathrm{i}k\theta}$, $g(\mathrm{e}^{\mathrm{i}\theta}) = \sum_{l=-m}^{m} g_l \mathrm{e}^{\mathrm{i}l\theta}$, 则

$$T_f T_g - T_{fg} = \sum_{k=-n}^{n} \sum_{l=-m}^{m} f_k g_l (T_{\mathrm{e}^{\mathrm{i}k\theta}} T_{\mathrm{e}^{\mathrm{i}l\theta}} - T_{\mathrm{e}^{\mathrm{i}(k+l)\theta}})$$

也是有限秩算子.

当 $f, g \in C(\mathbb{T})$ 时, 由 Weierstrass 第二逼近定理, 可取三角多项式序列 $\{f_n\}$ 与 $\{g_n\}$ 使得 $\|f - f_n\|_\infty, \|g - g_n\|_\infty \to 0 \ (n \to \infty)$. 由 (4.19) 式即得

$$T_{f_n} \to T_f, \quad T_{g_n} \to T_g, \quad T_{f_n g_n} \to T_{fg}.$$

因此 $T_f T_g - T_{fg} = \lim_{n\to\infty} (T_{f_n} T_{g_n} - T_{f_n g_n})$ 是紧的. □

定理 4.5.5 若 $C(\mathbb{T})$ 中函数 f 在圆周 $\mathbb{T}$ 上不取零值, 则 T_f 是 Fredholm 的.

证明 由题设知 $\frac{1}{f} \in C(\mathbb{T})$. 由引理 4.5.1 可知

$$T_f T_{\frac{1}{f}} - T_1, \quad T_{\frac{1}{f}} T_f - T_1$$

都是紧的. 由定理 4.5.1 即得所需结论. □

下面我们使用 Toeplitz 算子的 Fredholm 性来证明二维情形的 Brouwer (布劳威尔) 不动点定理.

定理 4.5.6 (Brouwer 不动点定理) 若 f 是单位圆盘 $\overline{\mathbb{D}} = \{z \in \mathbb{C} : |z| \leqslant 1\}$ 上的连续自映射, 则存在不动点 $z \in \overline{\mathbb{D}}$ 使得 $f(z) = z$.

证明 令 $g(z) = z - f(z)$. 我们断言 $g(z)$ 在 $\overline{\mathbb{D}}$ 上有零点.

使用反证法, 假设 g 在 $\overline{\mathbb{D}}$ 上总不为零. 对 $0 \leqslant r \leqslant 1$, 令 $g_r(\mathrm{e}^{\mathrm{i}\theta}) = g(r\mathrm{e}^{\mathrm{i}\theta})$, 由定理 4.5.5 知算子 T_{g_r} 都是 Fredholm 的. 从而, 映射 $r \in [0,1] \to T_{g_r}$ 为一个连续的 Fredholm 算子道路, 由推论 4.5.1 得

$$\mathrm{ind}\, T_{g_1} = \mathrm{ind}\, T_{g_0} = \mathrm{ind}\, g(0) I = 0.$$

但是, 对 $0 \leqslant t \leqslant 1$, 令 $h_t(\mathrm{e}^{\mathrm{i}\theta}) = \mathrm{e}^{\mathrm{i}\theta} - tf(\mathrm{e}^{\mathrm{i}\theta})$, 则 $h_1 = g_1, h_0 = z$. 并且由假设知 h_t 在圆周上也不取零值. 因此, $t \in [0,1] \to T_{h_t}$ 也是一个连续的 Fredholm 算子道路, 故

$$\mathrm{ind}\, T_{g_1} = \mathrm{ind}\, T_z = -1,$$

矛盾. 因此, 假设不成立. 存在 $z \in \overline{\mathbb{D}}$ 使得 $g(z) = 0$, 即 $z = f(z)$. □

T_f 的 Fredholm 指标也有明显的几何意义. 当 f 在 $\overline{\mathbb{D}}$ 上连续可导时, 令 f 的绕数

$$\omega(f) = \frac{1}{2\pi\mathrm{i}} \int_{\mathbb{T}} \frac{f'(z)}{f(z)} \mathrm{d}z,$$

它表示封闭曲线 $f(\mathbb{T})$ 绕零点逆时针走的圈数. 那么可以证明此时

$$\operatorname{ind} T_f = -\omega(f).$$

这一指标结果可以看作著名的 Atiyah-Singer (阿蒂亚 – 辛格) 定理在单位圆周这个简单情况下的具体形式.

习题 4.5

1. 设 T 是复 Hilbert 空间 X 上的 Fredholm 算子. 那么 T^* 是 Fredholm 算子且 $\operatorname{ind} T^* = -\operatorname{ind} T$.
2. 设 X, Y 是复的 Hilbert 空间, T 与 S 分别是 X, Y 上的 Fredholm 算子. 在 Hilbert 空间 $X \times Y$ 上, 定义 $T \times S$ 为 $(T \times S)(x, y) = (Tx, Sy)$. 证明:
   (i) $T \times S$ 是 $X \times Y$ 上的 Fredholm 算子.
   (ii) $\operatorname{ind}(T \times S) = \operatorname{ind} T + \operatorname{ind} S$.
3. 设 H 是复的 Hilbert 空间, $T \in \mathfrak{B}(H)$. 若 $\dim \ker T < \infty$, 且线性空间 $H/\mathfrak{R}(T)$ 的维数是有限的, 那么 T 是 Fredholm 算子.
4. 设 H 是复的 Hilbert 空间, $A, B \in \mathfrak{B}(H)$ 且 BA 是 Fredholm 的. 若 $\dim \ker B < \infty$, 证明: A, B 都是 Fredholm 算子.
5. 设 T 是复 Hilbert 空间 H 上的有界算子. 若对某个正整数 n, $I - T^n$ 紧, 那么 T 是 Fredholm 算子.
6. 证明: Hilbert 空间 H 中的 Fredholm 算子全体是 $\mathfrak{B}(H)$ 中的一个开集.
7. 设 X 是复的 Hilbert 空间, 对于 $T \in \mathfrak{B}(H)$, 定义 T 的本质谱为

$$\sigma_e(T) = \{\lambda \in \mathbb{C} : \lambda I - T \text{ 不是 Fredholm 的}\}.$$

   证明:
   (i) $\sigma_e(T)$ 是一个有界闭集.
   (ii) $\sigma_e(T) \subset \bigcap_{K \in \mathcal{K}(X)} \sigma(T + K)$.
8. 对于 l^2 上算子 $S(x_1, x_2, \cdots) = (0, x_1, x_2, \cdots)$, 计算 $\sigma_e(S)$. 并对每个 $\lambda \in \mathbb{C} \backslash \sigma_e(S)$, 给出 $\operatorname{ind}(\lambda I - S)$.
9. 对于某个固定的 $k \in \mathbb{Z}$, 令 $f(z) = z^k$. 证明:

$$\operatorname{ind}(T_f) = -k = -\frac{1}{2\pi \mathrm{i}} \int_{\mathbb{T}} \frac{f'(z)}{f(z)} \mathrm{d}z.$$

4.6 正规算子的谱分解

在线性代数中, 使用特征值、特征向量将正规矩阵对角化的方法在理论和应用中都有重要价值. 它实际上就是根据正规矩阵的特性, 将空间分解成一些子空间, 使得正规矩

阵在每个子空间上有比较简单的形式, 这也等价于正规矩阵写成了一些投影矩阵的加权和. 延续这一路径研究无穷维空间上的算子, 就产生了正规算子的谱分解理论. 特别地, 我们将正规算子分解成投影算子的组合形式.

投影算子的性质　我们首先给出投影算子的一些常用的性质.

命题 4.6.1　设 H 是 Hilbert 空间, $P \in \mathfrak{B}(H,H)$, 那么 P 成为投影算子的充要条件是
$$P = P^* = P^2.$$

证明　必要性. 设 L 是 H 的闭线性子空间, P 是 L 上的投影算子. 那么对于 $x,y \in H$, 有
$$x = Px + z_1, \quad y = Py + z_2, \quad 其中 \ z_1 \perp L, z_2 \perp L.$$
于是
$$\langle Px, y \rangle = \langle Px, Py + z_2 \rangle = \langle Px, Py \rangle = \langle Px + z_1, Py \rangle = \langle x, Py \rangle.$$
因此 P 是自共轭算子.

又因为对于任意的 $x \in H$, $Px \in L$, 所以 $P(Px) = Px$, 即 $P^2 = P$.

充分性. 若有界线性算子 P 满足 $P = P^* = P^2$, 令 $L = \{x \in H : Px = x\} = \ker(I-P)$, 则 L 是 H 的闭线性子空间. 我们证明 P 是到 L 上的投影. 对任意的 $x \in H$, 由 $(I-P)Px = 0$, 得 $Px \in L$. 对任意 $y \in L$, 由 $\langle x - Px, y \rangle = \langle x, y \rangle - \langle Px, y \rangle = \langle x, (I-P)y \rangle = 0$, 可得 $(x - Px) \perp L$. 因此 Px 是 x 在 L 上的投影, 即 P 是 H 到 L 上的投影算子. □

如果 P 是到 L 上的投影算子, 则称 L 为 P 的投影子空间.

命题 4.6.2　设 P_M, P_N 为分别为 Hilbert 空间 H 到子空间 M 与 N 上的投影. 那么, 我们有

(i) $P_M P_N = 0$ 当且仅当 $M \perp N$, 此时称 P_M 与 P_N 是垂直的.

(ii) $P_M + P_N$ 是投影算子当且仅当 $M \perp N$. 此时 $P_M P_N = P_N P_M = 0$ 且 $P_M + P_N$ 是 H 到子空间 $M \oplus N$ 上的投影.

(iii) $P_M P_N$ 是投影算子当且仅当 $P_M P_N = P_N P_M$. 此时 $P_M P_N$ 是 H 到子空间 $M \cap N$ 上的投影, 且 $M \ominus (M \cap N) \perp N \ominus (M \cap N)$.

(iv) $P_M - P_N$ 为投影算子当且仅当 $M \supset N$, 此时 $P_M - P_N$ 为 H 到子空间 $M \ominus N$ 上的投影.

(v) 设 M_n 是一列两两正交的子空间, P_n 是 H 到子空间 M_n 上的投影算子, 那么 $\sum_{n=1}^{\infty} P_n$ 强算子收敛于投影算子 P, 并且 P 是到 $M = \overline{\mathrm{span}}\{M_n\}_{n=1}^{\infty}$ 上的投影算子.

证明　(i)(iii)(iv) 的证明留作习题.

(ii) 充分性显然. 必要性. 若 $P_M + P_N$ 是投影算子, 则

$$P_M + P_N = (P_M + P_N)^2 = P_M + P_N + P_M P_N + P_N P_M,$$

故 $P_M P_N + P_N P_M = 0$. 分别左乘与右乘 P_M 可得

$$P_M P_N + P_M P_N P_M = 0 = P_M P_N P_M + P_N P_M.$$

从而 $P_M P_N = P_N P_M$. 因此, 我们有 $P_M P_N = P_N P_M = 0$, 这也就是说 $M \perp N$.

(v) 对任意 $x \in H$, 由于

$$\sum_{k=1}^{n} \|P_k x\|^2 = \left\|\sum_{k=1}^{n} P_k x\right\|^2 \leqslant \|x\|^2,$$

故 $\left\{\sum_{k=1}^{n} P_k x\right\}_{n=1}^{\infty}$ 是 H 中的 Cauchy 点列. 定义算子 P:

$$Px = \lim_{n \to \infty} \sum_{k=1}^{n} P_k x$$

为 $\sum_{k=1}^{n} P_k$ 的强算子收敛极限. 容易验证 $P^2 = P$, 且

$$\langle Px, y \rangle = \lim_{n \to \infty} \left\langle \sum_{k=1}^{n} P_k x, y \right\rangle = \lim_{n \to \infty} \left\langle x, \sum_{k=1}^{n} P_k y \right\rangle = \langle x, Py \rangle, \quad \forall x, y \in H,$$

即 $P^* = P$. 故 P 是一个投影算子.

对任意 $x \in M^{\perp}$, 由于对每个 n 有 $P_n x = 0$, 故 $Px = 0$. 而对 $x \in M_n$, $Px = P_n x = x$, 因此闭子空间 $\{x \in H : Px = x\}$ 包含了每个 M_n, 从而也包含了 M. 这就说明了 P 是到 M 上的正交投影. $\square$

不变子空间和约化子空间也可以用投影算子刻画, 具体论证留给读者作为练习.

命题 4.6.3 设 T 是 Hilbert 空间 H 上的有界线性算子, P_M 是 H 到子空间 M 上的投影.

(i) M 是 T 的不变子空间当且仅当 $P_M T P_M = T P_M$.

(ii) M 是 T 的约化子空间当且仅当 $P_M T = T P_M$.

谱测度和积分

定义 4.6.1 设 Ω 是 $\mathbb{C}$ 中一个 Borel 集, $\mathcal{R}$ 是 Ω 的一些子集组成的 σ 代数, H 为复 Hilbert 空间. $\mathcal{P}$ 是 H 上的投影算子全体, 如果算子值函数 $E : \mathcal{R} \to \mathcal{P}$ 满足

(i) $E(\Omega) = I$;

(ii) 若 $\mathcal{R}$ 中序列 $\{S_n\}$ 两两不交, $S = \bigcup_{n=1}^{\infty} S_n$, 则 $E(S) = (SOT) \sum_{n=1}^{\infty} E(S_n)$, 则称 $(\Omega, \mathcal{R}, E)$ 为谱测度空间, E 为 $\mathcal{R}$ 上的谱测度.

对于谱测度 E, 一个基本的事实是, 对于 $S_1, S_2 \in \mathcal{R}$, 有 $E(S_1)E(S_2) = E(S_2)E(S_1)$.

实际上, 当 $S_1 \cap S_2 = \varnothing$ 时, 则
$$E(S_1) + E(S_2) = E(S_1 \cup S_2),$$
由命题 4.6.2(ii) 知, $E(S_1)E(S_2) = E(S_2)E(S_1) = 0$. 对于一般的情况, 我们有
$$E(S_1)E(S_2) = (E(S_1\backslash S_2) + E(S_1 \cap S_2))(E(S_2\backslash S_1) + E(S_1 \cap S_2)) = E(S_1 \cap S_2)$$
$$= (E(S_2\backslash S_1) + E(S_1 \cap S_2))(E(S_1\backslash S_2) + E(S_1 \cap S_2)) = E(S_2)E(S_1).$$

定理 4.6.1 对于 Hilbert 空间 H 上的谱测度空间 $(\Omega, \mathcal{R}, E)$, $x, y \in H$, 则 $\mathcal{R}$ 上集函数
$$S \mapsto E_{x,y}(S) = \langle E(S)x, y \rangle$$
是一个全有限复测度. 对于 Ω 上的有界可测函数 f, 存在 $T \in \mathfrak{B}(H)$ 使得
$$\langle Tx, y \rangle = \int_\Omega f \mathrm{d}E_{x,y}, \quad \forall x, y \in H,$$
并且 $\|T\| \leqslant \|f\|_\infty$, 我们将积分值 T 记为 $\int_\Omega f \mathrm{d}E$.

若记 $B(\Omega)$ 为 Ω 上的有界可测函数全体, 则 $f \mapsto \int_\Omega f \mathrm{d}E$ 是一个代数同态, 且
$$\int_\Omega \bar{f} \mathrm{d}E = \left(\int_\Omega f \mathrm{d}E\right)^*.$$

若可测函数列 $\{f_n\}$ 一致有界且点态收敛于 f, 则算子列 $\int_\Omega f_n \mathrm{d}E$ 强收敛于算子 $\int_\Omega f \mathrm{d}E$.

证明 首先给出积分定义的合理性及算子 T 的范数估计. 唯一性显然.

T 的存在性. 显然 $E_{x,y}$ 满足可列可加性. 并且对任意 $S \in \mathcal{R}$, $|E_{x,y}(S)| \leqslant \|x\|\|y\|$, 故 $E_{x,y}$ 是一个全有限的复测度. 若 f 是实值函数, 定义 H 上的二元泛函
$$\phi(x, y) = \int_\Omega f \mathrm{d}E_{x,y}, \quad \forall x, y \in H.$$

则 ϕ 是 H 上的共轭双线性 Hermite 泛函. 且对于 $x \in H$, $E_{x,x}$ 是正测度, 故
$$|\phi(x, x)| = \left|\int_\Omega f \mathrm{d}E_{x,x}\right|$$
$$\leqslant \|f\|_\infty \int_\Omega \mathrm{d}E_{x,x} = \|f\|_\infty \|x\|^2.$$

由定理 2.2.4 与 2.2.6 即得, 存在自伴算子 T 使得
$$\langle Tx, y \rangle = \phi(x, y) = \int_\Omega f \mathrm{d}E_{x,y}, \quad \forall x, y \in H.$$

并且 $\|T\| = \|\phi\| \leqslant \|f\|_\infty$.

对于复值的情况, 令 $f = f_\mathcal{R} + \mathrm{i} f_\mathcal{I}$, 及自伴算子 $T_1 = \int_\Omega f_\mathcal{R} \mathrm{d}E$, $T_2 = \int_\Omega f_\mathcal{I} \mathrm{d}E$. 容易验证 $T_1 + \mathrm{i} T_2 = \int_\Omega f \mathrm{d}E$ 为 f 的谱积分. 并且

$$\left\| \int_\Omega f \mathrm{d}E \right\| = \|T_1 + \mathrm{i} T_2\| \leqslant \|f_\mathcal{R}\|_\infty + \|f_\mathcal{I}\|_\infty \leqslant 2\|f\|_\infty.$$

下面先验证谱积分的各种性质, 最后给出谱积分的精确范数估计.

共轭性. 对可测函数 f, $x, y \in H$, 由于 $\overline{\langle E(S)x, y \rangle} = \langle E(S)y, x \rangle$, 故 $\overline{E_{x,y}} = E_{y,x}$. 因此

$$\left\langle \left[\int_\Omega \bar{f} \mathrm{d}E \right] x, y \right\rangle = \int_\Omega \bar{f} \mathrm{d}E_{x,y} = \overline{\int_\Omega f \mathrm{d}E_{y,x}}$$
$$= \overline{\left\langle \left[\int_\Omega f \mathrm{d}E \right] y, x \right\rangle} = \left\langle x, \left[\int_\Omega f \mathrm{d}E \right] y \right\rangle,$$

即 $\int_\Omega \bar{f} \mathrm{d}E = \left(\int_\Omega f \mathrm{d}E \right)^*$. 类似地, 也可证明映射 $f \mapsto \int_\Omega f \mathrm{d}E$ 保持加法及数乘.

乘法性质. 当 $f = \chi_S$ 时, 由于

$$\langle E(S)x, y \rangle = \int_\Omega \chi_S \mathrm{d}E_{x,y},$$

故 $\int_\Omega \chi_S \mathrm{d}E = E(S)$. 因此对简单函数 $f = \sum_{i=1}^n a_i \chi_{S_i}$, $g = \sum_{j=1}^n b_j \chi_{T_j}$,

$$\int_\Omega f \mathrm{d}E \int_\Omega g \mathrm{d}E = \sum_{i=1}^n \sum_{j=1}^n a_i b_j E(S_i \cap T_j) = \sum_{i=1}^n \sum_{j=1}^n a_i b_j \int_\Omega \chi_{S_i} \chi_{T_j} \mathrm{d}E = \int_\Omega fg \mathrm{d}E.$$

对一般的有界可测函数 f, g, 可取简单函数列 $\{\psi_n\}, \{\varphi_n\}$ 分别一致收敛于 f 与 g, 则简单函数列 $\{\psi_n \varphi_n\}$ 也一致收敛于 fg, 因此

$$\int_\Omega f \mathrm{d}E \int_\Omega g \mathrm{d}E = \left(\lim_{n \to \infty} \int_\Omega \psi_n \mathrm{d}E \right) \left(\lim_{n \to \infty} \int_\Omega \varphi_n \mathrm{d}E \right) = \lim_{n \to \infty} \int_\Omega \psi_n \varphi_n \mathrm{d}E = \int_\Omega fg \mathrm{d}E.$$

这就说明映射 $f \mapsto \int_\Omega f \mathrm{d}E$ 是一个代数同态.

最后, 若一致有界的可测函数 $\{f_n\}$ 点态收敛于 f, 对任意 $x \in H$, 由上述代数性质可得

$$\left\| \left[\int_\Omega (f_n - f) \mathrm{d}E \right] (x) \right\|^2 = \int_\Omega |f_n - f|^2 \mathrm{d}E_{x,x}.$$

由控制收敛定理, 上式右端趋于 0, 故 $\left[\int_\Omega f_n \mathrm{d}E \right](x) \to \left[\int_\Omega f \mathrm{d}E \right](x)$ $(n \to \infty)$ 对任意 $x \in H$ 成立.

这说明 $f \mapsto \int_\Omega f \mathrm{d}E$ 是 $B(\Omega)$ 到 $\mathfrak{B}(H)$ 的一个保持共轭运算的代数同态. 因此,

$$\left\|\int_\Omega f\mathrm{d}E\right\|^2 = \left\|\left[\int_\Omega f\mathrm{d}E\right]^* \left[\int_\Omega f\mathrm{d}E\right]\right\| = \left\|\int_\Omega |f|^2 \mathrm{d}E\right\| \leqslant \|f\|_\infty^2. \quad \square$$

例 4.6.1 设 A 是内积空间 $\mathbb{C}^n$ 上的正规矩阵, 所有相异的特征值为 $\{\lambda_1, \lambda_2, \cdots, \lambda_k\}$. 对每个 i, 记 $E_i = \ker(\lambda_i - A)$, P_i 是到 E_i 的投影. 则有

$$A = \lambda_1 P_1 + \lambda_2 P_2 + \cdots + \lambda_k P_k.$$

并且对任意多项式 P, 易得 $P(A) = P(\lambda_1)P_1 + P(\lambda_2)P_2 + \cdots + P(\lambda_k)P_k$.

若令 $\Omega = \{\lambda_1, \lambda_2, \cdots, \lambda_k\}$, $\mathcal{R}$ 为 Ω 中的子集全体, 定义

$$E(S) = \sum_{\lambda_i \in S} P_i,$$

则 $(\Omega, \mathcal{R}, E)$ 是一个测度空间. 对 $x, y \in \mathbb{C}^n$, $i = 1, 2, \cdots, k$, 记 y^H 是 y 的共轭转置向量, 则

$$E_{x,y}(\{\lambda_i\}) = \langle P_i x, y \rangle = y^H P_i x$$

为高等代数中出现过的二次型. 对任意 Ω 上的有界函数 f, 令矩阵 T 为

$$T = f(\lambda_1)P_1 + f(\lambda_2)P_2 + \cdots + f(\lambda_k)P_k.$$

则对任意 $x, y \in \mathbb{C}^n$,

$$\langle Tx, y \rangle = y^H T x = \sum_{i=1}^k f(\lambda_i) y^H P_i x = \int_\Omega f \mathrm{d}E_{x,y}.$$

对于一般的正规算子 N, 我们有如下的谱分解定理. 证明可见附录定理 G.11. 对多项式 $p(z) = \sum_{\text{有限个 } n, m} a_{n,m} z^n \bar{z}^m$, 我们记 $p(N) = \sum_{\text{有限个 } n, m} a_{n,m} N^n N^{*m}$.

定理 4.6.2 (正规算子的谱分解定理) 设 N 是 Hilbert 空间 H 上的正规算子, 记 $\mathcal{R}$ 是 $\sigma(N)$ 中的 Borel 子集全体. 那么存在 $\mathcal{R}$ 上唯一的谱测度 E, 使得

$$N = \int_{\sigma(N)} z \mathrm{d}E.$$

从而, 对于任意多项式 p, $p(N) = \int_{\sigma(N)} p \mathrm{d}E$.

例 4.6.2 对于 Hilbert 空间 H 上的正规算子 T, 对任意 $\sigma(T)$ 上的有界 Borel 可测函数 f, $f(T)$ 是一个良定义的算子, 这就是所谓的正规算子的函数演算.

例 4.6.3 若正规算子 T 的谱集 $\sigma(T) \subset [0, \infty)$, 则称 T 是正算子. 令 E 是定理 4.6.2 中谱集 $\sigma(T)$ 上的谱测度. 对定义在 $[0, \infty)$ 上的有界可测函数 f, 它的函数演算为 $f(T) = \int_{[0,\infty)} f \mathrm{d}E$. 特别地, 取 $f(x) = \sqrt{x}$, 记所得算子为 $\sqrt{T} = \int_{[0,\infty)} \sqrt{x} \mathrm{d}E(x)$. 由谱积分的代数性质可得

$$(\sqrt{T})^2 = \int_{[0,\infty)} x\mathrm{d}E(x) = T.$$

例 4.6.4 设 U 是 Hilbert 空间 H 上的酉算子, 存在 $\sigma(U)$ 上谱测度 E 使得定理 4.6.2 成立. 取有界可测函数 $p = \chi_{\{1\}}$, 由谱积分的定义可得 $p(U) = \int_{\sigma(U)} \chi_{\{1\}} \mathrm{d}E = E(\{1\})$.

我们断言: $1 \in \sigma_p(U)$ 当且仅当 $E(\{1\}) \neq 0$, 此时 $E(\{1\})$ 的值域为 U 在 1 处的特征空间.

首先, 对 $E(\{1\})$ 值域中非零元 x, $E(\{1\})x = x$, 由于

$$UE(\{1\}) = \left(\int_{\sigma(U)} z\mathrm{d}E\right)\left(\int_{\sigma(U)} \chi_{\{1\}}\mathrm{d}E\right) = \int_{\sigma(U)} \chi_{\{1\}}\mathrm{d}E = E(\{1\}),$$

$Ux = UE(\{1\})x = E(\{1\})x = x$. 故 $1 \in \sigma_p(U)$, 且点谱 1 的特征空间包含 $E(\{1\})$ 的值域.

反之, 设 $Ux = x$. 取有界可测函数列 $p_n(z) = \dfrac{1 + z + \cdots + z^{n-1}}{n}$. 那么, 对任意 $z \in \sigma(U) \subset \mathbb{T}$, 计算可得 $p_n(z) \to p(z)$ $(n \to \infty)$. 由定理 4.6.1 知 $p_n(U)$ 强收敛于 $p(U)$. 故

$$p(U)x = \lim_{n \to \infty} p_n(U)x = x.$$

即 1 的特征空间包含于 $E(\{1\})$ 的值域.

在遍历理论中的应用 酉算子的谱分解理论在动力系统遍历理论中有许多应用, 我们通过一个简单的例子来说明.

对于单位圆周 $\mathbb{T}$ 以及数 α, 旋转作用 $R_\alpha(\mathrm{e}^{\mathrm{i}\theta}) = \mathrm{e}^{\mathrm{i}(\theta + 2\pi\alpha)}$ 是一个拓扑同构. 定义 $L^2(\mathbb{T})$ 上算子

$$(T_\alpha f)\mathrm{e}^{\mathrm{i}\theta} = f(R_\alpha(\mathrm{e}^{\mathrm{i}\theta})) = f(\mathrm{e}^{\mathrm{i}(\theta + 2\pi\alpha)}).$$

由于 $T_\alpha T_{-\alpha} = T_{-\alpha} T_\alpha = I$, 故 T_α 可逆. 对任意 $f, g \in L^2(\mathbb{T})$,

$$\langle T_\alpha f, T_\alpha g\rangle = \int_{[0,2\pi]} f(\mathrm{e}^{\mathrm{i}(\theta+2\pi\alpha)})\overline{g(\mathrm{e}^{\mathrm{i}(\theta+2\pi\alpha)})}\frac{\mathrm{d}\theta}{2\pi} = \int_{[0,2\pi]} f(\mathrm{e}^{\mathrm{i}\theta})\overline{g(\mathrm{e}^{\mathrm{i}\theta})}\frac{\mathrm{d}\theta}{2\pi} = \langle f, g\rangle,$$

即 $T_\alpha^* T_\alpha = I$, 从而 $T_\alpha^{-1} = T_\alpha^*$, 这说明 T_α 是酉算子.

当 α 为无理数时我们计算, U 在 T_α 处的特征向量. 若 $f \in L^2(\mathbb{T})$, $T_\alpha f = f$. 将 f 作 Fourier 展开为 $f(\mathrm{e}^{\mathrm{i}\theta}) = \sum_{n=-\infty}^{\infty} f_n \mathrm{e}^{\mathrm{i}n\theta}$. 对比展开系数知, 对每个 n 有 $f_n \mathrm{e}^{\mathrm{i}2n\pi\alpha} = f_n$. 再由假定 α 为无理数, 可得当 $n \neq 0$ 时, $f_n = 0$. 因此, 只有常数函数 f 能满足方程 $T_\alpha f = f$. 这个性质称为旋转作用 R_α 的遍历性.

由例 4.6.4 知, 若记 E 是 T_α 的谱测度, 那么 $E(\{1\})$ 是到一维子空间 $\mathbb{C}$ 上的投影. 而且, 若取多项式 $p_n(z) = \dfrac{1 + z + \cdots + z^{n-1}}{n}$, 则 $p_n(T_\alpha)$ 强收敛于 $E(\{1\})$. 这意味着,

对任意 $f \in L^2(\mathbb{T})$, 当 $n \to \infty$ 时,
$$\frac{f(\mathrm{e}^{\mathrm{i}\theta}) + f(\mathrm{e}^{\mathrm{i}\theta + \mathrm{i}2\pi\alpha}) + \cdots + f(\mathrm{e}^{\mathrm{i}\theta + \mathrm{i}2(n-1)\pi\alpha})}{n} = (p_n(T_\alpha)f)(\mathrm{e}^{\mathrm{i}\theta}) \xrightarrow{L^2} (E(\{1\})f)(\mathrm{e}^{\mathrm{i}\theta}) = \langle f, 1 \rangle.$$
这是 von Neumann 遍历定理的一个例子.

平稳随机序列中的应用 设 $\mathcal{R}$ 是空间 Ω 上的 σ 代数, 若 $\mathcal{R}$ 上测度 $\mathcal{P}$ 满足 $\mathcal{P}(\Omega) = 1$, 则称 $X = (\Omega, \mathcal{R}, \mathcal{P})$ 是一个概率测度空间. 空间 $(\Omega, \mathcal{R})$ 上的可测函数 f 称为一个随机变量. 若 $f \in L^1(X)$, 则称 $\mathbb{E}(f) = \int_\Omega f \mathrm{d}\mathcal{P}$ 是 f 的数学期望.

一个 L^2 可积的随机变量序列 $\{x_n\}_{n \in \mathbb{Z}}$ 称为 (弱) 平稳随机序列是指: $\mathbb{E}(x_n)$ 是一个与 n 无关的常数, 且相关数 $r(n - m) = \mathbb{E}(x_n \overline{x_m})$ 只依赖于 $n - m$.

下面我们考虑 $\mathbb{E}(x_n) = 0$ 的平稳随机序列. 令 $A = \{x_n\}_{n \in \mathbb{Z}}$, $H = \overline{\mathrm{span}A}$ 是 A 在 $L^2(X)$ 中张成的闭线性子空间. 在 A 上定义映射 U, V 为
$$U x_n = x_{n+1}, \quad V x_n = x_{n-1}.$$
由于序列 $\{x_n\}_{n \in \mathbb{Z}}$ 平稳, 对于 $x_n, x_m \in A$,
$$\langle U x_n, x_m \rangle = r(n + 1 - m) = \langle x_n, V x_m \rangle,$$
$$\langle U x_n, U x_m \rangle = \langle V x_n, V x_m \rangle = \langle x_n, x_m \rangle = r(n - m).$$
因此, 若线性延拓 $U\left(\sum_{k=1}^m \lambda_k x_k\right)$, 依旧有
$$\left\| U\left(\sum_{k=1}^m \lambda_k x_k\right) \right\|^2 = \left\| \sum_{k=1}^m \lambda_k x_k \right\|^2,$$
即 U 在 $\mathrm{span}\, A$ 上是良定义的等距映射, 从而可再延拓为 Hilbert 空间 H 中的一个等距映射. 类似地, 也可将 V 唯一地延拓为 Hilbert 空间 H 中的一个等距映射, 且 $U^{-1} = V$, 故 U, V 都是酉算子.

因此, 存在 H 上的谱测度 E 使得
$$U^n = \int_{[0,2\pi]} \mathrm{e}^{\mathrm{i}n\theta} \mathrm{d}E(\mathrm{e}^{\mathrm{i}\theta}), \quad \forall n \in \mathbb{Z}.$$

对于 $\theta \in [0, 2\pi]$, 记 $z(\theta) = E(\{\mathrm{e}^{\mathrm{i}t} : 0 \leqslant t \leqslant \theta\}) x_0 \in H$, 这给出了连续的随机过程 $\theta \in [0, 2\pi] \to z(\theta)$. 由于 $(a_1, b_1], (a_2, b_2]$ 不交时, $E((a_1, b_1])E((a_2, b_2]) = 0$, 故
$$\mathbb{E}[(z(b_1) - z(a_1))\overline{(z(b_2) - z(a_2))}] = \langle z(b_1) - z(a_1), z(b_2) - z(a_2) \rangle$$
$$= \langle E((a_1, b_1])x_0, E((a_2, b_2])x_0 \rangle = 0.$$
满足这个条件的随机过程称为正交增量过程. 利用 $\{z(\theta)\}$ 也可还原所给的平稳随机序列:
$$\langle x_n, y \rangle = \langle U^n x_0, y \rangle = \int_{[0,2\pi]} \mathrm{e}^{\mathrm{i}n\theta} \mathrm{d}\langle E x_0, y \rangle = \int_{[0,2\pi]} \mathrm{e}^{\mathrm{i}n\theta} \mathrm{d}\langle z(\theta), y \rangle.$$

实际上, 在向量值积分的意义下, $x_n = \int_{[0,2\pi]} e^{in\theta} dz(\theta)$ 也是成立的, 这种把平稳随机序列用正交增量过程表示的方式称作平稳随机序列的谱展开式. 而

$$r(n) = \langle x_n, x_0 \rangle = \int_{[0,2\pi]} e^{in\theta} d\langle E(e^{i\theta})x_0, x_0\rangle = \int_{[0,2\pi]} e^{in\theta} d\|E(e^{i\theta})x_0\|^2$$

称为平稳随机序列的谱展开式, $\|E(e^{i\theta})x_0\|^2 = \mathbb{E}|z(\theta)|^2$ 称为平稳随机序列的谱函数.

习题 4.6

1. 证明命题 4.6.2 中的 (i), (iii), (iv).
2. 设 H 是复 Hilbert 空间, $P \in \mathfrak{B}(H,H)$, 那么 P 成为投影算子的充要条件是

$$\langle Px, x\rangle = \|Px\|^2, \quad \forall x \in H.$$

3. 证明命题 4.6.3.
4. 证明定理 4.6.1 中谱积分 $f \to \int_\Omega f dE$ 是保持线性和数乘的.
5. 设 $(X, \mathcal{R}, E)$ 是 Hilbert 空间 H 上的谱测度空间, f 是 $(X, \mathcal{R})$ 上的有界可测函数, 记谱积分 $T = \int_X f dE$. 证明: $\lambda \in \rho(T)$ 当且仅当存在 $S \in \mathcal{R}$, $E(S) = 0$ 使得

$$\inf_{x \in X \setminus S} |f(x) - \lambda| > 0.$$

6. 对于 Hilbert 空间 H 上正规算子 N, 令 E 为 $\sigma(N)$ 上谱测度, 使得

$$\phi(N) = \int_{\sigma(N)} \phi dE, \quad \forall \phi \in C(\sigma(N)).$$

证明: $\lambda \in \sigma_p(N)$ 当且仅当 $E(\{\lambda\}) \neq 0$.

7. 对 Hilbert 空间 H 上正规算子 N, 证明: N 是自伴算子当且仅当 $\sigma(N) \subset \mathbb{R}$.
8. 对 Hilbert 空间 H 上正规算子 N, $f \in C(\sigma(N))$. 证明:

$$\sigma(f(N)) = f(\sigma(N)).$$

9. 设 T 是 Hilbert 空间 H 上有界线性算子.
   (i) 若 T 是正算子, 证明: 存在自伴算子 $F \in \mathfrak{B}(H)$ 使得 $F^2 = T$.
   (ii) 证明: T 是正算子当且仅当 $\langle Tx, x\rangle \geqslant 0$ ($\forall x \in H$).
10. 设 T 是 Hilbert 空间 H 上有界线性算子. 证明: T 是紧算子当且仅当 T 的值域 $\mathfrak{R}(T)$ 不包含一个闭的无穷维线性子空间.
11. **(von Neumann 不等式)** 设 T 是 Hilbert 空间 H 上的一个有界线性算子. 对 $\mathbb{C}$ 上解析多项式 $p(z) = \sum_{n=0}^N a_n z^n$, 令 $p(T) = \sum_{n=0}^N a_n T^n$, 记 $\|p\|_\infty = \sup_{|z|\leqslant 1} |p(z)|$.
    (i) 若 $\|T\| \leqslant 1$, 证明: T^*T 是一个自伴算子, 且 $\sigma(T^*T) \subset [0,1]$.
    (ii) 设 $\|T\| \leqslant 1$. 令 $\mathcal{D}$ 为 $\sqrt{I - T^*T}$ 的值域在 H 中的闭包, $\tilde{H} \stackrel{\text{def}}{=} H \oplus \mathcal{D} \oplus \mathcal{D} \oplus \cdots$ 是 H

和可列个 $\mathcal{D}$ 的直和给出的 Hilbert 空间 (见习题 1.3 第 13 题). 在 $\tilde{H}$ 上定义

$$\tilde{T}(x_1, x_2, \cdots) = (Tx_1, \sqrt{I - T^*T}\, x_1, x_2, \cdots), \quad \forall x_1 \in H, x_n \in \mathcal{D}, \quad n = 2, 3, \cdots.$$

证明: $\tilde{T}$ 是一个等距算子 (即 $\|\tilde{T}x\| = \|x\|, \forall x \in \tilde{H}$).

(iii) 如果 T 是一个余等距算子 (即 T^* 是等距算子), 那么 (ii) 中定义的算子 $\tilde{T}$ 还是酉算子.
(iv) 若 T 是酉算子, p 是解析多项式, 证明: $\|p(T)\| \leqslant \|p\|_\infty$.
(v) 若 T 是余等距算子, p 是解析多项式, 证明: $\|p(T)\| \leqslant \|p\|_\infty$.
(vi) 若 T 是等距算子, p 是解析多项式, 证明: $\|p(T)\| \leqslant \|p\|_\infty$.
(vii) 若 $\|T\| \leqslant 1$, p 是解析多项式, 证明: $\|p(T)\| \leqslant \|p\|_\infty$.

12*. 设 T_1, T_2 是 Hilbert 空间 H 上的两个 Fredholm 算子. 证明: $\mathrm{ind}\, T_1 = \mathrm{ind}\, T_2$ 当且仅当存在连续的 Fredholm 路径 $F : [0, 1] \to H$ 上的 Fredholm 算子使得 $F(0) = T_1, F(1) = T_2$.

附　录

附录 A 度量空间中的拓扑性质

本节罗列度量空间中开集与闭集的常用性质, 以便不熟悉拓扑知识的读者学习.

内点、开集

定义 A.1 设 X 是度量空间, x_0 是 X 中的点. 对于有限的正数 r,
(i) 集 $O(x_0,r) = \{x\colon d(x,x_0) < r, x \in X\}$ 称为开球, 也叫做 x_0 的 r 邻域.
(ii) 集 $B(x_0,r) = \{x\colon d(x,x_0) \leqslant r, x \in X\}$ 称为闭球.
x_0 为球心, r 为半径.

对于实直线或者 n 维 Euclid 空间, 开球、闭球是大家熟悉的. 在 $\mathbb{R}_1^2$ 中, 开球 $O(0,1)$ 是以点 $(0,1), (1,0), (0,-1), (-1,0)$ 为顶点的正方形, 而在 $\mathbb{R}_\infty^2$ 中, 开球 $O(0,1)$ 是以点 $(1,1), (-1,1), (-1,-1), (1,-1)$ 为顶点的正方形.

对于一般的度量空间, 有几点需要我们注意的:

(i) 在一般的度量空间中, 可能 $O(x_0,r) = B(x_0,r)$, 例如: 在平凡的度量空间中, 取 $r = \dfrac{1}{2}$, 那么 $O(x_0,r) = B(x_0,r) = \{x_0\}$.

(ii) n 维 Euclid 空间中包含在闭球中的点列都存在收敛子列, 一般的度量空间没有这个性质, 例如 l^2 中的点列 $\{e_n\colon n = 1, 2, \cdots\}$, 每个 e_n 都落在闭球 $B(0,1)$ 中, 而 $\|e_n - e_m\| = \sqrt{2} \; (n \neq m)$.

(iii) 一般度量空间中半径小的球可以包含半径大的球. 例如, 考虑度量空间 $X = [0,1]$, 作为直线的子空间. 对于闭球 $B\left(0, \dfrac{1}{2}\right) = \left[0, \dfrac{1}{2}\right]$, 取其中的一个点 $y_0 = \dfrac{1}{4}$, 则以 y_0 为中心, $\dfrac{1}{3}$ 为半径的闭球 $B\left(y_0, \dfrac{1}{3}\right) = \left[0, \dfrac{7}{12}\right] \supset B\left(0, \dfrac{1}{2}\right)$.

定义 A.2 设 A 是度量空间 X 中的点集, $x_0 \in X$. 如果存在 $r \geqslant 0$ 使得 $A \subset B(x_0,r)$, 就称 A 是 X 的有界集.

注 A.1 有界集与点 x_0 的选取无关, 即如果集合 A 对于点 x_0 是有界集, 那么它对于任何的 $y \in X$ 都是有界集. 如果 $A \subset B(x_0,r)$, 那么令 $r' = r + d(y,x_0)$, 则 $A \subset B(y,r')$.

类似于直线上点集的内点, 我们引入如下的概念:

定义 A.3 设 A 是度量空间 (X,d) 中的点集, $x_0 \in A$.
(i) 如果存在 $r > 0$ 使得 $O(x_0,r) \subset A$, 就称 x_0 是 A 的内点.
(ii) 如果 A 中每一点都是 A 的内点, 就称 A 是开集.
(iii) 规定空集也是开集.

例 A.1 度量空间 (X,d) 中的开球 $O(x_0,r)(r>0)$ 是开集.

因为, 如果 $z \in O(x_0,r)$, 那么 $d(z,x_0) < r$. 取正数 $\varepsilon < r - d(z,x_0)$, 那么当 $d(x,z) < \varepsilon$ 时, $d(x,x_0) \leqslant d(x,z) + d(z,x_0) < r$, 因此, $O(z,\varepsilon) \subset O(x_0,r)$. 因而 $O(x_0,r)$ 中每一点都是自己的内点, 所以球 $O(x_0,r)$ 是开集.

$O(x_0,r)$ 的每一点都是 $B(x_0,r)$ 的内点. 对于一般的度量空间, 逆命题不正确. 例如, 在度量空间 $\mathbb{Z}$ (作为直线的子空间) 中, 我们考虑 $B(0,1) = \{-1,0,1\}$, 它的每一点都是内点, 而 $O(0,1) = \{0\}$.

例 A.2 $C[0,1]$ 作为度量空间 $L^1[0,1]$ 的子集, 其中的任何点都不是内点.

例 A.3 度量空间 $C[0,1]$ 的子集 $A = \{f : f \in C[0,1], f|_{[0,\frac{1}{2}]} \neq 0\}$ 是开集.

例 A.4 直线 $\mathbb{R}$ 的子集 $X = \left\{\dfrac{1}{n} : n = 1, 2, \cdots\right\}$ 作为度量空间, 其中的每个点构成的子集 $A = \left\{\dfrac{1}{n}\right\}$ 都是 X 的开子集.

下面的定理刻画了开集的拓扑性质.

定理 A.1 设 (X,d) 是度量空间, 那么

(i) 空集和全空间都是开集.

(ii) 任意个开集的并集是开集.

(iii) 有限个开集的交集是开集.

证明 (i) 是显然的.

(ii) 设 $\{O_i | i \in I\}$ 是 X 中任意一族开集, $x \in \bigcup_{i \in I} O_i = O$, 那么有 $i \in I$, 使得 $x \in O_i$, O_i 是 X 中的开集, 因此 x 是 O_i 的内点, 于是存在 x 的 r 邻域 $O(x,r) \subset O_i \subset O$. 因此, x 是 O 的内点.

(iii) 设 $O_1, O_2, \cdots, O_n$ 是有限个开集, 任取 $x \in \bigcap_{i=1}^{n} O_i$, 于是 x 在每个开集 $O_1, O_2, \cdots, O_n$ 之中. 由于 x 是开集 O_i 的内点, 有正数 r_i 使得 $O(x, r_i) \subset O_i$, $i = 1, 2, \cdots, n$. 取 $r = \min\{r_i : 1 \leqslant i \leqslant n\}$, 那么 $r > 0$, 而且 x 的 r 邻域 $O(x,r)$ 含在每个开集 $O_i (i = 1, 2, \cdots, n)$ 之中, 这说明 $O(x,r) \subset \bigcap_{i=1}^{n} O_i$, 因此 x 是交集 $\bigcap_{i=1}^{n} O_i$ 的内点, 交集 $\bigcap_{i=1}^{n} O_i$ 是开集. □

度量空间以及它的开子集族构成一个拓扑空间, 我们称为**由度量诱导的拓扑**. 它是一个 Hausdorff 空间. 以后凡是遇到度量空间的拓扑, 我们都是指诱导拓扑. 不同的度量可能诱导相同的拓扑空间.

例 A.5 在 n 维线性空间中, 分别定义度量

$$d_1(x,y) = \sqrt{\sum_{i=1}^{n}(x_i - y_i)^2},$$

$$d_2(x,y) = \sum_{i=1}^{n} |x_i - y_i|,$$

$$d_3(x,y) = \max_{1 \leqslant i \leqslant n} |x_i - y_i|,$$

$$d_4(x,y) = \left(\sum_{i=1}^{n} |x_i - y_i|^p\right)^{\frac{1}{p}} \quad (p > 1),$$

它们在 $\mathbb{R}^n$ 中诱导的拓扑都是一致的.

例 A.6 在集合 $C[0,1]$ 中, 定义度量

$$d_1(x,y) = \max_{0 \leqslant t \leqslant 1} |x(t) - y(t)|,$$

$$d_2(x,y) = \int_0^1 |x(t) - y(t)| \, \mathrm{d}t,$$

它们在 $C[0,1]$ 上诱导的拓扑是不相同的. 考虑下面的函数列:

$$g_n(x) = \begin{cases} n^3\left(\dfrac{1}{n^2} - x\right), & 0 \leqslant x \leqslant \dfrac{1}{n^2}, \\ 0, & \dfrac{1}{n^2} \leqslant x \leqslant 1. \end{cases}$$

这个函数列在度量 d_2 下收敛于 0, 但是在度量 d_1 下, $d_1(0, g_n) = n$ 是无界的函数列, 它不是收敛的.

定义 A.4 设 (X,d) 是度量空间, $x_0 \in X$. X 中包含 x_0 的任何开集 G 都称为 x_0 的邻域.

对度量空间 (X,d) 中点 x_0, 容易看出 $\left\{O\left(x_0, \dfrac{1}{n}\right) : n = 1, 2, \cdots\right\}$ 是 x_0 的一组邻域基. 特别地, 度量空间的任意一点均存在一个可数的邻域基, 这是度量空间区别于一般拓扑空间的主要特性. 例如, $C[a,b]$ 按点态收敛诱导的拓扑就不存在可数邻域基, 因此这个拓扑是不可度量化的. 这个事实留给读者验证.

注 A.2 设 A 是度量空间 X 中的点集, 那么 x_0 成为 A 的内点的充要条件是, x_0 有一个邻域包含在 A 中.

定义 A.5 设 A 是度量空间 (X,d) 中的点集. A 的内点全体构成的点集称为 A 的 (拓扑) 内部, 记作 A°.

度量空间中点集的内部有下面的一些性质:

定理 A.2 设 A 是度量空间 X 的子集, 则

(i) A 的内部 A° 是开集.

(ii) 如果 G 是 X 的开子集, 并且 $G \subset A$, 那么 $G \subset A^\circ$.

(iii) A 成为开集的充要条件是 $A = A^\circ$, 即 A 的每一点都是它的内点.

证明 (i) 任取 $x_0 \in A^\circ$, 有 $O(x_0, r) \subset A$. 由于 $O(x_0, r)$ 是开集, 它也是 $O(x_0, r)$ 中

每点的邻域, 因此 $O(x_0, r)$ 中每点都是 A 的内点, 这就是说 $O(x_0, r) \subset A^\circ$. 因此, x_0 也是 A° 的内点, A° 是开集.

(ii) 因为 G 是开集, 当 $x \in G$ 时, 有 x 的邻域 $O(x, r) \subset G \subset A$, 所以 x 是 A 的内点, 因此 $x \in A^\circ$. 这就得到 $G \subset A^\circ$.

(iii) 当 $A = A^\circ$ 时, 由 (i), A 自然是开集. 反过来, 如果 A 是开集, 那么由 (ii), $A \subset A^\circ$, 但是自然有 $A^\circ \subset A$, 所以 $A = A^\circ$. □

点集 A 的内部 A° 是包含在 A 中的最大开集.

例 A.7 在复平面上 (按照 Euclid 度量), 考察集合
$$A = \{z \colon |z| < 1\} \cup \{z \colon 1 \leqslant |z| < 2, z = x + \mathrm{i}y, x \text{ 是有理数}\}.$$

容易明白, 只有在单位圆盘 $\{z \colon |z| < 1\}$ 内的点是 A 的内点, 即 $A^\circ = \{z \colon |z| < 1\}$. 而圆环 $\{z \colon 1 \leqslant |z| < 2\}$ 中属于 A 的点都不是 A 的内点.

我们注意, 本节中所述的内点以及后面的各种概念, 都是相对于给定的度量空间而言. 例如开区间 (a, b), 作为直线 $\mathbb{R}$ 中的点集, 其中每个点都是内点; 但如果把它放在二维平面 $\mathbb{R}^2$ 中考察, 即将它看成 $\mathbb{R}^2$ 的子集, 那么其中每个点就都不是内点了. 因为随着空间的改变, 邻域的含义也改变了.

用邻域的概念, 我们把收敛点列的概念改述如下:

引理 A.1 设 (X, d) 是度量空间, $\{x_n\}_{n=1}^\infty$ 是 X 中的点列, 又设 $x_0 \in X$. 那么下面三条等价:

(i) 点列 $\{x_n\}_{n=1}^\infty$ 收敛于点 x_0, 即 $\lim\limits_{n \to \infty} d(x_n, x_0) = 0$.
(ii) 对于 x_0 的任何邻域 $O(x_0)$, 存在自然数 N, 使得当 $n \geqslant N$ 时, $x_n \in O(x_0)$.
(iii) 对于 x_0 的任何 ε 邻域 $O(x_0, \varepsilon)$, 存在自然数 N, 使得当 $n \geqslant N$ 时, $x_n \in O(x_0, \varepsilon)$.

证明 (i) $\Rightarrow$ (ii): 设 $x_n \to x_0$ $(n \to \infty)$, 任取 x_0 的一个邻域 $O(x_0)$, 由于 x_0 是 $O(x_0)$ 的内点, 所以有正数 r, 使得 $O(x_0, r) \subset O(x_0)$. 对于 r, 有自然数 N, 使得当 $n \geqslant N$ 时, $d(x_n, x_0) < r$, 因而
$$x_n \in O(x_0, r) \subset O(x_0).$$

(ii) $\Rightarrow$ (iii), (iii) $\Rightarrow$ (i): 显然. □

极限点、闭集

定义 A.6 设 X 是度量空间, A 是 X 中的子集.

(i) 设 $x_0 \in X$, 如果 x_0 的每个 r 邻域中都含有 A 中无限个点, 那么称 x_0 是点集 A 的极限点.

(ii) A 的极限点全体构成的集合称为 A 的导集, 记作 A'. 称 $\bar{A} = A \cup A'$ 是 A 的

闭包.

(iii) 如果集合 A 的极限点全体 A' 都包含在 A 中, 就称 A 为闭集.

(iv) 设 $x_0 \in A$, 如果存在 x_0 的一个邻域 $O(x_0)$, 在其中除 x_0 外不含有 A 的点, 就称 x_0 是 A 的孤立点.

引理 A.2 设 A 是度量空间 X 中的点集, $x_0 \in X$, 那么下面四个命题是彼此等价的:

(i) x_0 是集合 A 的极限点.

(ii) x_0 的任何一个邻域 $O(x_0)$ 中含有 A 中异于 x_0 的点, 即 $(O(x_0)\backslash\{x_0\}) \cap A \neq \varnothing$.

(iii) 在集合 A 中存在一列点 $\{x_n\}_{n=1}^{\infty}$, 满足 $x_n \neq x_0$ 且 $x_n \to x_0\ (n \to \infty)$.

(iv) 在集合 A 中存在一列互不相同的点 $\{x_n\}_{n=1}^{\infty}$, 满足 $x_n \neq x_0$, 且 $x_n \to x_0\ (n \to \infty)$.

从上面的性质, 我们可以看出孤立点和极限点是相对立的概念, 即集合 A 中的点要么是 A 的极限点, 要么是孤立点.

例 A.8 集合 $A = \left\{\dfrac{1}{n} : n = 1, 2, \cdots\right\}$ 为直线的子集, 它有唯一的极限点 $0 \notin A$, A 中的点都是孤立点.

例 A.9 考虑例 A.7 中的复平面上的集合

$$A = \{z : |z| < 1\} \cup \{z : 1 \leqslant |z| < 2, z = x + \mathrm{i}y, x \text{ 是有理数}\}$$

容易看出, A 的极限点的集合——导集 $A' = \{z : |z| \leqslant 2\}$, $A \subset A'$, 所以 $\bar{A} = A' \cup A = A'$.

引理 A.3 设 A 是度量空间 X 中的点集, $x \in X$, 那么下列三个命题彼此等价:

(i) $x \in \bar{A}$.

(ii) x 的每个邻域 $O(x)$ 中都有 A 的点.

(iii) 存在点列 $\{x_n\}_{n=1}^{\infty} \subset A$ 使得 $x_n \to x\ (n \to \infty)$.

证明 (i) $\Rightarrow$ (ii): 设 $x \in \bar{A}$. 如果 $x \in A$, 那么 $O(x)$ 中当然有 A 的点, 例如 x. 如果 $x \notin A$, 则 $x \in A'$, 显然 $(O(x)\backslash\{x\}) \cap A \neq \varnothing$, $O(x)$ 中当然也有 A 的点.

(ii) $\Rightarrow$ (iii): 设 x 的每个邻域 $O\left(x, \dfrac{1}{n}\right)$ 中有 A 的点 x_n, 那么点列 $\{x_n\}_{n=1}^{\infty} \subset A, d(x, x_n) < \dfrac{1}{n}$, 所以 $x_n \to x\ (n \to \infty)$.

(iii) $\Rightarrow$ (i): 设 $\{x_n\}_{n=1}^{\infty} \subset A$, 且 $x_n \to x\ (n \to \infty)$. 如果 $x \in A$, 自然有 $x \in \bar{A}$. 如果 $x \notin A$, 那么由于 $\{x_n\}_{n=1}^{\infty} \subset A$, 所以 $x_n \neq x$, 因此由 $x_n \to x$ 得到 $x \in A'$. 总之, $x \in \bar{A}$. □

在离散的度量空间中, 任一点集都没有极限点. 因而每个点集都是闭集, 同时还是开集. 由此可见, 在有的度量空间中, 既开又闭的集可能很多.

闭集有以下的性质:

定理 A.3 设 A 是度量空间 X 的子集, 则下面命题等价:

(i) A 是闭集, 即 $A' \subset A$.

(ii) A 中任何一个收敛点列收敛于 A 中的一点.

(iii) A 的余集 $A^c = X \setminus A$ 是开集.

闭集的拓扑学性质:

定理 A.4 在度量空间中下列命题成立:

(i) 空集及全空间是闭集.

(ii) 任意个闭集的交集是闭集.

(iii) 有限个闭集的并集是闭集.

推论 A.1 闭集减开集的差集是闭集, 而开集减闭集的差集是开集.

关于点集的导集和闭包, 有下面的性质:

定理 A.5 集合 A 的导集 A' 和闭包 $\bar{A}$ 都是闭集.

证明 设 x_0 是 A' (或 $\bar{A}$) 的极限点. 任取正数 r, 那么存在 $y \in (O(x_0, r) \setminus \{x_0\}) \cap A'$ (相应地, $y \in (O(x_0, r) \setminus \{x_0\}) \cap \bar{A}$). 取 $\varepsilon = \min\{r - d(x_0, y), d(x_0, y)\}$, 那么 $\varepsilon > 0$, 而且 $O(y, \varepsilon) \subset O(x_0, r)$, 但 $x_0 \notin O(y, \varepsilon)$. 由于 $y \in A'$ (相应地, $y \in \bar{A}$), 在 $O(y, \varepsilon)$ 中有 $x \in A$. 因此, $x \in O(x_0, r)$, 但是, $x \neq x_0$ (因为 $x_0 \notin O(y, \varepsilon)$), 所以 $(O(x_0, r) \setminus \{x_0\}) \cap A \neq \emptyset$, 因此 x_0 是 A 的极限点, 即 $x_0 \in A'$ (也就有 $x_0 \in \bar{A}$). 因而 A'(同样地 $\bar{A}$) 是闭集. □

我们之所以把 $\bar{A}$ 称为 A 的闭包, 这是因为 $\bar{A}$ 是包含着 A 的最小闭集. 换句话说, 有下述推论:

推论 A.2 在度量空间 X 中, 如果闭集 F 包含集 A, 那么 $F \supset \bar{A}$.

证明 从极限点的定义和 $A \subset F$ 可以直接推出 $A' \subset F'$. 由于假设 F 是闭集, $F' \subset F$, 所以 $A' \subset F$. 因此 $\bar{A} = A \cup A' \subset F$. □

不难由此得到结论, A 的闭包就是 X 中所有包含 A 的闭集的交集:

$$\bar{A} = \bigcap_{F \supset A, F' \subset F} F.$$

定理 A.6 A 成为闭集的充要条件是 $A = \bar{A}$.

连续映射

仿照函数的连续性, 在度量空间中可以引入映射连续性的概念.

定义 A.7 设 X 和 Y 是度量空间, f 是 X 到 Y 中的映射.

(i) 对于 X 中任意收敛于 x_0 的点列 $\{x_n\}_{n=1}^{\infty}$, 若成立

$$\lim_{n \to \infty} f(x_n) = f(x_0),$$

则称映射 f 在点 x_0 是**连续**的.

(ii) 假如映射 f 在 X 的每一点都连续,就称 f 是 X 上的**连续映射**.

特别地,当像空间 Y 是实数域 $\mathbb{R}$ 或复数域 $\mathbb{C}$ 时,称 f 为连续实 (复) 函数.

定理 A.7 设 f 是度量空间 X 到度量空间 Y 中的映射,那么下面命题等价:

(i) 映射 f 在点 x_0 是连续的.

(ii) 对于 $\varepsilon > 0$ 及 $f(x_0)$ 的邻域 $O(f(x_0), \varepsilon)$,存在 $\delta > 0$,使得对 x_0 在 X 中的邻域 $O(x_0, \delta)$,有
$$f(O(x_0, \delta)) \subset O(f(x_0), \varepsilon).$$

(iii) 对于 X 中任意一列收敛于 x_0 的点列 $\{x_n\}_{n=1}^{\infty}$,成立
$$\lim_{n \to \infty} f(x_n) = f(x_0).$$

证明 (i) $\Rightarrow$ (ii):设 f 在 $x_0 \in X$ 处连续,那么由连续的定义,对于 $f(x_0)$ 的 ε 邻域 $O(f(x_0), \varepsilon)$,存在 x_0 的邻域 $O(x_0)$,使得 $f(O(x_0)) \subset O(f(x_0), \varepsilon)$,因为 x_0 是 $O(x_0)$ 的内点,存在正数 δ,使开球 $O(x_0, \delta) \subset O(x_0)$. 因此 $f(O(x_0, \delta)) \subset f(O(x_0)) \subset O(f(x_0), \varepsilon)$. 这就是 (ii).

(ii) $\Rightarrow$ (iii):设映射 f 在点 x_0 处满足条件 (ii). 任取点列 $\{x_n\} \subset X$, $x_n \to x_0$ ($n \to \infty$),存在自然数 N 使得当 $n \geqslant N$ 时,$d(x_n, x_0) < \delta$,根据 (ii),$f(x_n) \in O(f(x_0), \varepsilon)$,即当 $n \geqslant N$ 时,有 $d(f(x_n), f(x_0)) < \varepsilon$,即得 (iii).

(iii) $\Rightarrow$ (i):用反证法. 设映射 f 在 x_0 处满足条件 (iii),而 f 在点 x_0 不连续. 那么存在 $f(x_0)$ 的邻域 $O(f(x_0))$,使得对于 x_0 的任何邻域 $O(x_0)$,$f(O(x_0))$ 不全包含在邻域 $O(f(x_0))$ 之中,特别地,对于 $O\left(x_0, \dfrac{1}{n}\right)$,有 $x_n \in O\left(x_n, \dfrac{1}{n}\right)$, $f(x_n) \notin O(f(x_0))$. 因此,$x_n \in X$, $d(x_n, x_0) < \dfrac{1}{n}$,但是由条件 (iii) 应有 $f(x_n) \to f(x_0)$ ($n \to \infty$) (由收敛的定义). 因此对 $f(x_0)$ 的邻域 $O(f(x_0))$,又应有 N 使当 $n \geqslant N$ 时,$f(x_n) \in O(f(x_0))$,矛盾. 所以 f 在 x_0 处连续. □

显然, X 中的孤立点是任何映射的连续点.

定理 A.8 设 X, Y 是度量空间,映射 $f: X \mapsto Y$. 那么映射 f 在 X 上连续的充要条件是:像空间 Y 中的任一开集 O 的原像 $G = \{x | f(x) \in O\}$ (常常记为 $f^{-1}(O)$,甚至简记为 $f^{-1}O$) 是 X 中的开集.

证明 ($\Rightarrow$) 设 f 是 X 到 Y 的连续映射,任取 Y 中的开集 O. 如果 $f^{-1}(O)$ 是空集,那么它自然是开集. 如果 $G = f^{-1}(O)$ 不是空集,任取一点 $x_0 \in G$,那么 $y_0 = f(x_0) \in O$, O 是 y_0 的一个邻域,由 f 的连续性,在 X 中存在 x_0 的一个邻域 $O(x_0)$,它的像 $f(O(x_0)) \subset O$. 因此,$O(x_0) \subset G$,即 x_0 是 G 的内点,因此 G 是 X 中的开集.

($\Leftarrow$) 假如任何开集 $H \subset Y$ 关于 f 的原像 G 是开集,那么,X 中每一点 x_0 的像 $f(x_0) = y_0$ 的任一邻域 $O(y_0)$ 的原像 U 也是开集. 显然 $x_0 \in U$,故 U 可看成 x_0 的邻

域. 于是 $f(U) \subset O(f(x_0))$. 从而 $f(x)$ 在 x_0 处是连续的. □

定理 A.8 中的开集可以换成闭集.

推论 A.3 设 X 和 Y 是度量空间, f 是 X 到 Y 中的映射. 那么 f 在 X 上连续的充要条件是像空间 Y 中任一闭集 F 的原像 $f^{-1}(F)$ 是 X 中的闭集.

附录 B 度量空间中的紧集

本节详细给出度量空间中列紧集、紧集、完全有界集的概念、性质与定理, 供不熟悉的读者阅读.

定义 B.1 设 X 是度量空间, A 是 X 的子集. 如果 A 中的任何点列都有在 X 中收敛的子点列, 就称 A 是 (X 中的) 相对列紧集. 如果 X 自身是相对列紧的, 就称 X 是列紧空间.

定义 B.2 度量空间中闭的相对列紧集, 即 A 中任一点列有收敛子点列收敛到 A 中的一点, 称为列紧集.

下面使用完全有界给出相对列紧集的刻画.

定义 B.3 设 A 是度量空间 X 中点集, B 是 A 的子集.

(i) 如果有正数 ε, 使得以 B 中各点为球心, 以 ε 为半径的开球全体覆盖 A, 即

$$\bigcup_{x \in B} O(x, \varepsilon) \supset A,$$

那么称 B 是 A 的 ε 网.

(ii) 如果对任何 $\varepsilon > 0$, 集合 A 总有有限的 ε 网 $\{x_1, x_2, \cdots, x_n\} \subset A$ (点的个数 n 随 ε 而变), 则称 A 是完全有界集.

下面来讨论完全有界集的一些基本性质:

1. 有限点集是完全有界集.
2. 有限个完全有界集的并集是完全有界集.
3. 基本点列构成的集合是完全有界的.

   事实上, 如果 $\{x_n\}$ 是基本点列, 则对于任意的 $\varepsilon > 0$, 存在 N, 当 $n, m \geqslant N$ 时, 有

   $$\rho(x_n, x_m) < \varepsilon.$$

   所以, $x_m \in O(x_N, \varepsilon)(\forall m \geqslant N)$, 集合 $\{x_1, x_2, \cdots, x_N\}$ 构成 $\{x_n\}$ 的有限 ε 网.

4. 完全有界集的子集是完全有界集, 因此, 任意一族完全有界集的交集是完全有界集.

   事实上, 设 B 是 A 的子集. 由于 A 是完全有界, 对于任意的 $\varepsilon > 0$, 集合 A 存在

有限的 $\frac{\varepsilon}{2}$ 网 $\{x_1, x_2, \cdots, x_n\}$，使得

$$\bigcup_{i=1}^{n} O\left(x_i, \frac{\varepsilon}{2}\right) \supset A \supset B.$$

如果 $B \cap O\left(x_i, \frac{\varepsilon}{2}\right) \neq \varnothing$，取 $y_i \in B \cap O\left(x_i, \frac{\varepsilon}{2}\right)$；否则任取 B 中一点记作 y_i，则 $\{y_1, y_2, \cdots, y_n\}$ 构成 B 的 ε 网.

5. 完全有界集的闭包是完全有界集.

事实上，若 A 是完全有界集，则对于 $\varepsilon > 0$, A 存在有限的 $\frac{\varepsilon}{2}$ 网 $\{x_1, x_2, \cdots, x_n\}$. 对于任意的 $y \in \overline{A}$, 取 $x \in A$, 使得 $\rho(y, x) < \frac{\varepsilon}{2}$；而对于这个 $x \in A$, 存在 i 使得 $\rho(x, x_i) < \frac{\varepsilon}{2}$, 于是 $\rho(y, x_i) < \varepsilon$. 因此，$\{x_1, x_2, \cdots, x_n\}$ 构成 $\overline{A}$ 的 ε 网.

6. 完全有界集是有界集，但是反过来不对.

取 $\varepsilon = 1$, 设 $\{x_1, x_2, \cdots, x_n\}$ 是完全有界集 A 的有限 1 网，那么 $\bigcup_{k=1}^{n} O(x_k, 1) \supset A$. 因此，对每个 $x \in A$, 存在 x_i, 使得 $\rho(x, x_i) < 1$. 所以对一切 x,

$$\rho(x, x_1) \leqslant \rho(x, x_i) + \rho(x_i, x_1) \leqslant 1 + \max_{1 \leqslant i \leqslant n} \rho(x_i, x_1).$$

因此 A 是有界集.

对于直线上的有界闭集 F，由 Heine-Borel 定理，F 的任何开覆盖都有有限的子覆盖. 特别地，对于任意的 $\varepsilon > 0$, 我们考虑 F 的开覆盖 $\{O(x, \varepsilon) : x \in F\}$, 得到有限个 $\{x_1, x_2, \cdots, x_n\} \subset F$, 使得 $\bigcup_{i=1}^{n} O(x_i, \varepsilon) \supset F$. 因此，有如下定理：

定理 B.1 n 维 Euclid 空间 $\mathbb{R}^n$ 中的有界集是完全有界的.

接下来我们利用完全有界集给出相对列紧集的一个切实可行的刻画.

引理 B.1 设 A 是度量空间 X 中的一个子集，则 A 完全有界当且仅当对 A 中任一序列 $\{y_n\}$, 都存在一个子列 $\{y_{n_k}\}$ 是 Cauchy (收敛) 的.

证明 必要性. 设 $\{y_n\}$ 是 A 中的一个序列. 因为 A 完全有界，可取 A 的 $\frac{1}{2}$ 网 $\{x_1, x_2, \cdots, x_m\}$, 使得 $\{y_n\}_{n=1}^{\infty} \subset A \subset \bigcup_{k=1}^{m} O\left(x_k, \frac{1}{2}\right)$. 从而存在 $k_0, 1 \leqslant k_0 \leqslant m$ 使得 $\left\{n : y_n \in O\left(x_{k_0}, \frac{1}{2}\right)\right\}$ 是 $\mathbb{N}$ 的一个无限子集，我们将这个集合从小到大排列为 $\{k_1, k_2, \cdots, k_n \cdots,\}$. 那么就选取到了一个子列 $\{y_{k_n}\}$ 使得 $d(y_{k_n}, y_{k_m}) \leqslant 1$, 我们将这个序列标记为 $y^{(1)}$.

然后，我们再取 A 的一个 $\frac{1}{3}$ 网，使用同样的方法，可以在 $y^{(1)}$ 中取得一个子列 $y^{(2)}$, 使得 $d(y_n^{(2)}, y_m^{(2)}) \leqslant \frac{2}{3}$. 重复这一过程，我们就得到了一系列的子列 $y^{(1)}, y^{(2)}, \cdots$, 使得

$y^{(k+1)}$ 是 $y^{(k)}$ 的子列, 且 $d(y_n^{(k)}, y_m^{(k)}) \leqslant \dfrac{2}{k}$.

最后, 我们使用对角线法取子列 $\{y_k^{(k)}\}$, 这个子列满足当 $n > k$ 时, $d(y_n^{(n)}, y_k^{(k)}) \leqslant \dfrac{2}{k}$, 这也意味着 $\{y_k^{(k)}\}$ 是 Cauchy (收敛) 的.

充分性. 使用反证法, 假设存在 $\varepsilon > 0$ 使得 A 不存在有限 ε 网. 从 A 中取一点 x_1, 由假设知 A 不包含在 $O(x_1, \varepsilon)$ 中, 从而可取 $x_2 \in A \backslash O(x_1, \varepsilon)$. 重复这一过程即得 A 中一个点列 $\{x_n\}$, 使得对每个 n, 有 $x_n \in A \backslash \bigcup\limits_{i=1}^{n-1} O(x_i, \varepsilon)$. 从而,

$$d(x_n, x_m) \geqslant \varepsilon, \quad \forall n \neq m.$$

这种点列显然不能含有基本子点列, 这和条件矛盾. 故假设不成立, A 是完全有界的. □

使用这个引理, 容易看出完全有界集和相对列紧集有下面的关系:

定理 B.2 (Hausdorff) (i) 度量空间中相对列紧集是完全有界集.

(ii) 在完备度量空间中, 完全有界集是相对列紧集. 因此, 在完备度量空间中, 完全有界集和相对列紧集是相同的.

下面我们把直线上的 Heine-Borel 有限覆盖定理拓广到一般的度量空间, 进而推出列紧集的特征性质.

定理 B.3 (Gross (格罗斯)) 设 A 是度量空间 X 中的列紧集, $\mathfrak{G}$ 是 X 中的一族开集. 如果 $\mathfrak{G}$ 覆盖 A: 即 $\bigcup\limits_{O \in \mathfrak{G}} O \supset A$, 那么存在 $\mathfrak{G}$ 中的有限个开集 $O_1, O_2, \cdots, O_n$ 覆盖 A:

$$\bigcup_{i=1}^n O_i \supset A.$$

证明 对 A 中的每个点 x, 都存在 $\mathfrak{G}$ 中的开集 O 含有 x, 因此有 x 的一个 ρ 邻域 $O(x, \rho) \subset O$, 记

$$\rho(x) = \sup\{\rho : 存在 \mathfrak{G} 中的开集 O, 使得 O(x, \rho) \subset O\},$$

那么 $\rho(x) > 0$. 今证明

$$\inf_{x \in A} \rho(x) = \rho_0 > 0.$$

由下确界的定义, 有 A 中的点列 $\{x_n\}$ 使得 $\rho(x_n) \to \rho_0$ $(n \to \infty)$. 由于 A 是列紧集, $\{x_n\}$ 中有子列收敛于 A 中的一点 x_0, 我们仍然记这个子列为 $\{x_n\}$. 因为 $\mathfrak{G}$ 覆盖 A, 有开集 $O \in \mathfrak{G}$, 使得 $x_0 \in O$. 因此有正数 ρ 使得 $O(x_0, \rho) \subset O$. 由于 $x_n \to x_0$ $(n \to \infty)$, 存在 N, 当 $n \geqslant N$ 时, $\rho(x_n, x_0) < \dfrac{\rho}{2}$. 因此, $O\left(x_n, \dfrac{\rho}{2}\right) \subset O(x_0, \rho) \subset O$. 因此, 当 $n \geqslant N$ 时有 $\rho(x_n) > \dfrac{\rho}{2}$, 于是 $\rho_0 \geqslant \dfrac{\rho}{2} > 0$. 正数 ρ_0 称为列紧集 A 的 Lebesgue 数.

因为 A 是列紧集, 列紧集是完全有界的, A 中存在有限个点 $\{x_1, x_2, \cdots, x_n\}$ 组成

A 的 $\frac{1}{2}\rho_0$ 网, 这里 ρ_0 是 A 的 Lebesgue 数. 由于 $\rho_0 = \inf\limits_{x \in A} \rho(x)$, 所以 $\rho(x_i) \geqslant \rho_0$ ($i = 1, 2, \cdots, n$), 从而 $\rho(x_i) > \frac{1}{2}\rho_0$. 由 $\rho(x_i)$ 的定义, 存在 $\mathfrak{G}$ 中的一个开集 $O_i \supset O\left(x_i, \frac{1}{2}\rho_0\right)$, 因此

$$\bigcup_{i=1}^n O_i \supset \bigcup_{i=1}^n O(x_i, \frac{1}{2}\rho_0) \supset A.$$

□

这个定理也称为有限覆盖定理. 它的逆命题也正确.

定理 B.4 设 A 是度量空间 X 中的点集. 如果 X 中每个覆盖 A 的开集族中都有有限个开集覆盖 A, 那么 A 是列紧集.

证明 使用反证法. 假设 A 的任何开覆盖都有有限覆盖, 但 A 不是列紧集, 即存在 A 中的一个序列 $\{x_n\}$, 使得它的任何子列都不收敛于 A 中的点. 那么, 对任意 $a \in A$, 都存在一个正数 r_a, 使得集合 $\{n \in \mathbb{N}_+ : x_n \in O(a, r_a)\}$ 是一个有限集 (请读者思考为什么). 但是, $\{a \in A : O(a, r_a)\}$ 是 A 的一个开覆盖, 从而存在有限个点 $a_1, a_2, \cdots, a_k$ 使得 $A \subset \bigcup\limits_{i=1}^k O(a_i, r_{a_i})$. 特别地,

$$\{x_n\} \subset \bigcup_{i=1}^k O(a_i, r_{a_i}),$$

这与 $\{n \in \mathbb{N}_+ : x_n \in O(a_i, r_{a_i})\}$ 都是有限集矛盾. □

定义 B.4 设 A 是度量空间 X 的子集, 如果集合 A 的任何一族开覆盖都有有限的子覆盖, 就称 A 是 X 的 (覆盖) 紧集.

根据上面两个定理, 我们证明了在度量空间中紧集和列紧集是等价的. 因此, 在度量空间中, 不需再区分 (覆盖) 紧集和列紧集.

下面我们讨论 $L^p(\mathbb{R})$ 中的完全有界集.

定理 B.5 (Kolmogorov-Riesz-Frèchet 定理) 设 $1 \leqslant p < \infty$, $-\infty < a < b < \infty$, 则空间 $L^p[a,b]$ 中的集合 A 是完全有界集的充要条件是

(i) A 为有界集: 存在 $M > 0$, 使得对于任意的 $f \in A$ 有 $\|f\|_p \leqslant M$.

(ii) **(等度 L^p 范数连续)** 对于任意的 $\varepsilon > 0$, 存在 $\delta(\varepsilon) > 0$, 对于任意的 $f \in A$, 当 $|h| \leqslant \delta(\varepsilon)$ 时,

$$\int_{\mathbb{R}} |f(x+h) - f(x)|^p \mathrm{d}x \leqslant \varepsilon^p, \tag{B.1}$$

这里我们延拓定义 $f(x) = 0$ ($\forall x \notin [a,b]$).

证明 充分性. 对任意固定的 $\varepsilon > 0$, 令 δ 是题设 (ii) 中的 $\delta(\varepsilon)$. 对于函数 f, 令

$$f^\delta(x) = \frac{1}{2\delta} \int_{[-\delta, \delta]} f(x+t) \mathrm{d}t, \quad \forall x \in \mathbb{R},$$

我们先说明 f 与 f^δ 的范数差距是比较小的. 当 $f \in A$ 时, 由 Hölder 不等式得

$$|f^\delta(x) - f(x)|^p = \left|\frac{1}{2\delta}\int_{[-\delta,\delta]}(f(x+t)-f(x))\mathrm{d}t\right|^p \leqslant \frac{1}{2\delta}\int_{[-\delta,\delta]}|f(x+t)-f(x)|^p\mathrm{d}t.$$

因此我们有

$$\int_{[a,b]}|f^\delta(x)-f(x)|^p\mathrm{d}x \leqslant \int_{\mathbb{R}}\frac{1}{2\delta}\int_{[-\delta,\delta]}|f(x+t)-f(x)|^p\mathrm{d}t\mathrm{d}x \leqslant \frac{1}{2\delta}\int_{[-\delta,\delta]}\varepsilon^p\mathrm{d}t = \varepsilon^p. \tag{B.2}$$

将 f^δ 在 $[a,b]$ 上的限制仍旧记为 f^δ, 我们断言

$$A^\delta \stackrel{\text{def}}{=\!=} \{f^\delta : f \in A\}$$

为 $C[a,b]$ 上有界的、等度连续的函数族. 实际上, 对于 $f^\delta \in A^\delta, x \in [a,b]$,

$$|f^\delta(x)| \leqslant \frac{1}{2\delta}\int_{[-\delta,\delta]}|f(x+t)|\mathrm{d}t \leqslant \left(\frac{1}{2\delta}\int_{[-\delta,\delta]}|f(x+t)|^p\mathrm{d}t\right)^{1/p} \leqslant \frac{M}{(2\delta)^{1/p}}.$$

并且对任意 $\varepsilon' > 0$, 令 δ' 为题设 (ii) 中的 $\delta\left(\dfrac{\varepsilon'}{(2\delta)^{1/p}}\right)$. 那么对于 $x_1, x_2 \in [a,b]$, 当 $|x_1 - x_2| \leqslant \delta'$ 时,

$$|f^\delta(x_1) - f^\delta(x_2)| \leqslant \left(\frac{1}{2\delta}\int_{[-\delta,\delta]}|f(x_1+t)-f(x_2+t)|^p\mathrm{d}t\right)^{1/p}$$
$$\leqslant \left(\frac{1}{2\delta}\int_{\mathbb{R}}|f(x_1-x_2+t)-f(t)|^p\mathrm{d}t\right)^{1/p} \leqslant \varepsilon',$$

这就给出了我们的断言. 由定理 1.6.5 知, 存在 A^δ 在 $C[a,b]$ 中的有限 ε 网 $\mathcal{F}^\delta = \{f_1^\delta, f_2^\delta, \cdots, f_k^\delta\}$. 那么, $\mathcal{F}^\delta$ 也是 A^δ 在 $L^p[a,b]$ 中的 $(b-a)^{1/p}\varepsilon$ 网: 对任意 $f^\delta \in A^\delta$, 取 f_i^δ 使得 $\|f_i^\delta - f^\delta\|_\infty \leqslant \varepsilon$, 则

$$\|f_i^\delta - f^\delta\|_p \leqslant (b-a)^{1/p}\varepsilon.$$

再取 $\mathcal{F} = \{f : f^\delta \in \mathcal{F}^\delta\}$, 则 $\mathcal{F}$ 为 A 在 $L^p[a,b]$ 中的有限 $((b-a)^{1/p}+2)\varepsilon$ 网: 对任意 $f \in A$, 取 $f_i^\delta \in \mathcal{F}^\delta$ 使得 $\|f_i^\delta - f^\delta\|_p \leqslant (b-a)^{1/p}\varepsilon$, 再由 (B.2) 式即得

$$\|f_i - f\|_p \leqslant \|f_i^\delta - f^\delta\|_p + \|f_i^\delta - f_i\|_p + \|f - f^\delta\|_p \leqslant ((b-a)^{1/p}+2)\varepsilon.$$

由 ε 的任意性, 可得 A 是完全有界集.

必要性. 假设 A 是完全有界集. 那么, A 是一个有界集, 即 (i) 成立. 对任意 $\varepsilon > 0$, 取 A 的有限 $\dfrac{\varepsilon}{3}$ 网 $f_1, f_2, \cdots, f_k$. 对每个 f_k, 由习题 1.4 第 15 题得, 存在 $\delta_k > 0$, 使得当 $|h| \leqslant \delta_k$ 时,

$$\|f_k(\cdot + h) - f_k(\cdot)\|_{L^p(\mathbb{R})}^p = \int_{\mathbb{R}}|f_k(x+h)-f_k(x)|^p\mathrm{d}x \leqslant \frac{\varepsilon^p}{3^p}.$$

令 $\delta(\varepsilon) = \min(\delta_1, \delta_2, \cdots, \delta_k)$. 那么, 对任意 $f \in A$, 取 k_0 使得 $\|f - f_{k_0}\|_p \leqslant \dfrac{\varepsilon}{3}$, 当 $|h| \leqslant \delta_k$ 时,

$$\|f(\cdot + h) - f(\cdot)\|_{L^p(\mathbb{R})} \leqslant \|f(\cdot + h) - f_k(\cdot + h)\|_{L^p(\mathbb{R})} + \|f(\cdot) - f_k(\cdot)\|_{L^p(\mathbb{R})} + \|f_k(\cdot + h) - f_k(\cdot)\|_{L^p(\mathbb{R})}$$
$$\leqslant \varepsilon. \qquad \Box$$

注 B.1 (i) 对卷积理论熟悉的读者容易看出, 我们实际上是通过 $f * \dfrac{\chi_{[-\delta, \delta]}}{2\delta}$ 提升了光滑性, 并逼近 f.

(ii) 由定理 B.5 充分性的证明可以看到: 对于条件 (ii), f 在 $[a, b]$ 外的定义并不一定要取零延拓, 只需要存在一个在 $\mathbb{R}$ 上的延拓, 使得延拓后的函数满足条件 (ii) 即可.

对于直线 $\mathbb{R}$ 上的情况, 结论略微复杂一点. 我们注意到不光需要范数的等度连续性, 还必须对无穷远处的积分收敛速度也是 "等度" 的.

定理 B.6 (Kolmogorov-Riesz-Frèchet 定理) 证明: 空间 $L^p(\mathbb{R})$ 中的集合 A 是完全有界集的充要条件是

(i) A 为有界集.

(ii) **(等度 L^p 胎紧)** 对于任意的 $\varepsilon > 0$, 存在正数 M, 使得对于任意的 $f \in A$, 我们都有
$$\int_{|x| > M} |f(x)|^p \, \mathrm{d}m(x) < \varepsilon^p.$$

(iii) **(等度 L^p 范数连续)** 对于任意的 $\varepsilon > 0$, 存在 $\delta > 0$, 对于任意的 $f \in A$, 当 $|h| < \delta$ 时, 我们一定有
$$\|f(\cdot + h) - f(\cdot)\|_p \leqslant \varepsilon.$$

证明 必要性. 留给读者作为练习.

充分性. 对任意 $\varepsilon > 0$, 取 $M > 0$, 使得对任意的 $f \in A$, 都有 $\displaystyle\int_{|x| > M} |f(x)|^p \, \mathrm{d}m(x) < \dfrac{\varepsilon^p}{3^p}$. 记 $f^M = f|_{[-M, M]}$. 由定理 B.5 及注 B.1(ii), 容易验证

$$A^M \stackrel{\text{def}}{=\!=} \{f^M : f \in A\}$$

是 $L^p([-M, M])$ 中的完全有界集, 因此可取 $\mathcal{F}^M = \{f_1^M, f_2^M, \cdots, f_k^M\}$ 为 A^M 在 $L^p([-M, M])$ 中的一个有限 $\dfrac{\varepsilon}{3}$ 网. 那么 $\mathcal{F} = \{f : f^M \in \mathcal{F}^M\}$ 即为 A 的一个有限 ε 网. $\qquad \Box$

然而, 对一般度量空间 X 上的 L^p 空间, 判定它中子集是否完全有界是不容易的.

附录 C Stone-Weierstrass 定理

设 K 是紧 Hausdorff 空间, 那么连续函数全体 $C(K)$ 按范数

$$\|f\| = \max_{x \in K} |f(x)|$$

构成一个 Banach 空间.

对 $C(K)$ 中子集 A, 如果 A 对数乘运算和函数加法及乘法都是封闭的, 则称 A 是一个子代数, 此时若 A 还含有常数函数 $f(x) \equiv 1$, 则称 A 是单位子代数. 若对任意 $f \in A$, 都有 $\bar{f} \in A$, 则称 A 是自伴的. 而 A 分离 K 中的点, 则意味着: 对任意 $x \neq y \in K$, 可找到函数 $f \in A$, 使得 $f(x) \neq f(y)$.

定理 C.1 (Stone-Weierstrass) 设 K 是紧 Hausdorff 空间. 如果 A 是 $C(K)$ 中含有单位元的、闭的、自伴子代数, 并且它分离 K, 那么 $A = C(K)$.

证明 因为 A 是自伴子代数, 我们只要对于实空间证明就可以了.

首先证明若 $f \in A$, 那么 $|f| \in A$. 为此, 不妨设 $|f| \leqslant 1$, 递归的作 A 中的序列 $\{f_n\}$ 为

$$f_0(x) = 0, f_1(x) = \frac{1}{2} f^2(x), \cdots, f_n(x) = f_{n-1}(x) + \frac{1}{2}[f^2(x) - f_{n-1}^2(x)], \cdots.$$

由归纳法可知, 对 $n \geqslant 1$, 有

$$0 \leqslant f_{n-1} \leqslant f_n \leqslant |f|.$$

因此 $\{f_n\}$ 是 X 上的单调递增的连续函数列, 且由其定义易得 $\lim_{n \to \infty} f_n(x) = |f(x)|$. 利用 X 的紧性, 由 Dini 定理 (参见习题 1.6 第 17 题) 可得, $\{f_n\}$ 一致收敛于 f, 故此 $|f| \in A$.

对于 f, g, 记 $f \vee g = \max\{f, g\}$ 以及 $f \wedge g = \min\{f, g\}$. 那么, 当 $f, g \in A$ 时, 显然可得 $f \vee g = \frac{1}{2}\{f + g + |f - g|\} \in A$, $f \wedge g = \frac{1}{2}\{f + g - |f - g|\} \in A$.

设 $x, y \in K, x \neq y$, 由假设, 存在 $f \in A$ 满足 $f(x) \neq f(y)$, 令

$$g(z) = a + (b - a) \frac{f(z) - f(x)}{f(y) - f(x)}.$$

那么 $g \in A, g(x) = a, g(y) = b$. 即对于 K 中任意的两点以及任意的两个实数, 我们可以在 A 中找到函数 g 满足: $g(x) = a, g(y) = b$.

设 $f \in C(K), \varepsilon > 0, y_0$ 是 K 中任意一固定点. 由上一段的讨论, 对于任意的 $x \in K$, 存在 $g_x \in A$ 满足

$$g_x(y_0) = f(y_0), \quad g_x(x) = f(x).$$

因此存在 x 的邻域 U_x 满足: 对任意 $y \in U_x$, 有 $g_x(y) < f(y) + \varepsilon$. 因为 K 是紧集, 因此

存在有限个开邻域 $\{U_{x_i} : i = 1, 2, \cdots, n\}$ 覆盖 K, 相应的函数为 $g_{x_i}(i = 1, 2, \cdots, n)$. 令

$$g_{y_0} = g_{x_1} \wedge g_{x_2} \wedge \cdots \wedge g_{x_n}.$$

容易看出 $g_{y_0} \in \mathcal{A}$, 并且对任意 $y \in K$, 有 $g_{y_0}(y) < f(y) + \varepsilon$. 再由 $g_{y_0}(y_0) = f(y_0)$ 知, 存在 y_0 的邻域 V_{y_0} 满足: 对任意 $y \in V_{y_0}$, 有 $g_{y_0}(y) > f(y) - \varepsilon$.

由于 y_0 是 K 中任意的点, 让 y_0 在 K 中变动, 我们得到一族 V_{y_0} 覆盖 K. 与上述类似, 由 K 的紧性, 存在有限个开邻域 $\{V_{y_i} : i = 1, 2, \cdots, m\}$ 覆盖 K, 并且对每个 i, 相应的函数 g_{y_i} 满足:

$$g_{y_i}(y) < f(y) + \varepsilon, \forall y \in K; \quad g_{y_i}(y) > f(y) - \varepsilon, \quad \forall y \in V_{y_i}.$$

令 $h = g_{y_1} \vee g_{y_2} \vee \cdots \vee g_{y_m}$, 那么 $h \in \mathcal{A}$, 且 $\|h(x) - f(x)\| < \varepsilon$. 于是, 由 $\mathcal{A}$ 的闭性得 $f \in \mathcal{A}$. □

习题 C

1. 设 X 是紧度量空间, $\mathcal{A}$ 是 $C(X)$ 中的一个子代数. 证明: $\mathcal{A}$ 在 $C(X)$ 中的闭包也是一个代数.

2. 对 $[a, b]$ 上连续函数 f 及 $\varepsilon > 0$, 证明: 存在一些数 $c_0, c_1, \cdots, c_n$ 使得

$$\left| f(x) - \sum_{k=0}^{n} c_k \mathrm{e}^{kx} \right| \leqslant \varepsilon, \quad \forall x \in [a, b].$$

3. 设 X, Y 都是紧度量空间, f 是乘积空间 $X \times Y$ 上的连续函数. 对任意 $\varepsilon > 0$, 证明: 存在一些 $C(X)$ 中函数 $f_1, f_2, \cdots, f_n$ 及 $C(Y)$ 中函数 $g_1, g_2, \cdots, g_n$ 使得

$$\left| f(x, y) - \sum_{k=1}^{n} f_k(x) g_k(y) \right| \leqslant \varepsilon, \quad \forall x \in X, \quad y \in Y.$$

4. 对紧度量空间 X, 设 $\mathcal{A}$ 是实值连续函数空间 $C(X)$ 中分离 X 中点的闭子代数. 证明: $A = C(X)$ 或存在一点 $x_0 \in X$ 使得

$$A = \{f \in C(X) : f(x_0) = 0\}.$$

5. 对于 Banach 空间

$$C_0(\mathbb{R}) = \{f \text{ 在 } \mathbb{R} \text{ 上连续}: \lim_{|x| \to \infty} f(x) = 0\},$$

设 $\mathcal{A}$ 是 $C_0(\mathbb{R})$ 中的自伴闭子代数, 分离 $\mathbb{R}$ 中的点, 并在任意点 $x \in \mathbb{R}$, 有 $f \in \mathcal{A}$ 使得 $f(x) \neq 0$. 证明: $\mathcal{A} = C_0(\mathbb{R})$.

附录 D 弱拓扑中的一些定理

本节给出 2.5 节中提及的弱拓扑的一些定理的证明.

定理 D.1 (Banach-Alaoglu) 对于赋范线性空间 X, X^* 的单位闭球 B_1^* 在 w^* 拓扑下是 (覆盖) 紧的.

证明 对 X 的闭单位球 B_1 中点 x, 令 $\mathbb{C}_x$ 是一个复平面, $\mathbb{C}_x^1$ 是其中的闭单位圆盘. 令乘积空间 $K = \prod_{x \in B_1} \mathbb{C}_x^1$, 那么由拓扑学中的 Tychonoff (吉洪诺夫) 定理, K 是紧的拓扑空间.

定义 $\Psi: B_1^* \to K$ 为
$$\Psi(f) = \{f(x): x \in B_1\}.$$

显然 Ψ 是单的. 尽管 Ψ 不是满射, 但是可以验证 Ψ 的值域在乘积空间 K 中闭, 从而 $\Psi(B_1^*)$ 是一个紧拓扑空间: 若网 $\Psi(f_\lambda)$ 在 K 中收敛于 $\{t_x: x \in B_1\}$, 对于 $x \in B_1$, 定义 $f(x) = t_x$. 由 $f_\lambda(x) \to f(x), \forall x \in B_1$ 可得, 对于 $x_1, x_2, ax_1 + bx_2 \in B_1$ 有 $f(ax_1 + bx_2) = af(x_1) + bf(x_2)$. 延拓定义 $f(x) = 2\|x\| f\left(\dfrac{x}{2\|x\|}\right)$, 容易验证它是良定义的, 且 $f \in B_1^*$, $\Psi(f) = \{t_x: x \in B_1\}$.

而且 $\Psi: B_1^* \to \Psi(B_1^*)$ 是一个拓扑同胚: 网 f_λ 弱 $*$ 收敛于 f, 等价于对任意 $x \in X$, 有 $f_\lambda(x) \to f(x)$, 这就是说 $\{f_\lambda(x): x \in B_1\}$ 在 K 中收敛于 $\{f(x): x \in B_1\}$. 故此, B_1^* 也是紧的. □

定理 D.2 (Eberlein (埃伯莱因)) 设 $\{x_n\}_{n=1}^\infty$ 是自反空间 X 中有界序列, 则它存在子列在 X 中弱收敛.

证明 令 $Y = \overline{\mathrm{span}}\{x_1, x_2, \cdots\}$, 则 Y 是可分的. 由于 X 自反, 所以 Y 也是自反的. 由推论 2.5.2, 存在子列 $\{x_{n_k}\}_{k=1}^\infty$ 在 Y 中弱收敛到 x. 即
$$f(x_{n_k}) \to f(x), \quad \forall f \in Y^*.$$

对任意 $F \in X^*$, 显然 $f \stackrel{\text{def}}{=} F|_Y \in Y^*$, 故
$$F(x_{n_k}) = f(x_{n_k}) \to f(x) = F(x)(k \to \infty),$$

所以 $\{x_{n_k}\}_{k=1}^\infty$ 在 X 中弱收敛到 x. □

定理 D.3 (Goldstine (戈尔德斯坦)) 记 X 中的单位球为 $B_1 = \{x \in X: \|x\| \leqslant 1\}$, 则 JB_1 在二次对偶空间 X^{**} 的单位闭球 $B_1^{**} \stackrel{\text{def}}{=} \{x^{**} \in X^{**}: \|x^{**}\| \leqslant 1\}$ 中弱 $*$ 稠密.

证明 只证明 X 为实空间的情况. 对任一 $x^{**} \in B_1^{**}$, 我们需要证明对它的任意邻域 $U_{f_1, f_2, \cdots, f_n}^{\varepsilon_1, \varepsilon_2, \cdots, \varepsilon_n}(x^{**})$, 存在 $x \in B_1$ 使得 Jx 包含在这个邻域中. 我们先作一些明显的约

化, 不失一般性, 可假设 $f_1, f_2, \cdots, f_n$ 为 X_1^* 中一组线性无关元素, 以及 $\varepsilon_1 = \varepsilon_2 = \cdots = \varepsilon_n = \varepsilon > 0$.

使用反证法, 假设这样的 x 不存在, 即对任意 $x \in B_1$, 都存在 i 使得 $|f_i(x) - x^{**}(f_i)| \geqslant \varepsilon$. 定义映射 $F : X \to \mathbb{R}^n$ 为 $F(x) = (f_1(x), f_2(x), \cdots, f_n(x))$, 显然 FB_1 是 $\mathbb{R}^n$ 中的凸子集. 且由我们的假设, $(x^{**}(f_1), x^{**}(f_2), \cdots, x^{**}(f_n)) \notin \overline{FB_1}$, 由凸集分离定理, 存在 $\mathbb{R}^n$ 上线性映射 $g(v) = b \cdot v$ 和实数 a, 使得

$$g(x^{**}(f_1), x^{**}(f_2), \cdots, x^{**}(f_n)) > a > g(F(x)), \quad \forall x \in B_1.$$

再令 $f = g \circ F = \sum_{i=1}^n b_i f_i$, 则对任意 $x \in B_1$, 有 $f(x) < a$, 因此 $f \in X^*$ 且 $\|f\| \leqslant a$. 但是, 这意味着

$$a < g(x^{**}(f_1), x^{**}(f_2), \cdots, x^{**}(f_n)) = |x^{**}(f)| \leqslant \|x^{**}\| \|f\| \leqslant a.$$

矛盾, 所以假设不成立, $(x^{**}(f_1), x^{**}(f_2), \cdots, x^{**}(f_n)) \in \overline{FB_1}$. □

例 D.1 c_0 在 l^∞ 中弱 * 稠密 (见习题 2.5 第 14 题).

更一般的结论可见引理 E.1.

定理 D.4 (Kreĭn-Mil'man 定理) 设 X 是赋范线性空间, A 是 X^* 中的凸的弱 * 紧集, 则 A 的端点集 $\operatorname{Ext} A$ 非空, 且 A 是包含凸包 $\operatorname{co} \operatorname{Ext} A$ 的最小弱 * 闭集.

首先, 我们先推广端点的概念, 给出面的定义. 对于 A 的一个非空凸子集 S, 如果 $x, y \in A$ 且 $tx + (1-t)y \in S$ 时有 $x, y \in S$, 则称 S 是 A 的一个面. 如果 S 还是弱 * 闭 (从而弱 * 紧) 的, 则称 S 是一个闭面. 显然, 端点构成一个特殊的面; 反之, 如果单点集 $\{x\}$ 是 A 的面, 则 x 是端点. 对于 Euclid 空间中的多面体, 它的每一个侧面都是一个面. 容易证明: 若 B 是 A 的面, C 是 B 的面, 那么 C 也是 A 的一个面.

证明 先证明 A 的端点集非空. 记令 $\mathcal{F}$ 为 A 中的闭面全体, 显然 A 是 A 的一个面, 故 $\mathcal{F}$ 非空. 并且它按包含关系构成一个偏序集. 记 $\mathcal{F}$ 的任意全序子集为 $\mathcal{B}$, 则 $M = \bigcap_{S \in \mathcal{B}} S$ 为 A 的非空凸子集, 容易证明 M 也是一个面, 所以为 $\mathcal{B}$ 的一个下界.

由 Zorn 引理, $\mathcal{F}$ 必有一个极小元 S, 接下来证明 S 是单点集即可. 实际上, 对于任意 $x \in X$, 记 $c = \max_{f \in S} f(x), S_1 = \{f \in S : f(x) = c\}$. 显然, S_1 是弱 * 闭的, 且是 S 的一个面: 对于 $f_1, f_2 \in S$ 及 $0 \leqslant t \leqslant 1$, 若 $tf_1(x) + (1-t)f_2(x) = c$, 由 c 的定义即得 $f_1(x) = f_2(x) = c$, 从而 $f_1, f_2 \in S_1$. 再由 S 的极小性得 $S_1 = S$. 这意味着, 对任意 $f_1, f_2 \in S$ 及 $x \in X$, 有 $f_1(x) = f_2(x)$. 因此 S 是单点集, $\operatorname{Ext} A$ 非空.

再证 A 是包含凸包 $\operatorname{co} \operatorname{Ext} A$ 的最小弱 * 闭集. 否则, 令包含凸包 $\operatorname{co} \operatorname{Ext} A$ 的最小弱 * 闭集为 A_1, 且 $A_1 \not\subset A$. 取 $f_0 \in A \backslash A_1$. 由 $A_1 \subset \bigcup_{x \in X} \{f \in X^* : f(x) < f_0(x)\}$ 及 A_1 的紧性, 可取 X 中有限个点 $x_1, x_2, \cdots, x_k$, 使得对应的开邻域 $V_i = \{f \in X : f(x_i) < f_0(x_i)\}$

为 A_1 的一个开覆盖. 定义映射 $F: X^* \to \mathbb{R}^n$ 为

$$F(f) = (f(x_1), f(x_2), \cdots, f(x_n)), \quad \forall f \in X^*,$$

则 $F(A_1)$ 是 $\mathbb{R}^n$ 中一个紧凸子集, 且 $F(f_0) \notin F(A_1)$. 由凸集分离定理, 存在 $\mathbb{R}^n$ 上线性函数 $g(z) = a_1 z_1 + a_2 z_2 + \cdots + a_n z_n$ 严格分离 $F(f_0)$ 与 $F(A_1)$, 即对任意 $f \in A_1$, 有 $g(F(f)) < g(F(f_0))$.

记 $x = a_1 x_1 + a_2 x_2 + \cdots + a_n x_n$, 则对任意 $f \in A_1$, 有 $f(x) < f_0(x)$. 令 $A_2 = \{f \in A : f(x) = \max_{g \in A} g(x)\}$, 那么 A_2 是与 A_1 不交的非空闭面. 于是, A_2 必有端点, 这些端点自然也是 A 的端点, 与 A_1 的定义矛盾. □

凸分析中的应用 使用 Kreĭn-Mil'man 定理, 可以给出凸分析中一些基本结果.

推论 D.1 设 A 是 Euclid 空间中的一个凸多面体, $E = \{e_1, e_2, \cdots, e_k\}$ 是 A 的顶点.

(i) 对一次函数 $f(x) = a_1 x_1 + a_2 x_2 + \cdots + a_n x_n + c$,

$$\max_{x \in A} f(x) = \max\{f(e_1), f(e_2), \cdots, f(e_k)\},$$

$$\min_{x \in A} f(x) = \min\{f(e_1), f(e_2), \cdots, f(e_k)\}.$$

(ii) 设 f 是 A 是一个凸函数: 对于 $x, y \in A$ 及 $0 \leqslant t \leqslant 1$, 有 $f((1-t)x + ty) \leqslant (1-t)f(x) + tf(y)$. 那么,

$$\max_{x \in A} f(x) = \max\{f(e_1), f(e_2), \cdots, f(e_k)\}.$$

遍历测度的存在性 我们介绍下这个定理在拓扑动力系统中的一个应用. 设 X 是一个紧的 Hausdorff 的拓扑空间, $T: X \to X$ 是一个连续满射, 则称 (X, T) 是一个拓扑动力系统. 令 $\mathcal{B}$ 是由 X 中的开集生成的 σ 代数, 定义在 $\mathcal{B}$ 上的测度称为 Borel 测度, 若测度 μ 还满足 $\mu(X) = 1$, 则将它叫做 Borel 概率测度. X 上的 Borel 概率测度 μ 称做不变的, 是指: 对任意 $E \in \mathcal{B}$, 有 $\mu(T^{-1}(E)) = \mu(T)$. 不变测度 μ 称为遍历的, 是指: 对任一 Borel 集 A, 若 $\mu(A \Delta T^{-1} A) = 0$, 则有 $\mu(A) = 0$ 或 1. 拓扑动力系统一个重要的问题是研究不变测度全体 $\mathcal{P}_T$ 与其中的遍历测度. 例如

例 D.2 (Furstenberg (福斯滕伯格) $\times 2 \times 3$ 猜想) 令 $S: z \mapsto z^2$, $T: z \to z^3$ 为单位圆周 $\mathbb{T}$ 上的自映射. 设 $\mathbb{T}$ 上的 Borel 概率测度 μ 是 S-不变与 T-不变的, 且对每一点 x 有 $\mu(\{x\}) = 0$, 则 $\mu = \dfrac{\mathrm{d}\theta}{2\pi}$.

这一问题与数论、表示论都有深刻的联系, 目前还看不到解决的希望.

我们用泛函的办法来说明不变测度和遍历测度的存在性. 拓扑动力系统 (X, T) 的不变测度存在性是相对容易证明的. 记有限 Borel 测度全体构成的 Banach 空间为 $M(X)$. 任取一点 $x \in X$, 记 δ_x 为相应的 δ 测度, 即对于 Borel 集 E 有 $\delta_x(E) = \chi_E(x)$. 那么, 测

度列 $\left\{\dfrac{\delta_x + \delta_{Tx} + \cdots + \delta_{T^{(n-1)}x}}{n}\right\}$ 是 $M(X)$ 的单位闭球中点列. 由于 $M(X) = C(X)^*$, 由 Banach-Alaoglu 定理, 这个序列存在弱 * 聚点, 易得这些聚点都是不变测度. 因此, $\mathcal{P}_T$ 是非空的.

一个重要的事实是 $\mathcal{P}_T$ 的端点恰好为遍历测度, 这可由遍历测度和端点的定义直接证明. 而 $\mathcal{P}_T$ 是 $M(X)$ 中一个凸的弱 * 闭集, 由 Kreĭn-Mil'man 定理即得 $\mathcal{P}_T$ 的端点也即遍历测度存在. 而且, 由 Kreĭn-Mil'man 定理, 任意不变测度也能由遍历测度的凸组合的极限得到.

更详尽内容可参见 Einsiedler (艾因西德) 和 Ward (瓦尔德) 的著作 [13, 14].

习题 D

1. 设 X 是 Banach 空间, 数 $\gamma \geqslant 0$, $f_1, f_2, \cdots, f_n$ 是 X 上的 n 个有界线性泛函, $\alpha_1, \alpha_2, \cdots, \alpha_n$ 是 n 个给定的数. 那么对于任意的 $\varepsilon > 0$, 存在 $x_\varepsilon \in X$ 使得
$$f_i(x_\varepsilon) = \alpha_i (i = 1, 2, \cdots, n), \quad \text{以及} \quad \|x_\varepsilon\| \leqslant \gamma + \varepsilon$$
的充要条件是不等式
$$\left|\sum_{i=1}^n \beta_i \alpha_i\right| \leqslant \gamma \left\|\sum_{i=1}^n \beta_i f_i\right\|$$
对于任意的 n 个数 $\beta_1, \beta_2, \cdots, \beta_n$ 都成立.
2. 设 X 为赋范线性空间, L 为 X^* 的线性子空间, 证明: L 在 $(^\perp L)^\perp$ 中弱 * 稠密.
3. 若赋范线性空间 X 的单位球 $B_1(X)$ 是弱紧的, 证明: 自然映射 $J: X \to X^{**}$ 是满射, 即 X 是自反的.

附录 E 局部凸空间

赋范线性空间概括了很多重要的研究对象, 但仍有很多对象不能纳入. 例如弱拓扑等就不能由一个范数导出, 为此又发展出了拓扑线性空间以及局部凸空间理论.

定义 E.1 设 X 是一个线性空间, 若赋予拓扑 τ 使得 X 上加法与数乘都是连续的, 即两个二元运算
$$+ : X \times X \to X, (x, y) \mapsto x + y,$$
$$\times : \mathbb{K} \times X \to X, (\alpha, x) \mapsto \alpha x$$
都是连续的, 则称 X 是一个拓扑向量空间.

显然赋范线性空间是拓扑线性空间.

例 E.1 在例 1.1.12 中, 我们介绍了线性空间

$$S = \{[a,b] \text{ 上几乎处处有限的 Lebesgue 可测函数}\}/\sim.$$

注意到依度量

$$d(f,g) = \int_{[a,b]} \frac{|f(t)-g(t)|}{1+|f(t)-g(t)|} \mathrm{d}m(t), \quad \forall f,g \in S$$

收敛恰好为依测度收敛. 在度量 d 诱导的拓扑下, S 的加法和数乘都是连续的. 然而 S 上并不存在非平凡的连续线性泛函 (见习题 2.5 第 2 题), 因此拓扑不能由范数诱导.

连续线性泛函的缺乏导致难以从泛函分析的角度处理上述例子. 下面我们将只限于在局部凸空间中讨论.

定义 E.2 设 X 是线性空间, $\{p_i\}_{i\in I}$ 是 X 上一族半范数, τ 是使得每个 p_i 都连续的最小拓扑, 则称 $(X, \{p_i\}_{i\in I}, \tau)$ 是一个局部凸空间.

对于局部凸空间 $(X, \{p_i\}_{i\in I})$ 中一点 x_0, 半范数 $p_{i_1}, p_{i_2}, \cdots, p_{i_n}$, 及正数 $\varepsilon_1, \varepsilon_2, \cdots, \varepsilon_n$, 令

$$U_{p_{i_1},p_{i_2},\cdots,p_{i_n}}^{\varepsilon_1,\varepsilon_2,\cdots,\varepsilon_n}(x_0) = \{x \in X : p_{i_1}(x-x_0) < \varepsilon_1, p_{i_2}(x-x_0) < \varepsilon_2, \cdots, p_{i_n}(x-x_0) < \varepsilon_n\}$$
$$= \bigcap_{m=1}^{n} p_{i_m}^{(-1)}(O(p_{i_m}(x_0), \varepsilon_m)).$$

则 $\{U_{p_{i_1},p_{i_2},\cdots,p_{i_n}}^{\varepsilon_1,\varepsilon_2,\cdots,\varepsilon_n}(x_0)\}$ 是 x_0 的一组拓扑基. 拓扑 τ 中开集就是一些形如 $U_{p_{i_1},p_{i_2},\cdots,p_{i_n}}^{\varepsilon_1,\varepsilon_2,\cdots,\varepsilon_n}(x)$ 的并集.

容易看出, 点 0 的邻域基 $\{U_{p_{i_1},p_{i_2},\cdots,p_{i_n}}^{\varepsilon_1,\varepsilon_2,\cdots,\varepsilon_n}(0)\}$ 都是凸的. 由 2.4 节中 Minkowski 泛函的结果, 可以证明拓扑线性空间是局部凸空间的充要条件是它在点 0 有一组由凸集组成的邻域基 (参见 [4, 第一章] 或习题 E 第 1 题).

由拓扑理论可知, $(X, \{p_i\}_{i\in I})$ 中的网 x_λ 收敛到 x 当且仅当对每个 p_i, $p_i(x_\lambda) \to p_i(x)$. 因此局部凸空间是拓扑线性空间. 称 X 中的子集 E 是有界的, 若对每个 p_i, $\sup_{x\in E} p_i(E) < +\infty$.

称半范数族 $\{p_i\}_{i\in I}$ 是**分离点**的, 若 $\bigcap_{i\in I} p_i^{(-1)}(\{0\}) = \{0\}$. 也就是说, 两点 x, y 相同当且仅当对每个 p_i, $p_i(x-y) = 0$. 由 τ 中邻域基的形式, 容易看出

命题 E.1 局部凸空间 $(X, \{p_i\}_{i\in I})$ 是 Hausdorff 的当且仅当半范数族 $\{p_i\}_{i\in I}$ 是分离点的.

下面给出局部凸空间的一些典型例子.

例 E.2 设 $C^\infty[0,1]$ 是 $[0,1]$ 上无穷次可微函数全体. 定义它上的半范数

$$p_i(f) = \max_{x\in[0,1]} |f^{(i)}(x)|, \quad i = 1, 2, \cdots,$$

则 $(C^\infty[0,1], \{p_i\}_{i\in \mathbb{N}})$ 是一个 Hausdorff 的局部凸空间. 它上的拓扑也可由一列递增的半

范数 $\{\max_{1\leqslant i\leqslant n} p_i : n \in \mathbb{N}\}$ 诱导而出. 显然, 函数列 $\{f_n\}$ 依此拓扑收敛于 f 的充要条件是 f_n 的各阶导数一致收敛于 f.

例 E.3 设 Ω 是 $\mathbb{R}^n$ 中的开子集, $C(\Omega)$ 是其上的连续函数全体. 对每个紧集 $K \subset \Omega$, 定义半范数

$$p_K(f) = \max_{x \in K} |f(x)|, \quad \forall f \in C(\Omega),$$

则 $(C(\Omega), \{p_K\}_{K\text{紧}})$ 是一个 Hausdorff 的局部凸空间. 相应的拓扑意味着在 Ω 的任何一个紧集上一致收敛.

类似地, 例 1.1.14 的 $H(\Omega)$ 也在此半范数族下构成局部凸空间.

例 E.4 设 E 是线性空间, F 是 E 上一些线性函数构成的线性空间. 对每个 $f \in F$, 定义 E 上的半范数为

$$p_f(x) = |f(x)|, \quad \forall x \in E.$$

那么, E 在半范数族 $\{p_f\}_{f \in F}$ 下构成局部凸空间. 显然所诱导的拓扑是使得每个 $f \in F$ 都连续的最小拓扑, 我们将其记作 $(E, \sigma(E, F))$.

若 X 是赋范线性空间, $(X, \sigma(X, X^*))$ 即为 X 上的弱拓扑, $(X^*, \sigma(X^*, X))$ 是 X^* 上的弱 * 拓扑.

例 E.5 固定一点 $x \in [0, 1]$. 在 $C[0, 1]$ 上, 定义半范数

$$p_x(f) = |f(x)|, \quad \forall f \in C[0, 1].$$

那么, 局部凸空间 $(C[0, 1], \{p_x\}_{x \in [0,1]})$ 上的拓扑意味着 $C[0, 1]$ 中函数列的点态收敛.

局部凸空间的度量化 若局部凸空间 (X, τ) 上存在一个度量 d, 使得 d 诱导的拓扑与 τ 一致, 则称 X 是可度量化的. 若度量空间 X 还是完备的, 则称 X 是 **Fréchet 空间**.

定理 E.1 设 $(X, \{p_i\}_{i \in I}, \tau)$ 是局部凸空间. 那么, X 是可度量化的当且仅当存在 I 的一个可数指标集 J, 使得半范数列 $\{p_i\}_{i \in J}$ 是可分离点的, 并且诱导的拓扑与 τ 一致.

证明 充分性. 设 X 的拓扑可由可数个半范数 $\{p_i\}_{i \in J}$ 诱导. 在 X 上定义度量

$$d(x, y) = \sum_{i \in J} \frac{1}{2^i} \frac{p_i(x-y)}{1 + p_i(x-y)}, \quad \forall x, y \in X. \tag{E.1}$$

由于 $\{p_i\}_{i \in J}$ 是可分离点的, 所以 d 是一个度量. 显然, X 中的网 x_λ 在度量 d 下收敛于 x 等价于对每个 $i \in J, p_i(x_\lambda) \to p_i(x)$, 这就说明 d 诱导的拓扑与 X 上拓扑一致.

必要性. 设 X 是可度量化的, 那么点 0 存在可数邻域基 $\{U_n\}$. 由 τ 中开集的形式, 每个 U_n 包含了一个邻域 $W_n = \bigcap_{l=1}^{k_n} \{x \in X : p_{i_{n,l}}(x) < \varepsilon_{i_{n,l}}\}$, 则 $\{W_n\}$ 也构成点 0 的邻域基. 令

$$J = \{i_{n,l} : n = 1, 2, \cdots; l = 1, 2, \cdots, k_n\}.$$

由于 $\bigcap_{n=1}^{\infty} W_n = \{0\}$, 故 $\{p_i\}_{i\in J}$ 是可分离点的. 又由于每个 p_i 都在 τ 中连续, 故 $\{p_i\}_{i\in J}$ 诱导的拓扑 σ 弱于 τ. 而 σ 中的开集族 $\{x + W_n : x \in X, n \in \mathbb{N}\}$ 生成拓扑 τ, 故这两个拓扑是一致的. □

注 E.1 (E.1) 式定义的度量 d 是平移不变的, 即
$$d(x+y, x+z) = d(y,z), \quad \forall x, y, z \in X.$$

显然 X 中子集 E 是有界的当且仅当 $\sup_{x \in E} d(x, 0) < +\infty$.

例 E.6 容易看出, 例 E.2 中的 $C^\infty[0,1]$ 与例 E.3 中的 $C(\Omega)$ 都是可度量化的, 并且是完备的, 所以都是 Fréchet 空间. 而在例 E.5 中, 局部凸空间 $(C[0,1], \{p_x\}_{x \in [0,1]})$ 不是可度量化的. 否则, 存在 $[0,1]$ 中的点列 $\{x_1, x_2, \cdots, x_n, \cdots\}$, 使得半范数 $\{p_{x_i} : i = 1, 2, \cdots\}$ 诱导的拓扑 σ 给出 $[0,1]$ 上的点态收敛. 固定不同于 $\{x_i : i = 1, 2, \cdots\}$ 的点 $x \in [0,1]$. 令 D 是 $\{x_i : i = 1, 2, \cdots\}$ 的有限子集全体, 它在包含关系下构成一个定向集, 对任意 $\lambda \in D$, 取 $C[0,1]$ 中函数 f 在每个 $x_i \in \lambda$ 处为 0, 在 x 处为 1, 那么 f_λ 在拓扑 σ 下收敛于 0, 但不是点态收敛于 0 的. (如何从开集的角度理解这个证明?)

局部凸空间上半范数的连续性也可使用如下的方法判定:

命题 E.2 设 p 是局部凸空间 $(X, \{p_i\}_{i \in I})$ 上的半范数, p 在 X 上连续的充要条件是存在有限个 $i_1, i_2, \cdots, i_m$ 及正数 $c_1, c_2, \cdots, c_m$ 使得
$$p(x) \leqslant \sup_{1 \leqslant j \leqslant m} c_j p_{i_j}(x), \quad \forall x \in X.$$

证明 充分性显然.

必要性. 由于 p 是连续的, $U = \{x \in X : p(x) < 1\}$ 是包含点 0 的开集, 因此包含点 0 的一个邻域 $W = \bigcap_{j=1}^{m} \{x \in X : p_{i_j}(x) < \varepsilon_j\}$. 记 $c_j = \dfrac{1}{\varepsilon_j}$. 那么, 当 X 中点 x 满足 $\sup_{1 \leqslant j \leqslant m} c_j p_{i_j}(x) < 1$ 时, 即 $x \in W$, 从而 $x \in U$, 即 $p(x) < 1$. 使用伸缩变换可得, 对任意 $t > 0$, 当 $\sup_{1 \leqslant j \leqslant m} c_j p_{i_j}(x) < t$ 时, $p(x) < t$. 因此,
$$p(t) \leqslant \inf\{t > 0 : \sup_{1 \leqslant j \leqslant m} c_j p_{i_j}(x) < t\} = \sup_{1 \leqslant j \leqslant m} c_j p_{i_j}(x). \quad \square$$

由此可知, 有界集的概念不依赖于定义中连续半范数的选取.

推论 E.1 设 f 是局部凸空间 $(X, \{p_i\}_{i \in I})$ 上的线性泛函. f 在 X 上连续的充要条件是存在有限个 $i_1, i_2, \cdots, i_m$ 及正数 $c_1, c_2, \cdots, c_m$ 使得
$$|f(x)| \leqslant \sup_{1 \leqslant j \leqslant m} c_j p_{i_j}(x), \quad \forall x \in X.$$

局部凸空间上的线性算子　对于局部凸空间 X,Y，记 $\mathfrak{B}(X,Y)$ 是从 X 到 Y 上连续函数全体.

定理 E.2　设 $(X,\{p_i\}),(Y,\{q_k\})$ 是局部凸空间. 线性映射 $T:X\to Y$ 是连续的当且仅当对每个 q_k，存在有限个指标 $i_1,i_2,\cdots,i_m$ 及正数 $c_1,c_2,\cdots,c_m$ 使得
$$|q_k(T(x))| \leqslant \sup_{1\leqslant j\leqslant m} c_j p_{i_j}(x), \quad \forall x\in X.$$

证明　注意到 T 连续当且仅当对每个 q_k，半范数 $q_k\circ T$ 在 X 上连续. 由命题 E.2 即得结论.　□

由定理 E.2，若 $T\in\mathfrak{B}(X,Y)$，T 将 X 中的有界集映成有界集. 若 X 是可度量化的，那么定理的逆命题也是成立的 (见习题 E 第 4 题).

若可度量化的局部凸空间还是完备的，即它是 Fréchet 空间，由 Baire 纲定理，它是第二纲的. 直接采用 3.2 节的证明，无须大的修改，即可将 Banach 空间的基本定理推广至 Fréchet 空间. 因此我们只给出定理的陈述，证明留作练习.

定理 E.3 (开映射定理)　设 X,Y 是 Fréchet 空间，$T\in\mathfrak{B}(X,Y)$. 若 T 是满射，则 T 是开映射.

定理 E.4 (逆算子定理)　设 X,Y 是 Fréchet 空间，$T\in\mathfrak{B}(X,Y)$. 若 T 是一一到上的，则 $T^{-1}\in\mathfrak{B}(Y,X)$.

定理 E.5 (闭图像定理)　设 X,Y 是两个 Fréchet 空间，T 是 $\mathfrak{D}(T)\subset X$ 到 Y 的闭线性算子，如果 $\mathfrak{D}(T)$ 是 X 中的闭线性子空间，那么 T 是连续的.

定理 E.6 (共鸣定理)　设 X,Y 是 Fréchet 空间，$\{T_\lambda:\lambda\in\Gamma\}$ 是从 X 到 Y 的连续线性算子族. 若对任意 $x\in X$，$\{T_\lambda x:\lambda\in\Gamma\}$ 是 Y 中的有界集，那么 $\{T_\lambda:\lambda\in\Gamma\}$ 是等度连续的.

对于更一般拓扑线性空间上的基本定理，可参见 [4, 第二章]

局部凸空间上的线性泛函　依旧记 X^* 是局部凸空间 X 上由所有连续线性泛函组成的对偶空间.

推论 E.2　设 L 是局部凸空间 $(X,\{p_i\})$ 中的线性子空间，$f_0\in L^*$，则存在延拓 $f\in X^*$ 使得 $f|_L = f_0$.

证明　只证明实的情况. 复线性的结果可使用定理 2.3.3 中的技巧得到.

由 f 的连续性和推论 E.1，存在有限个 $i_1,i_2,\cdots,i_m$ 及正数 $c_1,c_2,\cdots,c_m$ 使得
$$|f_0(x)| \leqslant \sup_{1\leqslant j\leqslant m} c_j p_{i_j}(x), \quad \forall x\in L.$$

由定理 2.3.1，存在 X 上线性泛函 f 使得 $f|_L = f_0$. 并且
$$|f(x)| \leqslant \sup_{1\leqslant j\leqslant m} c_j p_{i_j}(x), \quad \forall x\in X.$$

因此 f 在 X 上连续. □

推论 E.3 设 $(X, \{p_i\})$ 是 Hausdorff 局部凸空间, $x_0 \neq 0$, 则存在 $f \in X^*$ 使得 $f(x_0) \neq 0$.

证明 由于 X 是 Hausdorff 的, 存在某个 p_i 使得 $p_i(x_0) > 0$. 令 L 是 x_0 张成的线性空间, 定义泛函

$$f_0(tx_0) = tp_i(x_0).$$

那么在 L 上, f_0 从属于半范数 p_i, 故 $f_0 \in L^*$. 再使用推论 E.2, 所得延拓 f 即满足所需条件. □

局部凸空间上也有相近的凸集分离定理.

定理 E.7 设 X 是 Hausdorff 的实局部凸空间, A, B 是 X 的不交非空凸子集. 若 A° 是开集, 则存在 X 上的非零连续线性泛函分离 f 使得

$$\sup_{x \in A} f(x) \leqslant \inf_{y \in B} f(y).$$

证明与赋范线性空间的情形类似, 留作练习. "严格"分离的定理通常有以下两种形式:

定理 E.8 设 X 是 Hausdorff 的实局部凸空间, A, B 是 X 中不交的非空开凸子集, 则存在 X 上的非零连续线性泛函 f 及实数 α 使得

$$f(x) < \alpha < f(y), \quad \forall x \in A, y \in B.$$

证明 有定理 E.7, 存在 X 上的非零连续线性泛函 f 和数 α 使得

$$\sup_{x \in A} f(x) \leqslant \alpha \leqslant \inf_{y \in B} f(y).$$

我们断言值域 $f(A)$ 是直线上的一个开凸集, 因此是一个开区间. $f(A)$ 的凸性是显然的, 只需说明 $f(A)$ 是开的. 固定一点 $x_0 \in X$ 使得 $f(x_0) = 1$. 对任意 $x \in A$, x 是 A 的内点, 故存在正数 δ, 使得当 $|t| < \delta$ 时, $x + tx_0 \in A$, 从而 $(f(x) - t, f(x) + t) \subset f(A)$, 因此 $f(A)$ 是开的.

同理 $f(B)$ 是开的. 从而 α 至多是开区间 $f(A), f(B)$ 的端点. □

定理 E.9 设 X 是 Hausdorff 的实局部凸空间, A, B 是 X 中不交的非空凸子集. 若 A 是紧集而 B 是闭集, 则存在 X 上的非零连续线性泛函严格分离分离 A 和 B.

证明 对 A 中任意点 x, 可取点 0 的一个邻域 V_x 使得 $(x + V_x) \cap B = \varnothing$. 再由点 0 邻域基的具体形式, 可取点 0 的一个开凸邻域 U_x 使得 $U_x + U_x \subset V_x$, 因此 $(x + U_x + U_x) \cap B = \varnothing$. 注意到 $A \subset \bigcup_{x \in A}(x + U_x)$ 及 A 是紧的, 故可取有限个点 $x_1, x_2, \cdots, x_n$ 使得 $A \subset \bigcup_{1 \leqslant i \leqslant n}(x_i + U_{x_i})$. 令 $U = \bigcap_{1 \leqslant i \leqslant n} U_{x_i}$, 则 $\tilde{A} = A + U$ 是一个非空

开凸子集, 且 $\tilde{A} \cap B \subset \left[\bigcup_{1 \leqslant i \leqslant n} (x_i + U_{x_i} + U_{x_i}) \right] \cap B = \varnothing.$

由定理 E.7, 存在 X 上的非零连续线性泛函 f 和数 α 使得

$$\sup_{x \in \tilde{A}} f(x) \leqslant \alpha \leqslant \inf_{y \in B} f(y).$$

由定理 E.8 的证明, $f(\tilde{A})$ 是一个开区间, 故对任何 $x \in A \subset \tilde{A}$ 有 $f(x) < \alpha$. 再注意到 A 是一个紧集, 从而 $f(A)$ 是直线上的一个紧集, 故 $\sup_{x \in A} f(x) < \alpha$. □

由定理 E.9 立即可得, X 中凸子集 A 的闭包是包含 A 的闭超平面的交集. 因此, 若局部凸空间 (X, τ) 和 (X, w) 的对偶空间是一致的, 那么 A 在 τ 下的闭包和 w 下的闭包是一样的.

在给出具体例子之前, 先介绍下面的引理:

引理 E.1 设 X 是线性空间, F 是 X 上一些线性泛函组成的线性空间, 则 $(X, \sigma(X, F))^* = F$, 也就是说局部凸空间 $(X, \sigma(X, F))$ 上的线性泛函 f 是连续的当且仅当 $f \in F$.

证明 充分性显然.

必要性. 由推论 E.1, 存在有限个 $f_1, f_2, \cdots, f_m \in F$ 及正数 $c_1, c_2, \cdots, c_m$ 使得

$$|f(x)| \leqslant \sup_{1 \leqslant j \leqslant m} c_j |f_j(x)|, \quad \forall x \in X.$$

因此 $\ker f \subset \bigcap_{1 \leqslant j \leqslant m} \ker f_j$. 由习题 2.2 第 3 题, f 可表示为 $f_1, f_2, \cdots, f_m$ 的线性组合, 从而 $f \in F$. □

对 Hausdorff 的实局部凸空间 (X, τ), 它的对偶 X^* 诱导了一个新的局部凸空间 $(X, \sigma(X, X^*))$. 拓扑 $\sigma(X, X^*)$ 是弱于 τ 的, 但由引理 E.1 可知 $(X, \sigma(X, X^*))^* = X^*$. 因此, X 的凸子集在这两个拓扑下的闭包是一致的.

当 X 是赋范线性空间时, 就得到了 Mazur 定理 2.5.7.

使用类似的技术, 也能得到局部凸空间上的双极定理和 Kreĭn-Mil'man 定理. 设 E 是 Hausdorff 的局部凸空间, 对于子集 $A \subset E, B \subset E^*$. 记

$$A^\circ = \{x^* \in E^* : |x^*(x)| < 1, \forall x \in A\},$$
$$B_\circ = \{x \in E : |x^*(x)| < 1, \forall x^* \in B\}.$$

定理 E.10 (双极定理) 设 X 是一个 Hausdorff 局部凸空间, A 是 X 的平衡闭凸子集, 则 $(A^\circ)_\circ = A$.

读者可参考定理 D.4 给出局部凸空间版本 Kreĭn-Mil'man 定理的证明.

定理 E.11 (Kreĭn-Mil'man) 设 X 是一个 Hausdorff 局部凸空间, K 是 X 的非空紧的凸子集. 那么 K 的端点集 $\operatorname{Ext} K$ 非空, 且 K 是凸集 $\operatorname{co} \operatorname{Ext} K$ 的闭包.

习题 E

1. 设 V 是一个拓扑线性空间, U 是点 0 的一个邻域. 证明:
   (i) U 是吸收的.
   (ii) 存在点 0 的一个邻域 W, 使得 $W + W \subset U$.
   (iii) 存在点 0 的一个邻域 W, 使得 $W \subset U$, 且 W 是均衡的.
2. 设 X 是局部凸空间. 证明: X 的拓扑可由一个范数诱导当且仅当 X 中有一个有界的开集.
3. 例 E.4 的局部凸空间 $(E, \sigma(E, F))$ 何时可以度量化?
4. 设 X, Y 是局部凸空间, 线性映射 $T: X \to Y$ 将 X 中的有界集映成有界集. 若 X 可度量化, 证明 T 是连续的. 若 X 不可度量化, 情况又如何?
5. 证明定理 E.3.
6. 证明定理 E.4.
7. 证明定理 E.5.
8. 证明定理 E.6.
9. 设 f 是局部凸空间 X 上的线性泛函. 证明: f 连续当且仅当 $\ker f$ 是闭的.
10. 证明双极定理 E.10.
11. 证明 Kreĭn-Mil'man 定理 E.11.

附录 F Lomonosov 不变子空间定理

定理 F.1 (Lomonosov 不变子空间定理) 设 X 是无限维的复 Banach 空间, T 是非零的紧算子. 那么, 存在 X 的一个非平凡闭子空间 M, 对于每个与 T 可交换的有界线性算子 S, 都有 $S(M) \subset M$.

证明 使用反证法, 假设这样的非平凡闭子空间不存在.

记 $A_T = \{S: S \in \mathfrak{B}(X), ST = TS\}$. 容易验证, A_T 是 $\mathfrak{B}(X)$ 的一个 Banach 子代数, 且 $I, T^n \in A_T (n \geqslant 0)$. 对于任意的 $x \in X$, 线性空间 $A(x) = \{Sx: S \in A_T\}$ 是 A_T 的不变子空间, 且当 $x \neq 0$ 时, $A(x) \neq \{0\}$. 因此, 对于任意的 $0 \neq x \in X$, $\overline{A(x)}$ 就是 A_T 的非零不变闭子空间, 由假设即得 $\overline{A(x)} = X$.

取 $x_0 \in X$ 使得 $Tx_0 \neq 0$, 那么 $x_0 \neq 0$. 由 T 的连续性, 可取 x_0 的开球 B 使得

$$\|Tx\| \geqslant \frac{1}{2}\|Tx_0\|, \quad \|x\| \geqslant \frac{1}{2}\|x_0\|, \quad \forall x \in B.$$

对于任意的 $x \neq 0$, $\overline{A(x)} = X$, 故可取 $S_x \in A_T$ 使得 $S_x x \in B$, 再由 S_x 的连续性, 存在 x 的一个开邻域 W_x 满足 $S_x W_x \subset B$. 注意到紧集 $K = \overline{TB}$ 不包含 0, 故 K 有开覆盖

$$K = \bigcup_{x \in K} W_x.$$

因此, 存在有限个开集 $\{W_i: i = 1, 2, \cdots, n\}$ 以及算子 $\{S_i \in A_T: i = 1, 2, \cdots, n\}$ 满足: $\bigcup_{i=1}^{n} W_i \supset K$ 以及 $S_i W_i \subset B$. 记

$$a = \max\{\|S_i\| : i = 1, 2, \cdots, n\}.$$

因为 $Tx_0 \in K$, 所以存在 S_{i_1} 满足 $S_{i_1} Tx_0 \in B$, 于是 $TS_{i_1} Tx_0 \in K$; 同理存在 S_{i_2} 满足 $S_{i_2} TS_{i_1} Tx_0 \in B$, 这样 $TS_{i_2} TS_{i_1} Tx_0 \in K$. 反复持续这样的步骤, 我们得到点列

$$x_m = S_{i_m} TS_{i_{m-1}} T \cdots S_{i_1} Tx_0 = S_{i_m} S_{i_{m-1}} \cdots S_{i_1} T^m x_0 \in B.$$

因此,

$$\frac{1}{2} \|x_0\| \leqslant \|x_m\| \leqslant a^m \|T^m\| \|x_0\|.$$

利用 Gel'fand 的谱半径公式可知, $r(T) = \lim_{m \to \infty} \|T^m\|^{\frac{1}{m}} > 0$. 因为 T 是紧算子, 所以它有非零的特征值 λ. 令 $M = \{x: Tx = \lambda x\}$, 那么 M 是非零的有限维子空间, 并且对于任意的 $S \in A_T$ 都有

$$T(Sx) = S(Tx) = \lambda Sx, \quad \forall x \in M,$$

即 $Sx \in M$. 这与假设矛盾. □

习题 F

1. 设 X 是不可分的 Banach 空间, $T \in \mathfrak{B}(X)$. 证明: 存在 X 的一个非平凡闭子空间 M 使得 $TM \subset M$.
2. 叙述 $X = \mathbb{C}^n$ 时的定理 F.1, 并给出直接的证明.
3. 设 $R(\{x_1, x_2, \cdots\}) = \{0, x_1, x_2, \cdots\}$ 是 l^2 上的右移位算子, T 是 l^2 上的紧算子. 若 $TR = RT$, 证明: $T = 0$.

附录 G $\quad C^*$ 代数与正规算子谱理论

本节将采用交换 C^* 代数的理论证明正规算子谱理论.

交换 Banach 空间的极大理想空间　我们先引入交换代数中的概念与方法, 介绍交换 Banach 空间的极大理想空间理论.

定义 G.1　设 $\mathcal{A}$ 是 Banach 代数, φ 是 $\mathcal{A}$ 上非零的线性泛函. 如果

$$\varphi(xy) = \varphi(x)\varphi(y), \quad \forall x, y \in \mathcal{A},$$

则称 φ 是 $\mathcal{A}$ 上的可乘线性泛函 (同态).

下面说明 Banach 代数上的可乘线性泛函是自动连续的.

定理 G.1 设 $\mathcal{A}$ 是有单位元 e 的 Banach 代数, φ 是 $\mathcal{A}$ 的可乘线性泛函. 那么, 对于任意 $x \in \mathcal{A}$, 当 $\|x\| < 1$ 时, 有 $|\varphi(x)| < 1$. 从而 φ 是有界的, 且 $\|\varphi\| = 1$.

证明 如果数 λ 满足 $|\lambda| \geq 1$, 那么 $\lambda e - x$ 是可逆元, 因此 $\varphi(\lambda e - x)\varphi((\lambda e - x)^{-1}) = 1$. 故此 $\lambda - \varphi(x) = \varphi(\lambda e - x) \neq 0$. 这就说明 $|\varphi(x)| < 1$. 又 $\varphi(e) = 1$, 故 $\|\varphi\| = 1$. □

代数中的理想概念在交换的 Banach 代数的讨论中也中有重要的应用.

定义 G.2 设 J 是 Banach 代数 $\mathcal{A}$ 的子集. 如果 J 是 $\mathcal{A}$ 的子代数, 并且对于任意 $x \in \mathcal{A}, y \in J$ 都有 $xy \in J$, 就称 J 是 $\mathcal{A}$ 的理想.

如果 $J \neq \mathcal{A}$, 就称 J 是 $\mathcal{A}$ 的真理想. 如果 J 是 $\mathcal{A}$ 的真理想, 并且不包含在其他的真理想中, 就称 J 是极大理想.

命题 G.1 设 $\mathcal{A}$ 是具有单位元 e 的 Banach 代数. 如果 J 是真理想, 则 J 的闭包 $\overline{J}$ 也是真理想.

证明 容易说明 $\overline{J}$ 是理想, 只需说明 $\overline{J} \neq \mathcal{A}$ 即可.

显然 J 不包含可逆元. 注意到 $\|e - x\| < 1$ 时, x 是可逆元. 因此对于理想 J 中的任意元 x 都有 $\|e - x\| \geq 1$. 从而 $e \notin \overline{J}$, 这就说明 $\overline{J}$ 是真理想. □

由此性质可知, 极大理想是自动闭的. 下面再说明极大理想的存在性.

定理 G.2 设 $\mathcal{A}$ 是具有单位元 e 的 Banach 代数, 则 $\mathcal{A}$ 的每个真理想 J 都包含在一个极大理想中.

证明 利用 Zorn 引理, 令

$$\mathfrak{F} = \{I : I \text{ 是 } \mathcal{A} \text{ 的真理想}, J \subseteq I\}.$$

容易证明 $\mathfrak{F}$ 依包含关系 $\subset$ 构成偏序集, 并且它的任何全序子集 M 都有上界 $\bigcup_{I \in M} I$. 因此, 可在 $\mathfrak{F}$ 中取一个极大元 J', 由极大性即得 J' 是一个包含 J 的极大理想. □

在 Banach 代数理论中, 同态和理想之间存在紧密的关系. 设 $\mathcal{A}, \mathcal{B}$ 是两个 Banach 代数, $\varphi: \mathcal{A} \to \mathcal{B}$ 是连续的同态, 那么 $\ker \varphi$ 是 $\mathcal{A}$ 的闭理想. 反之, 如果 J 是 $\mathcal{A}$ 的闭理想, 那么 $\mathcal{A}/J$ 也是 Banach 代数, 并且自然的投影映射 $\pi: \mathcal{A} \to \mathcal{A}/J$ 是一个核为 J 的同态.

使用这一关联就可以说明可乘线性泛函的存在性.

定理 G.3 设 $\mathcal{A}$ 是具有单位元 e 的交换 Banach 代数, 记 M 是 $\mathcal{A}$ 上非零可乘线性泛函的全体.

(i) 每个极大理想都是一个可乘线性泛函的核.

(ii) 可乘线性泛函的核是极大理想.

(iii) $x \in \mathcal{A}$ 是可逆元的充要条件是对于每个 $\varphi \in M, \varphi(x) \neq 0$.

(iv) $x \in \mathcal{A}$ 是可逆元的充要条件是 x 不包含在 $\mathcal{A}$ 的任何真理想中.

(v) $\lambda \in \sigma(x)$ 的充要条件是存在 $\varphi \in M$ 使得 $\varphi(x) = \lambda$.

证明 (i) 设 I 是 $\mathcal{A}$ 的极大理想, 那么它是闭的. 因此 $\mathcal{A}/I$ 是 Banach 代数, 并且它的每个非零元都可逆: 实际上, 对任意 $[x] \in \mathcal{A}/I$, $[x] \neq 0$, 取它的一个代表元, 仍记为 x. 则 $x \in \mathcal{A}, x \notin I$. 由 x 生成, 包含 I 的理想可以表示成

$$J = \{ax + y : a \in \mathcal{A}, y \in I\}.$$

由于 I 是极大理想, 所以 $J = \mathcal{A}$, 于是存在 $a \in \mathcal{A}, y \in I$ 满足 $ax + y = e$, 即 $[a][x] = [e]$. 从而 $[x]$ 是可逆的.

由 Gel'fand-Mazur 定理, $\mathcal{A}/I \cong \mathbb{C}$. 即 $\pi : \mathcal{A} \mapsto \mathcal{A}/I$ 是可乘线性泛函, 并且 $I = \ker \pi$.

(ii) 线性泛函的核余维数等于 1, 因此是极大的.

(iii) 如果 x 不是可逆元, 那么由 x 生成的理想 $\{ax : a \in \mathcal{A}\}$ 是真理想, 因此包含在一个极大理想中.

(iv) 与 (v) 是 (iii) 的直接推论. □

因此 M 也称为极大理想空间. 注意到它是 $\mathcal{A}^*$ 闭单位球的子集, 我们可以在 M 上引入弱 $*$ 拓扑, 由 Banach-Alaoglu 定理 D.1, 它是紧致 Hausdorff 空间.

下面给出几个交换 Banach 代数极大理想空间的例子.

例 G.1 设 K 是紧致 Hausdorff 拓扑空间, $C(K)$ 是 K 上复值连续函数的全体. 规定 $C(K)$ 上的范数 $\|f\| = \sup\limits_{x \in K} |f(x)|$. 那么 $C(K)$ 是 Banach 代数, 它的极大理想空间同胚于 K.

证明 对于任意的 $x \in K$, 我们定义 $C(K)$ 上的可乘线性泛函 $\varphi_x(f) = f(x) (\forall f \in C(K))$. 定义映射 $\Psi : K \to M$ 为

$$\Psi(x) = \varphi_x, \quad \forall x \in K.$$

显然 Ψ 是连续的, 单的.

下面证明 Ψ 是满的. 假设 φ 是 A 上的可乘线性泛函, 那么 $\ker \varphi$ 是 A 的极大理想, 我们断言存在 $x_0 \in K$, 使得 $\ker \varphi \subset \{f \in C(K) : f(x_0) = 0\}$.

假若不然, 则对于任意的 $x \in K$, 都存在 $\ker \varphi$ 中的元素 f_x 使得 $f_x(x) \neq 0$. 因为 f_x 是连续的, 存在 x 的开邻域 U_x 使得对任何 $y \in U_x$ 总有 $f(y) \neq 0$. 注意到 K 是紧的, 于是存在有限个 $\{U_{x_i} : i = 1, 2, \cdots, n\}$ 覆盖 K, 以及 f_{x_i} 使得 $f_{x_i}(y) \neq 0 \ (\forall y \in U_{x_i})$. 令

$$g(x) = \sum_{i=1}^{n} |f_{x_i}(x)|^2 = \sum_{i=1}^{n} f_{x_i}(x) \overline{f_{x_i}(x)} \in C(K).$$

那么 g 是可逆的, 但 $\varphi(g) = 0$, 矛盾. 从而断言成立.

再由 $\ker \varphi$ 的极大性即得, $\ker \varphi = \{f \in C(K) : f(x_0) = 0\}$. 于是 $\varphi = \varphi_{x_0} = \Psi(x_0)$.

因此, Ψ 是一个连续的双射, 再由 K 的紧性得 Ψ 是拓扑同胚. □

例 G.2 设 $\mathbb{Z}$ 是整数集, $l^1(\mathbb{Z}) = \left\{ x = \{x_n : n \in \mathbb{Z}\} : \sum_{n \in \mathbb{Z}} |x_n| < \infty \right\}$. 它显然是一个线性空间, 我们再定义它上的乘法为: 对于 $x = \{x_n : x \in \mathbb{Z}\}, y = \{y_n : x \in \mathbb{Z}\}$,

$$xy = \{z_n : n \in \mathbb{Z}\}, \quad \text{其中 } z_n = \sum_{k=-\infty}^{\infty} x_k y_{n-k} (\forall n \in \mathbb{Z}).$$

令 $\mathbb{Z}$ 上范数 $\|x\| = \sum_{n \in \mathbb{Z}} |x_n|$, 那么 $l^1(\mathbb{Z})$ 是交换的 Banach 代数. 我们证明它的极大理想空间 M 同胚于单位圆周 $\mathbb{T}$.

证明 对于任意的 $z \in \mathbb{T}$, 定义 $l^1(\mathbb{Z})$ 到 $\mathbb{C}$ 的映射

$$\varphi_z(x) = \sum_{n=-\infty}^{\infty} x_n z^n.$$

显然 φ_z 是 $l^1(\mathbb{Z})$ 上的可乘线性泛函. 那么映射

$$\Psi : \mathbb{T} \mapsto M, \quad z \mapsto \varphi_z$$

是良定义的. 显然 Ψ 是连续的, 单的.

为说明 Ψ 是满的. 令 e_n 是在位置 n 取 1 其他位置取 0 的点. 直接计算可知 $e_n e_m = e_{n+m}$, e_0 是单位元, 从而 $e_1, e_{-1} = e_1^{-1}$ 生成了 Banach 代数 $l^1(\mathbb{Z})$. 因此, 对任何 $\psi \in M$, ψ 由 $\psi(e_1)$ 唯一确定, 也即 $\psi = \Psi(\psi(e_1))$. 所以, Ψ 是满的, 从而是一个拓扑同胚. □

例 G.3 设 $\overline{\mathbb{D}}$ 是复平面上闭的单位圆盘, $\mathbb{T}$ 是单位圆周. 令 $A(\mathbb{T})$ 是 $C(\mathbb{T})$ 中所有的形如 $\sum_{k=0}^{n} a_k z^k$ 的解析多项式生成的闭子空间, 则 $A(\mathbb{T})$ 是一个 Banach 子代数, 它的极大理想空间同胚于 $\overline{\mathbb{D}}$.

证明 记解析多项式的全体为 P. 对于固定的 $z \in \mathbb{D}$, 在 P 上定义泛函 φ_z 为: 对任意解析多项式 p, 令 $\varphi_z(p) = p(z)$. 由 Cauchy 积分公式可得

$$\varphi_z(p) = p(z) = \frac{1}{2\pi} \int_0^{2\pi} \frac{p(e^{it})}{1 - ze^{-it}} dt.$$

于是,

$$|\varphi_z(p)| \leqslant \frac{\|p\|}{1 - |z|}.$$

从而 φ_z 是 P 上的有界线性泛函, 可将它保范延拓到 $A(\mathbb{T})$ 上.

而如果 $z \in \mathbb{T}$, 那么 φ_z 是 $C(\mathbb{T})$ 上的连续线性泛函, 因此也是 $A(\mathbb{T})$ 上的连续线性泛函.

这样, 我们定义了一个连续的单映射:

$$\Psi: \overline{\mathbb{D}} \to M, \quad z \mapsto \varphi_z.$$

记 $f(z) = z$ 是 $\mathbb{T}$ 上的恒等映射. 那么, 对任何 $\varphi \in M$, 若令 $z = \varphi(f)$, 则有 $\varphi = \varphi_z = \Psi(z)$. 从而 Ψ 是满的, 因此是同胚. □

使用极大理想空间理论, 可以给出 Fourier 级数中著名的 Wiener (维纳) 定理的一个简单证明.

定理 G.4 (Wiener) 设 f 是 $\mathbb{R}^n$ 上的函数, 如果

$$f(x) = \sum_{m \in \mathbb{Z}^n} a_m e^{im \cdot x}, \quad \text{其中} \quad \sum_{m \in \mathbb{Z}^n} |a_m| < \infty.$$

并且对于任意的 $x \in \mathbb{R}^n$, $f(x) \neq 0$. 那么我们也可将 $\dfrac{1}{f(x)}$ 展开为级数

$$\frac{1}{f(x)} = \sum_{m \in \mathbb{Z}^n} b_m e^{im \cdot x}, \quad \text{其中} \quad \sum_{m \in \mathbb{Z}^n} |b_m| < \infty.$$

证明 为简化叙述, 只证明 $n = 1$ 时的情况. 由例 G.2, 交换 Banach 代数 $l^1(\mathbb{Z})$ 的极大理想空间同胚于单位圆周 $\mathbb{T}$. 那么, 对题设中的展开系数列 $a = \{a_m\}$,

$$0 \notin \sigma(a) = \left\{ \sum_{m \in \mathbb{Z}} a_m e^{imx} : e^{ix} \in \mathbb{T} \right\}.$$

这也就是说 a 在 $l^1(\mathbb{Z})$ 中是可逆的. 取它的逆元 $b = \{b_m\}$, 并令

$$g(x) = \sum_{m \in \mathbb{Z}} b_m e^{imx}.$$

比较展开系数即得 $g = \dfrac{1}{f}$, 这就是我们所需的结论. □

接下来我们给出一般性的理论. 由于 M 是一个紧拓扑空间, 自然可以讨论 M 上的连续函数. 下面的 Gel'fand 变换建立了 $\mathcal{A}$ 与 $C(M)$ 的联系.

定义 G.3 设 M 是 Banach 代数 $\mathcal{A}$ 的可乘线性泛函全体. 对于 $x \in \mathcal{A}$, 定义 M 上的函数

$$\hat{x}(\varphi) = \varphi(x), \quad \forall \varphi \in M.$$

称 $\hat{x}$ 为 x 的 Gel'fand 映射, 记为 $\Gamma(x)$.

由定理 G.3 即得如下结果.

定理 G.5 设 $\mathcal{A}$ 是具有单位元的交换 Banach 代数.

(i) 对于 $x \in \mathcal{A}$, 那么 $\hat{x}$ 的值域等于 x 的谱集 $\sigma(x)$. 因此, x 在 $\mathcal{A}$ 中可逆的充要条件是 $\hat{x}$ 在 $C(M)$ 中可逆, 并且

$$\|\hat{x}\|_\infty = r(x) \leqslant \|x\|.$$

(ii) Γ 是 $\mathcal{A}$ 到 $C(M)$ 中的同态, 它的值域是 $\Gamma(\mathcal{A})$, 核 $\ker\Gamma$ 是 $\mathcal{A}$ 的根理想 $\operatorname{rad}\mathcal{A}$ (即 $\mathcal{A}$ 的所有极大理想的交). 也即, $x\in\operatorname{rad}\mathcal{A}$ 的充要条件是 $r(x)=0$.

从而, Gel'fand 映射 Γ 是单的充要条件是 $\mathcal{A}$ 是半单的.

下面的结果给出了 Γ 是等距映射的判定方法.

定理 G.6 设 $\mathcal{A}$ 是具有单位元的交换 Banach 代数, 则 Gel'fand 映射是等距映射的充要条件是对于任意的 $x\in\mathcal{A}$, $\|x^2\|=\|x\|^2$.

证明 充分性. 若对于任意的 $x\in\mathcal{A}$, $\|x^2\|=\|x\|^2$. 由谱半径公式可得

$$\|\Gamma(x)\|_\infty = r(x) = \lim_{n\to\infty}\left\|x^{2^n}\right\|^{\frac{1}{2^n}} = \|x\|,$$

即 Γ 是等距的.

必要性. 如果 Γ 是等距的, 那么

$$\|x^2\| = \|\Gamma(x^2)\|_\infty = \|\Gamma(x)^2\|_\infty = \|\Gamma(x)\|_\infty^2 = \|x\|^2. \qquad \square$$

使用 Gel'fand 变换, 可以给出一般的 (甚至非交换的) Banach 代数中的谱映射定理的另一个证明.

定理 G.7 (谱映射定理) 设 $\mathcal{A}$ 是具有单位元的 Banach 代数, $x\in\mathcal{A}$, φ 在 $\{z\in\mathbb{C}:|z|\leqslant r(x)\}$ 的一个邻域解析, 那么 $\sigma(\varphi(x))=\varphi(\sigma(x))$.

证明 考虑由 $x, (\lambda-x)^{-1}(\forall\lambda\in\rho(x))$ 以及 $(\lambda-\varphi(x))^{-1}(\forall\lambda\in\sigma(\varphi(x)))$ 生成的 Banach 子代数 $\mathcal{A}_0\subset\mathcal{A}$, 那么 $\sigma_{\mathcal{A}_0}(x)=\sigma_{\mathcal{A}}(x)$, $\sigma_{\mathcal{A}_0}(\varphi(x))=\sigma_{\mathcal{A}}(\varphi(x))$. 因此, 我们可以假设 $\mathcal{A}$ 是具有单位元的交换 Banach 代数. 由 Gel'fand 定理,

$$\sigma(\varphi(x)) = \Re(\Gamma(\varphi(x))) = \varphi(\sigma(x)). \qquad \square$$

C^* 代数与谱理论 我们再引入 C^* 代数的理论来证明正规算子的谱分解定理.

定义 G.4 (对合) 设 $\mathcal{A}$ 是代数, 若映射 $*: \mathcal{A}\to\mathcal{A}$ 满足以下三个条件:

(i) $(\alpha x+\beta y)^* = \bar{\alpha}x^* + \bar{\beta}y^*$;

(ii) $(xy)^* = y^*x^*$;

(iii) $x^{**} = x$,

则称 $*$ 为 $\mathcal{A}$ 上的一个对合.

如果 $x^*=x$, 就称 x 是自共轭元. 容易证明自共轭元有如下性质:

定理 G.8 设 $\mathcal{A}$ 是带对合的具有单位元的 Banach 代数, $x\in\mathcal{A}$, 那么

(i) $x+x^*$, $\dfrac{x-x^*}{\mathrm{i}}$ 以及 x^*x, xx^* 都是自共轭元.

(ii) x 可以唯一地分解成 $x=u+\mathrm{i}v$, 其中 $u=\dfrac{1}{2}(x+x^*)$, $v=\dfrac{1}{2\mathrm{i}}(x-x^*)$ 都是自共轭元.

(iii) 由于单位元是唯一的, 故单位元 e 是自共轭元.

(iv) x 可逆的充要条件是 x^* 可逆, 这时 $(x^*)^{-1}=(x^{-1})^*$.

(v) $\lambda \in \sigma(x)$ 的充要条件是 $\bar{\lambda} \in \sigma(x^*)$.

定义 G.5　设 $\mathcal{A}$ 是具有对合的 Banach 代数, 并且
$$\|x^*x\| = \|x\|^2, \quad \forall x \in \mathcal{A},$$
就称 $\mathcal{A}$ 是 C^* 代数.

C^* 代数是最重要的一类 Banach 代数. 下面给出几个常见的例子.

例 G.4　设 K 是紧的 Hausdorff 空间, $C(K)$ 是 K 上复值连续函数的全体. 定义 $*$ 运算
$$*: f \mapsto \bar{f},$$
则 $C(K)$ 是具有单位元的 C^* 代数.

如果 K 是局部紧的、非紧的 Hausdorff 空间, $C_0(K)$ 是 K 上在无穷远处为零的连续函数全体, 则 $C_0(K)$ 是没有单位元的 C^* 代数.

例 G.5　设 H 是 Hilbert 空间, 定义 $\mathfrak{B}(H)$ 上 $*$ 运算
$$*: T \mapsto T^*,$$
则 $\mathfrak{B}(H)$ 是具有单位元的非交换 C^* 代数.

$\mathfrak{B}(H)$ 的一个 $*$ 运算封闭的闭子代数也是一个 C^* 代数. 对于正规算子, 我们常使用如下的子代数.

例 G.6　设 N 是 Hilbert 空间 H 上的正规算子, 那么,
$$\left\{ p(N) : p(z) = \sum_{n,m=0}^{k} a_{n,m} z^n \bar{z}^m, k \in \mathbb{N}, a_{n,m} \in \mathbb{C} \right\}$$
在 $\mathfrak{B}(H)$ 中的范数闭包是一个具有单位元的交换 C^* 代数, 它是包含 N 的最小具有单位元的 C^* 子代数.

接下来给出交换 C^* 代数的一般结构. 为此, 我们需要以下的引理.

引理 G.1　设 x 是具有单位元的 C^* 代数 $\mathcal{A}$ 的自共轭元, 那么 x 的谱都是实数.

证明　任取 $\alpha + i\beta \in \sigma(x)$. 对任何实数 t, 记 $y = x + it$, 那么
$$yy^* = x^2 + t^2.$$
注意到 $\alpha + i(\beta + t) \in \sigma(x + it)$, 那么
$$\alpha^2 + (\beta + t)^2 = |\alpha + i(\beta + t)|^2 \leqslant \|y\|^2 = \|yy^*\| \leqslant \|x\|^2 + t^2.$$
从而 $\alpha^2 + \beta^2 + 2t\beta \leqslant \|x\|^2$. 由此 $\beta = 0$. 所以 x 的谱均是实数. □

定理 G.9 (Gel'fand-Naimark (盖尔范德–奈马克))　设 $\mathcal{A}$ 是具有单位元的交换 C^* 代数, M 是它的极大理想空间, 则 Gel'fand 映射 $\Gamma: \mathcal{A} \mapsto C(M)$ 是等距同构, 并

且保持 $*$ 运算, 即 $\Gamma(x^*) = \overline{\Gamma(x)}(\forall x \in \mathcal{A})$.

特别地, x 是自共轭的充要条件是 $\Gamma(x)$ 是实函数.

证明 若 x 是自共轭的, $\Gamma(x)$ 的值域是 x 的谱集, 总是实的. 而对一般的情况, 设 $x = u + \mathrm{i}v$, 其中 $u = u^*, v = v^*$. 那么 $x^* = u - \mathrm{i}v$, $\Gamma(x^*) = \Gamma(u) - \mathrm{i}\Gamma(v) = \overline{\Gamma x}$. 所以 Γ 保持 $*$ 运算.

对于自共轭元 x, 由谱半径公式可得 $\|x\| = r(x) = \|\Gamma(x)\|$. 而对于任意的 $x \in \mathcal{A}$,

$$\|x\|^2 = \|xx^*\| = \|\Gamma(xx^*)\| = \|\Gamma(x)\|^2.$$

因此, Γ 是等距的. 因此, $\Gamma(\mathcal{A})$ 为 $C(M)$ 一个闭的子 C^* 代数. 再由 Stone-Weierstrass 定理得, $\Gamma(\mathcal{A}) = C(M)$. □

由 Gel'fand-Naimark 定理, 交换的 C^* 代数等同于一个紧 Hausdorff 拓扑空间. 因此, 我们可以将一般的 C^* 代数看作一个 "虚拟" 拓扑空间上的连续函数空间, 从而可以将拓扑空间及度量空间等理论 "搬" 进 C^* 代数研究中, 这就是非交换分析理论及非交换几何的基本出发点. 我们也可以用这个结果证明正规算子的谱理论.

定理 G.10 (抽象正规算子谱理论) 设 $\mathcal{A}$ 是由元素 x 生成的、交换的、具有单位元的 C^* 代数. 那么, $\sigma(x)$ 与 M 同胚, 由它以及 Gel'fand 逆映射定义的 $\Psi: C(\sigma(x)) \to \mathcal{A}$ 是 $*$ 等距同构. 它将 $\sigma(x)$ 上的恒等函数映成 x.

证明 定义 $\gamma: M \to \sigma(x)$, $\varphi \mapsto \varphi(x) = (\Gamma\varphi)(x)$. 因为 $\mathcal{A}$ 是由 x 生成的 C^* 代数, 容易验证 γ 是同胚.

令映射 $\gamma_*: C(\sigma(x)) \to C(M)$ 为 $(\gamma_* f)(\varphi) = f(\gamma(\varphi))$. 那么 $\Psi = \Gamma^{-1} \circ \gamma_*$ 即为所需的 $C(\sigma(x)) \to \mathcal{A}$ 的 $*$ 同构. □

对于 Hilbert 空间 H 上正规算子 N, 令 $\mathcal{A}$ 为 N 在 $\mathfrak{B}(H)$ 中生成的 C^* 代数 (见例 G.6), 则 $\mathcal{A}$ 是一个具有单位元的 C^* 代数. 那么, 由定理 G.10, 映射 $f \mapsto \Phi(f)$ 给出了 $C(\sigma(N))$ 到 $\mathcal{A}$ 的 C^* 代数同态. $f(N) \stackrel{\text{def}}{=} \Phi(f)$ 称为正规算子的函数演算. 函数演算也可由如下办法较为直接地定义: 由于 Φ 是代数 $*$ 同态, 并将恒等函数 z 映为 N, 故对于多项式 $p(z) = \sum_{n,m=0}^{k} a_{n,m} z^n \bar{z}^m$ 有

$$p(N) = \Phi(p) = \sum_{n,m=0}^{k} a_{n,m} N^n N^{*m}.$$

而对一般的连续函数 f, 取多项式序列 p_n 一致收敛于 f, 那么 $f(N) = \lim_{n \to \infty} p_n(N)$.

在使用上面的抽象定理给出正规算子谱分解定理之前, 我们还需要引入一个引理.

引理 G.2 设 $\mathcal{A}$ 是一个具有单位元的 C^* 代数, $\mathcal{B}$ 是 $\mathcal{A}$ 中的包含单位元的 C^* 子代数, 则对于 $x \in \mathcal{B}$, x 在 $\mathcal{B}$ 中的谱集 $\sigma_{\mathcal{B}}(x)$ 等于 x 在 $\mathcal{A}$ 中的谱集 $\sigma_{\mathcal{A}}(x)$.

证明 只需说明 x 在 $\mathcal{B}, \mathcal{A}$ 中的可逆性是等价的. 若 x 在 $\mathcal{B}$ 中可逆, 显然在 $\mathcal{A}$ 中

可逆.

当 x 在 $\mathcal{A}$ 中可逆时, 自共轭元 xx^* 也在 $\mathcal{A}$ 中可逆, 并且 $x^{-1} = x^*(xx^*)^{-1}$. 再由求逆运算的连续性, 当 n 趋于无穷时, $\left(xx^* - \dfrac{\mathrm{i}}{n}\right)^{-1} \to (xx^*)^{-1}$. 而 xx^* 也是 $\mathcal{B}$ 中的自共轭元, 因此 $\sigma(xx^*) \subset \mathbb{R}$, 从而 $\left(xx^* - \dfrac{\mathrm{i}}{n}\right)^{-1} \in \mathcal{B}$. 对 n 取极限即得 $(xx^*)^{-1} = \lim\limits_{n\to\infty} \left(xx^* - \dfrac{\mathrm{i}}{n}\right)^{-1} \in \mathcal{B}$. 这意味着 $x^{-1} = x^*(xx^*)^{-1} \in \mathcal{B}$, 即 x 在 $\mathcal{B}$ 中也是可逆的. □

由这个引理, 对于 Hilbert 空间 H 上正规算子 N, 它作为 H 上算子的谱 $\sigma_{\mathcal{B}(H)}(N)$ 与它在由 N 生成的 C^* 子代数 $\mathcal{A}$ 中的谱 $\sigma_{\mathcal{A}}(N)$ 是一致的. 因此我们无须区分这两个概念.

定理 G.11 (正规算子的谱分解定理) 设 N 是 Hilbert 空间 H 上的正规算子, $\mathcal{R}$ 是 $\sigma(N)$ 中的 Borel 子集全体, 那么存在 $\mathcal{R}$ 上唯一的谱测度 E, 使得

$$N = \int_{\sigma(N)} z \mathrm{d}E.$$

此时, 由谱积分性质易知, 对于任意多项式 $p(z) = \sum\limits_{n,m=0}^{k} a_{n,m} z^n \bar{z}^m$, 有 $p(N) = \int_{\sigma(N)} p \mathrm{d}E$.

证明 唯一性. 设 $\tilde{E}$ 是另一个满足题设的谱测度. 那么, 对任意固定的 $x, y \in H$, $C(\sigma(N))$ 上的两个复测度 $\tilde{E}_{x,y}(\cdot) = \langle \tilde{E}(\cdot)x, y\rangle$, $E_{x,y}(\cdot) = \langle E(\cdot)x, y\rangle$ 满足

$$\int_{\sigma(N)} p \mathrm{d}\tilde{E}_{x,y} = \langle p(N)x, y\rangle = \int_{\sigma(N)} p \mathrm{d}E_{x,y}, \quad \forall\ 多项式\ p(z) = \sum_{n,m=0}^{k} a_{n,m} z^n \bar{z}^m.$$

注意到多项式全体是 $C(\sigma(N))$ 的一个稠密子集, 由 Riesz 表示定理 2.5.2 即得 $\tilde{E}_{x,y} = E_{x,y}$. 再由 x, y 的任意性知对每个 Borel 集 S, $\tilde{E}(S) = E(S)$, 即 $\tilde{E} = E$.

存在性. 对任意 $x, y \in H$, 映射

$$f \mapsto \langle f(N)x, y\rangle$$

是 $C(\sigma(N))$ 上的线性泛函, 且

$$|\langle f(N)x, y\rangle| \leqslant \|f(N)\|\|x\|\|y\| = [\|x\|\|y\|]\|f\|_\infty.$$

由 Riesz 表示定理 2.5.2 即得, 存在一个复测度 $\mu_{x,y}$ 使得

$$\langle f(N)x, y\rangle = \int_{\sigma(N)} f(z) \mathrm{d}\mu_{x,y},$$

且 $\|\mu_{x,y}\| = |\mu|(\sigma(N)) \leqslant \|x\|\|y\|$. 由表示测度的唯一性, 也容易验证 $\mu_{x,y}$ 关于 x 线性, 关于 y 共轭线性. 并且, 对固定的 $x \in H$, 由于对任意 $C(\sigma(N))$ 的非负函数 f 均有

$$\int_{\sigma(N)} f \mathrm{d}\mu_{x,x} = \langle f(N)x, x \rangle = \|\sqrt{f}(N)x\|^2 \geqslant 0,$$

所以 $\mu_{x,x}$ 是正测度.

对 $\sigma(N)$ 上一个复值有界可测函数 f,

$$(x,y) \mapsto \int_{\sigma(N)} f \mathrm{d}\mu_{x,y}$$

是一个有界的共轭双线性泛函. 故存在一个算子 T, 使得

$$\langle Tx, y \rangle = \int_{\sigma(N)} f \mathrm{d}\mu_{x,y}, \quad \forall x, y \in H. \tag{G.1}$$

当 f 是实有界可测函数时, T 是自伴的. 而当 $f \in C(\sigma(N))$ 时, 由 μ 的定义得 $T = f(N)$. 故此, 可自然延拓记号, 对任何 $\sigma(N)$ 上的有界 Borel 可测函数 f, 将满足式 (G.1) 的算子 T 依旧记作 $f(N)$.

断言: 对 $\sigma(N)$ 上的有界 Borel 可测函数 f, g, 等式 $(fg)(N) = f(N)g(N)$ 是成立的.

事实上, 固定 $g \in C(\sigma(N)), x, y \in H$. 由 $\langle (fg)(N)x, y \rangle = \langle f(N)x, \bar{g}(N)y \rangle$ 知,

$$\int_{\sigma(N)} fg \mathrm{d}\mu_{x,y} = \int_{\sigma(N)} f \mathrm{d}\mu_{x,\bar{g}(N)y} \tag{G.2}$$

对任意 $f \in C(\sigma(N))$ 成立, 因此 $g \mathrm{d}\mu_{x,y} = \mathrm{d}\mu_{x,\bar{g}(N)y}$. 特别地, 等式 (G.2) 对任意有界 Borel 可测函数 f 和连续函数 g 也成立. 这也就是说, 当 $f \in B(\sigma(N)), g \in C(\sigma(N))$ 时,

$$\langle (fg)(N)x, y \rangle = \int_{\sigma(N)} fg \mathrm{d}\mu_{x,y} = \int_{\sigma(N)} f \mathrm{d}\mu_{x,\bar{g}(N)y}$$
$$= \langle f(N)x, g(N)^*y \rangle = \langle g(N)f(N)x, y \rangle,$$

即 $(fg)(N) = g(N)f(N)$. 因此, 当 $f \in B(\sigma(N))$ 时, 对任意 $g \in C(\sigma(N))$ 有等式

$$\int_{\sigma(N)} gf \mathrm{d}\mu_{x,y} = \int_{\sigma(N)} g \mathrm{d}\mu_{f(N)x,y}.$$

这说明当 $f \in B(\sigma(N))$ 时, $f \mathrm{d}\mu_{x,y} = \mathrm{d}\mu_{f(N)x,y}$. 从而, 当 $f, g \in B(\sigma(N))$ 时,

$$\langle (fg)(N)x, y \rangle = \int_{\sigma(N)} fg \mathrm{d}\mu_{x,y} = \int_{\sigma(N)} g \mathrm{d}\mu_{f(N)x,y} = \langle g(N)f(N)x, y \rangle,$$

即 $(fg)(N) = g(N)f(N)$. 因此断言成立, $f \mapsto f(N)$ 对于有界 Borel 可测函数 f 也是可乘的.

对于 Borel 集 S, 定义 $E(S) = \chi_S(N)$. 由于 χ_S 是实值的, 则 $E(S)$ 自伴. 再由断言给出的可乘性得, $(E(S))^2 = \chi_S^2(N) = \chi_S(N) = E(S)$. 这说明 $E(S)$ 是一个投影算子.

容易验证 $S \mapsto E(S)$ 就是定理所需的谱测度. □

习题 G

1. 设 $\mathcal{A} = \left\{ \begin{pmatrix} a & b \\ 0 & a \end{pmatrix} : a, b \in \mathbb{C} \right\}$ 为 $M_2(\mathbb{C})$ 的 Banach 子代数，求 $\mathcal{A}$ 的非零可乘线性泛函.

2. 对于带单位元的 Banach 代数 $\mathcal{A}$，若 $\mathcal{A}$ 的极大理想空间能分离 $\mathcal{A}$ 中元素：若 $a \neq b$，则有可乘线性泛函 ϕ 使得 $\phi(a) \neq \phi(b)$. 证明 $\mathcal{A}$ 是交换 Banach 代数.

3. 设 $C^{(1)}[0,1] = \{f \in C[0,1] : f \text{在}[0,1] \text{上连续可导}\}$，其上范数定义为
$$\|f\| = \sup_{x \in [0,1]} (|f(x)| + |f'(x)|).$$
证明：$C^{(1)}[0,1]$ 依此范数构成 Banach 代数. 并求 $C^{(1)}[0,1]$ 的极大理想空间.

4. 令 $\Omega = \{z \in \mathbb{C} : 1 \leqslant |z| \leqslant 2\}$. 设 $\mathcal{A} = \{f \in C(\Omega) : f \text{ 在 } \Omega \text{ 内部解析}\}$，$\mathcal{A}$ 上范数取极大范数 $\|f\| = \sup_{x \in \Omega} |f(x)|$. 令 $\mathcal{B}$ 为形如 $\sum_{k=0}^{n} a_k z^k$ 的解析多项式全体在 $\mathcal{A}$ 中的闭包.
   (i) 证明：$\mathcal{A}$ 的极大理想空间 $M_\mathcal{A}$ 拓扑等价于 Ω.
   (ii) 证明：$\mathcal{B}$ 的极大理想空间 $M_\mathcal{B}$ 拓扑等价于 $\{z \in \mathbb{C} : |z| \leqslant 2\}$.
   (iii) 对于 Ω 上恒等函数 $f(z) = z$，求其在 $\mathcal{A}$ 中的谱 $\sigma_\mathcal{A}(f)$ 与在 $\mathcal{B}$ 中的谱 $\sigma_\mathcal{B}(f)$.

5. 下面来看 $L^1(\mathbb{R})$ 的极大理想空间和 Gel'fand 变换.
   (i) 令 $\mathbb{R}$ 为赋予加法结构的实数群，$\mathbb{T} = \{z \in \mathbb{C} : |z| = 1\}$ 为赋予乘法运算结构的酉群. 若连续群同态 $h : \mathbb{R} \to \mathbb{T}$ 不是常值映射，证明：加法子群 $h^{(-1)}(\{1\})$ 为 $\mathbb{R}$ 的离散子集. 并说明 $h^{(-1)}(\{1\}) \setminus \{0\}$ 到点 0 距离严格大于 0 且是可达的.
   (ii) 令 $\hat{\mathbb{R}} = \{h : h \text{ 是从 } \mathbb{R} \text{ 到 } \mathbb{T} \text{ 的连续群同态}\}$. 证明：$\hat{\mathbb{R}} = \{h_t(x) = e^{itx} : t \in \mathbb{R}\}$. 并且证明 $\hat{\mathbb{R}}$ 在乘法作用 $(h_1 \times h_2)(x) = h_1(x) h_2(x)$ 下构成乘法群.
   (iii) 任取一个 $h \in \hat{\mathbb{R}}$. 证明：
$$\phi(f) = \int_\mathbb{R} f(x) \overline{h(x)} \mathrm{d}m(x)$$
为 Banach 代数 $L^1(\mathbb{R})$ 上非零可乘线性泛函.
   (iv) 设 $\phi : L^1(\mathbb{R}) \to \mathbb{C}$ 是 $L^1(\mathbb{R})$ 上非零可乘线性泛函. 证明：存在 $h \in L^\infty(\mathbb{R})$ 使得
$$\phi(f) = \int_\mathbb{R} f(x) \overline{h(x)} \mathrm{d}m(x),$$
且对几乎处处 $x, y \in \mathbb{R}$，有 $h(x+y) = h(x)h(y)$.
   (v) 为说明 (iv) 中 h 的连续性，对于 (iv) 中的 ϕ，取定一个 $g \in L^1(\mathbb{R}), \phi(g) = 1$. 证明：$h(x) = \phi(g(\cdot - x))$ 对几乎处处 $x \in \mathbb{R}$ 成立.
   (vi) 证明 (iv) 中 $h \in \hat{\mathbb{R}}$.
   (vii) 对于 $f \in L^1(\mathbb{R})$，定义 $L^1(\mathbb{R})$ 极大理想空间 $M_{L^1(\mathbb{R})}$ 函数 f 为
$$(\Gamma f)(\phi) = \phi(f), \quad \forall \phi \in M_{L^1(\mathbb{R})}.$$
证明：$\Gamma f \in C(M_{L^1(\mathbb{R})})$.

6. 设 $\mathcal{A}$ 是带单位元的 Banach 代数. 若 $x, y \in \mathcal{A}, xy = yx$，证明：

$$\sigma_{\mathcal{A}}(x+y) \subset \sigma_{\mathcal{A}}(x) + \sigma_{\mathcal{A}}(y), \quad \sigma_{\mathcal{A}}(xy) \subset \sigma_{\mathcal{A}}(x)\sigma_{\mathcal{A}}(y).$$

7. 设 $\mathcal{A}$ 是一个带单位元的交换 Banach 代数, $\mathcal{B}$ 是一个半单的带单位元的交换 Banach 代数. 证明: 任一同态 $\varphi : \mathcal{A} \to \mathcal{B}$ 是连续的.

8. 设 $\mathcal{A}$ 是一个带单位元的 Banach 代数. 若 $\mathcal{A}$ 中两个元素 x, y 满足 $xy = yx, x^2 = x, y^2 = y, x \neq y$, 证明: $\|x - y\| \geqslant 1$.

9. 设 H 是 Hilbert 空间, $\mathcal{A}$ 是 $\mathfrak{B}(H)$ 的一个 C^* 子代数. 证明: $\mathcal{B} = \{T \in \mathfrak{B}(H) : TA = AT, \forall A \in \mathcal{A}\}$ 也是一个 C^* 子代数.

10. 设 $\mathcal{A}$ 是一个带单位元 e 的 C^* 代数. 若 $\mathcal{A}$ 中元素 x 满足 $xx^* = x^*x = e$, 则称 x 是一个酉元. 证明: $\mathcal{A}$ 中任何元素可表示为四个酉元的线性组合.

11. 若 T 是自伴的, 证明: 存在正算子 T_+ 与 T_- 使得 $T = T_+ - T_-, |T| = T_+ + T_-, T_+ T_- = 0$.

12. 设 N 是 Hilbert 空间 H 上的正规算子, E 是 N 的谱测度 (见定理 G.11). 若 $f \in C(\sigma(N))$, $S = f^{(-1)}(\{0\})$, 证明: $E(S)$ 是从 H 到子空间 $\ker f(N)$ 的正交投影.

13. 设 N 是 Hilbert 空间 H 上的紧正规算子. 若 $f \in C(\sigma(N)), f(0) = 0$, 证明: $f(N)$ 也是紧的.

部分习题提示

第一章

习题 1.3.5　多次使用分部积分.

习题 1.6.10　在推论 1.6.1 稠密子集 B 给出的点列中, 点之间的距离是越来越小的.

第二章

习题 2.2.7　提示: 对 $f \in L^2(\mathbb{R}, \mathrm{e}^{-t^2}\mathrm{d}t)$, f 垂直于多项式全体, 研究 $f(t)\mathrm{e}^{-t^2}$ 的 Fourier 变换, 再使用 Fourier 变换的单射性证明 $f = 0$.

习题 2.3.7　用对偶族构造一个值域为 E 的算子 $P \in \mathfrak{B}(X)$ 并且 $P^2 = P$.

习题 2.3.9　这样的泛函将常数序列 $(1, 1, \cdots)$ 映为 1, 将序列 $\{a_{n+1}\} - \{a_n\}$ 映为 0, 且 $\|F\| = 1$.

习题 2.5.3　将 F 保范延拓到 $C[a,b]$ 上, 利用范数不增加证明对应 $[a,b]$ 上的测度 μ 满足 $\mu(a) = \mu(b) = 0$. 可使用 $\|\mu\| = \|\mu|_{(a,b)}\| + |\mu(a)| + |\mu(b)|$

习题 2.5.6(i)　先说明对周期为 2π 的连续函数 f 有 $\int_{[0,2\pi]} f(\theta)\mathrm{d}\mu(\theta) = 0$, 再说明 $\int_{[0,2\pi]} \theta \mathrm{d}\mu(\theta) = 0$.

第三章

习题 3.2.8　在 X 上作新范数 $\|x\|_1 = \sup_n \left\|\sum_{i=1}^n \alpha_i(x) x_i\right\|$, 则 $(X, \|\cdot\|_1)$ 也是一个 Banach 空间.

习题 3.2.11　可利用无限维赋范线性空间中存在定义在全空间上的无界线性泛函, 作出所要求的例子.

习题 3.2.21　使用习题 3.2 第 20 题中的一些计算.

习题 3.2.26(iii)　对 $p < 2$ 和 $p > 2$ 分情况讨论.

第四章

习题 4.4.6(iii)　先约化为 H 是可分的情形. 为说明 T 是紧算子, 可取定 H 的一组标准正交基 $\{e_n\}$, P_k 为到 $\mathrm{span}\{e_1, e_2, \cdots, e_k\}$ 的正交投影, 则 $(I - P_k)T(I - P_k)$ 的算子范数单调递减收敛于 0.

附录

习题 C.4　若不是第二种情况, 参考 Stone-Weierstrass 定理证明, 先说明 $\mathcal{A}$ 中存在函数 g 使得 $0 < g < 1$, 再考虑序列 $1 - (1 - g)^n$.

习题 C.5　考虑单点紧化.

习题 G.4　由 Laurent 展开 $f, \dfrac{1}{f}$ 生成 $\mathcal{A}$.

习题 G.5(ii)　可用提升定理等方法证明.

习题 G.7　使用闭图像定理.

习题 G.8　$(x - y)^3 = x - y$.

习题 G.10　考虑 $x \pm \mathrm{i}\sqrt{1 - x^2}$.

参考文献

[1] 曹广福, 严从荃. 实变函数论与泛函分析: 下册. 4 版. 北京: 高等教育出版社, 2022.

[2] J. 迪斯米埃. 谱理论讲义. 姚一隽, 译. 北京: 高等教育出版社, 2009.

[3] 林源渠. 泛函分析学习指南. 北京: 北京大学出版社, 2009.

[4] 刘培德. 拓扑线性空间与算子谱理论. 北京: 高等教育出版社, 2013.

[5] 郭坤宇. 算子理论基础. 2 版. 上海: 复旦大学出版社, 2022.

[6] 夏道行, 吴卓人, 严绍宗, 等. 实变函数论与泛函分析: 下册. 2 版. 北京: 高等教育出版社, 2010.

[7] 徐胜芝. 大学数学学习方法指导丛书 (II集): 实分析与泛函分析. 上海: 复旦大学出版社, 2006.

[8] 汪林. 泛函分析中的反例. 北京: 高等教育出版社, 2014.

[9] 张恭庆, 林源渠. 泛函分析讲义: 上册. 北京: 北京大学出版社, 2006.

[10] BREZIS H. Functional Analysis, Sobolev Spaces and Partial Differential Equations. New York: Springer Verlag, 2010.

[11] CLAY M, MARGALIT D. Office Hours with a Geometric Group Theorist. Princeton: Princeton University Press, 2017.

[12] DUOANDIKOETXEA J. Fourier Analysis. Providence: American Mathematical Society, 2001.

[13] EINSIEDLER M, WARD T. Ergodic Theory with a view towards Number Theory. London: Springer, 2010.

[14] EINSIEDLER M, WARD T. Functional Analysis, Spectral Theory, and Applications. London: Springer, 2017.

[15] GRIGORYAN A. Introduction to analysis on graphs. Providence: American Mathematical Society, 2018.

[16] LAX P. Functional Analysis. Hoboken: Wiley-Interscience, 2002.

[17] RUDIN W. Real and Complex Analysis. New York: McGraw-Hill Education, 1986.

[18] RUDIN W. Functional Analysis. New York: McGraw-Hill, 1991.

[19] STEIN E, SHAKARCHI R. Real Analysis: Measure Theory, Integration, and Hilbert Spaces. Princeton: Princeton University Press, 2005.

[20] STEIN E, SHAKARCHI R. Functional Analysis: Introduction to Further Topics in Analysis. Princeton: Princeton University Press, 2011.

[21] SZEGÖ G. Orthogonal Polynomials. Providence: American Mathematical Society, 1975.

[22] YOSIDA K. Functional Analysis. 6th Ed. New York: Springer Verlag, 1980.

郑重声明

高等教育出版社依法对本书享有专有出版权。任何未经许可的复制、销售行为均违反《中华人民共和国著作权法》，其行为人将承担相应的民事责任和行政责任；构成犯罪的，将被依法追究刑事责任。为了维护市场秩序，保护读者的合法权益，避免读者误用盗版书造成不良后果，我社将配合行政执法部门和司法机关对违法犯罪的单位和个人进行严厉打击。社会各界人士如发现上述侵权行为，希望及时举报，我社将奖励举报有功人员。

反盗版举报电话　（010）58581999　58582371
反盗版举报邮箱　dd@hep.com.cn
通信地址　　　　北京市西城区德外大街4号
　　　　　　　　高等教育出版社知识产权与法律事务部
邮政编码　　　　100120

读者意见反馈

为收集对教材的意见建议，进一步完善教材编写并做好服务工作，读者可将对本教材的意见建议通过如下渠道反馈至我社。

咨询电话　400-810-0598
反馈邮箱　hepsci@pub.hep.cn
通信地址　北京市朝阳区惠新东街4号富盛大厦1座
　　　　　高等教育出版社理科事业部
邮政编码　100029

防伪查询说明

用户购书后刮开封底防伪涂层，使用手机微信等软件扫描二维码，会跳转至防伪查询网页，获得所购图书详细信息。

防伪客服电话　（010）58582300

图书在版编目(CIP)数据

泛函分析/王凯,姚一隽,黄昭波编著. -- 北京:高等教育出版社,2024.8(2025.6重印). -- ISBN 978-7-04-062994-1

Ⅰ.O177

中国国家版本馆 CIP 数据核字第 2024A7D005 号

Fanhan Fenxi

策划编辑	李 蕊	出版发行	高等教育出版社
责任编辑	高 旭	社 址	北京市西城区德外大街4号
封面设计	王 洋	邮政编码	100120
版式设计	童 丹	购书热线	010-58581118
责任校对	胡美萍	咨询电话	400-810-0598
责任印制	赵义民	网 址	http://www.hep.edu.cn
			http://www.hep.com.cn
		网上订购	http://www.hepmall.com.cn
			http://www.hepmall.com
			http://www.hepmall.cn
		印 刷	北京盛通印刷股份有限公司
		开 本	787mm×1092mm 1/16
		印 张	15.75
		字 数	340千字
		版 次	2024年8月第1版
		印 次	2025年6月第2次印刷
		定 价	41.80元

本书如有缺页、倒页、脱页等质量问题,请到所购图书销售部门联系调换

版权所有 侵权必究
物 料 号 62994-00

数学"101计划"已出版教材目录

1. 《基础复分析》　　　　　　　崔贵珍　高　延
2. 《代数学（一）》　　　　　　李　方　邓少强　冯荣权　刘东文
3. 《代数学（二）》　　　　　　李　方　邓少强　冯荣权　刘东文
4. 《代数学（三）》　　　　　　冯荣权　邓少强　李　方　徐彬斌
5. 《代数学（四）》　　　　　　冯荣权　邓少强　李　方　徐彬斌
6. 《代数学（五）》　　　　　　邓少强　李　方　冯荣权　常　亮
7. 《数学物理方程》　　　　　　雷　震　王志强　华波波　曲　鹏　黄耿耿
8. 《概率论（上册）》　　　　　李增沪　张　梅　何　辉
9. 《概率论（下册）》　　　　　李增沪　张　梅　何　辉
10. 《概率论和随机过程 上册》　林正炎　苏中根　张立新
11. 《概率论和随机过程 下册》　苏中根
12. 《实变函数》　　　　　　　　程　伟　吕　勇　尹会成
13. 《泛函分析》　　　　　　　　王　凯　姚一隽　黄昭波
14. 《数论基础》　　　　　　　　方江学
15. 《基础拓扑学及应用》　　　　雷逢春　杨志青　李风玲
16. 《微分几何》　　　　　　　　黎俊彬　袁　伟　张会春
17. 《最优化方法与理论》　　　　文再文　袁亚湘
18. 《数理统计》　　　　　　　　王兆军　邹长亮　周永道　冯　龙
19. 《数学分析》数字教材　　　　张　然　王春朋　尹景学
20. 《微分方程Ⅱ》　　　　　　　周蜀林